冷戰後
美國的全球戰略
和世界地位

U. S. Global Strategy and Position in
the Post-Cold War World

王緝思等◎著

「亞太研究系列」總序

　　「二十一世紀是亞太的世紀」，這句話不斷地被談起，代表著自信與驕傲。但是亞太地區絕非如此單純，未來發展亦非一定樂觀，它的複雜早已以不同形態呈現在世人面前，在開啟新世紀的同時，以沉靜的心境，深刻的瞭解與解決亞太區域的問題，或許才是我們在面對亞太時應有的態度。

　　亞太地區有著不同內涵的多元文化色彩，在這塊土地上有著天主教、基督教、佛教、回教等不同的宗教信仰；有傳承西方文明的美加澳紐、代表儒教文明的中國、混合儒佛神教文明的日本，以及混雜著不同文明的東南亞後殖民地區。文化的衝突不只在區域間時有發生，在各國內部亦時有所聞，並以不同的面貌形式展現它們的差異。

　　美加澳紐的移民問題挑戰著西方主流社會的民族融合概念，它反證著多元化融合的觀念只是適用於西方的同文明信仰者，先主後從，主尊客卑，白優黃劣仍是少數西方人面對東方移民時無法拋棄的心理情結。西藏問題已不再是單純的內部民族或政經社會議題，早已成為國際上的重要課題與工具。兩岸中國人與日韓三方面的恩怨情仇，濃得讓人難以下嚥，引發的社會政治爭議難以讓社會平靜。馬來西亞的第二代、第三代，

或已經是第好幾代的華人，仍有著永遠無法在以回教為國教的祖國裡當家作主的無奈，這些不同的民族與族群問題，讓亞太地區的社會潛伏著不安的危機。

亞太地區的政治形態也是多重的。有先進的民主國家；也有的趕上了二十世紀末的民主浪潮，從威權走向民主，但其中有的仍無法擺脫派系金權，有的仍舊依靠地域族群的支持來建構其政權的合法性，它們有著美麗的民主外衣，但骨子裡還是甩不掉威權時期的心態與習性；有的標舉著社會主義的旗幟，走的卻是資本主義的道路；有的高喊民主主義的口號，但行的卻是軍隊操控選舉與內閣；有的自我認定是政黨政治，但在別人眼中卻是不折不扣的一黨專政，這些就是亞太地區的政治形態寫照，不同地區的人民有著不同的希望與訴求，菁英份子在政治格局下的理念與目標也有著顯著的差異，命運也有不同，但整個政治社會仍在不停的轉動，都在向「人民為主」的方向轉，但是轉的方向不同、速度有快有慢。

亞太地區各次級區域有著潛在的軍事衝突，包括位於東北亞的朝鮮半島危機；東亞中介區域的台海兩岸軍事衝突；以及東南亞的南海領土主權爭議等等。這些潛在的軍事衝突，背後有著強權大國的利益糾結，涉及到複雜的歷史因素與不同的國家利害關係，不是任何一個亞太地區的安全機制或強權大國可以同時處理或單獨解決。在亞太區域內有著「亞太主義」與「亞洲主義」的爭辯，也有著美國是否有世界霸權心態、日本軍國主義會否復活、中國威脅論會否存在的懷疑與爭吵。美國、日本、中國大陸、東協的四極體系已在亞太區域形成，合縱連橫自然在所難免，亞太地區的國際政治與安全格局也不會是容易平靜的。

相對於亞太的政治發展與安全問題，經濟成果是亞太地區最足以自豪的。這塊區域裡有 20 世紀最大的經濟強權，有二次大戰後快速崛起的日本，有 70 年代興起的亞洲四小龍，20 年代積極推動改革開放的中國大陸，90 年代引人矚目的新四小龍。這個地區有多層次分工的基礎，有政府主導的經濟發展，有高度自由化的自由經濟，有高儲蓄及投資率的環境，以及外向型的經濟發展策略，使得世界的經濟重心確有逐漸移至此一地區的趨勢。有人認為在未來世界區域經濟發展的趨勢中，亞太地區將擔任實質帶領全球經濟步入 21 世紀的重責大任，但也有人認為亞洲的經濟奇蹟是虛幻的，缺乏高科技的研究實力、社會貧富的懸殊差距、環境的污染破壞、政府的低效能等等，都將使得亞洲的經濟發展有著相當的隱憂。不論如何，亞太區域未來經濟的發展將牽動整個世界，影響人類的貧富，值得我們深刻的關注。

在亞太這個區域裡，經濟上有著統合的潮流，但在政治上也有著分離的趨勢。亞太經合會議（APEC）使得亞太地區各個國家的經濟依存關係日趨密切，太平洋盆地經濟會議（PBEC），太平洋經濟合作會議（PECC），也不停創造這一地區內產、官、學界共同推動經濟自由與整合的機會。但是台灣的台獨運動、印尼與東帝汶的關係、菲律賓與摩洛分離主義……使得亞太地區的經濟發展與安全都受到影響，也使得經濟與政治何者為重，群體與個體何者優先的思辨，仍是亞太地區的重要課題。

亞太地區在國際間的重要性日益增加，台灣處於亞太地區的中心，無論在政治、經濟、文化與社會方面，均與亞太地區有密切的互動。近年來，政府不斷加強與美日的政經關係、尋求與中國大陸的政治緩和、積極推動南向政策、鼓吹建立亞太

地區安全體系，以及擬將台灣發展成亞太營運中心等等，無一不與亞太地區的全局架構有密切關係。在現實中，台灣在面對亞太地區時也有本身取捨的困境，如何在國際關係與兩岸關係中找到平衡點，如何在台灣優先與利益均霑間找到交集，如何全面顧及南向政策與西向政策，如何找尋與界定台灣在亞太區域中的合理角色與定位，也是值得共同思考的議題。

　　「亞太研究系列」的出版，表徵出與海內外學者專家共同對上述各類議題探討研究的期盼，也希望由於「亞太研究系列」的廣行，使得國人更加深對亞太地區的關切與瞭解。本叢書由李英明教授與本人共同擔任主編，我們亦將極盡全力，為各位讀者推薦有深度、有份量、值得共同思考、觀察與研究的著作。當然也更希望您們的共同參與和指教。

張亞中

序　言

　　對於臺灣海峽兩岸的中國人來說，美國無疑是國際上最重要的國家。中國人研究美國、瞭解美國，意義自不待言。但是，在有志研究美國的兩岸同行之間，交流還不夠。本書由研究美國的五位大陸學者編寫，承蒙生智文化事業有限公司出版繁體字版，當有助於臺灣讀者瞭解大陸學者的一些研究心得、方法和觀點，也希望藉此得到海峽彼岸學者的批評指點。

　　要對冷戰後美國的全球戰略和世界地位做出恰當的分析和評估，既需要瞭解大量資訊，更需要建立起能夠經過一段時間考驗的分析框架，以及建立在資訊處理和分析框架之上的理論思考。這樣，當部分資訊過時、出現新的事態發展而需要修改原先判斷的時候，仍然有基本的理論和方法為依託。這便是本書的主要出發點。本書的主要部分於 1996～1997 年間寫就，沒有能就最新的事態發展作出闡述。這雖不免令人遺憾，但相信它的分析框架仍有一定的參考價值。

　　任何一個現代國家的對外戰略都有三個方面的來源。首先是它的國情。自然環境、地理位置、人口構成、經濟基礎、政治體制、文化價值觀、意識形態、歷史傳統等等，是相對穩定的物質因素、制度因素和思想因素，也就是這個國家對外戰略

的物質基礎、制度基礎和精神基礎。國情的特殊性，決定了各國外交戰略和政策的特殊性。其次是該國的社會發展需要。在特定時期的國內經濟、社會、文化等方面的發展，決定了政治鬥爭的內容，產生了國內外政策調整的需要。人們常說「外交是內政的延續」，這是正確的。不過，在某種條件下，內政也可以成為外交的延續，在開放的全球化時代尤其如此。第三是該國所處的外部環境。國際政治格局（即世界主要國家和國家集團之間的權力結構）即它在這一格局中所處的實力地位，世界經濟的發展趨勢，國際政治、安全、經濟關係的運行機制和規則，政府間的國際組織和跨國公司等非政府組織，全球性的社會問題和生態環境問題等等，構成決定該國對外戰略的主要外部因素。

基於這種認識，本書前四章分析了冷戰後美國全球戰略的國情基礎、國內社會需要和國際環境。第一章第一節簡單講述美國特性，即美國在種族構成、價值觀、政治、經濟、對外關係等方面區別於其他國家的特殊國情與傳統。第二節分析冷戰後新的國際環境給美國帶來的機遇和挑戰。第二、三、四章分別展開對當前美國經濟、政治、社會和文化發展趨勢的探討，指出美國經濟以新技術革命為推動力，優化產業結構，保持了1992 年以來的經濟持續增長，增強了國際競爭力。在政局保持穩定的同時，金錢操縱選舉、國會與政府的爭權奪利、接連不斷的政界醜聞，引起了公眾對政治領導人的強烈不滿。美國社會內部的貧富差距繼續擴大，種族矛盾和社會痼疾深化，多元文化主義和傳統基督教主流文化進行著激烈較量。

接著，本書第五、六、七章分別刻劃美國的對外經濟戰略、國家安全戰略和人權外交的基本輪廓。這三章都從冷戰時期形

成的美國政策傳統和積澱談起，然後分析冷戰結束後美國在這三個具體外交領域裏所遇到的新問題，最後將重點放在戰略調整的措施和方向上。冷戰後美國全球戰略首先強調經濟安全。它力求主導全球經濟的運行機制和規則，與其他主要工業化國家既有經濟摩擦，又相互協調政策。冷戰後的美國國家安全戰略定名「參與和擴展戰略」，其內涵呈不斷擴大的趨勢，具有更大的外向性。美國在冷戰後加緊推行人權外交並使之在政府政策中制度化。但其國內的政治和社會變化將給人權外交帶來更多的牽制因素，「促進人權」不可能成為美國外交的中心任務。

這樣一種章節編排，反映了編著者的一個基本觀點，即兩極格局崩潰後，美國外交不再圍繞與大國的對抗和聯盟展開，而是更多地受國內因素的制約；其外交側重點則逐漸從國家間關係問題轉向功能性的「問題領域」。這種轉變反映在柯林頓政府多次提出的經濟安全、國家安全和人權這「三大外交支柱」上。具體地說，冷戰後美國外交的目標是維護西方主導的全球貿易體系和金融體系的穩定，拓展美國的海外商品市場和資本市場，防止大規模毀滅性武器的擴散，推進西方式民主和人權，以及保護生態環境、制止非法移民、打擊走私販毒、打擊國際恐怖活動等等。這些外交目標既符合美國國情和當前的國內需要，也是在全球化進程加速時美國政策調整的必然方向。

按照不同的「問題領域」來分析美國全球戰略，與強調內政與外交相互作用的著眼點是相互補充的。美國的國內政治、經濟需要，國內各種利益和觀念的衝突與融合，在外交上都有所表現，而且反過來又影響美國的對外關係。例如，在冷戰後的國家安全問題上，由於國內安全頻頻受到國際非法活動的侵擾，國內緝毒工作和處理非法移民問題也必須得到外交行動的

配合，因此美國國家安全內涵擴大就是十分自然的事情。又如，美國對外貿易和投資政策的調整，必須配合其國內經濟結構的調整，尤其是資訊產業的發展，於是它提出「公平貿易」原則，保護知識產權，積極開拓其資訊產品的海外市場。在人權外交方面，國內公民權利意識的加強，宗教右翼的掘起，多元文化的發展趨勢，都形成了新的動力。國內因素對外交政策的投射，充分表現在上述外交「三大支柱」上。分別探討這三大問題領域，有助於揭示美國外交新戰略的調整方向和特點。

當然，傳統的地緣政治思想仍然在美國外交中有著舉足輕重的作用，美國也仍然十分重視國家間關係，特別是它與主要大國之間的關係。但是它對其他大國的政策，是為上述這些功能性目標服務的。正因為如此，把任何一個大國確定為戰略敵人，都無助於實現上述目標，都不符合美國的長遠利益。第八章裏有關中美關係較為詳細的探討，試圖為美國如何在外交中的功能性問題和國別關係中找到一個平衡點，提供一個案例分析。美國對華戰略的目標，與其全球戰略的「三大支柱」是一致的，就是既要促進其經濟利益和安全利益，又企圖促使中國朝它所希望的政治方向演變。要達到這些目標，不能採取與中國全面對抗的方式，但必然與中國發生摩擦。臺灣問題並非這一章的重點，然而透過美國全球戰略和中美關係的背景來觀察臺灣問題，可以看到臺灣在美國外交中所佔的位置不像有些人想像那麼重要。美國的長遠戰略利益和歷屆美國政府的主導思想，在於維持兩岸分裂但不發生武裝對抗的基本局面。

在簡單敘述冷戰後美國外交軌跡的基礎上，第九章對全球戰略的基本特徵和發展方向進行了歸納總結。美國的戰略家和外交政策專家，在美國冷戰後外交應以什麼為首要目標、應進

行戰略擴張還是戰略收縮、應實行多邊主義還是單邊主義等問題上，一直爭論不休，莫衷一是。但實際上，冷戰後美國全球戰略的主要輪廓和特點已經清晰。美國在經濟、政治、軍事安全等領域維護並發展它在二戰後確立的一整套國際規範，以其他國家對西方主導的現存國際秩序和規範的態度來決定其遠近親疏。它在大國中沒有確定的戰略敵人，將繼續維持並鞏固與歐盟、日本的安全和政治同盟，力圖將俄羅斯和中國納入現存的國際機制，藉助聯合國和其他國際組織和多邊機制，打擊伊拉克等少數所謂「無賴國家」。由於國內因素對外交政策的投射作用，環保、移民、掃毒等全球性問題在美國外交中的地位繼續上升。美國將在全球經濟、政治、軍事、文化、資訊傳播等各方面更為活躍。

本書最後一章指出，對於根據 80 年代末、90 年代初美國經濟競爭力暫時下降而得出的「美國衰落」的結論，需要重新思考。從主要經濟指標、軍事能力、教育水準和人才流向、對外文化滲透力、對國際機制的支配力、自我調節能力等方面看，美國的世界地位沒有下降。美國稱霸世界的最大障礙來自它的內部：種族矛盾、貧富懸殊、政治醜聞、價值觀失落、犯罪猖獗等痼疾，這些削弱著美國的社會凝聚力，損害了它的外部形象。就整體而言，西方發達國家的力量正在分散和削弱。世界各地區和國家的發展模式趨向多樣化。因此，美國雖然在 21 世紀初能繼續保持其唯一超級大國的地位，但無力稱霸世界。

如果說本書還有什麼特點可言，我在此特別想強調我們觀察美國時往往忽略的一個視角，這就是美國人的文化價值觀、道德觀和宗教情懷，或者簡單來說，就是美國人的精神信仰。我在簡論美國特色的第一章第一節裏，用略微超過比例的篇幅

來探討這一問題，但宥於本書中心議題而不能展開。在朱文莉撰寫的第三、四章和周琪撰寫的第七章裏，分別談到當代美國政治、社會、文化、外交等各個領域裏，精神信仰所起的突出作用。誠然，美國人重視物質生活，美國是一個消費社會甚至浪費社會，美國商業利益集團對美國政治的影響舉足輕重，美國人在交往中比較不拘禮節而講究實效，典型的美國哲學是實用主義哲學，美國政治裏到處是道貌岸然掩蓋下的利益角逐，美國在外交上也充滿實用主義，常常用雙重標準處理國際問題……。對於去過美國，讀過有關美國的書，或與美國人稍有接觸的人，這些都是顯而易見的常識。然而由於種種原因，美國人重視精神信仰的那一面，是一般中國人所難以瞭解的，更是難以理解並與他們溝通的。美國自稱信神的人在其人口中所佔的比例，大概比中國的無神論者在中國人口中所佔的比例還大。就這一點來說，同樣是以「務實」著稱於世的兩大民族，美國人的務實和中國人的務實之間就有巨大差別。因此，要瞭解美國，就必須對它的文化和價值觀的根基和變遷有較為深入的認識。但這畢竟不是本書的主題，只是在此藉題發揮，以期引起進一步的探討。

　　本書各章節的撰稿人是：
朱文莉（北京大學國際關係學院講師）
　　　　第二、三、四章
王榮軍（中國社會科學院美國研究所助理研究員）
　　　　第五章
彭光謙（中國軍事科學院戰略研究所研究員）
　　　　第六章

周　琪（中國社會科學院美國研究所研究員、政治研究室
　　主任）
　　第七章
王緝思（中國社會科學院美國研究所研究員、所長）
　　第一、八、九、十章及全書統稿

　　本書能在臺灣出版，得益於張聖岱學兄的大力協助，在此
表示深深謝意。

王緝思　謹識

於北京西郊大有莊

目　錄

研究美國在冷戰後世界上的地位和它的全球戰略，首先必須回答兩個方面的問題。第一，美國是一個什麼樣的國家？人們首先想到的是，美國是最發達的資本主義國家，國土遼闊，資源豐富，經濟繁榮，科技先進。但是，決定一個國家的世界地位和作用的，絕不僅僅是這些「硬體」，還包括民族凝聚力、社會結構、歷史文化傳統等等「軟體」，也就是相對處於靜態的美國特色。第二，冷戰結束後，世界發生了哪些重大變化？這些變化對美國產生了什麼樣的影響？這些問題，實際上關係到今日美國的動態特點。本章將粗略地回答以上問題。

一、美國特性

　　每一個國家都有它自己的特性。正是這種特性在一定的歷史條件下決定了這個國家內政和外交的基本走向。本書僅從五個方面概括美國特性。

(一)民族構成方面

　　美國是由移民組成的國家。這是它區別於其他大國的最重要特徵。它最初是由英國清教徒為首的歐洲移民所建立的 13 個英屬殖民地組成。英國人最早移居北美。到 18 世紀，德國、愛爾蘭、荷蘭、法國等歐洲國家也有大批移民到達這塊英屬殖民地。他們逐漸採用英語和英國制度，但也同時保存各自的民族傳統與習俗。到 20 世紀初，美國進一步融合了波蘭人、猶太人、義大利人、墨西哥人，以及來自中國和日本等亞洲國家的移民。

　　美國的移民國家特性，對美國社會生活的各個方面都產生

了深刻的影響。馬克思和恩格斯指出，到北美去的「這些個人之所以遷移到那裏去，是因為他們的需要與古老國家裏現存的交往形式不相適應。因此這些國家在開始發展的時候就擁有古老國家的最進步的個人，因而也就擁有與這些個人相適應的、在古老的國家裏還沒有能夠確立起來的最發達的交往形式」[1]。馬克思和恩格斯所說的「最發達的交往方式」，主要指的是當時最先進的生產關係。這些歐洲移民有的是為了逃離專制統治和宗教迫害，有的是由於饑荒而遷居，還有的是為了創造財富和發揮個人專長來到美國，所以絕大部分屬於原居住國的中下階層。「美國從一誕生起就是現代的、資產階級的；美國是由那些為了建立純粹的資產階級社會而從歐洲的封建制度下逃出來的小資產者和農民建立起來的」[2]。17 至 18 世紀，主要來自不列顛群島和歐洲大陸的移民帶去了先進的資本主義生產方式和與之相適應的政治自由、先進思想和開放的文化。對於他們來說，美國是名副其實的新大陸，沒有國王和貴族，沒有歐洲那樣的等級制度，很少宗教迫害，卻有著極大的開拓機會。歐洲移民驅動著美國的經濟槓桿，以巨大的力量與規模開發了北美大陸的自然資源，打破了西歐的工業壟斷。在非洲強制性販賣奴隸而造成的大批黑人移民，為美國的早期開發提供了豐富的廉價勞動力，內戰後美國工商業企業勃興，外國移民又為美國提供了充足的勞動力。另一方面，移民也為工農業產品提供了廣闊

---

[1] 馬克思和恩格斯，《德意志意識形態》第一卷第一章，《馬克思恩格斯選集》，人民出版社，1972 年版，第一卷，第 80 頁。

[2] 恩格斯致尼·弗·丹尼爾遜（1893 年 10 月 7 日），《馬克思恩格斯全集》，第 39 卷，第 147 頁。

的市場。因為他們一踏上新大陸，就需要索取所有的生活必需品和一切社會服務，刺激了產品的需求和市場的擴大。

在美國二百多年歷史上，每一步重大發展都和湧入美國的移民浪潮息息相關。形形色色的民族和人種，受到經濟、政治和宗教力量的驅使，源源不斷地彙集在這片大陸，決心把美國變成他們永久的棲息之地。19 世紀末美國跨入世界先進工業國行列後，繼續吸引科技人員和熟練工人移居美國。僅從 19 世紀80 年代到 20 世紀 20 年代，美國就吸收了將近 3,700 萬新移民。1890～1900 年期間，專業人員和熟練工人在移民總數中約佔14%。到 20 世紀中葉，佔世界人口總數 6%的美國，擁有 350萬工程師和科學家，是世界總數的 29%。[3] 今天美國在自然科學和技術科學的研究領域所取得的重大成果，如在核能、航空、航太、電腦、生物工程等諸方面的領先地位，沒有一項離得開近幾十年來新移居到美國的科學家。可以說，美國的經濟發達和科技進步，不但依賴於歷史上的移民，也依賴於今天和未來源源不斷地流入美國的新移民。

移民國家的特性決定了美國政治體制、文化和精神信仰必須是多元的。英國移民在早期的美國人中佔主導地位，因此 1787年制定，1789 年正式通過的美國憲法所包含的思想有不少反映了英國政治傳統。但是它也反映了外來移民在地域、經濟利益、宗教信仰和文化上的多樣性。「美國多元民主的最初源泉可以上

---

3 龔士其主編，《西方發達國家的市場經濟》，中國輕工業出版社，1994年版，第 296 頁。

溯到殖民地時期的宗教寬容」。[4] 由於來自歐洲各國移民的宗教信仰各不相同，新移民對原先清教徒一統天下的局面造成衝擊，宗教迫害不得不停止。宗教寬容為政治寬容創造了條件，各種利益集團學會了競爭和共存。

然而在號稱「自由之鄉」的美國，早期的多元民主和政治寬容並未導致全面的人權平等和社會公正。在相當長的一段歷史時期裏，歐洲移民對原居住於北美大陸的印第安人採取驅趕、隔離和剝奪其政治經濟權利的政策，對從非洲販賣來的黑人採取種族隔離和種族歧視政策，對來自拉丁美洲的移民和包括華人在內的有色人種也採取了不同程度的排斥政策。美國國內的種族關係，包括不同移民集團之間的關係，一直是美國社會矛盾的主要根源之一，也是所有美國人深層自我意識的主要部分之一。「我是美國人」只是美國人自性（identity）的一部分，他（她）們的自我意識還必然包括自己是哪個人種（膚色）和從世界哪一部分來的移民。這種意識比自己的籍貫或出生地的意識要強烈得多。

一方面，從理論上說，美國法律中所規定的公民身分、公民權利和責任貫徹了「人人生而平等」的原則。這是機會上的平等，而不是條件或結果的平等。[5] 從總統選舉、國會選舉到地方選舉，從法庭審判到民事糾紛，從尋找工作機會到提供社會服務，沒有一個社會生活的角落不滲透著一個移民國家內部的

4　李慶余、周桂銀等著，《美國現代化道路》，人民出版社，1994 年版，第 5 頁。

5　在美國歷史上的很長一段時間，所謂「人人生而平等」的概念，並不包括黑人在內，在很多方面甚至不包括婦女在內。

種族、文化差異。這種差異既造成了深刻的社會分裂現象和種族矛盾，又同時造成了美國社會特有的對多元化、多樣性的寬容。美國人崇尚個人自由和個人成就。這種成就在他們看來應該建立在個人努力的基礎上，而不是建立在種族特徵、家庭出身或其他特權的基礎上。在某種程度上，美國人為自己國家政治、文化、種族的多元化和多樣性而十分自豪，並常常以是否享有美國式的多元化、多樣性為標準來衡量其他國家。一代代的新移民，為了自己能夠在美國紮根，為了融入所謂主流社會並享有美國公民所享有的一切權利，艱難創業，苦幹終生。這一社會力量的源泉至今還遠未枯竭，仍然在推動著美國的發展進步。

雖然像 19 世紀那樣大規模的移民浪潮很難再度出現，但近 20 多年來，美國仍然敞開大門，接受了大批來自拉丁美洲和亞洲的移民。在 80 年代的移民潮中，美國吸收的新移民達 730 萬人。截至 1996 年，9.3%的美國公民（2,460 萬人）是在國外出生的。1997 年的美國人口中，13%為黑人，11%為講西班牙語的人，4%為亞洲人後裔和太平洋島嶼人，1%為土著美洲人。[6] 如果說這些都是「少數民族」，從人口比例上說是正確的，但很容易產生誤解。因為美國不像法國、德國、西班牙等國那樣有一個主體民族。美國最大的種族群體是佔人口 73%的白人（其中不包括講西班牙語的白人），可以單獨區分出來的最大民族集團是不列顛血統，但它也只佔美國人口的 15%，其次是佔 13%的

---

6 *The World Almanac and Book of Facts 1998*, Mahwah, N.J.: Funk & Wagnalls, p.376.

日爾曼血統，再次是黑人和佔 8% 的愛爾蘭血統。從這一意義上說，美國沒有「多數民族」，所有民族集團都是「少數民族」（不過本書一些章節仍然依照習慣，將白人以外的美國民族集團稱為「少數民族」）。由於新移民的不斷湧入和各個民族集團的出生率不同，美國國內各民族集團的比例變化較大。據美國人口統計局估算，到 2050 年時，美國人口中將有 23% 的講西班牙語的拉美人後裔，16% 的黑人，10% 的亞裔人。也就是說，到那時歐洲白人後裔只佔總人口的一半。美國民族構成的進一步多元化，將對美國政治、文化乃至社會生活的所有其他方面產生深刻的影響，也將投射到美國的對外政策中去。

（二）精神信仰和價值觀念方面

美利堅民族在精神信仰方面的一個重要特性，是求實精神和宗教傳統的融會交織滲透於社會生活的各個角落。

由於美國封建制度的影響較小，又由於美國是國土遼闊的移民國家，國內居民的流動性極大，美國人民中有一種生氣勃勃的進取精神和自由開放的風尚。恩格斯在談到他在美國旅行時，美國人對新生事物的追求給他留下深刻印象。他說：

> 我們通常都以為，美國是一個新世界，新不僅是就發現它的時間而言，而且是就它的一切制度而言；這個新世界由於藐視一切繼承的和傳統的東西而遠遠超過我們這些舊式的、沈睡的歐洲人；這個新世界是由現代的人們根據現代的、實際的、合理的原則在處女地上重新建立起來的。美國人也總是竭力使我們相信這種看法。他們瞧不起我們，認為我們是遲疑的、帶有各種陳腐偏見的、害怕一

切新事物且不切實際的人；而他們這個前進最快的民族
（the most go-ahead nation）對於每一個新的改進方案，會
純粹從他們實際利益出發馬上進行試驗，這個方案一旦被
認為是好的，差不多在第二天就會付諸實行。在美國，一
切都應該是新的，一切都應該是合理的，一切都應該是實
際的，因此，一切都跟我們不同。[7]

崇尚變革創新，反對墨守成規，講求實效，不拘一格，是
美國民族性格的一部分。19 世紀 30 年代的法國歷史學家托克維
爾曾說：「哲學在美國比在文明世界中的任何一個國家都不受重
視。」[8] 這是指美國古典傳統哲學負擔最小而言。後來發展起來
的道地的美國式哲學，是重經驗而不重思辨的實用主義哲學。
美國人認為，「如果哲學不能容忍實踐的注釋，那麼哲學──而
不是實踐──就應該被摒棄」。[9] 這種思想是與美國早期移民不
斷開闢新邊疆和不斷使用先進科學技術的歷史經驗相一致的。
與此同時，宗教傳統也深深影響著美國人的思想和行為方
式。根據一些社會學家的研究，「對於是非問題的關注表明美國
人比大多數工業化民族更具有宗教意識」。[10] 早期移居美國的許
多歐洲移民，在尋找經濟機會的同時，也在追求宗教自由，躲

7　恩格斯，《美國旅行印象》（1888 年 9 月），《馬克思恩格斯全集》，
　　第 21 卷，第 534 頁。
8　轉引自 Arthur Schlesinger, Jr., "Foreign Policy and the American Character,
　　" *Foreign Affairs*, Fall 1983, p.1.
9　丹尼爾・布林斯廷，《美國人──開拓歷程》，美國大使館新聞文化處
　　出版，1987 年香港版，第 172 頁。
10　孫有中・莊錫昌，《細說美利堅》，文匯出版社，1997 年版，第 35 頁。

避宗教迫害和政治迫害。美國的海外擴張一直伴隨著傳教活動。美國的主流文化,是所謂「瓦斯普」(WASP)價值觀,即白種盎格魯—薩克遜人中的基督新教徒所信奉的宗教價值觀。

從憲法規定來看,美國是世俗社會。但就絕大部分人口宣稱他們篤信上帝這一點來看,美國又是一個宗教社會。美國社會的道德基礎無疑是基督教傳統。90%的美國人聲稱自己信仰上帝,其中人數最多的有基督新教徒、羅馬天主教徒和猶太教徒。美國憲法第一修正案規定,國會不得制定有關確立國教或禁止信教自由的法律。這保證了宗教自由和各種不同宗教的並存競爭。宗教多元化的過程中不斷湧現出新的宗教組織和教派。除基督教的各大教派外,新移民帶來了伊斯蘭教、佛教,並在美國有可觀的發展。美國無疑是世界上宗教最為多元化的國家。在今日美國,沒有一個教派的信徒能達到信教者總數的 1/10。

就政府與教會關係的法律方面而言,美國是政教分離的國家,政府不應對某一宗教有所偏向,宗教組織不能直接參與政治活動。然而在實踐中,政治和宗教從未徹底分離過。軍隊裏、國會裏都有專門牧師,最高法院的壁上有「摩西傳十誡」的宗教油畫,每一張美元鈔票上都印有「我們信仰上帝」(In God We Trust)的字句。宗教對社會和政治的影響是無所不在、根深蒂固的。在社會變革中,各教派的信徒對政治、社會、文化乃至宗教本身的看法不同,又形成了保守派、自由派和溫和派,各自結成跨越教派的政治同盟。美國國內政治派別的分化組合,社會思潮和意識形態的演變,都是與宗教勢力和影響的變遷息息相關的。

美國的政教關係,在美國總統身分上得到了典型體現。歷屆美國總統都要標榜自己虔誠的宗教信仰。他們經常去教堂出

席教會活動，在所有重要的正式國務演講中請求「上帝保佑美國」。正如一位美國學者所指出的，「總統常是一位傳統的新教徒，屬於國內許多教派中的一個，但他們的個人宗教信仰要與公職分離。總統是統一的象徵。在這宗教多元化的社會中，作為一國元首，是全體美國人的總統。確實他也具有重要的宗教作用，即一種能把所有美國人團結在一起而共同信仰的象徵性作用」。[11] 儘管美國是一個信仰自由的國家，但美國人普遍認為應當有某種宗教信仰。公開聲明自己是無神論者的人，在主流社會中會受到孤立或鄙視。從政、從教或擔任其他社會公職的人，更須在宗教問題上謹言慎行。

作為主流文化和意識形態的新教神學，源於北美殖民時期加爾文教派的信仰，其教義是「上帝選擇」和「命運注定」。這種思想視美國人為最優秀的「上帝選民」，視美利堅民族為救世主民族，其使命是把上帝的福音傳播到整個世界。香港學者黃枝連把這種美國人的使命感稱為「替天行道」主義，是很貼切的。[12] 其中的「道」，包括基督教教義的傳播，英美式議會民主制度的移植，資本主義市場經濟的建立，以及個人自由和天賦人權觀念的灌輸。美國人以其獨特的理想方式看待世界。一位美國政治學家指出：「美國的理想——分解到它的精髓——乃是由兩個要素所組成：開明思想與宗教信仰。而在這兩者之間存

---

11 〔美〕R·G·哈切森，《白宮中的上帝》，段琦·曉鏞譯，曉煒校，中國社會科學出版社，1992年版，第8頁。
12 黃枝連，《替天行道之國——美式文明在亞太地區的移植》，人間出版社，1994年臺灣版。

在著並將永遠存在固有的矛盾。」[13] 這一固有矛盾，就是意欲衝破一切思想樊籠的務實精神，不得不受到宗教與道德信條的巨大而又無形的約束。燈紅酒綠下的人慾橫流，與質樸教堂中的莊嚴肅穆，既形成鮮明對照，又相輔相成。

在美國人的「開明思想」和宗教信仰之間，也有歷史上形成的某種協調和調和。美國早期的教會不像歐洲天主教會那樣曾經成為資本主義發展的阻力，而是其助力。根據社會學家馬克斯・韋伯的研究，資本主義精神產生於新教倫理，新教教義對 18 世紀美洲大陸資本主義的興起和發展有著重要的誘發和催化作用。在美國立國時期的新教倫理中，世俗的行為規範集中表現為勤儉、節慾、進取而嚴肅的人生態度。「禁慾主義的節儉必然要導致資本的積累。強加在財富消費上的種種限制使資本用於生產性投資成為可能，從而也就自然而然地增加了財富」。[14]

同時，清教徒來到新世界建立一個「現世天堂」的夢想，要靠艱苦勞作後獲取的財富來實現，而不能靠繁文縟節和清心寡慾來實現。於是新教神學經過了戰勝大自然、開拓新邊疆的社會實踐，滋生出一種強烈的功利性和實用性，在宗教的道德規範中注入了世俗的進取精神，將個人奮鬥後獲得成功視為靈魂得到拯救的象徵，從而完全消除了過去那種在財富與罪惡之間劃上等號的舊觀念。這就是美國實用主義哲學的由來。深受美國人尊崇的政治家、科學家、哲學家和開國元勳之一班傑明・

13　詹姆斯・比爾德，〈美國外交政策中的現實主義和遠見〉，《交流》，美國駐華大使館新聞文化處出版，1988 年第 2 期，第 23 頁。

14　馬克斯・韋伯，《新教倫理與資本主義精神》，三聯書店，1992 年版，第 135 頁。

富蘭克林，就是集宗教道德說教和實用主義哲學於一身的人物。

在美國資本主義現代化的進程中，為追求美好生活、思想自由和物質財富而冒險開拓，表現為「西部牛仔」式的個人自由主義。所謂「美國夢」，就是指美國人在自己的新世界裏抓住機遇，謀求發展，絕不停息，永無止境，憑著勤勞苦幹就能夠取得成功的一種理想，而且他們相信這一代人比上一代人應當能夠生活得更好。這種個人追求絕不排斥物質消費和感官享受，但也不與宗教信仰全然衝突。根據韋伯的統計，美國現代企業的資本所有者和經營領導者當中，在技術和經濟方面受過較高訓練的人當中，新教徒佔絕大多數。[15] 當然，當代美國社會中過度的超前消費和享樂主義，已與宗教信條格格不入，整個社會的風氣與立國初期甚至第二次世界大戰以前不可同日而語。

實用主義的利益角逐和金錢操縱與社會公正和道德規範既相互矛盾，又相互制約、相互包容。這種務實精神與道德約束之間的矛盾統一關係，在社會生活的各個領域都有其體現方式。例如在商業活動中的利潤第一必須與信譽第一相平衡；從原則上說，勞動市場上的自由競爭不能有種族和性別歧視；高收入要有累進所得稅制度加以制約以保證公平；提倡物質消費的同時應當重視精神生活和生態環境保護；追求金錢享受同為社會公益事業捐獻同時受到鼓勵等等。

一般認為，個人主義是美國文化價值觀的核心。在美國社會文化背景下，個人主義（individualism）和利己主義（egoism）

---

15 同上，第 23 頁。

是既有區別又有聯繫的兩個概念。「個人主義」強調個人的獨立性、創造性和自由發展，不受或少受社會和政治的限制，而「利己主義」是貶義詞，指將個人特殊利益凌駕於他人和社會公共利益之上的思想和行為。個人主義既是一種以個人為本位的人生哲學，又是一種政治哲學和價值體系。它認為一切價值都以個人為中心，個人之間在道義上是平等的，社會是一群人以自願的契約形式組成的一個共同體，其目的乃是維護組成該社會個人的利益。這是美國立國建制的指導思想。集中表現了美國式理想並在美國家喻戶曉的《獨立宣言》說：「我們認為這一真理是不言而喻的：人人生而平等，造物主賦予他們若干不可剝奪的權利，其中包括生命權、自由權和追求幸福的權利。」「為了保障這些權利，人類才在他們之間建立政府，而政府之正當權力，是經被治理者的同意而產生的。」這就是說，個人權利是上帝賦予的，國家是為達到個人目的而產生的，因而也是為維護個人利益、保障個人自由而存在的。美國的愛國主義最重要的精神支柱，就在於認為國家是為個人服務的，於是個人也就應當效忠於國家。

個人主義價值觀並不等於個人不需要為群體履行義務。「在美國，從群體和個人角度考慮，政治既是集體性的，又是個人性的。政治既要顧及個人享有公民權利，又要顧及公民履行義務。同樣地，政治既要顧及群體履行義務，又要顧及群體享有權利。……社會同時要保護和承認個人利益和群體利益，確保群體和個人對社會履行各自的義務」。[16] 個人自由和利益追求必

---

16 〔美〕麥克斯·斯基德摩、馬歇爾·卡特·特里普，《美國政府簡介》，

須受到法律和公民義務的約束，這是全社會公認的行為準則。

美國的個人主義價值觀經歷了歷史的考驗，發生了許多方面的變化。個人主義中排他的[17]、反社會的、非道德的、墮落的一面，即利己主義的一面，以及過分追求物質和感官享樂的傾向，在當代愈演愈烈，嚴重損害全社會的利益，受到譴責和抵制。20 世紀 60 年代開始的反抗社會正統價值觀和生活方式的反主流文化，其核心是自我表現和獨立意識。反主流文化既包含反對性別歧視、種族歧視的內容，也對性放縱、同性戀、吸毒、未婚懷孕、墮胎等現象採取更為寬容的態度。同時，當許多美國人的生存基本需要得到滿足後，開始更多地關注大自然，關注生活的意義和精神上的滿足，日益重視「自我實現」，即強調發揮自己的潛能，體驗世界，而不是追求更多的物質財富和更高的社會地位。

在宗教信仰和個人自由方面，美國社會是比較寬容的。學校特別是大學，是自由思想的陣地，但假如某學校教育學生說某種別的政治制度或者文化比美國的優越，則為社會所不容。美國的教育機構和大眾傳播媒介把傳授知識、傳播資訊與愛國主義教育和宣傳美國價值準則結合起來，常常採取的是十分潛移默化的形式。從法律意義上說，既然有信仰和言論自由，那麼從左到右的思想和言論，如宣傳共產主義，攻擊基督教教義，贊同暴力革命推翻政府等等，都是不違法的。但是在今天的美

中國經濟出版社，1993 年版，第 3 頁。

[17] 關於美國個人主義價值觀的轉變和評價，可參閱王錦瑭編著，《美國社會文化》中的第三章「美國人的主要價值觀──個人主義」，武漢大學出版社，1996 年版，第 40~72 頁。

國社會裏，這些言論都被視爲大逆不道的異端邪說，事實上受到禁止。正如兩位英國評論家所說：「在政治上，一個人要是擁護另外一個激進制度，什麼共產主義，什麼社會主義，就不光是有些與眾不同了，他或她是否愛國也成了問題。」[18] 20 世紀50 年代在美國猖獗一時的「麥卡錫主義」，就是對美國思想自由和言論自由的一大諷刺，而它的幽靈至今仍在美國政治生活中作祟。

（三）國內政治方面

聯邦制是美國政治的重要特色。憲法規定，政府的權力和職能分別屬於聯邦政府與州政府，兩者均享有實質性的權力。但它又規定聯邦的憲法和法律，與外國訂立的條約，都是全國的最高法律，各州必須遵守。各州法律如同聯邦法律相抵觸，則一律無效。聯邦制促進了美國的現代化進程，維護了國家的統一。同時，聯邦制也為政治和社會的變革提供了來自各州的動力和主動性，使政策選擇較為靈活和多樣化。一個州的實踐可為其他州提供範例和經驗教訓；而當州的革新遇到困難時，聯邦政府可以制定法規加以推進。「這就是說，公共政策如有重大改變，必須得到國內各主要地區和主要經濟集團大部分人的支持。這使全國政府有了一種保守品質，但又因各州享有進行改革試驗的自由而減輕了這種保守性。」[19]

---

18 埃德蒙·福西特、托尼·托馬斯，《當今美國》，光明日報出版社，1988 年版，第 353 頁。
19 恩斯特·格瑞菲斯、丁傑思，《瞭解美國》，華夏出版社，1998 年版，第 104 頁。

美國建國後，特別是 1865 年南北戰爭結束以來，美國社會基本制度和政治局面是比較穩定的，只是在 20 世紀 20～30 年代的經濟蕭條和羅斯福新政時期，以及 60 年代至 70 年代初反對越南戰爭、反對種族歧視的鬥爭浪潮中，政局較為動盪。美國國內政治的相對穩定，與維護至高無上的憲法地位有關。美國憲法是世界歷史上第一部成文憲法，也是至今歷時最久的憲法。它制定二百多年來，雖經 17 次修正，其基本原則並無太大的變化。憲法所確立的美國政治制度的基本原則，如天賦人權、法治而非人治、人民主權、政府權力有限、代議制政府、聯邦制、權力分立和制約平衡、司法審查、文官控制軍隊、軍人不干預政治等等，至今都是美國的根本治國思想。建國初期即已確立的聯邦政府制度，立法、行政、司法的三權分立體制，四年為一任期的總統選舉方式，兩大政黨在國家最高立法和行政機關中輪流坐莊的局面，一直保留下來，並且看不出有改變的現實可能。這種政治思想和制度上的連續性，在相當程度上保證了內外政策中大政方針的穩定性。

　　美國社會中的政治權力分散，在西方國家中是比較突出的。立國時期的清教徒為維護宗教信仰自由，主張在自願的前提下透過契約來建立教會。在 18 世紀歐洲啟蒙思想的基礎上，他們又將宗教契約觀發展到政治方面，而政治契約的觀念又發展到法治方面。美國的開國元勳樹立了這樣一種觀念：國家領導者的權力須經人民同意，應由選舉產生；契約是國家存在的基礎，世俗權力的膨脹將導致專制，必須加以限制。這就是三權分立的思想基礎。聯邦政府由三個部門組成：參議院和眾議院組成的國會是立法部門；總統領導行政部門；最高法院代表司法部門，有權對任何法律是否符合憲法做出裁決。美國人認

為，三權分立可以防止濫用權力，制約由於權力過分集中而導致的腐敗。

在保持政局基本穩定的同時，美國又是一個在矛盾和衝突中實現社會變革的國家。法律和行政法規的不斷革新，對總統、國會議員和政府官員任職期限和權力範圍的限制，激發了社會活力，增加了政策的靈活性。在美國歷史上，每一次重大政治危機產生之後，隨之而來的是政策的調整和矛盾的緩和。例如南北戰爭之後，種植園奴隸制消亡，排除了工業資本主義發展的最大內部障礙。20 世紀 30 年代的經濟大危機中，主張國家干預經濟的凱因斯主義應運而生，羅斯福新政改革很快恢復了社會生產力，調和了階級矛盾。60 年代種族矛盾激化時，馬丁・路德・金領導的反對種族歧視、爭取自由平等權利的運動，推動了保障黑人權利的民權法案的產生。美國人民的革命精神是社會進步的動力，而美國社會的自我調節機制，又為國內利益衝突起到了緩解作用。美國的重大社會變革和轉型，通常是在和平條件下實現的。

在國家統一的條件下，在資本主義基本制度許可的範圍內，美國統治集團和社會各階層對各種政策性問題不斷展開爭論，不同意見的激烈交鋒是正常現象。例如在國家政府的職能上有大政府主義和小政府主義、聯邦集權和地方分權的爭論；在政治思想上有保守主義和自由主義之爭；在外交思想上有孤立主義和擴張主義之爭；在國內經濟政策上有自由放任和國家干預之爭、在經濟思想上有凱因斯主義與貨幣主義、供應學派之爭；在對外經濟政策上有自由貿易和保護主義之爭；總統領導的行政部門與國會之爭；共和黨與民主黨之爭；各個利益集團之爭；新聞輿論界對政府的批評，在美國司空見慣，是政治

生活中不可或缺的一部分。各種政見的公開辯論，反映了國內各種利益的衝突和交會，既是許多問題長期議而不決、決而不行、行而不果的重要原因，也為政策選擇和社會改良留下了較為充分的餘地。

五花八門的利益集團，對美國內外政策的形成有著十分重要的作用。利益集團的政治目標不是自己上臺執政，而是透過其活動影響公共政策，以促進本集團成員的利益。利益集團中數量最多、權勢最大的，當屬追求經濟實利的集團，如大企業、行業協會、工會等。但是，為本民族或種族集團、教派、職業以及婦女謀求政治地位和社會權益的利益集團也不在少數，在許多政策制定過程中有著舉足輕重的作用。[20] 各個利益集團透過其所組建或控制、支持的基金會、民間研究和諮詢機構（包括所謂「智囊團」、「思想庫」），提出政策主張和具體的操作方案，然後透過新聞媒體和大眾傳播工具提交各級政府和立法機構。聯邦政策和國會參眾兩院參考利益集團及其政策諮詢機構提出的不同政策方案，進行分析、對比和綜合，產生正式的國家立法和政策。

美國政府在制定或改變其政策時，都不能不考慮輿論；同時政府又總是力圖引導和影響輿論，使其決策得到公眾的支持，或改變不利於其決策的輿論。當然，所謂公眾，並非無所不包的集合體。不同的階級、階層、集團，屬於不同的地區、宗教信仰、種族和文化背景的人們，形成了許多種不同的公眾。

20　參閱李道揆，《美國政府和美國政治》，第一篇第六章，中國社會科學出版社，1990 年版。

因此，除特定條件（如抵禦外敵入侵）外，在美國不存在代表全體人民的輿論，輿論只是一部分人或集團在特定時間對某個問題公開發表的意見。公眾既然是多元的，輿論也只能是多元的。從根本上說，美國的大眾傳播媒介是私有的，獨立於政黨和政府，對政府政策（尤其是國內政策）常持批評態度。在西方主要發達國家中，美國大眾傳播媒介的獨立性最強，出版言論自由最大，對政策和國內外公眾的影響也最大。

近現代資本主義的民主和法治，是美國政局穩定的主要基礎。理論上，美國宣稱的治國原則是人人生而平等，人權不容侵犯，法律至高無上。實際上，種族、階級、性別之間的不平等，侵犯人權，踐踏法律的現象，在美國比比皆是。同時也應注意到，作為一種觀念，法治在美國的確是深入人心並滲透到美國社會生活的所有角落。從總統與國會的爭權到家庭糾紛，從社會福利、婦女兒童權利、同性戀問題到種族紛爭，人們都會首先想到用法律的手段解決問題，而將道德問題、政治問題或經濟問題與法律問題分開，將憲法置於至高無上的地位。限制政府權力和保障公民權利與自由的一個重要手段是賦予最高法院以司法審查權。司法部門有權裁決各級政府（州政府、地方政府和聯邦政府）的法律是否符合憲法。在立法、執法時，程式問題在某種意義上同實質問題一樣重要。

（四）經濟制度與經濟政策方面

美國的經濟制度既有發達資本主義國家市場經濟的共性，又有其自身的特點。如果說日本的經濟模式是「政府主導型市場經濟」，德國是「社會市場經濟」，法國是「計劃指導型市場經濟」，那麼美國可以說是「自由市場經濟」或「競爭型市場經

濟」[21]。美國經濟制度和政策的特點與美國在民族構成、精神信仰和政治體制等方面的特點是相適應的。

美國「自由市場經濟」的產生有深刻的歷史背景。美國人民爭取獨立的革命，在經濟上針對的是英國對殖民地經濟發展自由的壓制和重商主義的經濟政策。重商主義使美利堅殖民地處於英國的經濟附庸地位。美利堅有產者要求自由貿易和自由市場，與英國政府的壟斷和其他特權產生了尖銳的矛盾。具有革命意義的自由放任經濟思想強調個人利益是社會進步和經濟增長的推動力，讓人們按照自己的自然天性去自由競爭，才能實現人力和物力最合理的配置。

美國建國初期急劇的領土擴張和移民湧入，以及南北戰爭後黑人奴隸制的廢止，為具有美國特色的資本主義發展創造了良好的基礎。城市人口和移民的大量增長，農業勞動生產率的提高，鐵路、公路、水路運輸網的急速擴大，工礦區的不斷擴大等等，都增加了對土地的需求，使地租和地價不斷上揚。土地成為有利可圖的投資對象和投機對象。美國早期開發中形成的地產市場，對於土地的充分利用及生產和資本的集中有著重

---

21 關於美國「競爭型市場經濟模式」的特點，參見晏智傑主編，張延、杜麗群編著，《西方市場經濟下的政府干預》，中國計劃出版社，1997年版，第391~397頁。該著作認為，美國的經濟模式有八個基本特徵：(1)自由企業制度；(2)平等競爭原則；(3)大中小企業並行發展；(4)產業結構趨於優化；(5)地區分工結構逐步合理化；(6)國際化的市場經濟；(7)政府干預程度相對低；(8)有關市場經濟的法律制度較為健全。該著作還指出，與其他市場經濟國家相比，美國經濟模式有三個特點：(1)政府對市場干預程度低，直接參與市場活動範圍較小；(2)聯邦政府和地方政府、地方政府和地區政府之間經濟職權劃分清楚；(3)社會保障程度較低。

要的作用。土地投資和投機，成為美國經濟史上一個顯著的特點。

　　1787 年通過的美國憲法同時是一個經濟憲章。它規定了整個國家是一個共同市場，對各州之間的貿易不得徵收關稅或捐稅。憲法還規定，只有聯邦政府能夠管理對外貿易和州際貿易，制定全國統一的破產法，發行貨幣並調整其幣值，制定度量衡標準，設立郵局，制定有關專利和版權的條例，等等。這些規定對美國建立統一的國內市場和市場經濟的正常運行提供了法律保障。

　　經過二百多年的經濟實踐，美國在資本主義國家與市場的關係問題上已有了成熟的理論和政策。從美國通行的經濟理論上來說，儘管政府干預必定會在某些方面滋生浪費和降低生產效率，但某些市場失靈的情況不能不由政府干預來糾正。同時，自由市場的作用也是政府不應該也無法替代的。政府對於實施壟斷權和授予企業以壟斷權必須慎重，應鼓勵在公共部門中的競爭。政府的經濟功能應當分散，由聯邦政府、州政府和地方社區分別開展公共經濟活動。政府應當考慮社會公平原則，進行適當的再分配，應當將資訊視為公共產品，有責任提供必要的資訊，降低組織或個人獲得相關資訊的費用。[22]

　　與種族多樣化和政治多元化特點相適應的，是美國人對經濟資源受到過分壟斷和生產過分集中的擔心和防範，並期待政府為此制定法令和政策。美國是最早制定反壟斷法的國家。美

22　參閱約瑟夫・斯蒂格利茨，《政府為什麼干預經濟》，中國物資出版社，1998 年版，第 97~106 頁。

國早在 1890 年就通過了反托拉斯的謝爾曼法，1914 年又通過了進一步加強反托拉斯的克萊頓法和聯邦貿易委員會法。美國司法部的任務之一，是防止壟斷的出現。1997～1998 年司法部與微軟公司就銷售軟體中的壟斷行為進行鬥爭，就是這方面的最新事例。同時美國又是托拉斯勢力最強大的國家。美國的反托拉斯法，沒有也無法制止壟斷現象的出現，而只是打擊壟斷意圖和行為，對反托拉斯法的執行因經濟和政治的需要而時緊時鬆。儘管如此，反托拉斯行動在限制壟斷、保持市場相對公平的競爭和活力方面，一直有著相當的成效。

與其他發達國家相比，美國經濟的國有化程度是最低的，國家也總是想方設法地把國有企業轉變為私營企業，把國有企業納入市場競爭的軌道。但美國政府仍是一個重要的生產者，構成自由企業制度的一部分。田納西河流域管理委員會是美國最著名、最有影響的國營企業。政府作為生產者，還突出地表現在開發核能、核子武器的生產、航太活動及其技術開發上。美國政府又是訂購大宗貨物（包括軍備和武器）和勞務的大買主。

不過，美國政府更為重要的經濟角色是管理者，作為超越於市場之上的力量，以完善和嚴格的管理為市場經濟提供服務，調節經濟的運行，維護經濟秩序，建立社會保障體系。例如，在煤氣、電力、自來水、鐵路、航空、電訊等公用事業上，政府在政策上允許私人企業謀取合理利潤，但限制它們不公平地提高價格。又如，聯邦政府透過各種反傾銷法及「301 條款」等貿易保護措施削弱某些外國產品的競爭力，保護國內市場；曾經對航空工業、造船業、公路建設進行經濟補助；透過農產品價格補貼使其在國際市場上有較強的出口競爭力。聯邦政府

還在某些情況下對工資與物價提出最低或最高限度，以緩和勞資關係，抑制通貨膨脹。

政府進行宏觀經濟調控的最基本、最有效的手段是財政政策。美國財政體制是一種由聯邦、州和地方三級財政組成的綜合體，各有其徵稅制度、徵收名目（可以重複）和開支政策。三級財政體制相對獨立又有密切聯繫，構成一個有機整體。稅收是國家預算的主要來源。當發生通貨膨脹時，聯邦政府透過提高稅收以吸收過剩貨幣；經濟衰退時，政府降低稅收，以使消費者有更為充足的資金，從而擴大市場需求，刺激投資慾望，提供更多的就業機會。政府透過發行公債和其他形式的借款可以降低購買力，而歸還借款則可以提高購買力。政府擴大或緊縮開支可以刺激經濟發展或抑制經濟過熱。

美國的貨幣政策主要由聯邦儲備委員會（美聯儲）負責。美聯儲是實際上的中央銀行，具有很高的獨立性。美聯儲主席任期很長（14 年）並且與總統的任期錯開，可以基本上不受國內兩黨鬥爭和總統推行經濟政策的制約，在決定貨幣政策上行使著極大的權力，被稱為「美國第二個最有權力的人」或「經濟總統」。美聯儲的高度獨立性，使其不時與政府行政部門的政策相抵觸，也使其較容易從長遠的經濟發展和金融穩定角度出發制定政策，而不是服從、服務於短期的政治考慮。美聯儲的主要任務是透過準備金制度、貼現制度、公開市場業務等手段，控制貨幣供應和信貸規模。當經濟不景氣時，增加貨幣供應量，擴大信貸規模；當物價上漲過快時，則減少貨幣供應量，縮小信貸規模。在美國經濟發展的大部分時間裏，美國的物價能夠保持基本穩定，在一定程度上得益於美聯儲的貨幣政策。

美國企業分獨資企業、合夥企業和公司企業三種法律形

式。中小企業絕大多數是獨資或合夥企業，而壟斷企業則採取公司的法律形式。小企業[23]在美國經濟中佔有重要地位，它們具有較強的革新精神、適應能力和服務態度，而且不像日本的小企業那樣容易成為大企業的下屬承包企業。在那些形成壟斷的行業，少數幾家巨型壟斷企業就控制和支配了整個行業的生產和銷售。例如，通用汽車公司、福特公司和克萊斯勒公司三大汽車公司就基本控制了美國的汽車工業。全國最大的 500 家公司約佔全部非金融企業資產的 40%，國內生產總值的 40%，銷售總額的一半，企業利潤總額的 3/4。今天美國一些最大的跨國公司，如微軟公司、通用汽車公司、國際商用機器公司（IBM）、埃克森石油公司、美國電話電報公司（AT&T）等，其年產值都高於許多中小國家的國民生產總值。

過去，在一般人印象裏，美國大壟斷企業甚至整個經濟命脈被摩根、福特、洛克菲勒等八大家族公司所統治。實際上，從 50 年代起，經理控制式股份公司已經成為美國現代工商企業的標準形式。大股份公司股份的高度分散化，促進了它們所有權和經營權的分離，家族統治的企業進一步減少。美國持有股票者佔全國人口的比例較高。股權分散化的情況，由於退休基金、互助基金和保險公司在美國股票中的地位上升而更加顯著。新技術革命和生產專業化的迅速發展，企業管理的日益複雜化和精密化，使僅擁有鉅額股票而無專門知識的大股東日益難以勝任企業的董事會成員，而經過專業訓練的經理層在企業

---

23 根據美國小企業管理局的定義，雇員人數不足 500 人、年銷售額不足
　　500 萬美元的企業均屬小企業。

決策中的地位增強。

　　美國的企業制度的重要特點，是產權一般屬於私有；決策分散且高度自由，政府很少干預；雇主和雇員之間自由簽訂雇傭契約。企業主可以完全自主地決定企業形式或企業的產權結構形式，企業產權都十分明晰。美國經濟史上，除羅斯福新政等個別時期外，企業基本不受國家機關的行政約束。國家只是透過各種財政政策、貨幣政策和各種「反周期」的中短期調節措施進行間接干預。即使是對於國家干預程度較深的農業等部門，政府也盡可能地採取市場調節或法律手段來干預，而不是使用行政措施。美國沒有全國性的經濟計劃。由於種種原因，美國工會的勢力和影響與歐洲發達國家相比較小，使企業的主體行為能夠得到更為充分的發揮。外國企業較容易進入美國並享受國民待遇。為使本國企業增強競爭力，政府注意保護它們的充分自主權。

(五)對外關係方面

　　美國國內政局的長期穩定，是與一個長期的和平國際環境分不開的。美國歷史上經過了九次具有全局性影響的戰爭：獨立戰爭、第二次對英戰爭、美墨戰爭、南北戰爭、美西戰爭、兩次世界大戰、朝鮮戰爭、越南戰爭。1865年南北戰爭結束後，在美國大陸本土上從未爆發過大規模的戰爭。美國與其他軍事大國遠隔重洋。從第二次對英戰爭到珍珠港事件爆發的一百二十多年裏，美國的主權和領土完整幾乎沒有受到過威脅。一位美國學者曾就美國歷史上所處的優越安全環境寫道：「在有記載的歷史上，沒有任何一個大國能在取得繁榮發展的如此長時間內，對其國家安全給予如此輕微的關注，投入如此少量的資源。

即使古羅馬或中華帝國也無法在如此漫長的一段時間裏完全免除安全憂患。」[24] 直至今日，也只有極少數大國有能力對美國領土安全造成直接威脅。此外，美國有遼闊的國土、豐富的自然資源和先進的農業和製造業。它對國際經濟關係的依存程度也小於其他資本主義發達的國家。得天獨厚的國家安全環境，是美國區別於其他大國的又一個重要特徵。

　　建國初期美國國力弱小，無力與英法等歐洲列強抗衡，因此它既不願意讓歐洲各國涉足北美，也無意捲入歐洲的政治漩渦。第一任總統華盛頓在他著名的《中立宣言》（1793 年）和告別演說（1796 年）中，都提出了後來被稱為「孤立主義」的原則，即美國應該利用地理上的隔絕位置保護自身安全利益，避免與歐洲國家訂立永久性同盟。但是，美國資本主義的發展需要盡可能打開廣闊的國外市場，而且不久就向美洲大陸的其他地區和亞太地區大力擴張。美國領土在建國後成倍擴大。19 世紀末，隨著美國實力的膨脹，一股擴張主義思潮在美國泛濫。1898 年美國與西班牙的戰爭和 1899～1900 年對華門戶開放政策的提出，標誌著美國外交開始從致力於大陸擴張轉向了海外擴張。

　　1941 年 12 月，日本海軍偷襲珍珠港，美國被迫參加反法西斯戰爭。珍珠港事件打破了美國人企圖憑藉地理屏障置身於歐亞大陸衝突之外的幻想。現代軍事技術使浩瀚的海洋和廣闊

---

24 Richard Smoke, "National Security Affairs," in Fred I. Greenstein and Nelson W. Polsby, *Handbook of Political Science,* Vol.8, *International Politics,* Reading, Mass: Addison-Wesley, 1975, p.260.

的空間不足以抵擋外敵入侵，特別是美蘇冷戰時期核子武器和導彈技術的飛速發展，使掌握了大規模毀滅性武器的敵國能夠直接摧毀美國本土。因此，在當代美國的國家安全戰略中，核子戰略、核子武器及其運載工具具有特殊的重要意義。美國把防止核子擴散和中遠程導彈技術的擴散視為國家安全的生死攸關問題，把歐亞兩大陸和中東地區同時視為對美國安全利益至關重要的地區。自從二次大戰以後，美國的戰略利益一直是全球性的。

獨特的歷史地理條件，使美國的國家安全觀念和外交思想與其他大國有很大不同。美國外交上一個由來已久的爭論，就是所謂孤立主義與擴張主義的矛盾。20 世紀以來，雖然不斷有美國人提出類似「孤立主義」的主張，美國的實際外交政策卻從來沒有把勢力範圍定在美洲大陸。從根本上說，美國外交是一種擴充實力、擴張影響型的外交。但是每當美國在對外關係中遇到重大挫折，海外衝突不涉及美國根本利益，或者世界戰略格局相對穩定的時候，所謂「新孤立主義」思潮即會出現，主張置身於其他大國之間爭鬥之外，縮減在海外的軍事力量，更多地採取貿易保護措施，減少對外國的政治干涉和經濟軍事援助。

孤立主義在美國外交史中有多次表現。例如，在第一次世界大戰開始時，美國統治集團認為那是歐洲列強之間的爭鬥，並未打算捲入，而是採取中立態度。1916 年，伍德羅‧威爾遜以其「置身戰爭之外」的口號再次當選總統。以後美國雖然參加歐洲大戰，但戰後威爾遜總統參加國際聯盟的計劃被國會否決，原因是在 1920 年前後美國國內孤立主義思想仍然佔上風。又如，60 年代末、70 年代初美國的實力地位相對下降，在越南

戰爭中元氣大傷，要求美國實行戰略收縮的國內「新孤立主義」呼聲甚高，遂出現了以「尼克森主義」為標誌的戰略調整，強調均勢外交。在現實政策上，美國緩和對蘇關係，實現中美關係的突破以牽制蘇聯，強調與西歐和日本的夥伴關係，也調整了對外貿易和國際金融政策以適應美國實力相對削弱的現實。尼克森主義本身並不是孤立主義，但卻是在國內孤立主義情緒上升的形勢下出現的。

在美國實力地位相對上升、海外市場需求擴大時期，擴張主義思潮往往成為外交思想的主流。所謂「全球主義」、「國際主義」、「世界主義」、「干涉主義」等等說法，實際上都是擴張主義的代名詞。例如第二次世界大戰以後，美國的軍事、經濟力量無可辯駁地遠居世界之首，在經濟上空前依賴海外資源和市場，在政治和意識形態方面力圖壓倒社會主義蘇聯，其全球擴張的動力極其強大。在美蘇冷戰初期，美國領導人把共產主義思想和蘇聯為首的社會主義陣營視為其全球擴張的主要障礙，制定了「遏制戰略」。1947 年，杜魯門總統聲稱無論在世界的什麼地方，無論是直接的還是間接的侵略威脅了和平，都關係到美國的安全。美國當時透過馬歇爾計劃和向亞洲、非洲、拉丁美洲提供經濟援助的「第四點計劃」，透過對國際組織的操縱，向全球推行以「自由貿易」為旗幟的經濟擴張，制定了一系列符合美國長遠利益的國際經濟關係規範和體制。冷戰結束後，美國倚仗其唯一超級大國的地位，擴張主義傾向又一次抬頭。

上文談到的美國精神信仰中務實精神與宗教信仰的矛盾交織，反映到美國外交思想中，即是所謂現實主義與理想主義之爭。現實主義外交思想強調外交的主要目標是維護和平和世界

穩定，保護和擴大美國經濟利益。現實主義者主張，國家在國際事務中追求本國利益和權力是正當的，實力是利益的後盾，美國外交的出發點應是具體的國家安全和經濟利益而不是抽象的道義原則。政治家的最高道德準則就是維護本國利益，為此而暫時妥協以至犧牲其他一些思想原則也應在所不惜。現實主義者把國際關係看成是權力政治、利益角逐和經濟競爭，其主要觀察方法是分析國家間的實力對比變化，主張運用均勢原則指導外交實踐。他們認為外交權力應當高度集中，決策者有權以秘密外交的方式解決國家間衝突。在此過程中，應儘量排除國會與輿論的干擾。

當代美國外交中所謂理想主義理論，更多地著眼於世界政治的變革，促進全球經濟的一體化，以及對傳統主權觀念進行挑戰。它強調外交的主要目標是「維護正義」，全世界的「民主化」和「社會進步」。美國理想主義者的深層意識仍然是「上帝選擇」美國作為獨一無二的道義之邦，他們用美國的價值標準去衡量其他國家的國內社會政治制度，並認為美國有義務將西方式民主推廣到全球。他們強調外交公開化，國會對行政部門的制約，以及輿論對國內外政策的監督作用。他們更多地從意識形態的角度去解釋國際政治，在很大程度上視國際鬥爭為正義與邪惡之爭，民主與獨裁之爭，維護人權與踐踏人權之爭。

美國外交思想中現實主義和理想主義這兩種思維方式、兩套判斷標準的鬥爭無所不在，而相互之間又常常滲透相容。實際上，美國領導人需要在意識形態和實際利益兩方面同時找到政策基礎，在兩者之間尋求某種平衡。一方面，他們用道義原則來掩飾、解釋利益方面的動機，用「美國理想」作為旗幟去爭取政治支持；另一方面，也很難說他們只受權勢慾望的驅動

而沒有任何真正的個人政治信仰，或他們的信仰在指導外交行動方面不起作用。

　　簡單歸納起來，與其他國家特別是西方發達國家相比，美國國情的突出特色是：

(1)得天獨厚的自然條件和地理位置。

(2)歷史上最大的移民國家，至今仍有相對寬鬆的移民政策，繼續發展的種族多元化趨勢，深刻的種族矛盾。

(3)以白種人盎格魯—撒克遜新教為基礎的主流文化和其他文化之間的矛盾和相互包容。

(4)宗教信仰和務實精神的對立統一。

(5)以實現個人價值和追求個人自由為中心的價值觀，認為國家是為個人而存在的，而不是相反。

(6)成文憲法至高無上的權威地位，由憲法保障的長期政治穩定。

(7)政治權力分散的聯邦制，立法、行政、司法的三權分立和相互制衡，穩固的兩黨政治，公開活躍於政壇的利益集團。

(8)標榜獨立於政府和黨派政治的強大傳播媒體和思想庫。

(9)強調經濟上的自由競爭，而將必要的政府干預減少到最低限度。

(10)巨型壟斷企業與靈活而有創新能力的中小企業之間的強烈反差和相互補充。

(11)存在一個龐大的中產階級，但社會收益分配方面有著極其懸殊的貧富差距。

(12)相對開放的國內市場和強勁的海外經濟擴張。

(13)對外政策方面孤立主義與擴張主義、理想主義與現實主
　　義的矛盾交織。

　　這些特性作為歷史的積澱，對冷戰後美國社會發展和外交
戰略有著重要的投射作用。顯然，美國特性還可以包括許多其
他的方面，未能在這裏詳細論述。

二、冷戰後世界的衝擊

　　本書使用廣義的「冷戰後」概念，即指 80 年代後期以來的
一個新的、未被「正式命名」的歷史時代。當人們把以柏林牆
被拆除、蘇聯解體為標誌的新時期稱為「冷戰後時期」時，容
易忽略除國際關係以外人類歷史的其他許多層面。實際上，國
際關係的變化，是人類社會發展的結果而非原因。冷戰的結束
應被視為一段時期內各國社會內部變革進程加快、觀念更新、
新技術革命和資訊革命、國際力量對比失衡、跨國經濟合作加
強、跨國人口大量流動等等歷史性變化的結果。在被稱為「冷
戰後」的時代裏，全球化加速，國際局勢整體緩和，蘇聯解體
後俄羅斯政局不穩，東歐政治經濟轉軌，歐洲一體化進程加快，
東亞經濟經過一段時間的騰飛後又出現金融動盪，非洲、中東、
巴爾幹等地區民族紛爭和宗教衝突頻繁出現等等，構成相對獨
立而又相互影響著的一系列歷史進程。在這層意義上的「冷戰
後」，泛指世界政治、經濟、軍事、文化、社會、科技等各個方
面變化在新時代的繼續。其中的許多變化，如人類對生態環境
等全球性問題的關注，與美蘇冷戰結束並無直接關係。

冷戰剛剛結束時，西方世界到處都在議論資本主義意識形態和社會制度的「勝利」，討論如何建立以美國為首的西方國家聯合主導的世界新秩序；而在反對美國霸權圖謀的國家中，普遍感受到可能出現單極世界的巨大壓力，甚至有某種「黑雲壓城城欲摧」的氣氛。但是，幾年來國際形勢的發展表明，美國和西方聯盟沒有享受到多少「和平紅利」，它們干預世界其他地區事務的能力，遠遠沒有原先設想的那樣強大。其中原因，不僅在於兩大集團對抗消失後西方各國之間矛盾加深而難以協調行動，也不僅在於西方之外各種獨立政治力量的興起。西方缺乏干預能力的重要原因，還在於冷戰結束後全球化進程的加速，深深震撼著西方社會，引起發達國家內部政治力量的分化和重組。各國內部的統一意志和凝聚力，以及領導集團的控制能力，都受到嚴重削弱。一種可能出現的長期趨勢是：美國、日本、俄羅斯、德國等大國的國內矛盾和問題，大於它們之間的國際矛盾；它們的領導集團需要更多地從國內考慮出發去處理國際關係，同時也更多地根據國際變化而調整國內政策。這是全球化的客觀要求。

　　冷戰後世界的總趨勢是走向有序，進步，緩和。然而舊格局的消失與新秩序的出現之間，將有一個相當長的歷史階段，其間的無序，失衡，衝突，表現在人類社會物質生活和精神生活的一切層面。如果說在過去一定階段可以用「東西南北矛盾」來概括國際形勢的話，今天更需要用一種穿越國家和民族界限的全球眼光審時度勢。要對今日美國的世界戰略包括對華政策做出客觀判斷，不能不首先分析冷戰後美國所面臨的幾個方面的外部衝擊。

（一）經濟全球化的趨勢加速發展

　　全球經濟系統是比全球政治系統更活躍、更開放的系統。全球政治系統由主權國家組成，是一個相對穩定和相對封閉的系統。從純粹經濟學的角度看，領土疆域的政治劃分，各國關稅制度的設立和政治制度的差異，在一定程度上妨礙了生產要素的自由流動，造成了資源配置的不盡合理。某些國家和國家集團之間的政治對立和軍事對抗，更是經濟發展和國際經濟合作的巨大障礙。於是當冷戰結束、世界政治形勢走向緩和時，作為經濟全球化主體和動力的跨國公司，迅速抓住機遇，在全球範圍組織生產和流通活動。商品、資本、技術和人才的跨國界流動，促進了各國的經濟發展，也使全球經濟系統愈加發達並逐漸走向有序。

　　另一方面，全球經濟系統的開放和活躍也有賴於全球政治系統的穩定和調節。從正面看，世界大戰的危險在冷戰結束後基本排除，國際組織對跨國經濟合作的推動，國家政府對經濟的宏觀調節和推行的社會保障制度，都為世界經濟的發展和經濟全球化進程提供了有利條件。從反面看，前南斯拉夫、前蘇聯、黑非洲的部分地區和波斯灣戰亂頻仍，造成政治系統的紊亂，也破壞了正常的經濟秩序，使有關國家和地區很難彙入經濟全球化的浪潮。世界各國經濟相互依存的趨勢，使它們對彼此的國內政治採取更為關注的態度。作為自己重要的經濟夥伴，其國內政治變化肯定會影響自己的經濟利益。

　　國際政治中的經濟因素大大上升，國際經濟競爭和摩擦空前激烈，已成為國際政治鬥爭的主要內容之一。全球經濟一體化和地區經濟集團化的趨勢同時並存，初步形成了美洲、亞太、

歐洲三大經濟區域集團。日本和德國利用美蘇冷戰的時機大力發展經濟，在冷戰結束前迅速縮小了與美國的經濟差距。美日在經貿領域的摩擦由來已久，成為影響兩國的政治和戰略關係的長遠的、結構性的因素。統一後的德國有近 8,000 萬人口，是世界第三經濟大國，是冷戰結束和歐洲一體化進程的受益者。歐洲經濟的區域一體化進程，在貿易、金融、科技諸領域都對美國形成有力競爭。

全球經濟一體化和地區集團化的趨勢，對國際經濟合作的廣度和深度也提出了更高的客觀要求。中國為建立社會主義市場經濟體系而加快改革開放步伐。原蘇聯東歐國家宣佈向市場經濟轉軌。世界大多數國家實行開放政策，世界經濟進一步市場化，全球統一大市場正在形成。各個經濟強國的利益不允許他們之間的經濟摩擦完全失控，走到政治對抗的地步。由無數跨國公司、國際金融組織和其他經濟協調機制（如一年一度的西方七國首腦會議）編織成的大網，把發達國家的經濟套在一起，你中有我，我中有你，越來越緊密地相互依存。發展中國家之間、發展中國家和發達國家之間的經濟相互依存程度也在加強。那些不願在相當程度上與世界經濟接軌的國家，在國內經濟發展和對外關係中都處於越來越困難和孤立的地位。當今經濟領域的國際鬥爭，與引起兩次世界大戰和美蘇冷戰的大國爭霸有性質上的區別，不是一方受損、另一方就必然受益的「零和對局」。經濟領域裏制裁和反制裁的的鬥爭，一般來說是以威脅要損害對方利益為籌碼來保護自己的利益，而不是以損害對方為最終目標。國際金融領域裏的矛盾，更不宜用損耗對方資本的方式來解決，因為任何一個大國的金融動盪和經濟衰退，都會給其他大國的經濟帶來消極影響。

經濟全球化不可能自然而然地帶來國際政治衝突的解決，或者消除意識形態和文化價值觀的差異。但是，以發動戰爭、掠奪殖民地或領土、侵佔資源、奴役人民的方式來爭奪地區或世界霸權，在經濟全球化時代畢竟得不償失，在大多數情況下，甚至無此必要。當今的國際政治鬥爭，仍然以國家的經濟、政治、軍事實力為後盾，仍然時常發生以武力相威脅的情況，但越來越多地是在談判桌旁、會議廳裏、電腦網路上、傳播媒體中進行的。貿易爭端、知識產權保護、金融穩定、非法移民、跨國犯罪、生態平衡等等，都已列入國家領導人的會談日程，成為國際政治的重要內容。它們無一不與經濟全球化進程有關。此外，國際政治已不再僅限於國家政府之間的事務，形形色色的非政府組織應運而生，與跨國公司一起，成為國際政治中的重要角色。

　　經過幾十年的合作與摩擦，西方國家之間的經濟競爭規則和處理經濟衝突的機制已經基本確立，而且在很大程度上即是全球性的規則和機制。經濟一體化給各國帶來的長期效益大於損失。以鄰為壑的制裁或相互封閉市場所造成的結果，往往是損人而不利己。在這種大趨勢下，歐洲聯盟、北美自由貿易區、亞太經濟合作組織相繼成立，推動了本地區的貿易和投資自由化。自由化領域正在從貨物貿易向服務貿易領域延伸。國際貿易的增長速度繼續快於世界生產，而外國直接投資又以快於國際貿易的速度增長。1995 年 1 月 1 日，世界貿易組織宣佈成立，標誌著世界經濟合作進入了一個加速發展的新階段。

　　冷戰結束後，國際金融市場急劇膨脹，流速加快，金融全球化成為經濟全球化的先導，虛擬金融資本超出實際經濟交易幾十倍，甚至完全脫離實際經濟運行。1994 年墨西哥金融危機，

1997 年 6 月開始出現的東南亞金融危機以及後來更大範圍的金融動盪，呼喚新的全球金融機制和經濟協調機制。

（二）世界大戰危險減少，然而局部衝突不斷，核子擴散和武器技術擴散日益嚴重

蘇聯從世界政治中消失，使美國的國家安全環境有了根本改變。核子大戰和大國間直接武裝衝突的可能性大大下降。與此同時，世界性的民族主義浪潮此起彼伏，地區衝突烽煙四起，雖然一般來說未構成對美國國家安全的根本威脅，但足以引起美國戰略決策者的高度重視和強烈反應。

在原蘇聯東歐地區，許多國家的政權處於不斷的更迭和調整之中，成為當今民族主義浪潮的中心地區。俄羅斯政治前途仍然撲朔迷離，車臣衝突暫時平息後，國內經濟形勢和政局變動可能引發新的內亂和民族間糾紛。波黑內戰已經造成了幾十萬人的傷亡。科索沃、阿爾巴尼亞等地的動盪此起彼伏。非洲一些國家的內亂浩劫之慘烈，令國際社會觸目驚心。在中東地區和南亞地區，大規模武裝衝突的威脅始終存在。這些連綿不斷的動亂，是對美國倡導的「世界新秩序」的嚴重挑戰。

地區衝突的加劇，地區強國的崛起，使一些國家的不安全感上升。許多國家紛紛尋求購買和製造先進武器，增加軍費開支。由於研製核子武器所需開支低於開發先進常規武器系統的費用，而且擁有核子武器是國家軍事實力和政治地位的重要象徵，因此某些國家極力謀求核子武裝，作為與其他軍事強國相抗衡的一種資本。企圖擁有核子武器的國家，同時也在謀求某種導彈等運載手段。1998 年 5 月印度和巴基斯坦相繼進行核子試驗，引起了國際社會的強烈關注和對防止核子擴散機制的重

新思考。

　　這樣，美國所面臨的地區性核子威脅將大大增加。萬一像伊朗、伊拉克、北韓這樣敢於不惜代價與美國對抗的國家獲得核子武器和相應的運載手段，將對美國構成巨大的心理威懾和現實威脅。另外，隨著核子武器的小型化，國際恐怖組織取得核子爆炸裝置的可能性也在增加。生物化學武器的擴散，也是美國國家安全的重大隱患。

（三）國家間力量平衡和國際關係結構出現重大變化

　　從美蘇兩個超級大國爭奪世界權勢的角度講，美國是冷戰的勝利者。今天美國獨一無二的政治、經濟、軍事、科技超級大國地位，在可預見的將來使任何其他大國望塵莫及。90年代上半葉，美國經濟增長的幅度大大高於日本和德國，在高技術領域的領先地位也無可爭辯，把80年代後期流行一時的「美國衰落論」暫時壓制下來。然而發展中國家的經濟速度普遍超過包括美國在內的發達國家。特別是東亞的經濟起飛引人注目。東亞一些國家雖然在1997年以後陷入暫時的經濟困難，但經濟起飛時期積累的基礎設施、人才資源、管理經驗，仍然是日後復甦的強大基礎。除世界各國經濟力量的消長外，政治和文化影響更是難以衡量的變數。因此，關於美國興衰的爭論仍將繼續下去。

　　冷戰後「一超多強」的國家結構對美國有利的一面是，在可預見的將來，既沒有哪個國家能對美國唯一超級大國地位提出挑戰，或在經濟、科技、軍事、文化和政治滲透力等方面趕上美國，也不存在兩個或幾個大國結成固定的抗美聯盟的可能性。但是與此同時，以美國為首的西方聯盟內部凝聚力明顯減

弱。西方其他國家一方面要藉助美國的力量共同應付來自發展中世界的挑戰，另一方面不願聽命於美國。法國公開提出了針對美國的多極化主張。在貿易、地區安全、外交政策等問題上，西方國家之間越來越難以協調。日本表面上仍然對美國表示恭敬，但在實際政策和內心深處都滋長著強烈的民族主義傾向。

　　美國與中國和俄羅斯的關係在冷戰結束後一直沒有真正定位。中國作為一個綜合國力迅速增強的社會主義國家，對美國的國際地位及其所維護的國際秩序和規範提出了強有力的挑戰。俄羅斯在蘇聯剛剛解體後，一度做出追隨西方大幅度的外交調整，與美國保持近似的政策立場。但俄羅斯以其深厚的民族主義傳統，高素質的人力資源，豐富的自然資源，對獨聯體其他國家的強大輻射力，將不會對美國俯首稱臣，不會甘心於目前的二流大國地位。俄羅斯出於自身利益和國內政治鬥爭的需要，與美國的政治齟齬將愈發突出。

　　除了歐、日、中、俄幾強之外，巴西、南非、印度、印尼、南韓等新興地區強國也不容忽視。這樣一種國際格局對美國有利的是，在可預見的將來，既沒有哪個國家能對美國的唯一超級大國地位提出挑戰，或在經濟、科技、軍事、文化和政治滲透力等任何一個方面趕上美國，也不存在兩個或幾個大國結成固定的抗美聯盟的可能性。許多國家希望或者默認美國在本地區扮演某種「平衡者」的角色。正如有的學者指出的，屬於「多強」層次的國家和集團越多，相互間的牽制就越大。諸強不願當「出頭鳥」，而願「搭便車」，給美國「分而治之」的策略提

供了空間。[25] 它們一方面希望或者默認美國在本地區扮演某種
「平衡者」的角色，另一方面又不願美國的政治影響擴大到損
害它們利益和地區強國地位的程度。冷戰時期美國在許多發展
中國家擴大政治影響，是藉助於這些國家對蘇聯的擔心，出於
美國與蘇聯爭奪勢力範圍的需要。事過境遷，這些發展中國家
對美國的戰略依賴減少，自主意識增強，而美國干預這些國家
內部事務的能力和意願下降。

（四）在全球化趨勢加強的同時，各國將主要注意力轉向國內

當主要國家的政府將解決國計民生問題置於日常工作的首
位時，各國之間的相互依存也日益加深。在全球性的經濟、社
會和生態環境問題面前，內政與外交的傳統界限已經越來越模
糊不清。美國如此，其他大國也是如此。同時，由於政府在應
付全球性問題時所起的作用有限，形形色色的非政府組織應運
而生。許多跨國的非政府組織的規模和作用非同小可，與政府
間國際組織一起，對世界政治、經濟和社會發展有著越來越大、
不可替代的作用。這些民間組織既是對政府功能不足的補充，
又表現了對政府作用的不信任，形成了對政府權威的牽制。

蘇聯集團的瓦解解除了西方陣營在國家安全問題上的一個
心頭之患，但是也同時使西方國家的國內矛盾日益突出。包括
美國在內的發達資本主義國家普遍面臨著嚴重的國內政治和社

---

25 張宇燕，〈透過美國看當今世界〉，《國際經濟評論》，1996 年第 1~2
   期，第 18 頁。

會問題。傳統政黨的影響削弱，政府普遍面臨信任危機。綠色和平組織等新生政治力量大量湧現，而極端保守勢力、種族主義、法西斯勢力也在加緊活動。與這些政治震盪並發的，是不斷揭出的政界醜聞，官員腐敗，黑社會猖獗等政治問題，以及經濟不景氣、失業嚴重、社會福利負擔沈重、道德觀念混亂、犯罪率升高、移民難以融合消化等一系列複雜的經濟和社會問題。西方世界人心思變，然而往哪個方向變，卻缺乏統一而強有力的政治意志去引導。發展中國家也普遍存在著國內凝聚力下降、腐敗蔓延、地方分離傾向嚴重、道德失範、治安惡化的現象。在資訊高度發達和跨國交往日益頻繁的時代，各國政治、社會風氣和文化之間的相互影響十分明顯，各國的社會弊病也相互感染。國計民生問題，早已不侷限於國民經濟增長和人民物質生活水準的提高。人民對社會公正、平等權利和政治參與的要求與日俱增。亞洲金融危機是經濟全球化的第一場重大危機，引發了印尼的政權傾覆、泰國和日本的政權更迭，以及俄羅斯的政治動盪。

　　全球化的社會和生態環境問題，包括貧富差距加大、人口爆炸、糧食短缺、國際恐怖活動、吸毒販毒、愛滋病、環境污染、生態失衡、資源枯竭、能源危機等等，已構成對人類未來的重大威脅。這些問題對冷戰後的美國造成嚴重的衝擊。地區動亂和未發展國家的貧困所造成的大批難民，窮國和富國經濟差距擴大所造成的越來越多的移民，促使美國的難民人道主義援助政策和移民政策做出重要調整。層出不窮的國際恐怖活動震驚西方社會。毒品氾濫帶來的危害健康、嚴重犯罪和吞噬社會財富等種種禍害。生態環境問題已經超出原有的「保護自然」領域，而膨脹為社會問題、經濟問題和政治問題。所謂「生態

恐怖」已成為重要的全球性焦點。

　　由於美國的開放性和積累的鉅額財富，上述全球性問題對美國社會造成衝擊的嚴重程度和美國公眾的關注程度要高於其他主要國家。在處理這些問題時，美國政府內外政策的區別已經沒有多大意義了。例如，近年來美國種族矛盾的深化，與新移民和非法移民進入美國有密切關係。1970 年以後入境的新移民，教育水準和技術水準較早期移民要低得多。他們之中貧困、失業和依靠救濟為生者的比例，較先前的移民高得多。他們的到來，增加了就業壓力和社會保障的負擔，加劇了原先就存在的社會和經濟問題。許多人將犯罪率高、就業率低、平均教育水準下降等問題，歸咎於新移民和非法移民。洛杉磯、紐約等城市的種族騷亂，越來越多地發生於黑人與近些年來移居美國的亞裔居民之間。排斥移民的情緒，在移民增加較快的加利福尼亞州更為高漲。在 1994 年的美國中期選舉中，加州提出了針對非法移民的 187 法案，其主要內容是阻止非法移民使用公共的社會與醫療保健服務，不准他們的子女進入公立學校就學。該法案在加州獲得多數公民的支持，也在全美政治生活中激起層層漣漪。雖然它還未獲聯邦法院批准而生效，但是已經引起墨西哥（來自墨西哥的新移民約佔美國新移民總數的 1/5）等拉丁美洲國家和其他國家的抗議或關注。由此可見，移民政策問題既是內政問題，又是外交問題。

　　在新的社會矛盾中下，西方各國正在出爐新的社會政策措施，企圖在政府和市場之間，資本主義的壟斷競爭和社會公正平等之間，尋找一個新的平衡點。西方各國的政策調整方向不盡相同，但都強調以下內容：關心社會的貧困階層，特別是在資訊產業革命時期處於競爭劣勢的群體，大大增加對教育和培

訓的投資，以解決再就業問題，保持經濟發展的後勁；增加低收入階層的所得，刺激消費；適當改革移民法，控制非法移民，但維護新移民的權益以緩和社會矛盾；加強環境保護，徵收生態稅，強調生態平衡與經濟發展並重；適當分散和下放權力，使地方和社區承擔更多的責任，加強非政府組織的社會仲介功能，增加政府的「親民」色彩。這些政策措施，都是企圖糾正80年代以美國雷根政府和英國柴契爾政府為代表的自由放任政策帶來的消極後果，用歐洲左翼政黨的話來說，就是要實施「軟心腸的資本主義」，或者「給資本主義加上一張人性面孔」。

（五）各個國家和民族都面臨價值觀的重建

導致東西方對立的兩大意識形態的衝突，隨著冷戰結束而減弱。社會主義運動在世界範圍內處於空前的低潮，前蘇聯東歐集團的多數國家朝著資本主義民主和市場經濟的方向轉軌。同時，南非建立了多種族聯合政府，拉丁美洲一些國家也出現了令美國感到欣慰的多黨制政權。但是，當西方政界為資本主義思想原則在世界各地的蔓延而興高采烈的時候，多種形式的非西方價值觀的影響上升，在很多地區和國際舞臺上對西方政治價值觀構成了強烈衝擊。

在中東、中亞、南亞、東南亞等地區，伊斯蘭主義正在復興。被西方人稱為「伊斯蘭原教旨主義」的宗教勢力，要求把伊斯蘭教變成一種指導國家內外政策的政治意識形態。世界上有1/5即十億多人口信奉伊斯蘭教。從波灣戰爭爆發、伊朗重新崛起、波黑衝突、伊斯蘭組織「哈馬斯運動」在加沙地帶的活動、原教旨主義勢力在阿爾及利亞、蘇丹、土耳其、阿富汗等國崛起等等事件及現象中，都可以看到伊斯蘭思想在世界範圍

內對西方價值觀的挑戰方興未艾。

　　在東亞，許多政治家、輿論界人士和學者抨擊歐美的政治經濟制度和價值觀念，認為歐美社會以個人主義和享樂主義為中心的價值觀已造成家庭的解體，社會衝突的加劇，以及經濟效率的下降；而東亞由於崇尚國家權威，強調集體主義，重視家庭倫理，遵從傳統道德，能保證經濟持續發展和政治穩定。東亞各國政治菁英中日益增長的一種意識是，亞洲的現代化不等於西方化，在經濟模式、社會規範、政治體制、對外政策取向等方面，不應一切以西方為楷模，唯美國馬首是瞻。他們認為，如果以東亞為中心的亞太地區能在保持原有文化價值的基礎上，趕上或超過歐美的經濟發達程度，就能創造史無前例的偉大文明圈，21 世紀就將成為亞太世紀。

　　在新時期的聯合國等國際政治舞臺上，發展中國家在人權、裁軍、國際經濟秩序等問題上，經常相互協調，提出與西方國家相對立的政治主張。大部分發展中國家歷史上曾遭受西方殖民主義壓迫，今天仍然感受到來自歐美國家的政治壓力和對它們內政的干涉，因此對美國等發達國家提出的「人權無國界」的觀點特別敏感；它們強調國家主權、集體權利是個人權利的前提，強調生存權、發展權是人權的主要內容或重要組成部分，反對將西方式的民主人權觀作為普遍性的價值觀。因此，在國際人權鬥爭領域，常常出現以美國為代表的西方國家為一方，以許多發展中國家為另一方的激烈爭論。在國際安全、軍備控制、核子裁軍、軍品交易等問題上，發展中國家對美國提出的旨在保持西方軍事優勢的國際規範進行鬥爭。在國際經濟領域，發展中國家反對將經濟援助作為向它們施加政治影響的工具，要求改變現存國際經濟秩序中的不公平不合理現象。

在西方發達國家，價值觀也在發生深刻的變化。有的西方人希望，18 世紀法國大革命和美國獨立戰爭時期所形成的那套自由、民主、人權的價值體系，能夠在冷戰後的世界上獨領風騷。但是，許多西方思想家對西方社會本身能否繼承這套價值體系深表懷疑。他們擔心，極力追求個人物質享受和精神刺激的傾向將把西方社會乃至整個世界引向分裂、混亂和崩潰。曾任美國總統安全事務助理的著名政治家布熱津斯基指出：「除了原教旨主義政治傾向十分明顯的伊斯蘭世界外，在全球政治舞臺上佔主導地位的，是以竭力追求消費和強調個人自我滿足為政治行動的首要目的的言論和價值觀念。像全球電視展示的那樣，先進西方國家的生活方式之影響在這方面特別具有決定的意義，它促使全世界範圍裏的人都熱中於追求物質享受和及時滿足道德上不受抑止的個人慾望。」[26] 另一方面，當今世界多種形式的國家發展模式出現，非西方價值觀的影響上升，對美國及歐洲的政治價值觀構成了強烈衝擊。90 年代美國國內種族和文化的多元化趨勢，與冷戰後全球範圍內文化和價值觀的多元化趨勢同步發展，相互呼應，引起了美國主流政治菁英的憂慮。

在西方政治思潮中，「第三條道路」的提法應運而生，強調市場經濟不會自動產生社會公平，因而需要政府的政策調節。到 1998 年時，美國、英國、法國、德國、義大利這五個西方大國的主要領導人，在政治思想上都屬於中間偏左。他們透過民

---

26 茲比格涅夫·布熱津斯基，《大失敗與大混亂》，潘嘉玢、劉瑞祥譯，朱樹揚校，中國社會科學出版社，1994 年版，第 62 頁。

選而上臺，也反映了西方民意的傾向性。新一代西方領導集團認識到，國家內部和國際社會中貧富懸殊過大，會引發國內不穩定和國際衝突。這種思潮從傳統的歐洲社會主義思想中吸取了營養，也正在從俄羅斯經濟瀕臨崩潰和亞洲金融危機中吸取教訓。80 年代末、90 年代初蘇東劇變剛剛發生時，「市場自由化、經濟私有化、全球化、資訊自由交流將導致經濟繁榮和政治民主」的思想，曾經風光一時，現在已經受到西方社會民主主義思潮的強大挑戰。

（六）新的科學技術革命創造了資訊時代，給世界政治生活帶來了巨大變化

從某個角度說，兩極格局的解體是新技術革命的一個結果。新技術革命首先帶來迅猛異常的工業技術變革，使粗放型經濟加速向集約型經濟轉變，使大規模生產逐漸被在應用智慧技術基礎上發展起來的定格生產所取代。生產的小批量和多品種打破了大規模工業社會舊有的同一性，引起了社會和經濟結構的分化，使人們得以更多地認識到自身和小團體的價值。個人的權利意識和選擇餘地都在擴大。其次，新技術革命使聯絡各生產單位的資訊成為現代經濟活動的關鍵。而資訊與資本、土地、自然資源、勞動力、生產工具等傳統上一直起支配作用的生產要素不同，它較少受到（並最終不可能受到）地緣邊界的限制。這就對傳統的主權觀念提出了強勁挑戰。最後，資訊革命帶來了管理方式的根本變革。它要求迅速而有效地利用智慧技術帶來的一切便利，調查生產過程和市場需求，使生產達到最優化，從而對上至國際組織、下至生產企業的管理者們形成了巨大的壓力。市場經濟體制比較蘇聯東歐那種計劃經濟體

制更能適應資訊革命。由此可見，資訊時代改變了國際體系的外部環境和國際競爭的規則，促成了兩極秩序的崩潰。

冷戰結束了，新技術革命還在繼續衝擊著傳統的國內和國際秩序，推動著新秩序的形成。在各國和國際組織內，掌握資訊和高技術的管理人員和社會集團越來越多地參與經濟和政治決策，對資金、資源的分配和價值觀的重塑享有發言權，即享有政治權力。在國家之間，資訊的全球化加深著相互依賴的程度。正如中國學者張敏謙所指出的，「相互依賴程度的加深，必然使相互的制約性加大。這種制約性將體現在本屬一國主權範圍的各個方面。從政策制定、法規設立等宏觀決策，到金融、財政、貿易、人口等各行各業的微觀管理，每個國家都不能不顧及相關國家及國際社會的反應，甚至在一定程度上和一定範圍內不得不相互做出妥協」。[27]

科學技術的迅猛發展和日新月異推動了全球化進程。全球資訊和交易費用大大降低，所有產業部門都在運用新技術成果，技術革新和企業創新能力已取代傳統的價格競爭力，成為國際競爭力的決定因素之一。在經濟資訊化、知識化和網路化的同時，政治資訊的傳播速度也大大加快，範圍越來越大，用控制資訊流量來維持政治穩定的傳統做法越來越難以奏效。資訊時代的到來削弱了主權的完整性和絕對性。為以美國為代表的資訊發達的資本主義國家向其他國家進行政治、經濟、文化滲透提供了更多的機會。但是，堅持維護主權的發展中國家也

---

27 張敏謙，《電腦：繪製一個新時代》，《世界知識》，1995年24期，第3頁。

在利用越來越發達的大眾傳播媒介控制輿論導向，弘揚民族文化，抵制西方影響。因此，科學技術進步的影響絕不是僅僅有利於西方國家。

對於美國領導集團來說，面對冷戰後世界的上述六個方面的趨勢是憂喜交加，既提供了擴大利益和勢力範圍的機會，又提出了新的挑戰。對美國有利的主要因素是：全球經濟、安全和社會發展中的許多新問題、新趨勢，使全球協調機制或全球治理越來越成為人們關注的核心問題，而美國作為冷戰後唯一超級大國，在塑造世界政治經濟新秩序中佔據著一定的有利地位；其他大國中不再有對美國構成直接軍事威脅的對手；近期內發生核子大戰的危險可以基本排除；俄羅斯和前蘇聯東歐集團中的其他國家在政治上大體認同西方式的民主模式，在經濟上引進資本主義市場經濟機制；拉丁美洲和其他一些發展中國家（如南非、菲律賓）國內政治進程和外交方針與美國的利益並行不悖；社會主義處於低潮；二次世界大戰後由美國主導建立起來的資本主義國際經濟秩序和規範仍然穩固，在理論和實踐上未遇到根本障礙；資訊時代傳播媒介的高度發達，國家主權的相對削弱，非政府組織的興起，為資本主義生活方式和美國文化價值觀向其他地區的影響和滲透提供了有力的工具。

對美國不利的國際環境因素主要是：資本主義發達國家內部的政治向心力減弱，政府普遍面臨信任危機，社會問題嚴重；它們之間的聯盟凝聚力下降，經濟矛盾突出；地區動亂增多，民族主義崛起，增加了大規模毀滅性武器擴散的危險，造成國際恐怖活動加劇，以及大批難民和移民浪潮；伊斯蘭主義的復興形成對西方民主模式和文明價值觀強有力的抵制；隨著東亞經濟的迅速發展，東亞各國弘揚本民族文明價值觀的呼聲相互

配合，向西方的人權觀和以個人為中心的自由觀提出挑戰；全
球經濟中的區域集團化和各國貿易保護主義的增強，與美國倡
導的貿易和投資自由化的原則相悖；生態環境惡化和其他全球
性問題加劇，直接影響美國國內社會發展、穩定和平衡。

在國際關係冷戰體系瓦解的同時，1990 年 7 月，美國經濟開始進入第二次世界大戰結束以後的第九次衰退。開始，美國官方對這次經濟衰退的嚴重程度一直輕描淡寫，大多數美國經濟學家也認為這次衰退將是「溫和而短暫的」，可能只是經濟持續增長八年以後一次小小的喘息。當時普遍的估計是衰退持續時間不超過九個月，國民生產總值大概只會下降 1～1.5 個百分點。[1] 美國迅速打贏波灣戰爭進一步鼓舞了樂觀情緒。政府要員紛紛出面向公眾保證，衰退的谷底已經過去，到 1991 年年中，美國經濟將恢復強勁的增長，投資和就業狀況將在當年內恢復正常。[2]

事實上，美國經濟持續低迷達 23 個月之久。經濟衰退程度不深，但復甦速度之緩慢為戰後歷次危機所僅見。直到 1992 年大選的前幾天，才有確切的統計顯示，當年第三季度美國經濟有了比較有力的增長，多數經濟指數回升到 1990 年 7 月前的水準。這個好消息對於謀求連任的喬治‧布希來說是來得太遲了，他終究失掉了總統職位，為遲遲不能重振的經濟付出了代價。不過即使告別了白宮，布希依然可以過上優裕的生活，絕不會為生計發愁。但對於其餘 960 萬失業者而言，衰退的後果才是真正難以忍受。他們不僅失去了工作，而且因此失去了優厚的醫療補助和退休待遇。從表面上看，這次衰退造成的失業率不算很高，起碼遠低於 1981～1982 年衰退時的 10.8%。但官方的失業統計中並不包括那些一天只從事幾小時工作的半失業者，

---

[1] 《世界知識》，1991 年第 3 期，第 24 頁。
[2] Donald Barlett & James Steele, *America: What Went Wrong?*, Kansas City: A Universal Press Syndicate, 1992, p.x.

和那些失去固定工作、被迫充當臨時雇工的人。在《時代》周刊和有線新聞網進行調查時，有 23%的被調查者說他們在 1991 年曾經失業過。[3] 以往的不景氣中，受打擊最大的往往是藍領工人，但這次經濟動盪卻嚴重地衝擊了銀行職員、中層管理人員等白領驕子。美國國會預算處說，全美中等收入水準的家庭收入下降了 5.2%。美國的中產階級遇上了真正的艱難時世。悲觀情緒彌漫在整個社會。《時代》周刊甚至一度聲稱，美國到了自 30 年代大蕭條以來經濟前景最暗淡的時刻。

這種說法也許多少有些言過其實。但此次衰退的發生對於剛剛進入 90 年代的美國人確似迎頭棒喝。恰好在冷戰結束時爆發的經濟危機，影響著美國人對自身力量的估價，也影響了美國人對世界事務的態度。主要是什麼導致了嚴重的衰退，是領導乏力，是純粹的經濟周期作用，抑或是更深層次的原因，美國各界眾說紛紜。認識這場危機成為判斷冷戰後美國經濟發展的起點。美國如何擺脫衰退、走出衰退之後有何新作為，對冷戰後美國經濟實力的相對消長更有著至關重要的作用。

一、舊時代的最後一次衰退

美國 1990～1992 年的經濟衰退剛好與國際體系的大變革同步，或許並非巧合。從某種意義上講，這次危機是冷戰時期，特別是 80 年代的新冷戰時期，美國經濟多年積弊的總爆發。下面僅舉其大要者言之：

3　*Time*, August 12, 1996, p.32.

(一)軍工生產的萎縮

　　作為冷戰時期西方陣營的盟主，美國享有國際經濟協調中的主導權。有各種安全和政治安排做後盾，美國在經濟折衝中總是佔有優勢地位。美國的確因此獲益匪淺，但也給自己留下了隱憂。一方面，作為盟主的美國是兩極對抗中的主力，其國民經濟被冷戰所扭曲的程度可能也是最大的。冷戰使美國的物質和人力資源配置長期向軍工產業傾斜。而隨著科學技術向複雜和專門化進一步發展，軍工產業越來越不適於作為領先發展的部門。國家對軍工生產的倚重與軍工部門對國民經濟的貢獻遠不成比例。另一方面，美國予取予求的地位使得它可以強迫別國做出犧牲和調整，而自己卻避免做痛苦的抉擇。以高壓手段強行改變國際經濟規則，擺脫國內經濟難題，短期內似乎是奇妙的無痛療法，其實是諱疾忌醫的代名詞。西方諸國中，美國經濟在冷戰中受創最深，而調整最少。一來二去，易養成不治之沈屙。70 年代通貨膨脹下的經濟停滯可說是其初步的表現。

　　雷根執政後，以一劑猛藥制服了困擾美國 10 年的通貨膨脹，但並未找到促使經濟長期良性循環的道路。所謂「供應學派」創造的經濟奇蹟，現在看來不過是一幅幻像。雷根一布希執政期間的 8 年經濟增長，實際上仍是靠著戰後的老藥方，不過劑量格外大，其短期效果更驚人，其長期後果也更危險。為了在新的軍備競賽中拖垮蘇聯，雷根提出了 5 年軍費開支 1.6 萬億的驚人計劃。軍工生產成為帶動經濟發展的關鍵工業。美國的軍工企業迎來了全速發展的黃金時期。國防部鉅額的軍事採

購合同，不僅直接在軍工承包商那裏創造了就業機會，與軍工生產聯繫密切的航太、電子產業也隨之興盛，作為這些部門主要基地的陽光地帶成了著名的希望之鄉。這在當時看來是一條輝煌之路，其實是更深地誤入歧途。

美蘇冷戰出人意料地迅速告終，使美國龐大的軍工生產體系成了失去叢林的恐龍。它們的恩主，美國國防部，開始像當初急速擴軍一樣大幅度減少軍費開支。自 1991 年始，軍事預算每年至少削減 5%。各企業得到的訂貨每年減少 12%以上。[4] 到 1993 年，美國軍方用於軍事採購的實際開支僅為 1987 年的一半。一些赫赫有名的大公司競相收縮業務，裁減雇員。總部設在洛杉磯的諾思羅普公司裁員 36%，麥道公司的工作人員則從原先的 13 萬人減為 7 萬不足。通用動力公司把 3 項主要的軍工生產專案——「塞斯納」飛機、導彈和戰鬥機拍賣出售，林—坦科—沃特公司則全部賣掉了它的導彈和航空航天部門。國防工業陷入困境是導致 1990～1992 年美國經濟衰退的重要因素。據美國麥格勞—希爾資料公司估計，軍工生產的下降很可能使整個經濟下降 25%。[5] 如果加上與它直接相關的各產業的下降，僅此一項就決定了美國經濟將停滯不前。

軍工生產的困境對於地方經濟的打擊就更沈重。素稱黃金州的加利福尼亞州，由於 80 年代軍工比重驟增（在國防工業達到頂點的 1988 年，該州每花 1 美元就有 20 美分投入國防工業）[6]，在這次衰退中景象尤其慘澹。僅航太航空工業就裁員 15 萬

4 路易斯·烏奇特勒，〈美國一些經濟學家認為削減軍費開支對擺脫經濟衰退沒有什麼幫助〉，《紐約時報》，1992 年 8 月 12 日。
5 同上。
6 《參考消息》，1994 年 1 月 18 日，第 5 版。

人，這種減員趨勢至少還要持續 6 年，而且被裁掉的就業機會很可能就此永遠消失了。這些就業多為一度令人豔羨的高工資、高福利崗位，從事這些工作的多是正當年的白領技術人員。他們一般都是從大學開始就是同齡人中最具潛力的，一直是各大公司爭相聘用的對象。不料卻在一夜之間失去了一切。不少人黯然回到東部，接受了報酬較低的職位，甚至不得不從事純體力的服務業工作以維持生計。這不能不說是智力資源的一大浪費。

(二)赤字問題惡化

巨大的貿易赤字和聯邦預算赤字已經壓了美國人十餘年了。雙赤字在 80 年代的激增是雷根經濟學的副產品。在 80 年代中期赤字達到頂峰時，聯邦預算赤字竟然佔了國民生產總值的 4.5%。累積的國債更達到以萬億計的天文數字。1992 年美國國債相當於美聯邦政府年財政收入的 3 倍多，為當年國民生產總值的 2/3。有人曾經透過對比形象地說明了美國國債額的巨大：即密西西比河以西所有州的稅收加在一起，只夠償還 1992 年當年應付的債務利息。到 1993 年，這筆利息就將達到 2,140 億美元，相當於從美國建國到大蕭條前夕 152 年內各級政府開支的總和。在那 152 年裏，美國政府購買了路易斯安那，完成了內戰後的重建工作，修築了遍及全國的鐵路幹線，使美國經濟實現了現代化。但如今，同樣數額的資金卻被迫用作償還債務。確切地說，只能用來償清年度債務利息。[7]

在第 9 次經濟衰退之前，美國人對赤字問題的看法並不一

---

7 Ross Perot, *United We Stand*, New York: Hyperion, 1992, pp.6, 9-10.

致。有一部分人認為，國家債務與私人債務不同，不應用一般的經濟學眼光來看待。以美國這樣的經濟超級大國，承受一定數量的赤字國債不會造成什麼傷害。1990 年開始的經濟危機中，長期積累大量赤字的弊病終於顯露出來，動搖了潛在的樂觀情緒。高額赤字限制了聯邦政府在經濟危機時期採取行動的能力。政府無法充分發揮預算的作用來穩定和協調經濟活動，不能在關鍵時刻引導復甦。償還國債的負擔又從本來就不高的儲蓄額中抽走了一部分資金，使投資不足的狀況進一步惡化。80 年代放心大膽地借貸的美國人，終於感受到了超額負債的嚴重後果。他們還驚恐地認識到，如果不及時扭轉債務激增的趨勢，更嚴厲的懲罰將不公正地落在自己後代的身上。

　　一旦美國人實際地面對壓縮赤字的問題，才發現這問題解決起來並不那麼容易。1986 年，美國國會曾經通過一個平衡預算決議，規定在 5 年內消滅預算赤字。事實上，5 年後赤字非但沒有消失，反而更加嚴重。於是議會又通過平衡預算的新計劃，但人們對它能否見效普遍缺乏信心。因為赤字的規模實在太驚人。假若將 1992 年《幸福》雜誌公佈的全國 500 家大企業的利潤全部拿來平衡預算，也只能抵消一半的赤字。假如透過普遍增稅來實現當年消滅赤字的目標，那麼每個美國人的稅賦都要增加一倍。即使政治家們寧願犧牲自己的政治生命去通過全面增稅法案，處於衰退中的美國經濟也難以承受。80 年代的揮霍使得美國政府處於刺激經濟短期增長和消滅長期赤字不可兼顧的困境當中，在應付經濟危機時被束縛了手腳。

（三）紙上繁榮的破滅

　　80 年代，美國聯邦政府的財政開支靠國債支援，同樣，私

人企業亦大量負債經營，個人則負債消費。債務在經濟運行中的重要地位使得美國金融業的角色突顯出來。加之雷根政府以增強私營經濟活力為理由，放寬了金融和企業管理中的規章限制，提高了高收入者稅後的資本利潤率。結果大量資本從支持生產轉向了紙面上的金融交易，以迅速謀取高額利潤，掀起了席捲全國的金錢遊戲狂潮，營造出一派紙上繁榮的景象。

當時美國出現了若干違反經濟常識、令人費解的現象。一是經濟正常擴張時期企業破產流行。80 年代美國每年的破產請求平均為 6.35 萬件，竟然比通貨膨脹下經濟停滯時期的 70 年代多 1.5 倍。美國歷史上 30 個最大破產案例有 29 個發生在 1982～1991 年間。其中更有 2/3 發生在「雷根－布希 8 年增長時期」。造成這種情況的原因主要是破產法規的修改。根據修改後的破產法規第 11 章，只要申請破產的公司同意接受破產法院的監督，該公司即可繼續運營，其管理層也可以繼續留任。有了這個保障，許多公司平時毫無顧忌地負債經營，一旦運轉不靈就向破產法院申請保護，擺脫債務糾葛。結果出現了一家公司反覆破產的怪事。如布蘭尼夫（Braniff）航空公司，在 1982 年首次申請破產，然後在 1984 年復出。1989 年，該公司第 2 次宣告破產，1991 年 7 月又一次復出。僅一個月之後，它第 3 次走進破產法院。[8]

二是槓桿收購成風。所謂槓桿收購又稱高負債收購。從事這類活動的都是一些自有資金不多的小型公司。它們尋找時機，透過借款和集資，購得比自己的資產規模大數倍的大公司。和以往常見的兼併目的不同，從事槓桿收購的公司進行負債收

購不是為了提高生產能力、獲取技術或者提高市場佔有率，而只是要將收購對象迅速轉手高價賣出以獲暴利。因此這些小公司在接收大公司後，根本不去考慮什麼長期經營戰略，而是忙於裁員和資產重整，去掉收益慢的部門，力爭在一年左右改變企業在評估表上的形象，再以高價售出。這樣小公司在償還債務之後，還可以獲得鉅額利潤。這種兼併活動對於被兼併的企業及其職工而言往往是一場災難。有一個典型的例子。帕藤（Simplicity Pattern）是一家服裝業大公司，其業務範圍涵蓋歐美，經濟效益一直很好。負債收購之風剛起，它就被槓桿收購者相中。在 1982～1990 年間竟被轉手收購 4 次。每次收購過後，公司職員都面臨著裁員和減薪的威脅。在第二、三次槓桿收購中，員工的養老基金被削減了 1,000 萬美元。1982 年時的雇員至今已所剩無幾。這些緊縮措施根本不是著眼於公司的發展，而只是為了收購者獲利的需要。結果在槓桿收購者營利的同時，公司的經濟實力每況愈下。在被收購之前，該公司擁有 1 億美元流動資金和資產收益，根本沒有負債。而 4 次收購過後，它背上了 1 億美元的債務。公司在美國市場上的佔有率從當年的 50%降到 37%。[9]

　　第三種怪現象是垃圾債券身價飆升。這種債券本由一些名不見經傳的小企業發行，利息頗高而信用很低，被視同垃圾無人問津。80 年代初，它被用於為槓桿收購籌資，很快身價倍增，成為全國老少爭相投資的對象。資金像潮水一樣湧入垃圾債券市場，到 1989 年該市場已經達到 1,800 億美元的巨大規模。首先使垃圾債券獲得新生的邁克・米爾肯被奉為經濟神童。他創

---

9 Ibid., pp.158-159.

立專營垃圾債券的德萊克塞爾銀行規模不斷擴張，引得很多老牌銀行也投身於高風險、高營利的金融投機當中。不應否認，80年代透過垃圾債券融通的資金多半被投入一批中小企業的發展中，若干高技術行業中的新興企業因而異軍突起。未來學家托夫勒夫婦認為，這部分有益的投入可能佔到垃圾債券總額的75%。[10] 也有一些經濟學家認為實際比例遠沒有這麼高。即便按照托氏的估計，用於風險收購的只佔垃圾債券總額的25%，這25%也足以在美國金融市場上掀起軒然大波。它們製造了各大報刊上企業兼併的頭條新聞，使股票市場大起大落，打破投資風險與收益的正常規律。上至華爾街的金融巨人，下至紐約街頭的出租汽車司機紛紛進入垃圾債券市場。他們的興趣不在對小企業的長線投資上，而一心想透過垃圾債券發行加入瘋狂的兼併活動。美國商業銀行為槓桿收購發放的貸款一度高達500億美元。[11]

整個80年代，美國人就在為此類活動忙忙碌碌，被大進大出的美元搞得目眩神迷。那些長於此道的青年才俊們被視為商業成功的楷模，為人們羨慕和模仿。製造業競爭力下降、軍工與民用生產比例失調等長期問題被漠視，以國家的未來做抵押借來的資金被大量用於這些金錢遊戲中。而大部分此類交易無論是對於創造就業機會，優化經濟結構，還是對提高普通雇員的生活水準都無裨益。金融業和與之相關的法律服務業、廣告業、會計所等確實繁榮起來，但這種繁榮是建立在虛幻的基礎

10　〔美〕阿爾溫·托夫勒著，周敦仁等譯，《權力變移》，四川人民出版社，1991年版，第45頁。

11　《世界知識》，1991年第3期，第28~29頁。

上的。

　　1990 年，美國經濟剛剛露出停滯的苗頭，紙上繁榮立即不可遏止地演變成一場金融災難。米爾肯的銀行率先倒閉，垃圾債券很快重新變得一文不值。槓桿收購者的低價買進、高價賣出進行不下去了，捲入收購活動的銀行立刻陷入困境。僅 1990 年一年就有四百多億美元到期的槓桿收購貸款無法收回，致使百餘家銀行出現呆賬，近 200 家銀行倒閉。次年又有 137 家銀行停業，其中包括像資產達到 230 億美元的新英格蘭銀行之類金融巨頭。[12] 金融機構的困窘很快把全國經濟帶入了衰退，而且遲遲不能找到復甦之路。

　　總之，長期的冷戰給美國經濟造成了不良影響，其後果在 80 年代初的經濟危機中就已經暴露出來。但美國人 80 年代的大部分時間裏沈溺於商業投機中，沒有進行認真調整和革新，致使赤字過大、民用製造業狀況不佳等問題更加嚴重。90 年代初的衰退中，這些積弊終於爆發。國際關係劇變及世界經濟結構的變化更加劇了危機，使美國民眾在這次衰退中感到格外痛苦。由於國際形勢的變化，傳統的轉移經濟調整壓力的辦法效用降低，軍工生產的萎縮難以逆轉，海外注入美國的資金不再是源源不斷，其他國家也越來越不能允許美國隨意變更國際經濟往來的準則。冷戰時期積累的問題終於再也難以迴避，終於到了非解決不可的時候了。

---

12 同上。

二、新時代的第一次衰退

　　1990 年 7 月開始的這次經濟衰退，不僅發展進程出乎多數人的意料，而且帶來了一些令人費解的現象。自「第三次浪潮」這個概念被普遍接受以來，服務業一直被視為最有希望的未來產業。但這次衰退中，服務業受到的打擊卻最明顯，也最沈重，以致有人稱之為服務業的衰退。以往對 21 世紀經濟趨勢的分析都斷言，藍領階層是變革的主要犧牲品，白領階層的時代即將到來。而此次衰退產生的失業者大軍中，受過良好教育、具備專門技能或豐富管理經驗的中產階級人士卻比比皆是。於是也有人說出現了白領的衰退。大量的失業和隱性失業是這次衰退中最令人恐慌的側面。以往企業在危機中被迫裁員、降低成本，危機過後即重新擴大規模。在這次衰退過後的復甦階段，許多失業者卻發現他們原來的工作不是為各類機器所取代，就是乾脆消失了。於是又有「無業復甦」的說法。

　　許多美國人都憑直覺感到，美國正在經歷一場歷史性的變革。即使危機結束，美國也不會再完全恢復過去的經濟狀態了。有識之士警告說，美國今日可能正處於那種幾十年才發生一次的變革當中。[13] 對種種反常現象的解釋，也許得在更深層次的變革中尋找。

　　現在可以越來越清楚地看出，推動變革的力量就是以資訊技術發展為核心的新技術革命。新技術革命正在徹底改變生產

13　*Time*, August 12, 1996, p.32.

方式，改變政治和社會結構，把人類帶入全球化的新時代。美國在這場新技術革命中一開始頗得風氣之先。大約 40 年前，美國推出了世界上第一台大型商用電腦。80 年代初，個人電腦又首先在美國開始普及。但資訊革命真正滲透到美國社會生活的層面，真正左右了美國經濟的運行，還是在進入 90 年代後。從這個意義上講，美國剛剛經歷的是進入新經濟時期後的第一次衰退。衰退中出現的各種新現象，以簡單的經濟周期概念是難以得到全面解釋的，因為它們實際上反映了受更長的歷史周期支配的變革趨勢。

（一）生產方式的變革

資訊技術應用於製造業中，產生了靈活生產的組織形式，即透過將電腦與普通機械相結合，隨時按照顧客的需要調整生產。這種小批量、多品種的生產方式對企業乃至社會經濟組織結構的衝擊無論怎樣估價都不過分。如同七十多年前福特製的出現導致大規模標準生產取代作坊式生產一樣，靈活生產的出現將從根本上改變我們對生產的概念。

靈活生產意味著生產自主權的下放。在這種新的生產方式中，藍領與白領的界限日益模糊。更確切地說，已不存在傳統意義上的藍領工人。那些被固定在流水線旁進行重複勞動，或機械地按工程師畫出的圖紙操作的純體力勞動者將被新型員工所取代。新的產業工人將在電腦輔助下，負起靈活生產的全部責任。而當靈活生產的優勢發揮到極限時，每件產品都應是獨特的創造。實現這一理想的就是具有高超技能的新型工人。

這種思想被初步應用到美國企業中就已經產生了驚人的效果。在傳統鋼廠中有 300～400 個工種，而今已減少 5/6。與日

本合資的沃特鋼鐵公司甚至完全取消工種，要求工人以綜合技能（Skill Mix）適應綜合工作（Job Mix）。[14] 通用電氣公司在北卡羅萊納州設立樣板廠，給予工人廣泛的決策權力，可以自行調整生產計劃，處理緊急情況。結果這個廠的單位工時減少了2/3，交貨時間縮短了90%。[15] 在此類實踐中走在前列的現代工程公司總經理拉爾夫·米勒認為：「授權給工人，建立班底幫助他們在廠房和辦公室行使權力，是通向全球競爭的唯一道路。」

在靈活生產制度下，傳統等級森嚴下的層層管理變得毫無意義。一線工人完全瞭解生產的全部要求。最高層領導則可以透過電腦網路隨時瞭解生產情況，或將自己的意圖直接介紹給負責生產的員工。在辦公室裏的中層經理們則既不瞭解生產過程中隨時出現的新情況，又缺乏隨時採取行動的能力，成了公司快速交流資訊、快速決策的瓶頸。由靈活生產引發的另一項革新更加深了中層管理人員的困境。這就是準時制（Just-in-time）。它要求做到「有求立供，供隨求止」，爭取實現庫存為零。這就需要將進料、生產、交貨各環節緊密銜接，在生產者和供應商、客戶之間建立直接聯繫，隨時溝通，而無須中層管理人員出面談判、簽定合約、下達任務、組織驗收和交貨等等。

於是，網路管理成為風行一時的管理模式。生產過程中的權力同時向上下兩個方向流動。公司的最高領導層直接與眾多的第一線工廠聯繫，取消中間所有的管理層次。大量的中層白

---

14 托夫勒前引書，第70、80頁。
15 同上，第191~192頁。

領在變革中被迫出局,甚至方興未艾的電子資訊業的白領雇員也不能倖免。如 AT&T 公司 1994 年制定的裁員 1.5 萬計劃中,經理人員竟達 8,000 名。他們的失業不是企業蕭條的標誌,而是面向未來進行調整的結果。1992 年美國白領就業機會的增長只有 0.2%,創 20 年來最低紀錄。但同年企業的生產力卻上升了 2.7%,是 20 年來進步最顯著的。採取改革措施的美國公司大都達到了降低成本,提高競爭力的目的。其中克萊斯勒公司基本成本減少 40 億美元,坦尼科公司在前 100 天內就減少 3 億美元的開支,施樂公司的製造成本平均下降 20%。[16] 新的生產組織方式已經顯示了威力。

(二)經濟結構的再優化

新技術時代的到來絕不只是對企業生產一類微觀經濟活動產生革命性的影響。它也在促使美國的整個宏觀經濟結構做進一步的調整。其中出現了兩種並行不悖的趨向,即服務業地位直線上升和製造業的重新興旺。

在走出第 9 次衰退的過程中,服務業完全奪取了主導產業的地位。1994 年美國新增加的就業機會 90% 出現在金融、醫療等服務性行業,而製造業在 90 年代的前 4 年裏雇員淨減少 100 萬人。服務業的產出佔到美國國內生產總值的 3/4,提供的就業佔新增就業的 80%,服務出口創造的貿易盈餘到 1996 年已經達到 734 億美元,抵消了 40% 的商品貿易赤字。[17] 同時,服務業

---

16 〔美〕傑里·賈西諾斯基(美國全國製造協會主席),〈一場新的工業革命〉,《商業日報》,1995 年 5 月 16 日。
17 〔美〕鮑勃·瓦斯汀,〈對美國貿易來說是好消息〉,《基督教科學箴言報》,1997 年 3 月 17 日。

員工的收入在迅速提高。1992 年中等收入的服務業雇員的薪水比同級別的製造業工人每周少 19 美元。到 1994 年，二者的收入已基本持平。此後，在新增加的就業機會中，服務業崗位的平均工薪明顯高於製造業，特別是在金融、會計和資料處理等部門。如柯林頓政府一位高級官員所說，經濟核心在令人吃驚的短時間內已經從製造業轉移到創造、處理和分配資訊的服務業上來。

有意思的是，當製造業正在失去其在國民經濟中的主導地位時，它卻迎來了自 70 年代以來首次真正的復興。目前美國製造業重新興盛的一個明顯特點就是製造業的服務化，以致於兩種產業之間的界限越來越模糊。製造商所關心的主要問題與服務業經理的關注點更加接近，即如何利用新技術盡可能滿足各位顧客的獨特需要。如華盛頓製鞋公司推出所謂半定製女鞋，每種尺碼有 32 種設計。在直銷的鞋店中用電腦對每位顧客的腳型測量，經其選擇後再生產成品。[18] 在這裏，提高產量或改進產品質量都不再是製造業的首要任務。能否將服務與生產緊密結合、使產品真正符合顧客的需求，成為衡量生產製造成功與否的標誌。製造業公司的組織形式與服務業也更加相似。難怪一家著名電腦製造商反覆強調：「我們是服務業公司——與理髮店一樣。」

製造業今日的狀況與當年的農業頗為相似。工業革命取得成功之後，農業在國家經濟中的地位大不如前。又過了一段時間，工業進步的成果開始反饋回農業，使農業進入了現代化。農業生產的效率大大提高，農民的消費能力增強，又進一步推

---

18 〔臺灣〕吳怡靜，〈工作崗位正在消失中〉，《天下》，1994 年 8 月。

動了工業持續發展，結果農業在經濟中的比重繼續下降。製造業與第三產業的關係的發展也很可能遵循相同的軌跡。

二十多年來，美國第三產業的發展固然日新月異，但同時製造業一蹶不振，勞動生產率增長緩慢，國際競爭力下降，使得第三產業多少有點像無本之木，其擴展雖快，根基卻不大穩固，其中不乏泡沫經濟的影子。像前面談到的為商業投機提供服務的金融、法律機構，為負債消費的美國人服務的娛樂業等。在這次衰退中受衝擊最大的，實際上主要是這些服務業中不合理的部分。只有當製造業走出低谷，重振活力，服務業的發展才能建立在一個健康的基礎上，才能感到透過新技術提高生產率的迫切性，從而真正體現未來產業的價值。

在與製造業關係比較密切的服務行業中首先出現了革新的苗頭。美國東部的運輸公司 CSX 推行了電腦管理下精確到分鐘的送貨跟蹤。既節約了費用，又可以隨時按客戶要求提供資訊。如貨物生產的地點、時間、關稅，運輸過程中在何處混裝再分開等等，按製造商的需要靈活調整運輸。其高級官員明確表示：「我們做的是資訊驅動型業務。」類似的變化將改變人們頭腦中服務業多為低技術企業的概念，也只有經過調整的服務業才能算是合格的未來產業。

(三)何以先發而後至

進入一個新的經濟時代，遇到一些新的問題，進行部分重大調整都是必然的。但應當指出的是，美國面對新技術革命的調整，本來可以是一個比較順利的過程，而不必引起如此劇烈的經濟動盪，不必使社會成員普遍感到如此痛苦。美國原是最早接觸到資訊技術的國家，在其他新技術革命的領域一開始也

都處於領先地位。但美國上下普遍對這場變革的社會意義估計不足，反應遲滯，沒有及時做好調整的準備。

　　阿爾溫‧托夫勒曾披露了這樣一件事。雷根執政期間，曾邀請 8 位著名未來學家到白宮介紹他們對經濟形勢的看法。未來學家事先準備的聲明還未讀完，白宮辦公廳主任里甘就不滿地打斷了他們，「看來你們認為，我們將來就只是互相理髮和賣漢堡！難道我們就不再是製造業大國了？」[19] 里甘的話突顯地代表了當時美國保守派大員在這個問題上的模糊觀點。他們堅持認為製造業比重下降就意味著製造業的衰落，意味著經濟空心化。他們對全球化經濟的新特點同樣缺乏理解，更助長了其決策的錯誤。他們認為美國的製造業是先輸給了日本，又輸給了東亞的小龍們，來自外國的不公平競爭正在危害美國的經濟基礎。他們決心扭轉這些趨勢，於是在 80 年代這一關鍵時期，美國國內各種保護主義措施紛紛出爐。那些對變革反應迅速，生產率提高較快的產業非但沒有獲得鼓勵，反而要承擔補助「衰落產業」的義務。落後行業的變革壓力被人為地減輕了，使它們沒有及時採取行動應用新技術，提高勞動生產率，而是把主要精力用在爭取補貼和保護上面。其實美國那時的當務之急並不是對付東亞國家的經濟競爭，而是跟上技術革命的步伐。美國政府的態度當然不可能改變服務業比重上升的趨勢，而只是扭曲了經濟信號，延誤了改革的時機。

　　美國的企業家們在變革面前也一度表現得十分短視。美國運用資訊技術在先，但適合新技術的新型生產方式，卻首先產

19　〈為什麼光是經濟增長還不夠？〉，《金融時報》〔英〕，1995 年 6 月 5
　　日；〈服務業是每個人的事〉，《幸福》〔美〕，1994 年 6 月 27 日。

生在其他國家。如 JIT 是日本豐田公司在 1960 年左右首先提出的。靈活生產制度也是日本廠商首先採用的。80 年代中期,日產汽車公司已經能夠做到在同一生產線上從生產小轎車改為生產輕型卡車,中間不停工。在美國,對新經濟形式的預測只是長期停留在學術圈裏。50 年代初,曾有一小批未來學家著書談到資訊技術的重要性,並預測它將導致企業中人際關係的改變。但美國企業家卻認為這太「虛幻」。對於日本的生產方式,他們同樣漠然置之。直到 80 年代,美國汽車、機械、電子等行業遭到日本製造商的挑戰後,這些行業的企業家才慢慢進行一些藉鑑和改革。但多數企業家還是懷疑日本人的經驗。一些在美國設廠的日本公司嘗試新的管理方式,遭到了廣泛的非議。一些人抓住日本管理文化中不為西方人接受的細節,斷言新式管理不適合美國國情。他們仍然相信透過裁員、合理設計流水生產線來擺脫危機的傳統方法,相信艾科卡一類神童式的經理,對依靠普通工人的創造性嗤之以鼻。

領導人尚如此缺乏遠見,美國大眾對變革缺乏準備是可想而知的。這其中最嚴重的是美國大眾的受教育水準普遍不能達到新型生產的要求。日本有 95% 的學生能上完高中,而美國只有 25%。完成高中學業的學生質量亦難以令人滿意。在 17 歲的中學生中只有 7% 的學生符合升大學的要求;有 70% 的學生寫不出一封正規的信;有 60% 的學生缺乏理解複雜資訊的能力。[20] 更糟的是,這些人在畢業之後很可能未經職業培訓即從事工作。據稱,美國有近 2,300 萬成年人不會填就業表,不會寫通信地

---

20 《美國定能領導世界嗎?》,〔美〕約瑟夫‧奈著,何小東、蓋玉雲譯:軍事譯文出版社,1992 年版,第 176~177 頁。

址，並缺乏讀和算的技能。他們勉強可以勝任傳統流水線上的工作，但他們根本無法成為靈活生產所要求的那種能獨立思考和決策的新型工人。

美國大學教育的偏差同樣明顯。就在新型生產要求減少管理人員，加強技術實力的同時，美國的大學提供了恰恰相反的人才結構。1970年美國大學畢業生中取得 MBA 學位與取得工程學位的學生之比為 9：4。80 年代，這個不平衡的比例擴大到16：5。況且獲得工程技術學位的學生中有 50%左右是外國留學生。扭曲的大學教育結構一方面造成大量白領無用武之地，另一方面造成科技人才的匱乏。據美國全國科學基金會估計，到2000 年，美國的化學、生物、物理工程師將缺額 45 萬左右。1995～2010 年這一經濟轉型的關鍵時期，美國將每年缺少 9,600 名博士水準的科學家。[21]

智力準備不足牽制了美國經濟的調整。第 9 次衰退中居高難下的失業率就反映了這一癥結。有人抱怨新技術革命創造增長而不創造就業。事實上，新技術革命在消滅一些舊的工作崗位的同時也提供了更多更富有吸引力的新崗位和新的發展機會。不過美國的失業者是否具備了抓住機會的能力，很值得懷疑。

總之，資訊經濟的誕生決定了美國經濟必然要做出重大的調整，但美國人迎接挑戰的準備不足，以致延誤了調整的時機，也加劇了調整帶來的社會動盪。

---

21 Barlett & Steele, op. cit., p.99.

三、劍橋學派與美國經濟的未來

（一）一朝天子一朝臣

　　布希總統因為在經濟問題上無所作為，被柯林頓取代。1993年 1 月柯林頓正式入主白宮後，首先著手組建他的經濟班底。其人選一經公佈，敏感的輿論界立刻發現劍橋學派在新班底中佔有明顯的主導地位。美國的劍橋學派是指思想淵源於麻省理工學院和哈佛大學的經濟學人。在柯林頓政府中，經濟顧問委員會主任（後任國家經濟委員會主席）勞拉・泰森 1974 年獲麻省理工學院經濟學博士，該委員會第二號人物布蘭德則是該校1971 年的博士。勞工部長羅伯特・賴克在哈佛任教，勞工部首席經濟顧問卡茨伊曾在 MIT 獲博士學位。重要的劍橋學派人士還包括財政部主管國際經濟事務的副部長薩默斯、國防部長阿斯平等。由於麻省理工學院學生人數較多，也有人說柯林頓政府是麻省理工學院學派的天下。雷根－布希時期高舉自由放任大旗的芝加哥學派已經悄悄離開白宮，一批新的智囊將左右美國的經濟政策。

　　一時，劍橋學派的經濟思想成為大家關注的中心。其中最令人感興趣的是三位學者和他們的理論。其一是柯林頓第一屆政府的勞工部長羅伯特・賴克。他在 1991 年出版的《國家的任務》（*The Work of Nations*）一書被重新加以研究。賴克在這本著作中對傳統的評價國家經濟競爭力的方法提出了挑戰。他認為大規模製造主導經濟的時代已經過去，目前已進入高附加值生

產的時代。在新型產業結構下，國籍、國界完全模糊，資金、資訊、設備的流動暢通無阻，國際合作與聯盟的網路複雜交錯。因此，代表國家競爭力的不再是國家的招牌企業賺不賺錢，或國民生產總值高不高，甚至不是外貿是否有順差。在賴克看來，國家競爭力「不再是一個國家的國民擁有什麼，而是國民有能力學什麼」。在新的時代，最重要的是人才，是國民的技術與知識水準。賴克為美國選擇的對策是：加強通訊與交通建設，保證美國的產品、觀念、技術可以迅速與世界經濟體系交融。更重要的是加強教育，真正讓美國公民做好進入 21 世紀世界經濟的準備。[22]

　　第二位焦點人物是總統經濟顧問委員會的第一位女主席勞拉·泰森。她在華盛頓國際經濟研究所時出版的舊作《誰敲打誰》引起了廣泛關注。作為研究國際貿易和競爭政策的學者，泰森在這本有關高技術產業貿易政策的書中鮮明地提出了「管理貿易」的概念。她認為自由貿易並非最完善的政策，政府有必要以高技術戰略性產業為核心，積極援助民間科研開發，加強對教育和經濟基礎的投資。[23] 泰森的副手布蘭德是另一個受關注的人物。他在近幾年的研究中，對日本經濟模式做出了非正統的評價。他認為日本式資本主義與歐美式資本主義確有重大差異，但日本模式決非異端，而是具有某種經濟合理性與普遍意義。布蘭德主張不僅東歐國家應模仿日本模式，而且美國

22 〈下一世紀的生死賭注——羅伯特·賴克談國家競爭力〉，〔臺灣〕梁中偉著，載於《天下》雜誌，1993 年 5 月號。
23 〈美國總統經濟顧問委員會主席勞拉·泰森〉，載於《正論》〔日〕月刊，1993 年 7 月號。

也應當有選擇地向日本學習，比如產業政策。[24]

　　這三位學者的觀點的確代表了劍橋學派主要的經濟思想，即重視人力資本，加強教育投入；重視產業調整，加強科研投入；重視國際貿易和競爭。劍橋學派的學者為柯林頓所倚重，他們的經濟學主張在柯林頓經濟學中也得到了充分的體現，特別是關於長期發展的規劃，幾乎完全採納了他們的主張。有人說，雖然柯林頓的短期刺激計劃和削減赤字計劃鬧得喧喧嚷嚷，但比較而言，真正對美國經濟影響深遠的是長期投資戰略。因為它們針對的是美國經濟轉型期中的新問題，著眼的是 21 世紀的競爭。應當承認，柯林頓執政以來，劍橋學派確已給美國經濟帶來了新的氣象。

（二）新產業政策

　　柯林頓政府明確宣佈它要扶助美國企業去參與全球競爭，也就是實行產業政策。不過柯林頓的經濟智囊們一再強調，他們主張的不是 70、80 年代那種保護主義的產業政策，頭疼醫頭，腳疼醫腳，政府大量發放補貼給衰落產業。劍橋學派主張的是新產業政策。按他們的主張，政府支持的應當是有發展前途的戰略性產業，幫助推廣先進企業轉型成功的經驗，引導其他企業儘快適應新的經濟形勢。

　　柯林頓政府推行新產業政策的一個成功例子是對半導體產業的引導。這項工作是由副總統高爾和總統科學顧問約翰·吉本斯直接負責的。美國政府與 11 家半導體公司組成了一個稱為

24　〈日本模式是前共產圈改革的範本〉，〔日〕木神原英資著，《東洋經濟》周刊，1993 年 2 月 20 日。

半導體技術集團（Sematech）的聯營企業，合作開發晶片新技術。政府的試驗室，如享有國際聲譽的國家標準與技術研究所，與這些公司的研究人員分工協作，研製能處理互動式視頻網路的超高速半導體。政府的參與推動了美國半導體產業的復興。美國公司在晶片、電腦軟體和生產半導體的機器設備方面重新佔據領先地位。[25]

另一個引人注目的例子是柯林頓政府在軍民企業之間的穿梭聯絡。1993 年 3 月，柯林頓宣佈為期 5 年、總額 200 億美元的軍轉民計劃，由政府投資開發軍民兩用技術，幫助進行人員再培訓。新成立的國家技術轉讓中心成為溝通政府資助的國家實驗室與私人企業的橋樑。1993 年 9 月底，美國政府與汽車業三巨頭（通用、福特、克萊斯勒公司）一起宣佈，政府將把一些軍事科研成果交給汽車業。其中包括原來用於星球大戰計劃的電容等。政府還保證在未來 10 年內延續這一做法，幫助美國汽車工業與日本企業競爭。[26] 由國防部負責實施的「技術再投資計劃」對幫助軍工企業進行技術調整也發揮了突出作用。在這一計劃框架內，羅克韋爾、洛克希德等著名軍工企業的研究重點已經轉向半導體材料、超導、天體物理等民用高技術領域。

在政府的支持和引導下，美國各企業逐步擺脫前幾年的消沈狀態，普遍開始學習新的生產組織方式，加快企業的轉型，投身新經濟時期的全球化競爭。國際商用機器公司在 1994 年 5 月 6 日宣佈打破內部障礙，對其世界範圍內的銷售、生產和工

25　〈美國對晶片市場的意圖〉，《新科學家》周刊〔英〕，1994 年 3 月 12 日。
26　〈軍火恐龍救亡圖存〉，《亞洲周刊》〔港〕，1993 年 10 月 31 日。

程業務部門進行調整。調整後將不再按國別設立管理機構，而是組成零售、金融等 14 個行業集團，以便更好地利用全球化的市場。3 天後，大製藥商施貴寶公司也宣佈採取類似措施改進業務管理。福特汽車公司的改組計劃出爐得還要早些，規模也更大。其新組織結構的特點是追求無國界管理。如全球範圍內的產品開發工作將由 5 個計劃中心來協調，而其中 4 個在美國本土。預計透過如此集中人力、財力的措施，該公司每年至少能節省 30 億美元開支。福特的董事長宣佈該公司的措施「正在進行一場全力以赴的競爭」，對付迅速全球化的對手。[27]

有意思的是，美國公司在 90 年代掀起了新的一輪兼併浪潮。1995 年，美國公司的購併金額達到創紀錄的 4,500 億美元，主要參與者是醫藥、金融和新聞業大公司。由於柯林頓政府取消對電信業的管制法律，1996 年兼併熱擴展到了更多的行業。美國歷史上 11 宗最大兼併中有 7 宗在這一年完成。80 年代的兼併熱中，兼併者往往希望以較少的風險投資在短期內獲得大額利潤，根本無心謀劃新企業的經營。90 年代的兼併熱中，獲得長期收益和全球競爭中的優勢地位等戰略性考慮佔了上風。以波音公司總裁的話說：「我們是在世界舞臺上演戲。」[28] 結果產生了航空業中的波音－麥道，通訊業中的貝爾－大西洋－耐能，軍火業中的洛克希德－馬丁等行業霸主，其規模遠遠超過歐日對手。總之，美國工業界現在又充滿了信心，與 80 年代末的失敗情緒形成鮮明對照。這在很大程度上要歸功於成功的新

---

[27] 〈無國界管理〉，《商業周刊》〔美〕，1994 年 5 月 23 日。
[28] 〈合併的狂熱浪潮現在成為競爭策略〉，《基督教科學箴言報》〔美〕，1996 年 12 月 18 日。

產業政策。

(三)教育改革

美國企業希望進入新時代，但他們面臨的一大難題就是人力資本缺乏，缺乏能夠勝任新的生產要求的工人。兩位企業領導人曾忿忿地說：「美國將淪為一個二流國家並非無稽之談。我們的勞動大軍素質很差，受教育水準低，還有越來越多的人由於不具備從事現有職業的資格而變成了寄生蟲。」[29] 培養不出資訊經濟所需的人才，說明美國的教育制度存在嚴重問題。布希任總統時曾指出這個問題的嚴重性，並發誓要做教育總統。但與他平衡預算的計劃一樣，他的教育政策也偏於謹慎和保守，收效不大。柯林頓則深受羅伯特‧賴克「人力資本」理論的影響，深信教育對於提高美國經濟競爭力的重要。他也在阿肯色州推行教育改革有成功的經歷。因此他就任後發起的教育改革無論在廣度和深度上都超過了布希。

1993 年 4 月，由教育部長賴利和勞工部長賴克聯合宣佈了改善公立學校教學質量的計劃，要求立即成立一個由 28 個教育界、企業界、工會和州、聯邦政府代表組成的委員會，確定各主要學科全國統一的教學標準，設立全國性考試檢驗教學效果。在第一年度向各州撥款近 4 億美元，改善辦學條件。同時允許學生自由選擇公立學校，以促進學校間的競爭，提高教學水準。至 1995 年 1 月，該委員會已經制定出數學、歷史、自然科學三門基礎學科的全國統一教學大綱。[30]

29　奈前引書，第 177 頁。
30　《紐約時報》〔美〕，1993 年 4 月 22 日第 17 版。

這項教育改革規劃還包括涉及職業培訓制度的兩部分，有時被單獨稱為「青年學徒計劃」。該計劃主要是針對中學畢業生缺乏職業技能，一般的雇主又不願下大本錢培訓他們這一矛盾而設計。計劃藉鑑了歐洲國家，尤其是德國的學徒制度，鼓勵中學在高年級為那些不想升入大學的學生提供職業培訓，而培訓內容需與當地企業的需要相結合。28 人委員會負責制定一個各行業培訓標準，學生經過培訓、考核，即可得到專業技術證書。政府將每年提供近 3 億美元支援那些回應此計劃的學校。對於失業的成年人，柯林頓政府打算將已有的 62 項再培訓計劃合併，在今後 5 年內撥款 130 億美元使他們接受再教育，重新加入全球競爭行列。[31] 柯林頓還建議每個雇主都將工資總額的 1.5%用來支持這項培訓。

　　1993 年夏，柯林頓政府推出了針對大學教育的「社會服務計劃」，規定由政府直接貸款給學生，年度最高額為 1 萬美元，但接受貸款的學生必須從事教育、環境保護、公共安全、社會服務等低報酬工作累計滿 2 年。這樣所有願意深造的美國青年都可以負擔得起大學學費，而美國政府又將擁有一支「國民服務隊」，專做那些私人部門認為無利可圖，公共部門又覺得成本太高的社會公益工作。[32] 柯林頓政府非常熱衷於這個一舉兩得的計劃，於是不待國會批准即於 1993 年夏季組織了第一支美國青年夏季社會服務隊。來自 9 個州的 1,500 名青年參加了這支隊伍。副總統高爾親自歡迎服務人員，並在演講中把社區服務隊與當年的和平隊相提並論。

31　《參考消息》，1994 年 6 月 17 日，第 4 版。
32　馬歇爾、施拉姆前引書，第 6 章。

教育改革是功在長遠的行動，收效如何短期內不易判斷。柯林頓的教改方案由於涉及增加企業界的負擔，增加政府開支等問題，引起了一些反對意見。計劃允許自由擇校，同意普遍發放助學金，又被部分民主黨議員批評為助長對少數民族的歧視。但總的來說，柯林頓的教育改革迎合了企業改組呼喚新型人才的需求，如果認真實施，當可為美國經濟的長期發展奠定基礎。柯林頓的顧問們得意地將其比作第二次世界大戰後著名的「退伍軍人法案」，稱退伍軍人法案幫助美國經濟從戰時向和平過渡，而柯林頓的教育改革法案將使美國向 21 世紀的終身學習制度邁進，在全球經濟競爭中立於不敗之地。

（四）振興科技

　　柯林頓上任僅一個月，就在訪問矽谷時提出了他的科技政策倡議。他宣佈要把美國政府研究和開發的投資重點從軍事工業轉向技術領域，推動教育和高技術產業發展，以保證在世界上的領先地位。為此決定成立新的聯邦科學、工程和技術協調委員會，總統科技顧問兼白宮科技政策辦公室主任擔任其領導，負責重新評估並統籌所有聯邦資助的科研專案。同年 11 月，「國家科學技術委員會」正式成立。政府中所有以研究為主的部門及機構的部長和主任分別參加其下屬的 9 個委員會。柯林頓賦予科技委員會與國家安全委員會、國家經濟委員會同等重要的地位，並親自主持了第一次會議。1994 年 8 月，白宮發表了題為《國家利益中的科學》的報告，鄭重表示美國政府承諾擴大對科研的支持，確保科技在以後的國家預算中居最優先地位。目標是使科學和工程領域的高等教育跟上勞動力市場的深遠變化，提高所有美國人的科技能力，為 21 世紀培養最優秀的

科學家和工程師。[33]

　　在這一原則指導下，雖然預算專案普遍削減資金，柯林頓政府仍保證了科研支出每年都有所增加。柯林頓宣佈最終目標是把科研經費提高到佔國內生產總值的 3%，大體相當於日本、德國的投入水準。柯林頓另一個關注的重點是調整科研經費的分配結構。1992 年美國 60%的研究經費用於軍事研究，40%用於民用技術。柯林頓主政後，已經將這個比例逐漸調整為 55%對 45%，並且計劃最終把軍事研究費用控制在整個科研支出的 1/3 左右。柯林頓及國家科技委員會同時致力於為美國的科技開發，為美國的經濟發展找到新的起點。其措施包括支持電腦與通信設備的開發，鼓勵發展高速火車，鼓勵發展節能技術。在這一系列科技倡議中引起最大反響的當數「資訊高速公路計劃」。

　　1993 年 9 月,副總統高爾與商務部長布朗正式宣佈實施「國家資訊基礎設施計劃」，即俗稱的資訊高速公路計劃。提出由聯邦政府牽頭，建設由光纖和電纜組成的資訊流通主幹線，將美國各地各種轉送和處理資訊的設施聯結起來，構成高速交流資訊的網路系統。此計劃立刻得到全國民眾特別是相關產業的熱烈呼應。美國人的熱情和想像力被激發出來了。有人把資訊高速公路建設與州際公路建設和阿波羅計劃相提並論，稱美國人終於發現了資訊時代的入口。目前，商業電腦網路的用戶以每年 30%的速度增加，照此速度 5 年內大部分美國家庭將被連為一體。要求加入互動式電子資訊網路更成了狂熱的時尚，每月

33　〈美國科學加強社會職能〉，〔美〕羅伯特・考思，載於《基督教科學箴言報》，1993 年 2 月 12 日。

的增幅都達到 15%。這個速度已經打破了當初電話普及時的記錄。[34] 1993 年，美國電腦擁有量佔全世界的 43%。電信業的大公司同樣陷入投資狂熱之中。僅貝爾公司一家就計劃在今後 7 年內投資 160 億美元，建設高速光纖轉送系統。MCI 公司也制定了在 20 個大城市鋪設光纖網的計劃。估計整個通訊業的私人投資規模可達到 1,250～1,500 億美元。

　　據專家們預測，資訊業發展的倍數效應將很快顯現出來，與之相關的商業、服務業都將出現繁榮，成為 90 年代美國經濟增長的發動機。這場經濟繁榮總共可帶來 3.5 萬億美元的經濟效益。資訊革命成功後，美國企業的行政管理費用可平均下降 1/10，生產率提高 20%～40%。它將改變美國人的工作和生活方式，為能源、醫療、交通、保健、教育、環境、人口老化等諸多問題的解決帶來希望。柯林頓政府極力推進這一遠景的實現。1994 年 1 月，副總統高爾在洛杉磯召開了匯集全國電腦、電子通訊和娛樂業巨頭的會議，討論資訊高速公路問題。高爾在會上宣佈將要為資訊業發展立法，排除束縛發展的舊規章，鼓勵創業。1994 年美政府撥出 10 億美元作為資訊高速公路建設的經費，並把全國科學基金會在電腦方面的撥款增加 3,310 萬美元。[35] 估計在今後 20 年內，政府對此項計劃的投資將達到 300 億美元。

　　當然，在最初的狂熱有所冷卻之後，美國人發現資訊公路建設不像看起來那麼簡單。他們遇到了開始沒有注意到的困

---

34 〈用高技術聯絡〉，〔美〕邁克爾·米歇爾著，載於《華爾街日報》，1994 年 2 月 5 日。

35 〈資訊高速公路將帶來什麼增長？〉，載於《商業周刊》〔美〕，1993 年 11 月 29 日。

難，如技術上的難點、鉅額資金缺口等。但投身資訊高速公路建設的美國企業依然有增無減。資訊高速公路似乎真的成了 90 年代美國經濟的興奮點，成了引導美國人向 21 世紀投資的最有吸引力的目標。

四、經濟衛冕戰

(一)柯林頓經濟學

　　1993 年 2 月 25 日，在一年一度的總統日，新上任的柯林頓總統向全國宣佈了一套重振經濟的計劃，人稱柯林頓經濟學。柯林頓經濟學前提非常明確：美國經濟形勢非常嚴峻，已經到了非改革不可的時侯。政府要在變革中負起責任來，美國民眾也要普遍為經濟的康復做出犧牲。政府的當務之急是加強投入，幫助經濟擺脫低迷，恢復健康增長。而後集中精力制服鉅額赤字，為長期發展奠定基礎。也就是說要執行兩個計劃：短期刺激經濟增長計劃和長期削減預算赤字方案。

　　按柯林頓的設想，短期刺激所需的資金規模是 310 億美元。資金的投送方向相當符合民主黨的傳統思路。首先是為企業免稅 150 億美元，但主要是用來支持那些積極更新設備的企業，以刺激美國公司廣泛擴大固定投資。其次是增加 160 億美元的政府開支。主要用來架橋修路。一方面透過這些大型公共工程部分解決失業問題（估計在 1993 年內可創造 50 萬個就業機會），另一方面也可以投資長期被忽視的基礎設施建設。

　　短期刺激是有限的措施，長期計劃則是一付名副其實的苦

藥了。柯林頓要求幾乎所有的美國人都做出犧牲，以制服赤字惡魔。他決定：

(1)給個人增稅，首先是要給富人增稅。凡是年收入超過 18 萬美元的家庭，所得稅的稅率要提高 5 個百分點。年收入超過 25 萬美元的，還要再加收 10%的附加稅。退休的富有者（年收入 3 萬美元以上的夫婦或年收入 2.5 萬美元以上的單身者）亦難逃此劫，他們必須按其收入的 85%交納社會福利保險稅，而不是以前的 50%。

(2)給公司增稅，首先是對大公司增稅。年收入超過 1,000 萬美元的公司，稅率從 34%提高到 36%。

(3)普遍徵收能源稅。這將影響到所有開車和使用暖氣的美國人。到 1996 年 7 月新稅完全生效後，汽油價格將上漲 5%，居民使用的天然氣漲價 4%，家庭取暖用油漲價 8%，居民用電價格提高 3%。一個年收入 4 萬美元的家庭大約每年因此增加440美元的開銷，而國庫將增加223 億美元的稅收。

(4)裁減政府開支。計劃在 4 年裏減 12%～14%的聯邦活動開支，削減聯邦雇員 10 萬人。這兩項可以節省 90 億美元。為顯示決心，柯林頓宣佈首先在一年內把白宮雇員減縮 25%。而且除郵政雇員和軍人外，聯邦工作人員的工資凍結一年。

(5)裁減防務開支。在布希政府削減防務開支計劃的基礎上，4 年內再減少軍費開支 760 億美元。

(6)裁減福利開支。包括減少社會保險，削減退伍軍人的福利待遇，特別是要減少醫療保健的開支。總計可節約政

府津貼 910 億美元。

透過這些增加收入、減少開支的措施，柯林頓計劃在 4 年內減少近 3,250 億美元的聯邦預算赤字，使美國可以初步擺脫這個「吞噬我們的惡魔」。柯林頓還打算利用這次厲行節約的成果，籌集 1,680 億美元進行新的投資，扶植有前途的新產業，使美國經濟重新步入正軌。總之，柯林頓經濟學的主旨是在短期內為經濟加油打氣，長期內則著眼收縮。有人形象地稱之為「一腳踩油門，一腳踩剎車」。

柯林頓經濟學的可取之處在於，它提出了美國人在 1990 年衰退中反覆思考的問題，提出了有勇氣的變革措施。一腳踩油門，一腳踩剎車，不一定會造成車輛失控，關鍵要看有沒有人把握方向盤。柯林頓對美國經濟發展最大的貢獻也就在於此。他呼籲美國人勇敢面對 80 年代乃至整個冷戰時期遺留的難題，尤其是鉅額赤字這個最棘手的問題。因為「重複的代價遠比變革的代價高得多」。至於其經濟學的具體內容，則集合了多方智慧。向外國駐美公司徵稅是吸收了獨立總統競選人羅斯‧裴洛的提議，徵收能源稅則是柯林頓民主黨內的競選對手保羅‧聰格斯的主張。

柯林頓給自己的經濟學提出的原則是既要超越保守派對資本的偏好，也要超越自由派對總需求的依賴，綜合兩者的可取之處，找到第三條道路。但平心而論，柯林頓經濟學雖然吸收了各方面的意見，總體上仍然偏重於民主黨人的傳統經濟思路，即透過政府發起的大型計劃，引導國家經濟步入正軌。僅在第一年就有耗資 310 億美元的短期刺激經濟計劃、耗資 200 億美元的軍轉民計劃、耗資 130 億美元的就業再培訓計劃等雄

心勃勃的專案等待實施。這些措施確實可以支持美國的教育、科技、新興產業，但其規模對於處境困難的聯邦財政來說又確實是難以承受的。

1993年前3個季度，美國經濟增長率始終徘徊在2%以下。這樣，柯林頓經濟學的效用尚未顯示，卻有可能首先導致財政赤字的進一步擴大，是國會的舉動抵消了這個危險。主張自由放任、反對政府干預的共和黨人，聯合民主黨內的保守派，對柯林頓的各項計劃資金大肆削減，短期刺激經濟計劃尤其元氣大傷。開支規模減小，使得聯邦赤字得到控制。

隨後美國經濟進入了人們期待已久的新的繁榮，實現了6年以來最強勁的增長，而通貨膨脹率一直保持在低水準。此時，西歐國家和日本還陷於不景氣當中，更顯得美國在冷戰後的西方經濟中一枝獨秀。1994年9月，商務部代表政府向國會提交了題為《爭取在全球經濟中獲勝》的報告，歷數柯林頓執政以來領導經濟發展的成就。報告宣佈：（美國）經濟重新回到了軌道上，在世界經濟中扮演著非常積極的角色，全球市場的前景非常光明。報告提供的統計顯示，美國的主要經濟指標優於西方七國集團的其他國家，國際經濟競爭能力明顯增強。幾乎在同時發表的兩份民間機構的研究報告證實了柯林頓政府的觀點。由美國工商業、大學和工會首腦組成的競爭力委員會對94項關鍵技術的發展狀況進行了分析，認定美國在大多數技術領域的競爭力均有提高。在生物技術、環境技術和資訊技術方面，美國繼續保持領先。尤其引人注目的是，美國在製造業設計、質量管理以及研究、製造、設計一體化方面取得了明顯進步。享有盛譽的瑞士洛桑國際管理發展研究所根據對世界範圍內1.65萬名企業家的調查得出結論：美國自1985年以來首次取代

日本成為世界上最具經濟競爭力的國家。美商務部長布朗表示，美國經濟的進步應歸功於「新型民主黨人的領導」，即歸功於柯林頓的經濟政策。[36]

(二)共和黨經濟學

但大多數普通的美國人似乎並不同意政府官員和專家們的分析，也並未被一片光明的經濟指標所打動。被靈活生產制度排除在外的白領雇員和不能適應資訊經濟的藍領工人構成了美國的「憂慮階層」（勞工部長賴克語），即便在當時的改革中未受打擊的人們面對新的全球經濟時代也是充滿困惑和疑慮。共和黨人利用全國上下普遍的不安定感在 1994 年的中期選舉中大獲全勝，牢牢控制了參眾兩院，開始與柯林頓爭奪制定國內政策的主導權。在經濟方面，提出以共和黨經濟學代替柯林頓經濟學。

所謂共和黨經濟學的主要原則在作為共和黨人中期競選綱領的《美利堅契約》中得到了權威的表述。概言之即減稅、減少制約企業行為的規章制度，減少外援，削減聯邦政府開支，削減社會福利開支，減少民用科研經費，支持武器生產和出口，與此同時透過法案強迫政府平衡預算。

共和黨提出的平衡預算計劃要求在 2002 年之前消滅預算赤字，但同時要進行 2,450 億美元的減稅。減稅範圍包括：降低資本所得稅、降低遺產稅、減輕對退休基金的收費，同時年收入在 20 萬美元以下的家庭每個子女可享受 500 美元的稅收優

---

36 〈美國技術改善意味著美國企業界可以挺起胸膛〉，載於《基督教科學箴言報》〔美〕，1994 年 9 月 19 日。

惠。據稱透過減稅促進經濟增長，是增加政府收入、消滅赤字的根本途徑。但這畢竟需要一定時間才能見效。減稅的直接後果是使將近 2,000 億美元的赤字再擴大一倍。如何在 7 年時間裏制服這個龐然大物呢？共和黨人提議：

(1)減少給老人、窮人和殘疾人的醫療補貼，減少給醫院的補貼，增加醫療保險收費。估計可節支 2,700 億美元。
(2)減少給低收入家庭的稅收優惠，節約開支 230 億美元。
(3)減少給大學入學者的貸款，節約開支 100 億美元。
(4)改革聯邦福利制度，減少食品券的發放，停止未婚母親的福利待遇，停止拒絕參加工作者享受的福利待遇，以 5 年為多數家庭享受福利的最高期限，將審核發放福利的權力更多地下放給各州。估計透過福利改革可節約開支 1,000 億美元。

有心人立即可以發現，共和黨國會的政策主張與當年的雷根經濟學何其相似！而雷根經濟學實施的後果是眾所周知的。政府經費和福利開支很難減縮，減稅和增加軍費又激化了入不敷出的矛盾，結果平衡預算只能是一句空話。

面對共和黨經濟學的挑戰，柯林頓接受了其政治顧問莫里斯的建議，採取所謂「中間化策略」。即全盤接受共和黨提出的經濟原則，作為自己的政策宣佈，但實際上嚴格控制其實施規模。1994 年底，柯林頓搶在共和黨國會之前宣佈了自己的減稅計劃。進入 1995 年，他又宣佈減少對電信業的管制，減少農業管理的規章制度，並公佈了新的武器出口政策，表示支持軍工企業爭奪全球市場。6 月 14 日，他提出了新的平衡預算方案，準備在 9 年內消滅聯邦預算赤字。但他在計劃中堅持為低薪階

層而不是富人減稅，對醫療保健費用的削減僅為共和黨計劃的一半，對福利和農業補貼的削減也比共和黨建議少。

　　白宮和國會無法就平衡預算的方法達成一致，共和黨人決定以聯邦開支為抵押。聯邦政府機構不能得到新財政年度的撥款，一些部門被迫在 1995 年 11 月和 12 月兩次停止辦公。華盛頓的政治僵局雖未影響美國經濟的發展，但引起了美國民眾的強烈不滿。共和黨人的強硬態度和他們「劫貧濟富」的平衡預算方案遭到了多數人的指責。對峙以國會的讓步而告終。

　　共和黨經濟學與柯林頓經濟學最終的命運非常相似。在政治對手的阻擊下，它們都未能在美國政府的經濟政策中獨領風騷，而且都不得不放棄最具黨派色彩、規模最宏大的部分。但它們的一些政策主張仍然對冷戰後的美國經濟產生了影響。例如柯林頓提倡的新型產業、教育、科技政策，共和黨提倡的福利改革、放鬆管制等等。這些以兩黨妥協為基礎、相對穩健的政策多少支持促進了美國經濟的振興。

(三)經濟衛冕戰的成功

　　到 90 年代中期，美國經濟的發展前景一片光明。自走出第 9 次經濟衰退到 1997 年底，美國國內生產總值實現 81 個月的持續增長，遠遠超出了二戰後平均連續增長 50 個月的水準，而且直逼 1982 年 11 月至 1990 年 7 月的「雷根—布希」經濟增長紀錄。與此同時，通貨膨脹率始終被控制在 3%以下的低水準，失業率從 1992 年的 7.5%降至 1996 年的 5.2%，近乎於西方經濟學意義上的充分就業狀態。長期存在的財政赤字問題出現了根本緩解的希望。1996 年預算赤字縮減到 1,100 億美元以下，也就是說已不到 1992 年財政赤字的 40%。財政赤字佔國內生產總值

的比重接近 1979 年以來的最低點。

目前，美國面向資訊經濟調整的成果在繼續顯現。服務業已經能夠帶動整個經濟的發展，並成為美國在國際經濟中最有競爭力的產業；製造業的革新普遍成功，甚至農業也找到適應全球競爭的途徑而得到振興；因冷戰結束受打擊最大的航太航空業、軍火工業逐漸恢復了活力。柯林頓政府推行的產業、教育、科技政策開始見效。兩黨在經過互有勝負的對抗之後，經濟政策主張有所靠攏，為解決財政赤字、龐大的社會福利開支、過度膨脹的醫療保健開支等痼疾提供了政治上的可能。聯邦儲備委員會調控貨幣政策、控制就業和物價指數的能力受到普遍信任，為經濟發展提供了可靠的環境。有些持樂觀態度的學者提出，以美國經濟發展的強勁情勢判斷，這一輪經濟擴張有望持續到 20 世紀末。這個論斷也不無道理。

冷戰結束後，世界各國都面臨著經濟調整的任務。在西方主要國家中，美國率先實現了資訊技術的突破，成功地運用這一新技術推動各個層次的經濟變革，搶佔全球化競爭中的優勢地位，帶來了經濟繁榮。而此時，德國同時處理東西部經濟融合、歐盟經濟一體化兩大難題，多少有些力不從心；日本在泡沫經濟破滅後，長期陷入停滯狀態，失去咄咄逼人的情勢。特別是在 1993 和 1994 年，美國經濟在西方世界近乎一枝獨秀。而在 90 年代前半期，美國實際國內生產總值增長了 10.8%，超過德國的 7.3% 和日本的 5.7%。

回想 80 年代，美國的製造業在與歐日的競爭中節節敗退，高技術產業的領先地位也受到挑戰。菁英們都在悲觀地談論美國衰落、經濟硬化，曾有不少經濟學家預言：美國經濟在未來 10 年中將繼續衰落，面臨保持世界經濟頭號強國地位的艱難競

爭。可以說美國在這場衛冕戰中經受住了考驗，至少是贏得了第一回合的勝利。這個明顯的轉變不僅僅是簡單的經濟周期的變化，很大程度上是所謂變革之風的結果。經過痛苦的第 9 次衰退之後，美國人終於開始清除冷戰遺留的積弊，改變 80 年代養成的超前消費、金融投機之風。美國人終於開始認識到時代的變革，開始主動地去適應新技術革命的要求。

美國經濟近來的表現證明了美國經濟的活力和美國人自新的能力仍未衰竭。當美國人認真對待自身的經濟問題，願意做出犧牲和貢獻的時侯，他們是可以扭轉經濟下降的趨勢。經濟已經不再是壓在美國人心頭的陰影。觀察家們也承認美國到下個世紀可能仍將是綜合經濟實力最強大的國家。於是有人擔心，到 20 世紀末，美國完成經濟調整，鞏固在世界經濟中的領先地位後，美國又將由內向轉為外向，在全球四處插手，盛氣凌人地行使霸權。

我們則認為，即使美國成功地度過了經濟轉型期，它也不大可能再現昔日的霸權。因為經濟並非美國在冷戰後遇到的唯一難題，甚至不是最棘手的難題。時代變革對美國最嚴重的衝擊是在政治和社會層面上。正如美國的資深政論家布熱津斯基博士指出的：經濟議事日程看來勢不可擋，但仍然是美國能夠認清和解決的問題。因為經濟問題相對具體，對於其重要性美國社會也能理解。相比之下，一般的社會問題和文化問題則不容易採取迅速的對策。部分原因是，要解決這些問題需要採取堅決的政治行動，而這恰好是美國政治體制的弱點。美國可以擁有影響全球的物質潛力，但缺乏運用這種力量的意志，缺乏運用這種力量的政治和社會基礎。

如前所述，美國的政治體制自創設以來基本保持穩定。二百餘年間，社會經濟難題接連不斷地出現，但只有廢奴問題是透過非制度化的手段解決的。分權制衡的制度表現出超乎尋常的適應能力和自我調整的能力，使美國人頗引以為榮。而冷戰結束之後，美國政治制度卻面臨著直接針對它自己的挑戰，面臨著民眾對國家政治的信任危機。1992 年大選，選民投票率僅為 55%；1996 年大選的投票率更低至 48%，為美國政治史上的最低點；1994 年國會中期選舉則只有 38%的選民參加投票。據新聞機構調查，90 年代對國會表示信任的選民從 60 年代的 42%下降到 8%；同期，信任和支持白宮的選民從 41%減少到 12%。[1] 公眾不是對某個黨派或某些政治機構抱有反感，而是對國家政治普遍感到厭倦和淡漠。他們不相信透過目前的政治進程能夠解決國家遇到的社會經濟難題，或是能增強國家的凝聚力，增強國民對未來的信心。恢復民眾對政治活動的興趣和信任是美國政治面對的新考驗。

一、喪失信譽的政治

對為何出現空前的政治信任危機，美國政界有各式各樣的解釋。有人稱這是由彌漫西方的世紀末悲觀情緒引起的，並非美國獨有。有人認為向資訊經濟的過渡使眾多的美國人感到對未來沒有把握，焦慮心態促使他們對政治發洩不滿。這些說法

---

[1] 《新聞周刊》，1996 年 1 月 8 日。

各自揭示了部分事實，但普通美國人有既簡單又尖銳的解釋：
政界的骯髒和虛偽敗壞了自己，也驅走了選民。

（一）金錢與選舉

　　三十多年前，當約翰‧甘迺迪總統參加他的就職遊行典禮的時候，他曾經對美國首都的凌亂破敗發出感歎，並發誓要整頓華盛頓的市容。在今日華盛頓富麗堂皇的氣派面前，恐怕甘迺迪總統最大膽的重建計劃也要黯然失色了。70 年代以來，大量的金錢湧入首都，使華盛頓脫離了簡樸，並且在這個城市中創造出一個真正的政治特權階層——由資深議員和政府高官組成的華盛頓圈內人。要想透過競選進入這個圈子，必須以大筆金錢鋪路。要想保住在圈中的地位，同樣需要鉅額資金的支持。據統計，在 1986 年選舉中競選眾議院席位的候選人平均每人花費 21.8 萬美元，參議院候選人平均花費 189.7 萬美元。[2] 而在 1996 年的選舉中，獲得一個眾議院的席位平均需要花費 50 萬美元，在競爭激烈的選區則需要 200 萬美元；獲得參議院席位所需的平均資金是 500 萬美元，最高的州需用 3,000 萬美元。為入主白宮投入的競選經費更是天文數字。民主黨籌集了 3.32 美元的經費，共和黨全國委員會募集的捐款為 5.49 億美元，創下了新的歷史紀錄。

　　具有諷刺意味的是，競選費用飛漲是從 1974 年國會通過「選舉改革法」之後開始的，而這個法案初始目的是為了限制

2　《美國政治統計手冊》，梅孜編譯，時事出版社，1992 年版，第 38~39
　　頁。

參選花銷。它規定個人對候選人捐款不得超過 1,000 美元，對政黨全國委員會競選捐款不得超過 2 萬美元。選舉法通過不久，其中眾議員競選費用規定上限的條款被最高法院判為違憲。對個人捐贈的嚴格規定使得各種政治行動委員會大行其道。它們很快發現了選舉改革法的漏洞：其一，以支持某個政治主張的名義向兩黨提供資金是不受任何限制的。因為從名義上講，資金並非捐給個別候選人，使用資金的是黨的官員而不是某競選班底。其二，只要不是直接贈款，以其他方式間接地提供資金（以選舉法中的術語說，即為反對或支持某候選人進行「獨立」活動的開支）並未受到實質性的限制。政治行動委員會利用這些漏洞將鉅額資金源源不斷地輸入政壇，形成了人所共知的軟捐款（the soft money）。

自 1974 年以來，美元因通貨膨脹的緣故實質貶值不少。但政客中沒有人提出要提高選舉法規定的經費限額。因為這些限額根本沒有實際意義，軟捐款早已成為競選開銷的主力。擁有雄厚資金，就能在電視、電臺、報刊上刊登廣告，就能將影像、文字宣傳品遍送選民，抬高自己，打擊對手。一般情況下，募集到多於對手的資金就意味著選舉的勝利。爭取捐贈成了政客的必修課，募款手段花樣翻新。在 1996 年大選中，共和黨舉辦了名為「通往白宮之路」的募捐晚宴，入場券每張 1,000 美元；如果願意出資 4,000 美元就可以在宴會上與金里奇合影留念；出資達到 25 萬美元就可以列入宴會主席名單，並獲得參加共和黨全國代表大會的 4 張門票。結果共和黨在一夜之間獲得 1,600 萬美元的資金。民主黨全國委員會則開列了詳細的價格表：贈款超過 10 萬美元者可以分別與柯林頓和高爾進餐兩次，可以參加擴大外貿活動的政府代表團出國訪問；贈款 5 萬美元者可以分

別與總統和副總統進餐一次；贈款 1 萬美元者有可能被邀請到白宮與柯林頓喝咖啡；捐贈 1,000 美元者可以參加總統夫人主持的活動。

在兩黨你追我趕的爭奪戰中，總統競選的經費一路飛漲。以募捐高峰階段（從大選前一年夏季到大選年的夏季）比較，1980 年競選中兩黨共籌集了 2,400 萬美元，1992 年競選中兩黨籌款合計已將近 4,000 萬美元，而 1996 年同期兩黨籌資竟超過了 1 億美元。

如此高額的資金消耗已經使美國的選舉成為不折不扣的金錢遊戲。金錢介入政治的消極影響越來越引人注目。首先，它使企業界，特別是其中的大公司在政治活動中擁有過度的影響力，而壓制了普通民眾的聲音。在美國人當中政治捐款在 200 美元以下的佔 99.97%，也就是說政治家們依靠著不足萬分之三的美國人提供選舉經費。[3] 這萬分之三的美國人因而能夠會晤重要的政壇人物，向他們陳述自己的利益，要求他們代表自己發言和決策。絕大多數美國人就很難有這樣的機會。這使得一些特殊利益集團能夠淩駕於民意之上。儘管多數美國人支持禁煙立法，但煙草企業向 1996 年選舉注入 350 萬美元以上的資金，在共和黨十大捐助者中，煙草商佔了 3 家。於是國會議員，特別是共和黨議員始終不贊成通過限制煙草銷售的法案，除非該法案為煙草生產商所認可。同樣，得到多數美國人支持的槍枝管制法案命運多舛，因為全國步槍協會是幾乎所有共和黨總統候選人的重要捐資人。

---

3 《新聞周刊》，1996 年 10 月 28 日一期，第 27 頁。

其次，競選費用的膨脹迫使政客們將大量時間和精力投入募捐活動，影響了他們為公眾服務的質量。任期兩年的眾議員就任不久就要開始考慮連任資金問題。任期較長的參議員情況也好不到哪去，因為他們競選連任所需的費用遠遠超過前者。國會議員給予本選區的關注在下降。他們更忙於參加華盛頓的募捐活動，或積極地為自己的贊助者發言。鮑勃‧杜爾作為堪薩斯州的議員，卻親自致信財政部，極力為加州的加洛釀酒公司活動。因為該公司僅在 1989～1992 年間就為他提供了 9.3 萬美元的捐款。[4]

　　再次，金錢使選舉日益平庸化。競選費用居高不下使不少籌資能力稍弱的競爭者知難而退，其中不乏有才能的政治家。參選總統的花費最多，總統競選中這種現象也最明顯。90 年代以來，現時沒有擔任聯邦職務的參選者往往在正式選舉前 3 年就開始籌備活動。其中頗有因資金籌集不順利而打消競選念頭的。在 1996 年總統選舉前，共和黨方面聲望素著的人選很多，如詹姆斯‧貝克、迪克‧錢尼等都是一時之選。但最終都在經費高門檻面前卻步。1992 年競選中，保羅‧聰格斯一度領先於其他民主黨候選人，但終因競選經費耗盡而退出競爭。代表企業利益的政治行動委員會經常兩面下注。受其影響，各個候選人的競選主張越來越相近，多是沒有鋒芒的陳腔濫調，以避免開罪特殊利益集團。候選人的主要精力不在於突出自己的特色，和對手在政策問題上又沒有多少可爭論的話題，於是只有

4　〈進入白宮的鑰匙〉，〔英〕約翰‧卡林，載於《獨立報》，1996 年 1 月 28 日。

想方設法從道德和人格上攻擊對手。競選格調難免日益低下。

　　最後，長期的金錢遊戲侵蝕著美國的政治道德水準。90 年代以來，政界醜聞不斷，且多數與金錢有關。1993 年，涉及柯林頓夫婦的「白水事件」開始引起關注。在柯林頓擔任阿肯色州州長期間，希拉蕊接受柯林頓前助手麥克杜格爾的貸款，和麥氏共同投資白水房地產公司，獲利近 10 萬美元。而麥氏在該州的經營活動則不斷得到神秘的幫助。他的銀行在實際破產 5 年後才被停止活動，給納稅人造成 6,000 萬英鎊的損失。他雖因金融欺詐而受審，卻最終被宣佈無罪釋放。柯林頓夫婦在其中所起的作用令人懷疑。在共和黨人的堅持下，國會開始調查。總統和第一夫人被傳喚作證。國家首腦在公眾心目中的地位再次遭到沈重打擊。

　　白水事件還未完全平息，1996 年又出現了與白宮有關的「捐款門事件」。民主黨全國委員會被揭露在大選籌資活動中接受外國公民的捐贈，數額在 100 萬美元以上。捐款人來自印尼、印度、中國、臺灣、中東等各國家和地區，而且他們得以到白宮會見總統，或與總統夫人、副總統合影留念。如果證實柯林頓等人是有意識地參與上述募捐活動，他們將面臨嚴厲的指控，因為美國法律嚴格禁止以任何方式接受外國政治資金。

　　共和黨人把捐款門事件作為打擊民主黨總統的利器。但正如美國新聞界所警告的，共和黨他們自己在外國資金問題上同樣存在許多疑點。杜爾最重要的贊助者之一是出生於古巴、現持西班牙護照的糖業大王 Jos'e Fanjul。杜爾競選班底負責募捐的副主管西蒙・費爾曼（Simon C. Fireman）被判軟禁在家 6 個月，因為他企圖透過香港將部分競選捐助轉入杜爾名下。金里奇則利用沙烏地阿拉伯和俄羅斯使館舉行募捐招待會，還曾接

受過印度錫克教徒的數千美元捐贈。

接受外國政治資金如同美國競選募捐中的盧比康河。在選舉勝利的誘惑下，兩黨政客不約而同地接近這個最後的界限，說明金錢的介入已經使美國政治墮落到危險的境地。目前有83%的美國人要求修改選舉法，實質性地降低選舉費用。但他們的呼聲在國會山並沒有得到多少誠心誠意的回應。政客們與金錢的關係太深了，他們似乎難以想像沒有鉅額資金支援的競選。

(二)國會山上的在職者

與美國政治競選經費的日益高昂互為因果，國會議員重選率步步提高。競選經費增加，也提高了投資失敗的代價，迫使代表企業利益的政治行動委員會日益謹慎，只肯把資金捐給已經揚名的老牌議員。源源不斷的資金保證這些議員總能成功地連任，他們的名氣就越發響亮，吸引的資金也就越多。政壇新人要想擊敗他們就面臨日益棘手的籌資問題。據傳統基金會的統計，1992 年競選中新出現的候選人籌集的資金僅為在任者的28%。[5] 新手挑戰的成功率是很小的。久而久之，國會裏總是充斥著熟悉的老面孔，形成長期連選連任、盤踞國會山的「華盛頓權貴」。

在 50 年代，國會議員連選連任成功率平均為 81.8%，80年代上升為 87.1%。[6] 1992 年選舉中，連任成功率竟達到 93%。資深議員成了華盛頓權貴的重要組成部分。他們利用手中權

---

5 *Contracts with America,* (New York: Time Books, 1994), p.161.
6 根據梅孜前引書第 35~36 頁數字計算得出。

力，放肆地謀取私利。

1995 年夏，參議院道德委員會決定對參議員帕克伍德行為不檢的問題展開調查。帕氏已經 5 屆 30 年連選連任，並擔任參議院財政委員會主席的顯要職務，是華盛頓在職者的典型代表。在調查中，帕氏被迫公開了自己的日記。儘管他搶先做了修改，但美國民眾還是對日記記錄的華盛頓圈內腐化骯髒的現實感到震驚。像帕氏這樣的資深議員，不僅在競選期間可以得到大筆資助，平時也會收到遊說集團慷慨的饋贈和款待。百元以上的美酒，千元以上的盛宴，攜帶親眷的海外旅遊，都是平常事。政治行動委員會同時為眾議員助手提供薪水，承擔議員郵資的超支部分。這些好處加在一起，每年將近 100 萬美元。儘管這是違反國會已通過的若干法律的行為，早應受到道德委員會的制裁，但風氣如此，大家樂得相互包涵。帕氏在日記中寫道：「不管得到什麼好處，我都非常高興。」

帕克伍德為逃避被參院開除的命運，最終自動辭職了。他假公濟私的行為固然令選民憤怒，但使他們更不能容忍的是他對自己的作為絲毫不感羞愧，反而沾沾自喜。其實議員們利用控制金錢的權力、提高自己的待遇時，其厚顏程度有過之而無不及。據統計，93%的國會議員為自己得到了終身養老金，做為「為國服務應得的鼓勵」。這筆資金總的數額已經超過 200 萬美元。[7] 大多數議員每年得到的退休金在 5 萬到 6 萬美元之間。與此形成對照的是，1991 年議員們一致支持一項立法，為美國聯邦政府擔保的公司雇員的退休年金規定了上限：不得超過 2.6 萬

---

[7] 裴洛前引書，第 30、38 頁。

美元。而大多數普通美國人的年退休金都不到 7,000 美元。

最令美國平民感到不可思議的是，部分國會議員的退休金比他們在國會工作時的工資還多。如曾多年擔任參議院外交委員會主席的著名參議員威廉‧富布賴特，在參院任職時的年工資為 4.2 萬美元，而他退休後每年可以得到 8.2 萬美元的養老金，不工作倒比工作時多拿 93%。不過他還不是最突出的例子。共和黨的一位議員退休後得到的錢竟是工作時的 2.76 倍。[8] 即使是在經濟衰退時期，議員們維護私利也是毫不收斂。1991 年，國會剛剛批准了美國歷史上赤字規模最大的聯邦預算，接著又通過一項決議，將自己的薪水調高了 23%。在全國失業人口超過 800 萬，留在工作崗位上的人為保住飯碗而被迫同意削減醫療保險和養老金的時侯，國會此舉引起了軒然大波。當年華盛頓地區居民的稅後收入在全國各大城市中居首位。特別是國會議員聚居的地區，不光彩地成了經濟衰退中的一個富裕之島。

冷戰結束後，美國民眾表達了強烈反對在職者的情緒。1992 年，14 個州通過了要求限制議員任期的公民創議。1994 年的中期選舉中若干著名長期在職的議員被逐出國會山莊。共和黨人控制國會後，根據他們在「美利堅契約」中的承諾，提出限制國會議員任期的憲法修正案，要求參眾兩院議員的任期均不得超過 12 年。但這個提案在眾議院只獲得 227 張贊成票，遠遠低於修憲所需的 2/3 多數票，成為《美利堅契約》10 項立法動議中首先被擊敗的一個。不少老資格的共和黨議員不顧金里奇的威脅，不顧民意測驗顯示 80% 的美國人支持對任期的限制，對

8　Barlett & Steele, op. cit., pp.183-188.

修正案投了反對票。他們聲稱：限制任期將損害選民自由選擇代表的權利，是不必要的行為。要求在職者自行限制任期看來是與虎謀皮。

(三)華盛頓「旋轉門」

羅斯·裴洛在 1992 年總統競選中曾經譏諷地說，在華盛頓有個著名的旋轉門。華盛頓權貴們可能昨天還是受人民委託、保護國家利益的議員、政府官員，今天就會變成某個大公司的代言人，利用他所知道的內情，利用他在華盛頓的關係網為私人企業服務。裴洛聲稱，他們透過為大企業和外國政府提供此類諮詢可得到 50 萬美元的報酬。[9] 有些人甚至不等轉過這道門就身兼兩任，既是民意代表，又接受私家委託。參議員菲爾·格拉姆在 1996 年大選中參加了共和黨總統候選人的競爭。其夫人溫迪·格拉姆在布希政府中曾擔任聯邦農產品期貨交易委員會的主席。在她離任前的幾天裏，她抓緊時間批准 9 家公司免受政府規定的約束。其中有 7 家公司是她丈夫競選活動的捐助者，還有一家公司在她離開政府後任命她為公司董事。

在這些兜售權勢的活動中，國會議員利用他們掌握的立法權力，使自己處於相對有利的地位。直至 90 年代初，對國會議員及其主要助手離職後從事職業的規定一直付之闕如。強制聯邦政府官員遵守政治道德的法律儘管設定不夠嚴密，而且實際效用值得懷疑，但畢竟是存在的。對國會議員而言，連這些基本束縛都沒有。於是部分熱衷於權錢交易的議員行事毫無顧

---

9 裴洛前引書，第 17、13~14 頁。

忌，引得國人側目。獲得 1992 年普立茲獎的兩名記者揭露了這樣一件事。1985 年，當槓桿收購之風席捲美國的時侯，眾議院能源和商務委員會在全國輿論的壓力下打算過問此事。當時民主黨議員提莫西・沃思（Timonthy Wirth）是能源和商務委員會下屬小組委員會的主席，在調查槓桿收購問題上表現積極。他指示小組委員會的首席顧問戴維・埃爾沃德（David Aylward）著手準備召開聽證會，估價兼併活動是否公平合理。埃爾沃德開始表現得比沃思還要強硬。他對報界透露訊息說，小組委員會不僅要研究兼併者在槓桿收購中採用的種種手段，而且要進一步追究支援槓桿收購的垃圾債券問題。「我們不知道這些錢是哪兒來的，它也許可以用在一些更有益的長期投資上。」當時人們紛紛推測，這次調查可能導致國會就槓桿收購問題立法。

就在聽證會開始後不久，事情發生了戲劇性變化。埃爾沃德辭去了小組委員會首席顧問的職務，加入一個遊說集團。而這個遊說集團最大的客戶就是垃圾債券之王米爾肯組織的「爭取資本聯盟」（Alliance of Capital Access）。不言而喻，這個聯盟的首要目標就是阻止國會透過限制槓桿收購和垃圾債券活動的法律。由於埃爾沃德自始至終參與了國會聽證會的準備工作，他對議員們關心什麼問題，國會手裏掌握了哪些不利於證券商的證據瞭如指掌。他的反擊成了遊說集團有力的王牌。結果是，不僅米爾肯們順利地經受住了這次聽證會的考驗，而且在此後的 6 年裏，國會未透過任何限制金融投機、保護槓桿收購的犧牲品之類的法律。[10]

---

10 Barlett & Steele, op. cit., pp.190-194.

這類事件的增多當然使普通美國人感到憤恨。他們選出的代表及代表的助手們竟公然利用人民的授權為各種利益集團服務。最令美國人不能容忍的是，隨著美國經濟的全球化，外國壓力集團逐漸成了華盛頓的常客，同時華盛頓的權貴們很快學會了為美國的競爭對手們奔走。

　　連續 6 年擔任國防部負責國際事務的副部長的理查德‧珀爾，在離職接受土耳其政府的委託，幫助該國每年獲得 6 億美元的援助。土耳其政府為此每年付給珀爾的諮詢公司 87.5 萬美元。前駐日美軍司令威廉‧克拉克將軍退休後，受雇於日本兩家最大的軍工企業：三菱重工和日產。他運用自己在國防部和白宮高層的老關係，幫助日產公司獲得了美國企業開發成功的複合火箭發射系統的技術。

　　1988～1989 年，美國海關總署與日本汽車生產廠家在日本對美汽車出口問題上發生了衝突。日本企業為了充分利用對美汽車出口份額，將輕型卡車重新分類為小汽車。美海關總署認為這是濫用美國關稅稅則，於是展開調查。在日本院外集團的積極活動下，國會議員詹姆斯‧英霍夫和威廉‧丹尼米耶聯名致信美國海關總署署長，要求他停止調查。30 位眾議員和 11 位參議員在這封信上簽名以示支持。但是海關總署沒有理會這些議員的壓力，依然裁定不準將輕型卡車分類為小汽車。圍繞是否執行這個裁決，分別由日本和美國汽車商支援的院外集團在國會山莊展開了競爭。儘管美國最重要的三大汽車廠家採取了聯合行動，並發動其銷售商給國會議員發出大量信件，但財大氣粗的日本人還是佔了上風。應眾多議員的要求，美國財政部推翻了海關總署的決定，同意將日本輕型卡車歸入小汽車一類。據估計，美國政府因此至少每年損失 5 億美元的關稅收

入。[11]

華盛頓權貴們的作為使美國國民感到憤怒。迫於國民的壓力，政客們也做出一些自我約束的姿態。1992 年，作為提高自己薪水的交換條件，議員們同意以後不再為演講或出席午餐會而收取大企業的報酬。但就這幾年的貫徹情況來看，這個無關痛癢的決議同樣形同虛設。議員們確實不再直接從企業拿錢，而是各自設立基金會接受企業的捐贈。

金錢控制選舉、議員長期在職、非法遊說活動是目前美國政治生活中最嚴重的痼疾。這三種缺陷事實上存在著緊密的聯繫，互為表裡。選舉費用高漲使在職議員在競選中佔有優勢，使連選連任現象蔓延；長期任職的議員得以控制關鍵的國會委員會，成為院外集團可靠的代言人；而平時向華盛頓權貴提供優厚待遇的遊說者，往往就是競選經費的主要贊助人。過去幾次改革嘗試的失敗表明，單獨打破其中的一環是困難的。要阻止情況的惡化可能需要三管齊下，這當然增加了解決問題的難度。弊病遲遲不能根除，美國民眾只能日益對政治生活持牴觸情緒和懷疑態度。

---

11 《銀彈攻勢》，〔美〕帕特·喬特著，林晨輝等譯，中國經濟出版社，
    1991 年版，第 4~6 頁。

二、重新組合的努力

　　長期穩定的美國政局當然也有自己的變革時期。即由於選民普遍調整自己的政治態度，導致政治力量的重新組合。如果能夠在政局重組中掌握主動，就可以為自己的政黨組成穩定可靠的選舉聯盟，在數十年的時間裏左右全國政治，如林肯在南北戰爭時期，羅斯福在新政階段所做到的。美國政客們都希望自己能有機會步偉人後塵，名載史冊。冷戰的結束喚起了他們的歷史感，左翼和右翼從不同的角度得出了相同的結論：政壇重組的時機出現了。

　　如西奧多・懷特所說：「當代所有的全國性政治活動都是從富蘭克林・羅斯福時代開始的。」左右翼在尋找歷史的方向感的時候，不約而同地選擇羅斯福時代的政治為基點。不過保守派希望回歸羅斯福之前的政治，而自由派打算繼續他未竟的事業。

　　在保守派看來，新政時期開始的政府干預經濟、行政機構膨脹、社會安全網建設本來應該是對付大蕭條的權宜之計。二戰迅速爆發使這個臨時格局固定化。隨後的長期冷戰中，國家安全被置於首位，助長了行政權力的擴大。冷戰的結束意味著終於可以糾正長期的錯誤，回歸小政府的時代。在自由派看來，30 年代的社會經濟改革不過剛起步。4 年的世界大戰和 40 年的東西方冷戰迫使國家將財力物力投入安全建設，阻礙了革新事業的完成。冷戰的結束意味著終於可以把民眾利益放在首位，全力剷除尚存的社會不公。

左右翼都相信，這次政局重組是有利於自己的。他們感到了選民中普遍存在的對政治不滿的情緒，並將其視爲政局調整的基礎。雙方都竭力將民眾的憤怒引向對方，自己則尋找標誌未來的旗幟，希望形成新的選舉聯盟。

(一)新民主黨人

首先獲得機會實現政壇重組設想的是民主黨人。1992 年柯林頓擊敗布希當選總統，民主黨事隔 12 年後重新入主白宮。他們把這次選舉稱爲罕見的重新決定方向的競選，認爲以中產階級爲核心的新聯盟保證了柯林頓的勝利。他們打算在此基礎上建立持久的民主黨多數，因而對柯林頓的執政寄予很大希望。

柯林頓宣佈自己是既不同於傳統的右翼，又不同於傳統左翼的新民主黨人。聲稱要在保守和自由派政策之外尋找第三條道路。但事實證明，他並沒有明確的政治理念。他的決策班底則是由三種人組成的鬆散集體，新民主黨人只是其中的一部分。他的左右還聚集著傳統的自由派，和一路跟隨他從阿肯色州發跡的膩友。這三個派別幾乎在所有的政策問題上都存在意見分歧，而優柔寡斷的柯林頓未能協調他們的立場，形成和諧一致的政策。在經濟領域，新民主黨人的主張佔上風，取得了不錯的成績。但是在社會政策領域，傳統左翼卻擁有主要發言權。他們採取的若干政策行動，給柯林頓推動的政治重新組合打上了鮮明的自由派標誌。

在社會文化問題上，傳統自由派是多元文化主義的堅定支持者。他們主張政府明確承認每個人都有選擇自己的人生道路的權利，政府或其他的社會組織都無權去判定某種生活方式比另一種生活方式更道德。他們對官方立場的修正很快引起一系

列的爭議，其中最有代表性的即同性戀問題。在美國各州，圍繞同性戀問題的爭執一直未見分曉。某些州在自由派的推動下給予同性戀家庭法律保護，允許同性戀伴侶享受社會福利。而另一些州的教會組織則在保守派的支持下，堅決不允許同性戀婚禮在教堂舉行。[12] 柯林頓班底裏的自由派對僵持局面感到不滿，並對共和黨在 80 年代利用愛滋病問題攻擊同性戀者記憶猶新。他們敦促總統公開支持同性戀者，以表明民主黨政府的新型社會政策。柯林頓在入主白宮不久，便接見了一批同性戀權利運動激進分子，表示對他們要求的支持。接著又任命了同性戀組織的負責人之一，前舊金山市監察官羅伯塔‧阿赫頓伯格為住房與城市發展部副部長，成立第一個包括同性戀者在內的內閣。柯林頓政府的衛生與公眾服務部長唐娜‧莎拉拉女士在 1992 年曾試圖勸說五角大樓解除對軍中同性戀的禁令。作為就任總統後採取的第一個重大行動，柯林頓在入主白宮一周後就以美國武裝力量總司令的身分宣佈：立即廢除對軍隊中同性戀的禁令。

總統的決定引起很大的爭議。發誓要維護傳統道德觀念的保守派組織聞風而動，展開全力反擊。共和黨國會領袖杜爾稱總統犯了個大錯誤。共和黨議員們則指出柯林頓在競選中曾得到全國同性戀者組織 50 萬美元的經費支援。他們指責總統為了換取「特殊利益集團」的政治支援，拿國家和軍隊的利益做交易。本來就對柯林頓存有疑慮的三軍高級將領在這個問題上公

12　〈一年來柯林頓政府的文化政策〉，劉永濤著，載於《國際觀察》，1994 年第 2 期。

開支持保守派。參謀長聯席會議主席科林‧鮑威爾表示對此決定持強烈異議。他指出允許同性戀者從軍會對美國軍隊的士氣造成不良影響。同性戀者在部隊中將引起性向問題上的對峙乃至衝突，破壞軍人的團結，影響部隊的戰鬥力。

自由派人士對柯林頓的行動表示支持。民主黨國會領袖、參議員米切爾稱總統在這個問題上「領導有力，堅定地堅持了原則」。同性戀者的院外集團在國會山大肆活動，積極聯絡其他民權組織以聲援總統。他們宣稱同性戀者也是享有憲法權利的公民，完全有權利也有義務保衛國家。不允許同性戀者在軍中服役，是同種族和性別歧視同樣惡劣的性向歧視。

自由派與保守派的尖銳對立迫使柯林頓命令的正式貫徹推遲了 6 個月。而且最終得到國會支持的是一個雙方都不盡滿意的妥協方案，所謂「不說也不問」。一方面，徵兵時將不再調查個人的性傾向。另一方面，同性戀者只有在不公開表露其性傾向的前提下方可入伍服役。

在社會福利問題上，傳統左翼不事聲張地在柯林頓經濟學當中加進了反貧困的內容。其中包括年收入在 8,400 美元至 1.1 萬美元之間的家庭每年減免 3,370 美元的稅收；在 5 年內向 10 個貧困地區提供 30 億美元，以幫助該地區減稅，增加當地的社會服務專案，資助社區發展；5 年內為食品券計劃增撥 25 億美元，並撥款 10 億美元防止遺棄兒童。在一大堆經濟計劃之外，住房和城市發展部還擴大了資助無家可歸者的聯邦專案，使其資金規模增加一倍，達到每年 15 億美元。[13] 這些計劃的規模當

---

13 〈柯林頓悄悄向貧困開戰〉，〔美〕賈森‧德帕爾，載於《紐約時報》，

然無法與詹森政府向貧困開戰的「偉大計劃」相比。但 90 年代美國社會中要求實現預算平衡，緊縮社會福利開支的呼聲高漲。傳統自由派已經是在盡最大可能堅持自己政治主張，而且確實因此授人以柄。共和黨得以宣傳說，所謂新民主黨人仍然繼承了大筆花錢、到處干預社會生活的舊習。

自由派推行的政策不斷引起政治紛爭和摩擦。民主黨引導的政治重新組合起步就不太順利。柯林頓政府於是將主要希望寄託在醫療保健改革計劃上面。醫療保健與社會福利開支是美國聯邦開支的重大負擔。1992 年用於醫療保健的公私開支已經佔到國民生產總值的 14%，比用於教育、防務、對外援助、農產品補貼的開支總和還要多，是聯邦預算中增長得最快的部分，被稱為「美國最重要的國內問題」。從另一個方面看，美國勞動成本已經普遍低於其他發達國家，但雇員醫療開支是其中引人注目的例外。例如美國生產的汽車的成本中，工人醫療保險費每輛平均為 1,000 美元，是日本的兩倍。美國人每人一年的醫療開支平均超過 3,000 美元，是德國人的 1.7 倍，英國人的 2.6 倍。[14] 如果改革成功，醫療費用得以下降，美國產品的全球競爭力將有明顯提高。因此也可以說醫療保健改革是關係國際經濟競爭力的重要問題。

柯林頓對醫療改革寄以厚望，將其視之為控制削減預算赤字、保證整個經濟計劃成功的關鍵環節。他指定總統夫人希拉蕊親自領導一個全國醫療保健制度特別工作組，財政部長、商

1994 年 3 月 30 日。
[14] 馬歇爾、施拉姆前引書，第 158、175 頁。

務部長、衛生部長、國防部長及預算局長全部參加籌劃。最後通過的方案同時採納了新民主黨人和傳統左翼的意見。一方面，方案同意逐步將競爭引入目前為醫院壟斷的醫療保健領域，利用市場競爭壓力降低醫療費用和保險費用。另一方面，方案又主張直接對醫生和保險公司的最高收費進行限制，要求企業為雇員提供醫療補貼。透過開源節流籌集的資金將用來給迄今為止被排除在保健制度外的 3,500 萬美國人提供保險。這個計劃若得以貫徹，可以基本上解決醫療開支劇增的難題，聯邦預算赤字將從 1994 年的 2,348 億美元減為 1995 年的 1,651 億美元。

醫療保健改革如果能獲得成功，柯林頓政府就有把握在促進經濟增長的同時實現預算平衡，民主黨人也可以證明自己既能解決經濟難題，也能根治社會痼疾，從而樹立持久的政治聲望。因此儘管對希拉蕊的領導方式和白宮的方案持有異議，民主黨領導層還是動員起來支持醫療改革。參院領袖喬治·米切爾和眾院第二號人物理查德·格普哈特親自在兩院發起提案。但醫療改革觸動既得利益者確實太多，因而遇到極大阻力。企業界不願為每一位雇員都購買保險，保險公司反對對保險費設定上限，受威脅最大的醫療界更是一片譁然。代表醫療界利益的遊說集團紛紛出動，宣稱柯林頓的計劃可能造成全國一半以上的醫生失業，6,600 多所醫院中可能會有 35%～50%被迫關門，其影響將波及整個美國經濟。特殊利益集團投入數百萬美元發佈電視廣告，開展院外活動，堅決反對改革法案。

在來自各方面的壓力下，共和黨議員普遍表示反對醫療改革法案，認為政府插手太多。而部分民主黨議員也表示疑慮，認為使 3,500 萬被遺棄者加入保險固然理想，但所需資金不易籌

集，也許反而會增加預算赤字。醫療保健法案在國會中的處境一直不妙。1993 年夏，爲了保證所有經濟計劃的批准，柯林頓決定推遲討論醫療改革方案。一年之後，爲了挽救反犯罪法案，他被迫同意再次推遲討論。民主黨陣營的士氣一再受挫，本就三心二意的支持開始瓦解。而共和黨人的反對態度日益堅定。反對者的領袖參議員格拉姆號召兩院議員拒絕討論該法案，聲稱：「除非我的政治生命結束，否則柯林頓的醫療計劃休想獲得通過。」爲柯林頓政府所珍視，普遍喚起選民希望的醫療改革法案根本沒有在 103 屆國會得到討論，結果成爲廢案。民主黨的聲望遭到沈重打擊。

在 1994 年 11 月舉行的中期選舉中，民主黨遭到慘敗。其參議院席位從 56 席減少到 47 席，衆議院席位從 256 席減少到 204 席。40 年來首次同時失去兩院多數。在州一級選舉中，11 位民主黨州長爲共和黨人所取代。選舉的結果清楚不過地顯示，民主黨人重新組合政治力量的努力沒能得到選民的認同。

（二）美利堅契約

對於共和黨人而言，自己在 1994 年中期選舉取得的壓倒優勢標誌著選民拋棄了柯林頓的領導，意味著共和黨獲得了領導政治重組的機會。他們將這次選舉比作 1930 年的國會選舉，在那次投票以後，民主黨在絕大部分時間裏佔據了國會多數。共和黨人相信自己將同樣長期地保持對國會的控制，並對在兩年之後重返白宮充滿信心。

在中期選舉前兩個月，三百多名共和黨候選人曾集體簽署了名爲「美利堅契約」的 10 點政治綱領。他們把選舉的勝利視爲選民對該契約的認同，這份文件儼然成爲共和黨創建政壇新

組合的憲章。首倡美利堅契約的金里奇接任眾議院議長，一批首次入選國會的新議員聚集在他周圍形成「金里奇派」，大刀闊斧地開始共和黨革命。

其實對如何應付民主黨總統與共和黨國會對峙的局面，共和黨是缺乏經驗的。第二次世界大戰結束後的大多數時間裏，國會和白宮由兩黨分別控制，但都是民主黨國會面對共和黨總統。共和黨同時掌握兩院的多數，已經是該黨四十餘年來第一次遇到的新情況；偏偏又與一位民主黨總統共事，而且還是以搖擺不定著稱的民主黨總統，更增加了應對的難度。金里奇等人蠻不在乎地選擇了高壓政策。並一反新政以來的潮流，提出了雄心勃勃的「國會百天立法計劃」，其範圍從減稅、反犯罪、司法改革，到預算平衡、增強軍備，幾乎無所不包。如果行政部門對某一法案提出異議，金里奇就稱對手為怪物、叛徒，挑起公開對抗迫使對方讓步。美國輿論界描述他像「美國總理」一樣行事，指揮著共和黨人領導的各國會委員會對相關的政府部門大張撻伐。其中最引人注目的是參議院外交事務委員會對政府外交政策的干預。1994 年中期選舉後，共和黨議員傑西·赫爾姆斯出任該委員會的主席。他對柯林頓政府在外貿、對外援助、聯合國等問題上的政策提出批評，對政府在波黑、海地、北韓、俄羅斯事務中的立場表示反對。在他鼓動下，參眾兩院的共和黨人擬就海外利益法案，試圖對政府外交活動進行微調。1995 年夏，赫爾姆斯要求將新聞署、裁軍署和國際開發署並入國務院以節省開支，遭到白宮拒絕。他於是停止召集外交委員會會議，以圖迫使總統就範，致使 30 名大使的任命和 400 名外交官的提升得不到批准，十幾個國際條約和協定被擱置。外交政策一貫被視為總統享有特權的領域，共和黨國會企圖在

此奪取權力引得輿論譁然。許多人指責共和黨人是在對分權制衡的政治原則發動攻擊。

　　使共和黨人失分的不僅是他們的好鬥態度，他們的政綱因為保守色彩濃厚也遭到了批評。批評者認為美利堅契約除了取悅選民的小小改革之外，實質上是雷根式的經濟政策和反羅斯福的社會政策的混合體。控制國會的共和黨人不承認柯林頓經濟政策的成功，而堅決反其道而行之。如在眾議院科技委員會中，共和黨人不贊成政府與企業聯合執行技術發展計劃，而要代之以對企業技術革新的減稅支持。他們計劃削減民用科技預算，其影響波及在航空航天局、海洋和大氣管理局領導下的數十個聯邦大型實驗室。特別是能源部的經費將在 5 年內從 175 億美元下降到 100 億美元左右。美國科學界認為這將削弱基礎科學研究，從長期看將影響柯林頓政府科技政策的效果。

　　在福利問題上，金里奇發誓要瓦解「官僚控制的福利國家」。他設計的福利改革把矛頭針對未婚母親，要求停止對 18 歲以下的未婚母親發放補貼；年滿 18 歲的未婚母親必須能確認孩子的生父，否則不能享受補貼。接受福利幫助的家庭至少一人須參加每週 35 小時以上的工作，如果兩年內沒有參加工作將失去福利，而享受福利滿 5 年者無論是否工作都將被排除在福利名單之外。[15] 這些「堵塞福利制度漏洞」的措施似乎無可挑剔。但共和黨還有另一項主張，給予年收入 20 萬美元的家庭每個子女 500 美元的稅收優惠。兩相對照，「劫貧濟富」的味道過於明顯。

---

15 *Contract with America*, pp.70-72.

事實證明，美國人選舉共和黨人進入國會並不代表他們批准了「美利堅契約」。金里奇的支持率迅速下降，但他卻執意挑起了引人注目的預算之爭。在這場對峙中，共和黨保守派的錯誤集中地體現在美國公眾面前。第一，經濟計劃似是而非，基礎不牢。共和黨議員把自己的 7 年平衡預算方案視為至寶，要求白宮向此靠攏。而金里奇私下承認，他確定 7 年為期並非出於經濟考慮，而是因為「7 年歸零」（zero in seven）的說法聽起來有一種魔力。[16] 第二，福利政策不盡公允。金里奇主張控制聯邦政府給老年人醫療照顧專案的撥款，使其增長率從每年 10%降至 7%，節省資金 270 億美元支持預算平衡。但他同時允諾，將老年社會安全保險的免稅額從 1.5 萬美元提高到 3 萬美元，將年收入 4.4 萬美元以上夫婦在此專案上的稅率從 83%降到 50%。仍然是厚此薄彼，而且使富人得益。第三，對行政部門堅持實行高壓手段。共和黨國會在臨時開支法案上附加條件，引起柯林頓的否決。使部分政府機構在 1995 年 11 月被迫關閉 7 天，80 萬聯邦雇員暫告失業。柯林頓被迫取消赴日本參加亞太經濟合作組織首腦會議的計劃，留在國內應付危機。在柯林頓接受 7 年內平衡預算的時限後，政府和國會未能就平衡預算案的細節達成一致，共和黨即拒不通過新的臨時開支法，使聯邦機構從 12 月 15 日起再次關門。第四，輕啟爭端又拒絕妥協，立場過分強硬。預算平衡並不是打擊柯林頓政府的理想題目。因為在柯林頓執政期間，聯邦預算在二戰結束後第一次出現連續三年的下降。指責政府不願消滅赤字並不能令人信服，採取

16　《新聞周刊》，1996 年 8 月 19 日一期，第 21 頁。

迫使政府關門的非常措施顯得反應過度。長期對峙使共和黨溫和派都感到不安。在他們的支持下，參議院透過決議呼籲儘快結束僵局。但金里奇仍然不願讓步。

預算戰將共和黨在中期選舉中獲得的優勢消耗殆盡。共和黨議員咄咄逼人的態度和拒絕讓步的僵硬立場，給公眾留下了較壞的印象。民意調查顯示，多數美國人相信柯林頓是為保護老年人和窮人而戰，認為錯在國會一方。預算僵局後，金里奇的不支持率一度接近 64%，共和黨最終未能在 1996 年奪回白宮，還險些失去國會多數。赫爾姆斯等極右翼人物經過苦鬥才保住議席，「金里奇派」新議員閉口不談美利堅契約才得以留在國會山。共和黨重新組織政局的努力也宣告失敗。

（三）第三種勢力

民主黨和共和黨發動政壇重新組合的努力先後以失敗告終。無論是民主黨人的「第三條道路」還是共和黨人的「美利堅契約」都沒能征服美國人的心。美國民眾對兩黨的表現同樣感到失望，對傳統的黨派之爭感到厭倦。渴望新面孔，尋求新的政治勢力和政策主張成為冷戰後美國政治中強有力的潮流。於是出現了 1992 年大選中的「裴洛現象」和 1996 年總統競選中的「福布斯現象」。

羅斯‧裴洛本是德克薩斯州的億萬富翁，在參選前沒有任何從政經驗，沒有組織嚴密的競選體系，沒有得到任何利益集團有目的的扶植。甚至在距大選只有 9 個月的時侯，他自己都還沒有下定認真參選的決心。只是在一次電視訪談節目中含混表示如果各州選民都把他列入候選人名單的話，他願意參加競選。結果普通民眾的熱情反應連裴洛自己都感到意外。幾乎每

州都有數百名志願者主動為他徵集選民簽名，散發競選傳單。許多知識界菁英主動加入他的競選班底，幫助他擬定競選綱領。支持裴洛的運動像旋風一樣席捲全國，使這個政壇新手成為 1992 年大選中風頭最健的人物。作為無黨派的獨立競選人，裴洛最終獲得 19%的選票，是 80 年來兩黨以外的總統候選人中最成功的一個。如果大選提前到 1992 年 6 月份舉行，他就將當選美國總統。因為當時他在民意測驗中領先柯林頓 13 個百分點，比落在最後的布希領先得更多。如果不是在共和黨及保守派人士的勸說下中途退出競選的話，他很可能造成柯林頓和布希均不能贏得選舉人多數，只好透過國會投票決定新總統的戲劇性場面。

選民們在裴洛身上看到並且讚賞的正是兩黨支持的職業政客所缺乏的東西。他與那批長期盤踞華盛頓、不斷製造醜聞的老牌政客素無瓜葛。他敢於在競選中提出美國面臨的棘手難題，承認赤字正在使國家衰弱，種族問題、文化衝突正在使國家分裂，美國的教育落後、城市凋敝、犯罪問題嚴重。他認為這些都是國家管理者不能迴避的問題，而且他又能拿出解決問題的方案，儘管有些建議在職業政客看來簡直是政治上的自殺。例如支持普遍徵收煙草稅和能源稅，支持限制使用槍枝，支持保護墮胎的法案。他指出美國人必須準備接受變革的痛苦，要求糾正傾向富人的稅收政策，限制醫療保健和社會福利開支。因為裴洛道出了美國人對兩黨政治的不滿，對在職政客明哲保身、迴避棘手問題的憤怒，選民把這位億萬富翁看成平民百姓的代言人。他們試圖透過支持裴洛給華盛頓的「圈內人」發出一個明確的信號：民眾已經對該集團把持的政治產生了信任危機。

1996 年大選中兩黨制度再次受到強有力的挑戰。以首倡消費者權益而著稱的拉爾夫‧納德組織了綠黨，號稱是代表 21 世紀的政治組織。1995 年 9 月，裴洛宣佈成立「改革黨」參加大選。支持裴洛的政治組織「團結起來支持美國」只用不到一個月的時間就徵集到了足夠的政黨登記者，使改革黨得以參加加利福尼亞州的總統初選。與此同時，在競爭共和黨總統候選人的隊伍中出現了另外一位百萬富翁史蒂夫‧福布斯。與裴洛相比，身為出版商的福布斯沒有傳奇式的經歷，沒有突出的個人魅力。他的政治主張也相當簡單：要求實行單一稅制，大大簡化美國的稅收法典。這個倡議剛出爐時產生了一定的轟動效應，但很快遭到許多經濟學家的質疑。福布斯未能圍繞稅改發展出一套完整的社會經濟計劃，被政評家列入無望獲勝的競爭者名單中。但隨著國會與總統就預算問題發生對抗，福布斯的支持率節節上升。共和黨的初選開始後，福布斯順利地在特拉華和亞利桑那州獲勝，獲得的總票數一度位居第一，對杜爾構成了實質性的威脅。杜爾在不得不認真對待福布斯的同時，一直被共和黨內「徵召鮑威爾」的呼聲所煩惱。曾任參謀長聯席會議主席和國家安全事務顧問的科林‧鮑威爾被廣泛視為超越黨派政治的人物，他在政界和軍界表現出的卓越才幹一直為人稱道。大選前舉辦的各種民意測驗都顯示，鮑威爾所獲的支持率明顯領先於柯林頓和杜爾。無論他以共和黨人或無黨派人士的身分參選，獲勝的機會都很大。

幾位新人連續的出色表現震動了美國政壇。選民對他們出人意料的支持表明了美國民眾對現行政治的厭惡，對兩黨的不滿。評論家們紛紛猜測選民的抗議投票究竟會達到怎樣的規模，能不能構成產生一個新政黨的政治基礎。據《紐約時報》

和哥倫比亞廣播公司聯合舉行的民意調查，55%的美國人支持建立第三黨，希望這個新政黨脫離華盛頓權貴，真正代表人民。[17]然而迄今為止的政壇黑馬們都不過是一時風光，還沒有人能在兩黨之外形成穩定的第三極。鮑威爾謹慎地拒絕了參選的邀請。福布斯未能拓展初步的勝利，很快被杜爾擊敗。裴洛 1996年的表現也遠不如 4 年前，只得到 8%的選票。至於於綠黨則一張選舉人票也未能得到。

第三黨的出現仍然沒有成為現實，原因是多方面的。美國兩黨制能夠穩定存在二百多年，自有其獨到之處。民主、共和兩黨也被戲稱為可口可樂型政黨，其基礎並不是建立在階級和意識形態差異之上，其最高目標其實就是選舉獲勝。所以黨綱靈活，組織結構更是鬆散。有人甚至說有 50 個州，就有 50 個民主黨和共和黨。從基層興起的新勢力、新主張可以被輕而易舉地接受，得到有經驗的助選，很少有另起爐灶的必要。堅持組織新黨的人很快會發現自己的特色觀點被兩黨吸收和發展，自己的政治主張和它們的綱領逐漸難分彼此。

資訊社會的傳播方式部分地限制了兩黨應付挑戰的傳統招術。像裴洛這樣善於推銷自己的新人有了一舉奪下白宮的機會。但他仍然不大可能迅速建立能夠在各個州裏向兩黨發起挑戰的政黨。選民就必須考慮，讓第三黨總統面對由兩黨把持的國會是不是將超出分權制能承受的極限，他們往往在不可預測的結果面前選擇了退卻。

另外一個原因也在阻止盼望第三黨的選民採取行動。他們

---

17 《紐約時報》，1995 年 8 月 12 日。

要求新黨擺脫金錢和權勢集團，刷新政治。但在選舉日益為金錢所左右的今天，能夠成為政治新人、為公眾注目的只能是百萬富翁。指望他們代表人民發言似乎不合情理。把權力賦與他們可能意味著金錢和政治更密切的結合，豈非適得其反。公眾的猶疑使第三種勢力終難成氣候。

三、穩定與變化

冷戰結束後短短的時間裏，美國兩大黨分別進行了一次促進政治格局重組的嘗試。但無論是民主黨人向左聚合的努力，還是共和黨人發起的右翼革命，都被選民迅速地阻止了。看來實現歷史性的政治重組只是政客們的一廂情願。

遭到當頭棒喝之後，政界人士多少冷靜了一些。民主黨人表示：「要從錯誤中吸取教訓。」（民主黨眾議院領袖格普哈特語）共和黨人承認：「金里奇錯誤地解釋了 1994 年的選舉。我們在太多的領域裏走得太快。」（共和黨參議員達馬托語）金里奇本人也認識到自己過於嚴厲和專斷，認為必須放慢腳步，進行評估。他們的共同任務是壓抑自己的野心，努力去理解美國民眾在冷戰後的所思所求。

對普通美國人而言，冷戰後的日子充滿不確定感。多次民意測驗顯示，40%的美國人認為自己未來的生活會走下坡路。他們的憂慮首先來自於經濟轉型引起的動盪。除了少數技術菁英外，很少有人能肯定自己不會在資訊社會裏淪為落伍者。即使是世界頭號經濟強國美國，在經濟全球化過程中也是得失參半，若干行業面臨衰退的危險。有保障的工作機會和薪金待遇

成了眾多美國人關注的焦點。其次，美國社會被各種極端勢力的相互對抗撕裂著。對抗中暴力手段頻繁使用。不安定和不安全成為中產階級的普遍感受。這種情況下，民眾期望政治領導人成為國家團結的象徵，在激烈變革的時代給大家以可靠穩定的感覺，而對黨派之爭、政治對抗不感興趣。

冷戰結束後，若干選民群體在美國政治中的影響力日益突出。像 60 年代反戰運動的主力、生育高峰出生的一代人，像既注重家庭子女又注重個性張揚的足球媽媽。他們的自身經歷使他們成為革新的保守派和保守的革新派。他們呼籲兩黨一致，既反對左的極端也反對右的極端。因為他們自己站在中間，站在兩黨立場的結合點上。要求政府在社會經濟難題面前有所作為，但又不相信任何宏偉的一堆解決方案。紮實、具體的點滴進步才能得到他們的信任和支持。

選民透過兩次否決式的投票表明了態度，也確定了政治的基調。美國政局在一番起落之後走向了穩定。這首先表現在黨派合作取代了攻擊和對抗，成為一時的風氣。政客們的心態正如共和黨顧問弗蘭克·倫茨所總結的：「政治中有 3C——妥協、合作和對抗。但更多地實現妥協和合作對大家都有好處。」柯林頓在 1996 年大選投票前夕做出高姿態，讚揚共和黨人和民主黨人相互合作推動國會工作。一向專斷的金里奇也發誓要以兩黨合作的精神實現醫療制度改革，如果不能形成舉國上下的共識寧願暫緩行動。兩黨的頭號人物都避免出任破壞者的角色，相互妥協的餘地自然擴大。一些久拖不決的政治難題很快獲得突破。1997 年國會與總統合作通過了美國歷史上最大規模的減稅案。前些年兩次導致政府部分機構關門的平衡預算問題，在經過幾個月的秘密談判之後也取得進展。柯林頓簽署了國會通

過的平衡預算案，其中包括對醫療保健制度進行初步改革的內容。兩黨一致表示在這個問題上雙方都是贏家。

其次，兩黨相爭使自己的政策立場中間化，迴避極端主張，也減少了衝突的風險。柯林頓政治顧問莫里斯所創的「三角戰術」是其中的範例。它要求柯林頓把自己的政治主張定位在共和黨保守派和民主黨傳統的自由派立場之間，使三種政策構成引人注目的正三角形。左右兩派分居底邊的兩端，而柯林頓得以佔據頂點。按照這個戰術，柯林頓在 1996 年批准禁止同性戀婚姻的法案，與上任初期支持軍中同性戀的立場相比有了 180 度的轉彎，拉開與極端自由派的距離。在減稅、削減福利問題上，他又向共和黨主張靠攏。在 1996 年初的預算戰中，柯林頓更是有意識地在共和黨預算案和民主黨領袖托馬斯・達施勒提出的草案之間，提出自己的折衷方案。三角戰術幫助柯林頓扭轉了頹勢，也在美國政壇掀起了搶佔「中間高地」的風潮。穩健平和成為政治家首選的形象。

第三，規模較小而具體紮實的政治方案取代各式宏偉計劃，成為政治家們熱衷的話題。還以柯林頓為例，在 1996 年春夏兩季競選總統的關鍵階段，他用以爭取選民的是一系列溫和的政策行動：禁止煙草廣告、設置 V 晶片濾除電視上的暴力鏡頭、對學費實行稅收減免、限制青少年夜間外出等等。這些政策加在一起，其規模和轟動效應也不及醫療保健改革。但相對而言，它們引起的爭議較小，有把握順利通過決策程式；一旦實施，又能實實在在地改善普通美國家庭的生活質量。柯林頓的支持率就在這些政治上的點滴進步中穩步上升。其他政治家也認識到積小勝為大勝的政策效果，願意耐心積累政治業績。於是，陣線分明、全力以赴的政治決戰變得罕見。政局變化的

精彩程度可能不如以往，但瑣碎和平淡也意味著政客們可以心平氣和地做實際的工作，這也許正是選民們所要求的。

　　當然，在總體穩定的背景下，近年來美國的政治生活中也發生著變化，有些變化甚至可能產生深遠的影響。比如各州權力和政治影響力的擴大。州和聯邦權力的平衡是美國分權制衡制度的支柱之一。在 20 世紀大部分時間裏，聯邦政府是權力劃分中的贏家。但近年來的情況似乎發生了變化。據《華盛頓郵報》的民意調查顯示：有 64%的美國人支持擴大各州的權力，讓它們承擔更多的政治責任。[18] 這流露了懷疑大政府的普遍情緒。畢竟各州政府的規模比聯邦政府要小很多，離百姓的生活也更近些，官僚習氣相對容易控制。且如路易斯·布蘭代斯所言：美國各州一直是「偉大的民主實驗室」。在棘手的社會難題面前，各州更勇於嘗試各種解決方案。因為州的經濟社會條件相對簡單，容易制定可行的方案。半數以上的州還設有公民創制權或複決權，可以直接根據民眾的好惡制定政策。[19] 即便州內改革受挫，損失也比較容易控制。各州的探索往往為全國性的改革提供經驗，鋪平道路。

　　冷戰結束以來這種從各州發起、最終影響全國的政治浪潮此起彼伏。處於陽光地帶的加州更是屢開風氣之先。1994 年加州透過公民投票推出 187 號法案，採取嚴厲措施限制非法移民，首先觸及敏感的移民問題。加州的舉動引起全國範圍內的爭

18　《相應縮小美國夢》，見《華盛頓郵報》，1995 年 4 月 19 日。
19　又稱動議權和公民表決權。前者指在議會沒有立法行動的情況下，透過收集到足夠選民的簽名而發起立法。後者指公民要求或議會決議，州議會通過的法律在生效前提交全體選民表決。

議，各階層的態度傾向通過論辯逐漸明確。最終導致 1996 年聯邦政府對移民法進行重要修訂，美國的移民政策趨向嚴格。在 1996 年的選舉中，加州又推出了更有挑戰性的 209 號法案，要求停止在大學招生、政府雇用公務員和簽訂企業合同時實行「肯定性行動」計劃，又為聯邦政治提供了新的議題。此外，限制議員任期、修改稅制等創議也都是從州的層面進入全國政治舞臺的。威斯康辛、明尼蘇達等十多個州進行的各式各樣的福利改革，為聯邦政府修改福利法提供了動力和依據。在醫療保健問題上，各州也有許多創新措施。比之聯邦政壇，各州政治似乎更有活力，也更注重實效。

　　除了為聯邦政治貢獻政策，各州還不斷將新人送入全國政壇。在最近的 4 位總統中，有 3 位曾擔任過州長。其中雷根是因為在加州成功地推行了稅收和管理改革，柯林頓是由於在阿肯色州進行了富有成效的教育改革，而成為全國性的政治人物。而且他們都試圖把自己在州內一級的執政經驗帶到聯邦政府中。在民主黨內，各州影響力的上升更為明顯。由於自羅斯福時代以來，民主黨擁有相對固定的選民集團，長期控制國會多數，眾多資深的民主黨議員總能連選連任。他們逐漸以華盛頓為政治根據地，忙於全國政治，與地方政治事務日益隔膜。久而久之，民主黨事實上分化成兩派：國會一派和以民主黨州長為代表的地方一派。二者在政治理念和政策手段上都出現分歧。控制國會的民主黨人依然致力於維護傳統的自由派綱領，與保守派針鋒相對；傾向於繼續擴大聯邦權力，干預各級地方政府的微觀管理，特別是各州的財政政策。地方一級的民主黨領袖則已經逐漸背離了傳統的自由主義，積極探索所謂第三條道路。他們向共和黨的健康平衡財政政策靠攏，支持限制聯邦

政府的權力。最近兩位民主黨總統，卡特和柯林頓，事實上都是地方一派民主黨人的代表。他們迅速獲得成功，若干資深民主黨議員則在選舉中遭到打擊。地方政壇成為民主黨領導層新鮮血液的主要來源。

值得注意的是，各州政治地位的提高使部分州長過於自信。他們召集州長和州議員會議，企圖聯合地方勢力，「對州和聯邦政府之間的權力平衡進行長期的調整」。[20] 其實他們應當認識到，儘管美國人同意向州下放權力，但也希望聯邦政府繼續負擔福利、環保、種族平等等大專案。如果不顧民意，貿然擴大州權，州長們的努力可能和兩黨政治重組的嘗試一樣，受到嚴重挫折。

目前人們經常議論的美國政治另一個變化就是新的一代人逐漸掌握了政治主導權。這就是在 1945～1960 年生育高峰期出生的一代人。他們擁有人數上的優勢和相對優越的發展環境，得以超過沈默的一代（大蕭條至二戰結束生育低谷期間出生者），上升到國家政治的主導地位。1992 年大選中，屬於生育高峰一代的柯林頓戰勝布希，被認為是領導人更新換代的標誌。從艾森豪威爾到布希，參加過二戰的當兵一代操縱美國政壇近40 年，自此以後紛紛讓位於新一代的人。在眾議院，1945 年出生的金里奇取代了年長他 14 歲的胡利擔任議長；在參議院，1948年出生的達施勒取代老兵喬治·米切爾擔任少數派領袖。在教育界、新聞界，同一代人也在接管權力中心。

更為重要的是，生育高峰出生的一代人成為美國選民的中

---

20 《洞察》周刊〔美〕，1995 年 3 月 20 日一期。

堅勢力，他們的政治傾向和政策理念已足以左右美國政局。這代人成長於美國經濟持續擴張的黃金時代，在反戰和民權運動中度過青春，成家立業的時候又經歷了雷根領導的保守革命。曲折的經歷使他們形成對人生、社會、政治的複雜態度。其中部分人仍然是理想主義者，另一部分轉變為道地的保守派，但大多數人對國家政治的態度則是折衷和務實的。他們不為意識形態立場所束縛，更不在意黨派界限。注重政策實效，對所謂政治原則持相當靈活的態度。這恐怕是冷戰後兩黨發起的政治重組均未成功的主要原因。

與當兵的一代相比，他們對政府干預社會經濟的能力不那麼樂觀，但回到「新政」之前的小政府時代對他們來說又是不可想像的。他們擔心社會福利制度規模擴大會增加聯邦財政負擔，最終危及他們自己老年的待遇，影響後代的生活質量。但又不願失去現行的福利體系給他們在教育、醫療、子女撫養上的種種優惠和扶植。這種矛盾猶豫的態度使政治家政策的迂迴餘地相當有限，決定了改革只能緩慢慎重地進行。

總之，冷戰結束後美國政局總體上保持穩定。三權分立的聯邦制度，兩大政黨輪流坐莊，權力菁英和利益集團共同控制政壇等基本特點都沒有重大變化。這樣的政治體制體現了美國人務實漸進的處世方式。它的穩固為美國未來的發展提供了可靠的保證。但另一方面，這個體制也在被金錢所銹蝕，被職業政客和有勢力的遊說集團弄得腐敗僵化。面對民眾關心的社會經濟難題，它經常顯得冷漠、無能。於是導致民眾對國家政治的隔膜和厭惡。它如果仍不能進行自我淨化，繼續失去民眾的參與，就等於失去西方民主制度的根本。

美國政治在基本穩定的前提下，是存在變革的必要也存在

變革的餘地的。冷戰後兩大政黨試圖利用民眾的不滿情緒，建立有利於己的政治基礎。這種政治革新的努力主要是出於自私和野心，並未反映民眾的需求，其失敗也是理所當然。民眾對政客更加失去信心，不少人希望出現像 20 世紀初平民主義那樣的政治運動，希望透過自下而上的衝擊改革政治制度。但目前美國社會四分五裂的狀況卻使這個理想很難成為事實。政治的僵化使它無力對付社會問題，而社會問題的惡化同樣為政治的革新設置了障礙。如果美國政治要尋求真正有意義的變革，它就必須設法克服這個雙重障礙。

進入 90 年代，美國社會經受著來自三個方面的壓力。一是全球化浪潮的衝擊。經濟活動的全球化對於掌握資訊技術的人是福音，對尚不熟悉新技術的人來說卻意味著動盪和風險。經濟中心由製造業向資訊服務業轉移、組織管理方式的改進、競爭在全球範圍內展開，所有這些變化中既有贏家也有輸家，在起步階段後者的人數恐怕還要超過前者，形成著名的憂慮階層。美國率先進行面向新時代的經濟調整，充分享受到經濟全球化的益處，同時也深刻體驗到全球化帶來的社會震盪。

　　第二方面的壓力來自於人口學上的變化。從 80 年代開始，美國意外地迎來了移民高潮。1980～1990 年美國接納的移民人數超過了歷史上任何一個 10 年。按照目前的發展速度，美國 1991～2000 年的新移民將超過 1,100 萬，其中 300 萬為非法移民。更不同尋常的是，新移民中 80%以上來自拉丁美洲或亞洲。如果這種趨勢持續下去，到 21 世紀中葉，黑人將不再是最大的少數種族，白人的多數種族地位也將岌岌可危，美國的社會文化會發生意義深遠的變化。

　　第三方面的壓力則與冷戰的結束有著直接相關。在美國的保守派看來，強大敵人自行瓦解，意味著四十餘年的準戰爭狀態結束，意味著在準戰爭時期採取的非常措施——政府干預社會經濟活動——終於完成使命。他們認為由羅斯福總統開始推行的政府干預政策本來是針對大蕭條的非常措施，由於二戰的爆發被固定化了。世界大戰結束後，本應恢復正常，而冷戰的展開使政府得以保持這些非常的權力，某些總統（如詹森）還伺機擴大職權。現在他們要求回到正常狀態，要求對聯邦政府的各項經濟社會計劃進行大膽的評估和修正。首當其衝的是 60 年代民權運動時期產生的社會政策。自由派的看法則剛好相反。他

們認為冷戰的持續、國防開支的壓力，一直限制了政府改革社會經濟的力度。冷戰結束為真正實現社會公平提供了機會，政府應當更積極地發揮作用。自由派和保守派都呼籲利用冷戰結束的時機實行變革，但他們所指的變革方向卻是南轅北轍。

　　這些壓力沒有使美國社會出現 30 年代或 60 年代那樣的動盪局面，但它們引起的分歧和衝突隨處可見，它們在不可抗拒地改變著美國社會的風貌。

一、移民問題與種族關係

　　與其他世界大國相比，美國最大的特色在於它是移民國家。移民構成了美國活力的源泉，使它可以從全球吸納人力資本，形成多元化的社會。但另一方面，移民的到來也不可避免地對既成秩序造成衝擊，改變經濟文化發展的軌跡，對種族集團之間的關係產生影響。如何最大限度地利用移民帶來的收益，同時控制可能發生的風險，是美國傳統的社會課題。

　　50、60 年代的民權運動以後，美國人一度認為自己已經成功地解決了種族問題。美國政府感到擁有某種道德優勢，有資格在世界範圍內推行人權政策，對他國的社會發展頤指氣使。而在國內政策討論中，主流政治家們對種族問題避而不談，不願觸及已經達成的一致意見，唯恐被指責為種族主義者。但冷戰結束後的幾年裏，情況發生了戲劇性的變化。1996 年大選中，移民浪潮的壓力和種族關係的緊張再次變成熱門話題。

（一）新美國人（Newcomers）

以前，「新美國人」用來指在 20 世紀初的移民高潮中到達的新移民。他們的到來引起了限制移民的喧嚣，促使美國國會在 1924 年通過移民國籍法。近 70 年後，這個詞被重新啟用，代指在 1965 年修訂移民法之後來到美國的新移民。現在不少人認定 1965 年的修改立法是個錯誤，它直接導致了新一輪的移民浪潮。在此之前，美國政府嚴格執行 1924 年移民法，每年接受移民人數不超過 15 萬；而且以 1920 年的美國人口為基準，規定各國的移民限額。此舉成功地制止了世紀初的移民高潮，而且保證歐洲移民的多數地位。在民權運動高漲的 1965 年，詹森政府廢止了這些明顯帶有種族歧視色彩的移民限額分配辦法，主張以鼓勵家庭團聚、鼓勵擁有技能者移民為原則的政策，同時放寬對移民總數的控制。新政策實施的後果是美國在世紀末不得不再次面對移民問題的壓力。

首先是移民規模的失控。移民法修改後，70 年代的移民數量比 60 年代增加了 35%。80 年代合法移民人數達到 733.8 萬，估計同時進入美國的非法移民超過 300 萬，移民總數打破了 1910 年代創下的 900 萬人的紀錄，標誌著 20 世紀末的移民浪潮已經超過世紀初。[1] 世紀初移民潮中，只有高峰的 1924 年移民人數超過 80 萬。而美國國家科學院科學技術研究中心 1997 年發表的報告顯示：90 年代的每一年合法移民都將近 80 萬，此外每年還有 20～30 萬的非法移民湧入美國。到 20 世紀結束時，美國

---

[1]　The World Almanac 1992, (New York：Pharos Book, 1991), p.137.

人口中海外出生的新移民的比例將超過 10%。

其次，新移民的構成也發生了重要變化。在移民法修改之前，來自歐洲的移民佔移民總數的 33.8%，到 80 年代歐洲移民的比例已經下降到 10.4%。同期，亞裔移民的比例則從 12.9%上升到 37.3%。拉美裔移民的比重一直穩定在 50%左右。[2] 60 年代，向美國移民最多的國家是加拿大、墨西哥、英國和義大利。80 年代排在前幾位的國家和地區則為墨西哥、西印度群島、韓國和越南。亞裔和拉美裔移民無疑是移民法修改的主要獲益者。

最後，伴隨新移民潮而來的還有嚴重的非法移民問題。為減少來自拉美國家，特別是來自墨西哥的移民，1976 年美國國會對 1965 年的移民法做了補充，將西半球國家的移民數量限定在每年每個國家兩萬人以下。此舉非但未能控制住拉美移民的數量，反而導致大量來自中美洲、加勒比海地區和墨西哥的移民非法入境。在美墨邊境出現了若干移民「管道」，儘管美國警方一再加強巡查也難以堵塞。保守地估計，到 90 年代中期無合法證件而居留美國的外國人總計有 350 萬至 400 萬人。而一些力主限制移民的組織聲稱，僅在美國的墨籍非法移民總數就接近 800 萬。美國官方承認，墨裔工人每年匯往家鄉的款項約為 40 億美元。[3]

不管是合法入境還是非法偷渡，來自亞洲和拉美的大批新美國人在社會上佔有了一席之地，使美國的面貌發生了變化。在 1990 年度的全美人口普查中，每 4 個美國人中就有 1 個自我

---

[2] 同上。

[3] Jorge Castaneda, *The American Mexicans,* Newsweek, July 1, 1996, p.4.

認定為「非白人」。美國的新聞媒體稱之為「美國的棕色化」。其實無須人口普查來告知他們這個事實，普通美國人在日常生活中隨時可以感到這種變化。在加利福尼亞州的公立學校，白人學生早就成了少數。拉美裔學生佔了 31%，非裔佔 9%，亞裔與其他少數種族後裔佔 11%。紐約州的變化還沒有這樣明顯，但少數種族的中小學生已經達到 40%。據《時代》雜誌記載，目前在聖荷西，姓阮的越南裔居民比姓瓊斯的人還多。瓊斯本是白人中最常見的姓氏之一，他們在電話簿上只佔了 8 行，而阮姓佔了 14 行。至於佛羅里達州的邁阿密，早已被稱為拉丁美洲的首都，拉美移民及其後裔特別是來自古巴的移民掌握著城市的經濟和社會脈搏。這種棕色化的趨勢還在向內陸省份蔓延。一個典型的例子是，在底特律，20 萬中東人的後裔組成了自己的社區，附近有近 1,500 家雜貨店和便利店為他們服務。美國學者感嘆地說：「從前美國是歐洲民族的縮影，今天的美國則是世界的縮影。」

如此發展下去，按照人口學的規律，美國真正在人口構成上實現全球化的一天已經為期不遠。估計到 20 世紀末，亞裔將增加 22%，拉美裔人口增長 21%，而白人人口增長大概勉強能超過 2%。[4] 到 2010 年，每 5 個美國人中約有 1 個是拉美血統，1 個是非洲或亞洲血統，其餘 3 個是歐裔。再過 40 年，每 5 個美國人中，拉美、非洲或亞洲、歐洲血統的人則分別佔 2 人、1 人、2 人。也就是說，到下個世紀中葉，美國的白人可能成為少

---

4 〔美〕艾麗斯・霍爾，〈埃利斯島的新生〉，《交流》，1991 年第 4 期，第 54~57 頁。

數民族。[5]

　　儘管這似乎是一個令美國白種人心驚的前景，但許多談論移民問題的政客都強調：障礙並不在於膚色，新移民拒絕被同化的態度才是問題所在。這些來自亞洲或拉丁美洲新移民，帶有與西方文明根本不同的文化背景，帶有完全不同的歷史感和獨特的價值取向。一方面，他們學習英語，學習美國既有的文化風俗；但另一方面，新移民們強調自己的民族特性，希望保持自己原有的民族文化色彩。他們認為自己的文化傳統蘊含著目前美國社會所缺乏的家庭倫理、社團互助精神、遵紀守法觀念等彌足珍貴的東西，這是他們不願拋棄的。拉美裔移民尤其堅持使用他們的母語。在拉美裔移民較多的一些南部城市裏，雙語運動取得明顯進展。在學校、政府機構和其他一些公眾場合，西班牙語和英語一樣成為通用語言。一些白人政客甚至也學習使用西班牙語，以謀求選民的支持。雙語運動的鼓動者希望最終能夠做到，一個英語不熟練的拉美移民能夠獲得同樣多的經濟發展機會。

　　對語言的珍視體現了保持民族價值觀念的強烈願望，也暗示著新移民不再理所當然地認同美國的主流文化，他們特別對推崇白種人祖先建國開拓精神的歷史傳統表示異議。柯林頓政府首任衛生部長唐娜·莎拉拉在威斯康辛大學任校長時曾說過：「我的祖父母來自黎巴嫩，我個人不會跟那些初期移民美國的英格蘭清教徒認同。」過去，當一名移民飄洋過海抵達新

5　〔美〕茲比格涅夫·布熱津斯基著，潘嘉玢、劉瑞祥譯，《大失控與大混亂》，中國社會科學出版社，1994 年版，第 125~126 頁。

大陸時，不管是否情願，他與故國的聯繫事實上已經中斷。特別是那些經濟狀況較差的移民，故鄉只能是個遙遠的回憶，只有身邊的社會才是現實的，他們也只有盡全力去適應它。而在迅速到來的資訊時代裏，通訊和交通變得極其方便和廉價。移民們普遍與家鄉的親人保持著經常的聯絡，感受著文化傳統的影響。

　　而經濟的全球化也促使美國擴展自己的經濟聯繫。現在的美國經濟早已不是單純從與歐洲的往來中尋求動力，甚至也不只是藉助歐亞兩股力量，而是要抓住世界各地的繁榮機會，維持自己的發展。那些來自各地的種族集團自然成了雙邊經貿往來的仲介。捲入這些活動的少數民族成員感到，要取得經濟成功不是只有融入美國主流經濟一條路可走。從某種意義上講，故國經濟的繁榮昌盛也同樣重要。這樣一來，他們對美國社會的依賴感也會打些折扣。各個少數種族集團都在以不同的方式尋找自己的根，書寫自己的歷史。一批亞裔作家紛紛著書立說，披露亞裔最先幾代移民在美國的奮鬥史，他們所經歷的價值觀念衝突和他們為美國發展做出的巨大犧牲，構成了興盛一時的「移民文學熱」。1990 年，著名的移民登記檢查所——紐約埃利斯島作為博物館重新開放。負責修繕的組織為籌集資金，在該島東邊和西邊的防波堤頂上設立了美國移民榮譽牆。任何移民家庭，無論當年是否從該島入境，只要捐款 100 美元以上，就可以把自己的姓氏刻在榮譽牆上。結果來自 94 個國家的 20 萬移民後裔刻上了自己家族的姓氏，刻名的銅板長達 305 米。[6]

---

6 《近身的局外人》，《交流》，1994 年第 2 期，第 15~18 頁。

對於這些人而言，他們認同的美國歷史不是從五月花號而是從埃利斯島開始的。

　　有人形容今日的美國已經從熔爐變成了調色盤。不同種族、不同膚色的人們可以混雜在一起，比鄰而居。但他們的文化意識、價值觀念卻依然呈現著明顯的差異。過去那種能夠把這些差異抹平、迫使大家接受同一種文化標準的同化力量已經大大削弱了。20 世紀初的移民潮中，來自南歐和東歐的移民人數逐漸超過了西歐移民。但他們畢竟與老居民擁有相同的膚色，同在基督教文明的大旗下，歷史傳統和價值觀念相互交織，為溝通和融合提供了可靠的基礎。結果，如美國人津津樂道的，人們沒有分成波裔、義裔、俄裔、希裔等小集團，大家仍認同於英國清教移民確立的文化傳統。現在則很少有人確信世紀末的新移民會按相同的模式溶入美國社會。更可能發生的情況是，在新移民適應美國社會的同時，原有的各個社會集團也要為接納他們做出調整和改變。

（二）黑人運動新動向

　　新移民的到來對於黑人在美國社會生活中的地位產生了微妙的影響。在這次移民潮之前，黑人是美國最大的少數種族，黑人問題是民權運動無可爭議的核心問題。爭取種族平等的鬥爭幾乎成了反對歧視黑人的同義語，黑人領袖在運動中佔據當然的主導地位。而目前，如果將數百萬非法移民計算入內，來自拉丁美洲的移民人數已經接近黑人。到 21 世紀初，拉美裔移民幾乎將肯定取代黑人成為美國最大的少數種族集團。亞裔移民雖然人數不及黑人，但平均受教育程度高，收入水準和社會影響力上升很快。以新移民為主的亞裔和拉美裔集團對社會經

濟政策有自己的要求，他們力量的增長改變著種族問題的議程。

　　使情況更趨向複雜的是，目前黑人內部的分化現象日益突出。不同階層的黑人社會經濟狀況差別明顯，對於新移民的態度也相去甚遠。60 年代民權運動的成功幫助相當一部分黑人進入主流社會。一小批黑人菁英在政界、文化界、新聞界和娛樂業中出人頭地，擁有可觀的權力和影響力。近半數的黑人家庭加入中產階級行列，獲得了可靠的經濟基礎和受人尊敬的社會地位。他們是種族平等運動的受益者。但在此期間，下層黑人的生活狀態卻毫無改善，生活在社會底層的部分黑人甚至陷入絕對貧困化的困境。32%的黑人不能完成高中學業，1/3 的黑人青年（20～29 歲）有犯罪記錄，近半數的黑人兒童生活在單親家庭中。這些教育程度低、缺乏社會與家庭聯繫的黑人陷入了貧困的困境。他們的存在使黑人的失業率比美國的平均失業率總要高出一倍以上。黑人中產階級和貧困階層對如何繼續爭取平等權利本已意見不一，又要面臨和新移民相處的挑戰。他們究竟對種族問題持何種態度對美國能否形成穩定的種族關係有重要影響。

　　現在看來，相當一部分黑人對於種族關係的變化有失落感，其中更有些人因而產生強烈的反社會情緒。他們認為白人欺騙了他們，富裕的黑人拋棄了他們，新移民直接損害了黑人的權益。他們指責拉美裔移民，特別是其中的非法入境者願意在低於法定最低工資的條件下工作，搶走了貧窮黑人的工作機會。在他們看來，黑人是經過近百年的艱苦鬥爭才獲得若干平等權益，而新來者坐享其成。在黑人爭取政府增加反歧視政策的時候，若干亞洲國家的移民樂於按現有規則靠攏主流社會，做黃種的湯姆大叔，破壞黑人的努力。1995 年 10 月，在有 40

萬黑人男子參加的集會上,黑人「伊斯蘭國」的領導人路易斯·法拉汗發表長時間的演講,指責主流社會蓄意壓制黑人,指責猶太人、韓國人、越南人和阿拉伯人是「黑人社區的吸血鬼」。

近年來,心懷不滿的黑人與其他少數種族之間多次出現爭執。在1992年洛杉磯發生的種族騷亂中,黑人攻擊的大部分是韓裔、華裔和越裔等亞洲移民開設的店鋪。全世界的人都在電視螢幕上看到了那個來自韓國的移民守在他的金店門外,向圍攏過來的黑人開槍射擊。阿爾溫·托夫勒概括說:「在邁阿密的古巴和海地移民間,在美國其他地方的非裔和拉美裔之間進行著公開戰爭。在洛杉磯,有美籍墨西哥人爭奪由美籍古巴人佔有的工作而發生的衝突。在靠近紐約市的長島,在富裕的大內克,美國出生的猶太人和不願放棄傳統生活方式的伊朗猶太移民間的緊張狀態正在惡化。非裔研討小組出售反猶太人的唱片。北韓店主與非洲裔美國人在內城貧民區內發生衝突。」[7]

對他人的不信任還使很多黑人相信,存在著針對黑人的種種陰謀活動。1994年夏發生的辛普森案件使這種議論達到了頂點。不少黑人在案發後立即懷疑它可能是又一起迫害黑人偶像的陰謀。他們認為白人無法再以既定的制度壓制黑人,就以殺一儆百的方法威脅黑人,使他們不敢向白人的統治地位挑戰。此前類似的厄運已經屢次降臨在黑人中的佼佼者身上。黑人拳王泰森被指控犯有強姦罪入獄,黑人歌王麥可·傑克森因被指控對兒童進行性騷擾聲譽一落千丈,現在又輪到作為影視和體育雙料黑人明星的辛普森。這些人堅持整個事件是個陷害辛普

---

[7] 托夫勒前引書,第231~232頁。

森的圈套，辛氏受到的不是刑事審判，而是「種族迫害」。調查此案的警察、傳令拘捕辛氏的檢察官、甚至負責審案的日裔法官都被說成是迫害狂，是對黑人有偏見的種族分子。成批的辛普森支持者聚集在法庭外以示聲援。最後，一個黑人佔絕對多數的陪審團宣佈辛普森無罪。美國輿論界聲稱這是種族情緒戰勝了司法和正義。

當然，多數黑人並不贊同向社會洩憤的偏激行為。他們為黑人運動失去方向而感到焦慮，期待著黑人能夠面對挑戰且有所作為。在這種情況下，一度被視為極端主張的黑人分離主義重新贏得不少支持者。「隔離，但是平等」在 50 年代之前是白人種族主義者的口號，而今它成為黑人分離運動的座右銘。支持這一運動的黑人認為，種族融合的努力已經失敗，因為其目標根本就是不現實的。即便是那些成功地進入主流社會的黑人，在收入和地位提高的同時難以消除與白人主流文化的隔閡，成了心靈空虛的失落者。黑人只有自成一統、獨立自助，才能獲得真正的幸福。政府應當放棄強制實現種族融合的政策，應當停止用校車接送學生以保證公立學校的種族多元化，而把耗費在類似專案上的鉅額資金拿來支持城內的黑人學校、黑人住房；應當停止提高黑人學生語言能力的計劃，而同意將「黑人英語」列為第二語言。

宣揚分離主義的黑人領袖中確有像法拉汗一類的極端主義者，但更多的人並不敵視攻擊其他種族。確切地說，他們對其他種族集團抱著漠然的態度，而一心關注黑人自己。他們主張的自尊和自助精神在自暴自棄的貧窮黑人中引起了一定的反響。很多參加過 1995 年「百萬男子大遊行」的黑人在返回家鄉後面貌一新，表現出對家庭和社區的責任感。可是在黑人社區

之外，對黑人分離主義的異議不絕於耳。亞裔和拉美裔人士批評說，黑人分離不僅是與白人拉開距離，而且也意味著與新移民保持距離。黑人領袖似乎一心打算在爭取種族平等的運動中孤軍作戰。美國的主流輿論則警告：分離主義不可避免地加劇種族之間的緊張氣氛，美國社會有分裂成敵對的民族和經濟部落的危險。[8]

（三）多數種族與過激反應

目前白人仍然佔美國人口的 75%，在經濟政治和社會生活中居核心地位。對新移民大量入境和種族關係的再度緊張，他們的心情相當複雜。民權運動中誕生的穩定種族的良方似乎不再有效。部分新移民拒絕同化的傾向、黑人分離主義的抬頭，使白人中的自由派產生幻滅感，保守勢力則重新活躍和趨向強硬。一度沈寂的極端言論又堂而皇之地出現在主流輿論當中。

1994 年秋，由哈佛大學教授理查德・赫恩斯坦和保守派人物查爾斯・默里合寫的《正態曲線》一書在全國引起了轟動。該書的論點相當簡單：不同種族之間存在明顯的智商差異，而這種差異是由遺傳決定的，無法克服。以美國的情況而言，亞裔的智商最高，白人緊隨其後，黑人的平均智力水準則相對低下。智商的差異決定了各個種族集團在美國社會中的地位，試圖透過政府政策實現平等注定毫無結果。因此應當立即停止對少數種族的照顧。如黑人領袖傑西・傑克遜所言，這本書重複

---

[8] 〔美〕羅納德・布朗斯坦，〈美國焦慮症發作〉，《洛杉磯時報》，1994 年 5 月 8 日。

了遺傳決定種族優劣的陳腔濫調。類似的觀點早已被科學和社會的進步所否定。不料今日竟可以重登大雅之堂。

　　第二年,《異國:有關美國移民災難的常識》成了暢銷書。作者彼得・布萊姆洛(Peter Brimlow)宣稱美國正在被巨大的移民浪潮所吞噬,「今日的外來移民對美國的威脅超過了南北戰爭、大蕭條和冷戰,是美國遇到的最大挑戰,是美國的一場災難」。他認為如果美國人想保持原有的生活水準,保持團結一致的國民精神,就必須立即修改移民政策,回到20年代確定的嚴格控制移民的戰略上。布萊姆洛為自己的主張列舉如下理由:第一,這批新美國人素質低於以往的移民。他們受教育的程度低,缺乏技能,容易觸犯法律。據他統計,聯邦監獄中四分之一的囚犯是移民。他認為移民大量湧入已對公共設施、醫療體系、環境、執法構成沈重壓力,對美國的經濟發展有害無益。第二,美國現行的福利政策扭曲了優勝劣汰的規律,幫助低素質移民定居成功。布萊姆洛稱,世紀初到來的大量移民中有三分之一最後無法在美國立足,被迫返回故國。而目前的新移民即便找不到工作,也可以依靠美國納稅人支撐的福利體系,繼續在美國生活,結果移民成功率極高。第三,新移民直接損害了黑人的利益。布萊姆洛引用經濟學家庫茲涅茨(Simon Kuznets)的觀點,認為由於1924~1965年控制移民數量,黑人生活水準才得以實現質的提高。1965年起新移民到來,奪走了低技能工作機會,導致下層黑人陷入絕對貧困狀態。布萊姆洛表示美國主流社會人士因為擔心被指責為種族主義者而一直在迴避問題,自己不過是公開了大家心知肚明的常識。

　　上述言論的出現似乎是發出了安全信號,持有類似觀點的人很快紛紛跟進,主流社會在討論種族和移民問題中的種種禁

忌相繼被打破，民權運動的成果遭到了公開的質疑。要求停止在招生和就業中照顧少數種族，不再允許非法移民享受福利待遇，要求強制推行同化措施等等呼聲不絕於耳。

　　輿論的變化鼓勵了極端行為的出現。近年來，美國總體犯罪率有明顯下降，但針對少數種族的暴力犯罪卻在不斷增加。據亞裔美國人法律聯合會報告，1995 年在全國範圍內發生的反對亞裔移民案件達到 458 起，其中發生在加州南部的暴力事件比 1994 年上升了 80%，新案件中有四分之一明確出於反移民的原因。1994～1996 年上半年，美國連續發生了 70 餘起針對黑人教堂的縱火案，其中大部分發生在南部各州。美國聯邦調查局認為這些案件並不是精心策劃的有組織行動，但可以說它們都是彌漫全國的種族敵視情緒的產物。失去教堂的黑人牧師指出：「當有人在廣播和電視上傳播仇恨的資訊時，那些在社會階梯底部的人就會認為這是鼓勵他們去作惡。」[9]

　　此外，有組織的白人種族主義活動也趨向活躍。後起的「雅利安人抵抗運動」和「秩序」等組織的影響力已經超過了古老的三Ｋ黨。其參加者自稱愛國的白人基督教徒，主張捍衛傳統的美國生活方式，要求打擊黑人、猶太人、拉美裔移民等各個少數種族，要求聯邦政府改變移民和種族政策。

　　全面而言，冷戰後美國的種族問題不僅重新活躍，而且較以前更為錯綜複雜，一度趨向平衡的種族關係重新陷入緊張狀態。第 9 次經濟衰退造成的資源短缺、經濟機會減少確實是激化種族矛盾的重要因素，但造成種族摩擦的根本力量，是資訊

---

9 Newsweek, June 24, 1996, p.28.

時代的到來，是全球化時代的出現。資訊時代的特徵是把權力交給人民，把歸屬感下放給小團體。社會結構的細分化與靈活生產制度等新經濟時代的要求是相一致的。這種現象在主要的發達國家中都有所顯露。像法國的北非移民、德國的土耳其移民都表現出新鮮的團體意識。甚至在極端強調同質性的日本列島上，也出現了數十萬爭取平等權力的韓裔日本人。由於美國在發展資訊經濟中的領先地位，民族的細分化在美國表現得也就最為突出。一名華裔女作家直言不諱地指出：「舊的神話已經過時了。現在我們是一個部落所組成的國家，它建立在難以相互溝通的差別之上。」美國的許多菁英人物都感到這是冷戰後美國最大的隱憂。如羅斯·裴洛所說，在全球競爭中，美國是以一支分裂的隊伍與其他團結的集體對抗。如果美國在國內是軟弱而分裂的，它就無法在世界上充當領導，也不能被人視為可靠的夥伴。[10]

二、經濟成就的社會後果

下層階級《幸福》雜誌曾經感歎，美國在其境內有著它自己的第三世界國家：一個越來越遭受剝奪、被隔離和靠自己來維持的下層階級。[11] 美國式的下層社會在福利化程度更高的西歐和日本是看不到的。90 年代中期美國經濟進入良性狀態後，

10　裴洛前引書，第 94，99 頁。
11　〈美國人如何看待 90 年代〉，〔美〕《幸福》雜誌，1990 年 3 月 26 日。

有部分美國人議論說下層階級現象是美國與其他發達國家競爭中的優勢所在，給西方各國間有關經濟社會發展模式的爭論提出了新的話題。

的確，在發達國家當中美國的貧富懸殊程度最大。可以說是美國獨特的社會文化傳統造成了下層社會這個獨特的存在。美國人相信人人都能成功的美國夢，認同自立和創業精神，懷疑政府對社會經濟的干涉。所以美國沒有像歐洲那樣強大的左派勢力，沒有建立起包羅萬象的福利體系。美國的新移民源源不斷，總有一批人聚集在社會階梯的最低層。社會安全網只是維持低收入者的基本生活，對拉平收入差距貢獻不多。因此在紐約、洛杉磯、芝加哥一類大都市，可以明顯地看到下層階級的存在。陳舊的房屋、破敗的公共設施，到處是年輕的單身母親和輟學或失業的遊蕩者，到處是毒品、槍枝、暴力的痕跡，到處蔓延著怨恨和沮喪的情緒。據第 9 次經濟衰退期間的統計，美國 14.7% 的人口生活在貧困線以下，人數接近 3,600 萬。 他們當中約有 1/3 的人生活在大城市， 生活在大城市的黑人貧困者更高達 60%。

當 1960 年卡林頓發表他研究貧困問題的名著《另一個美國》時，美國的貧困率約為 22%。自那以後，美國政府設立了名目繁多的社會福利專案來解決貧困問題。「扶貧」工作開展30 年之後，美國的主流社會發現遇到了難以消除的「貧困的內核」，福利救濟在那裏似乎起著適得其反的效果。一位美國作家如此描述道：「這裏好像是另一個國家，它以福利和救濟支票的形式從美國獲得資助（幾乎家家戶戶都得到這類福利和救濟），並根據當地的習慣花掉和流通這些貨幣。某非法酒館在1980 年收進 4.5 萬美元的食品券，都是顧客用來支付酒錢的。」

美國已經出現了兩代人都依靠政府救濟過活的家庭。有些孩子就是依靠福利金長大成人。他們無緣接受充分的教育，因而難以在社會等級階梯上攀升。他們的後代也很可能落入這個怪圈中難以自拔。

而且近年來，下層社會與主流社會之間的差距還在不斷擴大，還有更多的人在滑向下層。1959 年，最富裕的 4%的美國人的收入相當於排名靠後的 35%的美國人收入的總和。到了 1989 年，4%的富翁已經和 51%的平民的收入相抵。自由派批評共和黨政府，特別是 80 年代執政的雷根政府的社會經濟政策加劇了貧富兩極分化的趨勢。例如透過 1986 年的稅制改革，年收入在 1 萬～4 萬美元間的中產階級人士可以少付稅 6%～11%，而年收入 20 萬美元以上的富裕階層獲得的減稅比例在 26%～31%之間，收入超過百萬美元的大富翁竟可減免稅收 53%。[12] 他們指責這是劫貧濟富。

但 1996 年美國人口普查局發表的報告表明，在柯林頓執政的頭兩年，美國最富有的 5%家庭在全國收入中所佔比例的增長速度比雷根－布希年代還要快。事實上從 1968 年以來，無論管理白宮的是共和黨還是民主黨人，無論美國經濟是處於繁榮還是衰退狀態，貧富差距一直在擴大。這期間最富有的 20%家庭的平均收入以不變美元計算增長 44%，而最貧困的 20%家庭的收入只增加了 7%。兩者的收入差距增加了 47%。就貧困線以下的低收入階層來說，情況更加悲慘。80 年代以來，他們的實際工資以年率 1.3%的速度持續減少。扣除通貨膨脹因素以後，1995

---

12 Barlett & Steele, op. cit., pp.2, 6-8.

年高中程度以下的男子可支配收入比1970年減少了6,000美元。

　　貧富分化似乎已經超越政黨政治的影響，成爲美國經濟發展的固定模式。在那些沾沾自喜的美國人看來，這種模式也是經濟調整成功的關鍵所在。正是因爲有下層階級加劇勞動力市場競爭，美國企業才能順利裁員，失業者才願意接受非全日制工作和低收入的服務性工作，美國才能先於其他國家完成經濟調整。雖然勞動生產率增長依然不理想，但工會沒有強烈爭取加薪，因而企業利潤可觀，經濟一片繁榮。他們認爲，西歐國家應當下決心壓制工會勢力，結束福利國家，接受美國模式。

(一)貧困與美國病

　　上述議論引起歐洲人的反感，也不能使其他的美國人信服。保持下層階級對經濟調整是否起了正面作用姑且不論，它的長期存在對美國社會的破壞性影響是有目共睹的。也可以說，下層階級的絕對貧困化是美國許多社會痼疾的根源。

　　例如地下經濟問題。由於在總體經濟中得不到富裕和發展的機會，許多長期處於貧困下層的人便從非法的經濟活動中尋找生計。久而久之，下層美國擁有了頗具規模的地下經濟網路。美國社會學家埃丁稱，她接觸的「福利母親」中幾乎所有的人都有秘密經濟收入。在紐約就有數百個地下製衣廠，雇用近2.5萬名非法移民或童工。他們每天工作12個小時，每周工作7天，工資僅爲法定最低工資的三分之一，不享受任何醫療保險或勞動保險。地下工廠的產品透過秘密渠道進入市場銷售網路，買賣的收入當然也不會繳納任何聯邦或州市的所得稅。估計全紐約近四分之一的服裝是地下工廠生產的。服務業在地下經濟網中所佔的比例就更大。在這個網路中可以雇到水管工、汽車修

理工、洗衣婦等各種服務人員，他們會以低於市場價格的收費提供服務。當然條件是不開具服務證明，客戶也不要申報這種支出。

　　事實上，在美國的主流社會中已經可以看到地下經濟的影子。90年代初美國曾出現抵制日貨的風潮，不少美國人以購買美國製造的產品為榮。後來有人揭露說，很多貼著美國製造標籤的小商品，其實出自大都會裏的一些「血汗工廠」。起初儘管廠主百般壓低員工的待遇，這些工廠的勞動成本依然無法與·東亞國家競爭，產品價格也就沒有吸引力。但在保護主義盛行之時卻意外地暢銷起來。另有一件轟動一時的新聞是，柯林頓在首次當選總統時提名貝爾德女士為司法部長，不料後者被揭發雇用非法移民做保姆、逃避為她們支付社會保險稅，最終不得不回絕提名。其實像貝爾德這樣從地下經濟中尋求廉價產品或勞務的現象即使在上層人士中為數也不少。在經濟衰退時期，地下經濟格外活躍。但美國政府不會從這一種經濟繁榮中獲得任何稅收，同時又得面對這些非法經濟活動引起的嚴重社會問題。

　　再如愈演愈烈的毒品問題。毒品買賣是地下經濟的核心。雖然不少失業者捲入地下經濟是為了養家餬口，但也有不少人是想要在朝夕之間獲取暴利，透過非法經濟實現他們的美國夢。毒品買賣給他們提供了最理想的機會。美國人口只佔世界人口的5%，卻消費著全世界50%的毒品。在厚利的誘惑下，有些美國人鋌而走險地捲入毒品買賣。負責把毒品從世界各地偷運進美國的國際毒幫，遍佈在貧民區的街頭小販，與貌似合法企業、實際上靠毒品收入支持的洗錢集團，組成了一個龐大的販毒網。結果參與毒品消費的美國人不斷以驚人的速度增加，

與毒品有關的暴力事件比比皆是。

　　前總統布希在剛剛入主白宮時曾發誓要做掃毒總統。他任命了權限更大的禁毒辦公室主任，統管反毒品領域的 19 個聯邦機構，協調已有的 40 多個緝毒專案和計劃。布希還與拉美 4 國首腦達成了國際掃毒協定，連續殲滅了幾個國際販毒集團。但美國的毒品走私卻不消反長。關鍵在於布希將反毒鋒芒指向毒品生產國，而忽視美國國內龐大的地下供應網。在布希任內，聯邦政府 70%的緝毒開支用於減少毒品供應，只有 30%用於控制國內需求。儘管在拉美國家重創毒品組織、改造了部分毒品生產基地，但在美國國內龐大的消費需求推動下，東南亞和中亞又冒出了新的大毒梟和毒品基地。美國國內的吸毒人數有增無減。毒品成了困擾美國政府的頭號社會難題，而美國的地下經濟卻因販毒收入源源不斷而日益興旺。據說，以毒品交易為支柱的地下經濟以其經濟規模而論已經可以排名美國第 3 大經濟部門。[13]

　　又如嚴重的暴力犯罪問題。與貧富分化同步，美國的犯罪活動達到驚人的程度。1980 年至 1988 年間暴力犯罪上升了23%，強姦案增加了 14%，嚴重暴力攻擊事件更增加了 46%。而且據估計，還有一半以上的暴力犯罪沒有報案。按這種比率，每 10 個美國人中有 8 個可能在一生中的某個時侯遭受暴力之害。[14] 犯罪活動的上升破壞了美國社會的重要基礎——社區的團結和互助精神，也嚴重損害了美國的國際形象。美國的殺人

---

13 〔美〕菲利普‧費奧里尼，〈金錢面前見人心〉，《今日美國》，1994
　　年 7 月 27 日。
14 馬歇爾、施拉姆前引書，第 246~247 頁。

率是歐洲的 5 倍，強姦率差不多是歐洲的 9 倍。首都華盛頓成了世界聞名的謀殺之都。在華盛頓 5～6 年級的學生中，有 31% 的人看到過槍擊，43%的人看到過搶劫，67%的人看到過毒品交易，75%的人目睹過拘捕罪犯。當美國人宣揚世界的安全和秩序時，其國內的治安狀態往往使其言辭顯得蒼白無力。

　　許多美國社會學家都指出，美國社會的分裂、下層社會對前途的絕望和對既成體制的怨恨是造成犯罪率上升的根本原因。很難指望在絕對貧困的環境下成長起來的青年尊重現行制度，指望他相信法律和道德能帶來社會正義和平等秩序。他會利用一切機會發洩對上層社會或者主流經濟的不滿，就像 1992 年洛杉磯事件時期那樣。而犯罪叢生反過來又加劇了美國社會的分裂。當某個社區出現不安全的跡象時，中產階級人士就紛紛搬離。當城市中心區的犯罪率上升時，白領們就紛紛遷往郊區。結果這些被遺棄的地區居民經濟水準下降，稅收減少，用於市政建設和維護治安的費用嚴重不足，使這些地區繼續衰敗下去。白人認為少數種族居住區秩序混亂，少數種族犯罪率高於平均水準，所以避之猶恐不及。而黑人等少數種族認為警察對自己有偏見，對黑人濫用暴力，在司法審判當中也經常置自己於不利地位。雙方相互猜疑和戒備的氣氛難以消除。

　　美國的主流社會和下層社會之間的鴻溝就這樣步步擴大。在世人面前呈現著兩種美國的形象：一個富足而穩定，另一個拮据而動盪；一個在以驚人的熱情和速度聚斂財富，另一個卻在絕望中日益衰敗和沈淪。問題是，主流階層不可能無視下層社會的存在而獨享優裕的生活。下層社會雖然不能有效地加入主流經濟活動，但卻透過非法交易，透過毒品買賣、街頭犯罪甚至騷亂暴動不時衝擊著主流社會的安定，造成了種種社會難

題。

（二）憂慮階層

　　在經濟調整的過程中，美國社會承受了巨大的壓力。為新經濟付出代價的不只是貧困的下層階級，還包括一部分中產階級。美國的中位家庭實際收入 1994 年比 1991 年下降了 1%。1996年與 1995 年相比，中產家庭實際收入的增長只相當於富裕家庭收入增長幅度的 43%。部分中產階級人士由於缺乏適應新經濟形勢的技能，改行從事報酬較低的服務性工作或者非全日制工作。到 90 年代中期，從事非全日制工作的人數已經佔就業者總數的 18%。這部分就業者大多不享受醫療或失業保險，收入又相當不穩定，承受風險的能力低，動輒依賴社會安全網的幫助。美國市長會議調查發表報告稱要求緊急食品援助者 1997 年比1996 年增加 16%，要求搬入無家可歸者住所的人增加了 3%。這其中不乏近況不佳的中產階級人士。他們沒有分享到這一輪經濟增長的成果，而且面臨著滑入下層社會的危險。他們和低收入者一起組成了羅伯特‧賴克所謂「憂慮階層」。

　　由於在經濟調整中受挫，這個階層的人有強烈的不穩定感、不安定感，對未來充滿擔憂。他們不能理解在總體經濟一片光明的時候，自己的經濟狀況為何岌岌可危？這種情況下，種族主義、無政府主義觀點就不失為一種解釋。經濟民族主義觀點則更有市場。經濟活動全球化、資訊技術的擴展、服務業取代製造業都遭到了憂慮階層的懷疑和批評。他們透過排斥外國資本和商品，排斥移民，直至排斥國內的少數種族集團，來找回自己的安全感。「憂慮階層」的存在為極端主張蔓延提供了基礎，成為社會關係緊張的根源。

1996 年 3 月，美國聯邦調查局聯合當地警方人員包圍了蒙大拿州喬丹市附近的一家農場。這裏是一個名為「自由民」的反政府組織的據點，該組織宣佈其周圍地區為自治領土，由他們自己設立的法庭根據他們自己制定的法律進行管理。他們揚言只接受聖經、美國憲法和部分商法的約束，而拒絕接受聯邦或州縣政府的管轄。因為拒絕承認美國法律，「自由民」透過有組織地開具假支票製造了總額近 1,800 萬美元的欺詐案。在警方逮捕其頭目時，「自由民」與聯邦權力機構之間發生了直接對抗。「自由民」利用早已屯積的大量武器，憑藉其據點周圍構築好的工事抵禦聯邦特工。聯邦方面擔心發生流血衝突，所以採取了圍而不攻的策略，耐心地呼籲「自由民」們和平繳械。雙方的對峙持續了 81 天後，「自由民」才向政府投降。

　　類似的事件 1992 年發生在愛達荷，1993 年發生在德克薩斯州的韋科，而且韋科事件還引起了次年的奧克拉荷馬大爆炸悲劇，造成上百人死亡。就在蒙大拿事件平息後不久，亞特蘭大奧運會上又發生了令人震驚的爆炸事件。美國警方認為很可能是在美國南方很有勢力的民兵組織「愛國者」所為，而且不排除對聯邦特工逮捕「自由民」領袖進行報復的可能。此類事件一再發生引起人們對反政府極端組織的關注。到 1996 年，美國持反政府立場的極端組織至少達到 858 個，其中準軍事組織約 380 個，參加者估計達數十萬人。準軍事組織有相當一部分是在 1993 年推動槍支管制的「布雷迪法案」通過後成立的，最初的口號是反對聯邦政府限制私人持槍。它們蔑視和挑戰既成體制的做法吸引了不少對經濟處境感到絕望的憂慮階層人士，其規模和影響迅速擴大，政治主張也變得相當龐雜。比較一致的觀點是主張白人至上，要求限制移民，停止照顧少數種族；

反對美國參與國際合作，認為建立全球經濟秩序損害普通美國人的利益，諸如聯合國、世界貿易組織、北美自由貿易圈等都是他們攻擊的對象；反對各級政府干預私人生活。

1996 年 10 月 29～31 日，各地的「民兵」組織代表竟在堪薩斯城舉行大會，公開宣佈與聯邦政府為敵，並討論了推翻政府的戰略。民兵組織總共在 35 個州設立了 100 多個「法庭」，企圖以民間治安制度取代美國現行司法體制。當然，極右翼軍事組織推翻美國政府的可能性是不存在的，但它們的活動對美國人的安全感和相互包容的信念構成了衝擊。極端組織在憂慮階層中引起的廣泛共鳴，也令主流社會感到驚訝。它顯示了存在於貧窮的下層和富裕的上層之間的深刻裂痕。經濟轉型不能長時間地以某些階層的犧牲為代價。經濟增長的成果如果不能得到公平的分配，新經濟的成功就是不穩固的，甚至可能轉化為一場社會衝突。制止下層階級和憂慮階層離心離德的傾向是美國主流社會不能迴避的課題。

三、主流文化與多元文化

冷戰後的美國社會承受著各個方面的壓力。移民浪潮引起種族關係緊張，經濟轉型加劇貧富分化不過是其中最突出的。在較小的規模上，關於墮胎、反犯罪、反毒品、性自由等問題的激烈爭論同樣困擾著美國人。使情況更加複雜的是，美國的主流社會中出現了兩套化解壓力、重塑共識的方案。

（一）多元文化主義

　　多元文化主義形成氣侯是 80 年代後期的事，但它的思想淵
源可以追溯到民權運動時期，是和自由主義傳統一脈相承的。
在文化多元主義者看來，各種文化和價值觀念無優劣可言。任
何一種文化都不應自以為掌握了天命，可以盤踞中心地位，喝
令其他價值體系向自己靠攏。以前主流文化在美國價值觀念中
的核心地位是歷史造成的。今日之美國既然不斷多種族、多元
化，價值體系也應當做相應的革新。不僅政治、法律制度應當
是多元的，價值觀念也應是多色彩、多中心的。

　　對於移民問題，多元文化論者堅持傳統觀點，即移民是美
國經濟發展的動力，而不是社會經濟的負擔。移民來源的變化
並沒有造成什麼不同。他們認為新移民大批到來是必須接受的
事實。在短期內，新移民接受的公共服務可能高於他們繳納的
稅金。但從長期來看，移民經濟地位上升後對社會的回報要大
得多。亞裔移民的情況為他們的看法提供了有力的支持。1997
年美國人口普查局資料表明，年齡在 25 歲以上的亞裔人口中受
過高等教育的佔 41.7%，遠遠高於 23.6%的全國平均值。在矽谷
的八百多家高技術企業中，三百多家為亞裔人士創設，不僅創
造大量財富，而且為該地區提供了就業機會。即便是低技能的
新移民也以其廉價的勞動力幫助美國維持了一些勞動密集型產
業，使整體經濟結構合理化。他們對原有居民的就業並不構成
直接的威脅。種族的多元化正是美國的力量所在，它使美國企
業可以比較順利地適應經濟全球化的趨勢。

　　面對重新緊張的種族關係，多元文化主義者主張實現新的
融合，多種族的相互融合。以前的融合和同化要求少數種族向

白人主流社會靠攏，被白人傳統文化所同化。而在以後的美國，所有的種族集團都要相互包容、相互適應，向超越膚色的共同利益靠攏，白人也不例外。為適應種族多元化的社會，白人必須放棄自居為正統的意識，要學會尊重少數種族。多元文化主張在自由主義勢力強大的學術界和輿論界首先獲得立足之地，於是在這些領域出現了推行「政治上正確」（political correct，又稱 PC）的風潮。管理當局要求教師和編輯記者們自我檢查，糾正那些有文化權威主義之嫌的思想言論，「避免排斥、攻擊種族或文化上的少數集團的表達方式」。1994 春，《洛杉磯時報》公佈了一份「攻擊性詞彙」的名單，宣稱為了避免冒犯少數種族、婦女和其他社會集團，應當修改一些長期延用的說法。如指偷竊行為的「gyp」，因為它含有對吉普賽人的貶義。如指分別付款的「Dutch treat」，它可能使丹麥血統的人不滿。再如「移民潮」（tidal wave of immigrants）這個短語，使人聯想起帶來死亡和毀滅的潮水，所以最好不用。紐約州立大學法學院教授委員會闡述說：「我國知識界共用的價值，遠超出對公開自由辯論的一般承諾。」也就是說，為了實現多元文化的理想，美國的學者們應當自動接受對言論自由的限制。

多元文化主義者同樣在教育界佔了上風。他們力主改革美國學校的課程設置和教學內容，消除西方中心論的痕跡，接納少數種族的價值傳統。如果要講述五月花號的話，就也要講述埃利斯島，講述哥倫布到達美洲之前，北美居民的生活情況；要介紹希臘、羅馬古聖先賢們的智慧，也必須介紹釋迦牟尼、孔子等東方智者的思想體系。理工科的學生在掌握現代科技知識之外，還應當學習世界科技史，瞭解亞非文明古國曾取得的輝煌成就。這些設想在大學校園裏很快變為現實。斯坦福大學

率先取消了「西方文化」這門必修課，而代之以「文化—觀念—價值」課。減少講授古希臘、羅馬及歷代歐洲經典思想家的著作，鼓勵學生多閱讀第三世界學者的、少數種族人士的作品。此後，許多著名大學亦聞風而動。威斯康辛大學規定，學生可以不學西方文化，甚至美國歷史，但必須選修種族研究的課程。克利夫蘭大學更進一步明確要求學生至少要選修兩門美籍非洲人文化和一門歐洲以外地區文化的課目。[15] 加州大學洛杉磯分校的歷史學者還為美國的中學重新設計了歷史課程，要求中學生更多地學習亞洲、非洲和哥倫布到達之前的美洲文化，更多地瞭解黑人和婦女在美國歷史上的傑出表現。據說透過修訂課程「歐裔兒童就不會再以為自己屬於包辦一切的一群，而那麼趾高氣揚的了」。

在墮胎、同性戀、毒品文化等問題上，多元文化論者呼籲最大限度的寬容。他們主張：只要不妨害他人，每個人在社會生活中的選擇都是合理的、道德的。政府不能利用行政手段維護某一種價值標準的統治地位。這些主張在高層政治中也得到了呼應。柯林頓政府的社會和文化政策就深深打著文化多元論的烙印。其多名核心成員曾在各種社會問題上表明前所未有的寬鬆態度。包括主張毒品合法化，至少允許少量攜帶毒品；提議在中學加強性教育；反對歧視同性戀者，認為同性戀者完全可以領導童子軍。白宮的實際政策雖然沒有如此驚世駭俗，但也可以稱得上是大膽和反傳統的。除了本書曾提到過的放寬對

---

15 沈宗美，〈對美國文化的挑戰〉，《美國研究》，1992 年第 3 期，第 120、143、127 頁。

軍隊中同性戀者的限制之外，柯林頓政府還觸及另一個更敏感、爭議也更大的社會問題：墮胎問題。重選擇還是重生命，換句話說就是支持墮胎與反對墮胎之爭在美國已經持續二十多年，由於涉及最深層的價值觀念問題，涉及人的生存權利，一直不能達成一致意見。而柯林頓一上臺就宣佈取消對墮胎諮詢和胎兒組織研究的禁令。在向國會提出的 1994 年預算法案中，他又提出恢復對墮胎諮詢的聯邦撥款，並由政府支援推行「選擇自由法令」。支持自由選擇墮胎的「美國婦女組織」、計劃生育聯合會等熱烈歡迎政府的決定，認為在是對 80 年代反動政策的有力糾正。他們呼籲政府進一步行動，加強性教育的普及工作，積極宣傳避孕措施，以減少不必要的懷孕，特別是阻止出現大批中學尚未畢業的單身母親。這樣可以使很多人不必面對如此痛苦的選擇。他們還希望政府能更有力地給予墮胎資金支援，特別是要充分幫助那些希望墮胎的貧困婦女。站在自由派一邊的衛生部長莎拉拉表示，應當把墮胎的權力交給美國人民，由他們自己去做出合理的選擇。

對於日益嚴重的貧富分化，多元文化主義者主張以「工作福利」（workfare）代替傳統的社會福利（welfare），要鼓勵下層社會的人參加工作，而不是簡單地分發救濟。他們認為不是窮人不願意工作，而是他們缺乏知識和技能，難以參與競爭。各級政府必須加強對他們的職業培訓，解除他們的後顧之憂（例如幫助單身母親照料孩子），幫助他們尋找工作。只有先增加對工作福利的投入，才能解決下層階級問題，最終節省福利開支。挽救瀕臨破產的福利系統當然重要，但更重要的是要挽救被遺棄的下層階級。

(二)WASP 文化傳統

　　文化多元主義的主張在秉持傳統的保守派中間引起了強烈的反響。參加 1992 年共和黨總統候選人競選的帕特里克‧布坎南指斥多元文化的主張是美國的垃圾堆，是不道德行為的藏汙納垢之所。保守派批評多元論者企圖破壞美國經驗的基礎，破壞節儉、克制、重視家庭的主流社會價值觀，力主建立一個巴爾幹式的分裂社會。他們認為多元文化運動對主流文化的衝擊造成美國社會今日的混亂與分裂，使美國面臨一個物質豐裕而精神放縱的時代。個人慾望的極度膨脹導致整個社會道德水準下降，價值觀念渙散。而享樂至上是不能構成堅定的社會支柱的，最終只能帶來人們的精神空虛，甚至可能導致動盪。布熱津斯基也警告說：如果蓄意破壞「共同語言，共同政治哲學，共同的憲法承諾」，美國社會就有面臨解體的危險。

　　除了極端守舊的部分人，保守派人士也承認美國社會結構和社會觀念的變革是不可抗拒的。既然變革已經發生，就應當接受變革的後果，解決變革帶來的問題。但他們認為新的社會政策不應滿足於順應多樣化的潮流，應當努力為美國界定新的價值觀念之核心，形成新的向心力。他們指責多元文化論者從支持多樣性的正確立場出發，卻走入了道德中立主義的誤區。美國正在走向真正多種族的社會，但這並不必然造成文化上的多中心。一個由各立門派、互不溝通的文化集團組成的國家，是難以在世界上立足的。他們堅持一個國家應當有一套為多數人認同的道德標準，保持「民族團結必不可少的語言和哲學淵源」，使人們能夠相互理解、相互信任，才能達成妥協和合作。

　　在保守派人士看來，能夠充當精神核心和道德指南的只有

主流文化（WASP）的價值觀，就是由盎格魯—薩克遜裔的白人清教徒塑造的美國的國家傳統。它在以往的矛盾和紛爭中一直有著凝聚美國社會的作用。以後的社會變革可以在 WASP 價值觀的基礎上修修補補，某些少數種族可以有選擇地保持自己的歷史傳統，但主流文化在社會生活中的權威地位是不可動搖的。社會政策改革應當以維護 WASP 價值觀的核心地位為最高原則。

在移民問題上，保守派提議振興「大熔爐」政策。他們指出要恢復大熔爐的同化能力必須雙管齊下，一面提高爐溫，一面控制進入熔爐的原料數量。也就是說，既要強化新移民對WASP 傳統的認同，又要嚴格控制移民人數。為了抑制移民浪潮，保守派議員積極推動政府徹底修改 1965 年移民法，嚴格各種規定，堵塞漏洞。還有人提議重新實行移民限額分配制度。與減少合法移民的呼聲相對應，出現了聲勢浩大的反對非法移民的運動。其支持者指責聯邦政府打擊偷渡不力，使非法移民得以搶佔美國人的工作，造成治安狀況惡化，擾亂社會經濟秩序。在南部各州，民眾敵視非法移民的情緒尤為強烈，保守派政客藉機大作文章。佛羅里達州州長奇利狀告聯邦政府。理由是聯邦法律規定醫院要向任何人，不問身分，提供緊急治療；而且美國境內的所有兒童都有接受教育的權利。據稱這種規定使非法移民無償享受醫療、教育等社會服務，增加社會福利專案的負擔，使佛羅里達州付出了沈重代價。僅 1992 年為向移民和難民提供醫療、教育、住房及其他社會服務，該州就花費了7.4 億美元。另一個移民大州——加州的州長彼得·威爾遜也隨聲附和，說非法移民是造成該州經濟狀況窘迫的重要因素。加州每年要為之花費 29 億美元以上。除去教育、醫療等開支外，

還要因監管移民中的罪犯而花去不少的費用。[16] 1994 年威爾遜進行連任競選時，擬定了控制非法移民的第 187 號法案交加州選民公決。該法案規定取消非法移民及其子女享受醫療、教育等社會服務的權利，公務人員在發現非法移民時有義務向政府舉報，加強邊境巡邏力量，加快遣返非法入境者的速度。該法案在公決中獲得了通過。

在種族關係問題上，保守派同樣堅持傳統的融合方式，而對多元文化論者主張的相互融合嗤之以鼻。賽繆爾・亨廷頓闡述說：「加強西方的凝聚力意味著既要在西方內部保持西方文化，又要明確規定西方的界限。……需要控制來自非西方社會的移民，並確保承認西方文化的移民融入西方文化。」保守派拒絕接受按照尊重少數種族文化的原則修改後的歷史課本，認為「這根本不是歷史，而是捏造出來的神話，是旨在增強某些種族利益團體倡導者的政綱。」在他們看來，多元文化主義的課程改革已經超出學術範疇，危及整個西方思想的法統，是對美國主流的文化價值體系和社會傳統的「有組織的進攻」。保守派組織了自己的「全國學者協會」，在校園中進行針鋒相對的活動。右翼企業家也加入戰團。德州的億萬富翁巴斯提出為母校耶魯大學捐款 2,000 萬美元，條件是這筆錢應專門用於設立講授西方文化歷史的課程，以抵制黑人文化、伊斯蘭文化和東方文化的入侵。

針對各式各樣要求實行雙語的呼聲，共和黨人發起了「只

---

16 〔新加坡〕趙景倫，〈美國反移民情緒高漲〉，《聯合早報》，1994 年 8 月 22 日。

用英語」的運動，主張正式規定英語為美國唯一的官方語言。來自紐約州的眾議員彼得‧金發起了給予英語法定地位的提案。他稱英語為聯繫美國人的紐帶，批評雙語運動在美國社會中製造分裂，認為「鼓勵新美國人繼續使用原來的語言是錯誤的。人們在美國謀求發展的唯一途徑就是講英語」。以溫和派自居的鮑勃‧杜爾直截了當地宣稱：「英語必須作為官方語言。必須在學校中講授西方傳統和美國的偉大。聯邦政府必須停止對美國傳統價值觀的戰爭。」在保守派的努力下，有 22 個州確定英語為官方語言，要求在考試、選舉和擬定官方文件時只能使用英語。

在保守派關於種族問題的主張中，最引起爭議的是所謂反對逆向歧視，即反對各種對少數種族實行特殊照顧的政策。理由是照顧少數種族等於歧視多數種族。在 1993 年的一次民意測驗中，有 11%的白人認為自己的種族地位對個人發展不利。他們聲稱，根據少數種族的人口比例規定他們在工作崗位、管理崗位和學校裏應佔的份額，使白人進行平等競爭的機會被剝奪。結果不僅是有才能的白人失業，工作效率降低，而且使人們經常懷疑少數種族是靠照顧謀得職位，傷害了少數種族成員的自尊。反對逆向歧視集中攻擊的目標是 1965 年詹森政府制定的肯定性行動計劃，即要求在招生、就業、政府招標等活動中優待少數種族。佛羅里達州的大西洋大學為了提高非裔學生在該校的比例，決定對符合錄取標準的非裔學生免收學費，結果立即接到大批抗議電話。許多白人指責該校沒有為「真正的」美國人做好事。科羅拉多、加利福尼亞和喬治亞州的總檢察長先後下令減少州立大學的肯定性行動指標，允許大學在招生和雇請教員時不過多考慮種族平衡。在 1996 年秋季的選舉中，加

州又帶頭提出了反對「肯定性行動」的 209 號法案，要求停止在升學、就業等問題上照顧少數種族。

在幾乎所有的具體社會熱點問題上，保守派都有不同於多元文化主義的看法和政策建議。他們強調指出：生活方式是有優劣之分的。如果相信文化相對論，相信任何人的選擇都有他的道理，最終會淪入是非不分的危險境地。聯邦政府必須維護主流文化傳統，不能被女權主義者、同性戀等少數集團左右。此外，保守派特別主張嚴刑峻法，制止犯罪浪潮。他們批評某些意在保護公民權利的法令束縛警察的手腳，使罪犯有更多機會逃避懲罰。罪犯即使被認定有罪，因為容易獲得減刑和假釋，實際受到的懲罰還是不夠。這種意見在司法界逐漸得到反應。據紐約一家公司 1994 年 7 月的調查顯示，有 40% 的法官主張在某些情況下應當對少年犯處以死刑，以謀殺罪起訴的最低年齡應降到 14 或 15 歲。有 68% 的法官贊成公開審理犯有重罪的少年犯。最令人驚奇的是，接受調查的 250 名法官中有 17% 的人支持仿照新加坡律法，對部分少年犯施以鞭刑，以儆效尤。[17]

保守派還聲稱，福利國家的模式已經破產，美國的福利體系必須改革，以體現傳統的社會規範。共和黨人強烈要求停止支持年輕的單身母親，不再向非婚生兒童和 18 歲以下女子所生兒童發放津貼。減少給窮人的食品補貼，減少給老人的退休補貼，以有效地控制福利規模，減少政府財政赤字。

---

17 《法制日報》，1994 年 9 月 3 日第 4 版。

(三)社會政策保守化

　　多元文化和 WASP 價值觀的對立表明美國的社會菁英人物對國家未來的看法產生了嚴重的分歧。聯邦政府的社會政策成了雙方鬥法的場地。文化多元論者在文化界和教育界佔優勢，傳統觀念的捍衛者控制著宗教界和企業界。在政壇和新聞輿論當中，雙方則可以說是勢均力敵。

　　可是菁英們的文化大戰始終沒有引起普通民眾的興趣。左右兩翼幾次搖旗吶喊，但都不能聚集起足夠的多數。大眾似乎認為社會變革的方案並不是非此即彼的選擇。他們寧願進行謹慎持重的調整，而不打算來一次革命或是反革命。他們希望雙方盡可能地相互包容，超越分歧。在這樣的氣氛下，多元文化主義者和保守派儘管不大情願，但還是開始謀求妥協。雙方利用了他們之間有限的共同點：他們提倡的種族融合相去甚遠，但都反對極端勢力和極端主張，反對各種形式的分離主義；他們都承認現行的福利制度需要改革，都主張讓下層階級加入主流經濟活動；他們對移民浪潮的態度大相逕庭，但至少都同意制止非法移民。以此為基礎，再加上一些平衡和交易，新的社會政策出爐了。

　　1996 年 7 月，柯林頓簽署了「個人責任和工作機會」法案，對現行福利政策做出重大改革。該法案規定：任何美國人享受社會福利不得超過 5 年；單身母親如果在確認孩子生父的身分時不合作，她享受的補貼將減少四分之一；十幾歲的未婚母親必須上學，不能參加工作，否則不能享受福利；有勞動能力的福利家庭戶主必須在兩年內找到工作，否則將失去補貼。同時，聯邦政府的食品援助計劃將大幅度削減，主要是取消發給 93.5

萬合法移民的食品券。法案還把更多的管理責任下放給各州，允許它們靈活地執行福利政策，但規定各州應當在 1997 年促使現享受福利者中的 20%參加工作，到 2002 年這個比例應當達到 50%，否則聯邦政府將削減福利撥款。柯林頓政府估計，該法案的實施可以在 6 年內節約 560 億美元的福利開支。

同年 9 月，對現行的移民法的修正案通過。新法案改變了對「家庭團聚」原則的解釋，認為該原則只適用於美國合法居民的配偶和 18 歲以下子女，其兄弟姐妹、成年子女等屬於「非核心家庭成員」，應被排除在外。這一條款被認為是直接針對來自亞洲的移民，因為在目前美國每年 160 萬份兄弟姐妹移民申請和 26 萬份成年子女移民申請中，70%是亞裔提出的。新移民法還規定移民的收入一般應達到聯邦貧困標準的 125%，以保證將來能歸還移民初期接受的福利補貼。這個規定對拉美移民的影響很大，其中受打擊最重的是來自墨西哥和中美洲國家的移民。對於批准有美國所需技能的移民申請，新移民法也做了更嚴格的規定：該移民必須具有大學學位，其未來雇主必須證明他們不能找到美國公民承擔該工作任務。這些條款結合在一起，估計可以將合法移民減少近三分之一。此外，該法案還提出了打擊非法移民的嚴厲措施。包括嚴格限制非法移民及其子女接受福利補貼，享受醫療、教育等公共設施；加強邊境巡邏，在 5 年內增加 5,000 名巡查人員。

相比之下，文化政策上的動作較小，但也引起普遍關注。1996 年 8 月，眾議院以 259 票對 169 票通過法案，規定英語為美國官方語言，要求政府公務，特別是移民歸化儀式必須使用英語，並決定不再保證為使用英語有困難的選民提供其他文字選票。加州和德州的州立大學開始停止執行肯定性行動計劃。

在其 1997 年秋季招收的新生中,黑人學生人數下降了 60%～70%,拉美裔學生人數減少 20%以上。

顯而易見,多元文化運動和保守派之間達成的妥協更多地體現了後者的意願,尤其是在福利和移民政策的改革問題上。造成這種結果的原因很多。一是左翼倡導的改革大多需要資金投入,而聯邦政府被鉅額財政赤字限制著手腳。像柯林頓主張的對福利對象提供技能培訓的計劃,就因為資金問題而未能列入福利改革法案當中。儘管在他堅持下,該法案要求各州為在兩年內不能找到工作的人提供社區服務崗位,但國會沒有批准相應的款項,此話仍是空談。二是司法系統傾向於保守派一方。雷根、布希任命的保守派法官在各級法院中佔了多數,在爭議問題上經常作出不利於多元文化論者的裁決。在同性戀者指控軍方歧視行為的案件中,已經有 5 個法院無視柯林頓提出的雙方克制、「不問不說」政策,作出有利於軍隊的判決。三是保守派在地方政治中佔優勢。1996 年選舉後,共和黨控制著 32 個州的州長席位。國會支持的許多改革都是這些州長先在各州試驗過的,保守派可以宣稱改革得到民眾的擁護。

政府政策的保守化對社會生活產生了相應的影響。移民、少數種族和窮人都感到對他們的同情在下降,冷淡乃至嚴厲的面孔增多了。不少城市制定計劃,加強對無家可歸者的管制,把他們清除出鬧市。美墨之間長達 3,000 公里的陸地邊界戒備森嚴,在山區和沙漠地帶安裝了紅外線設備和地下探測儀,幾個著名的非法移民入境通道上豎起了鐵欄。其中在聖地牙哥市南面的鐵欄最為壯觀,高 12 英呎,由海岸向內陸延伸達 14 英哩。墨西哥輿論稱之為 90 年代柏林牆。邊界警察對待非法移民的態度也越來越粗暴。1996 年 4 月 1 日,加州巡警毆打墨西哥非法

移民被電視臺報導，引起墨西哥政府和人權組織的抗議。不到一周內，又一批墨西哥非法移民在美國警察追擊下發生車禍，造成 7 死 18 傷的慘劇。美墨人權保護中心認為，這些恰巧被新聞界發現的事件不過是大量肆意虐待墨裔移民事件中的一小部分，他們甚至指責美方縱容極右翼民兵組織持槍襲擊無證移民，以阻止來自墨西哥的移民潮。

多元文化主義者對此當然不能滿意。他們阻止了在更多的州取消肯定性行動計劃，繼續推動學校課程改革，堅持為老人和窮人提供醫療補助。少數種族也在動員起來，向他們靠攏。來自亞洲各國的移民聯合成立了全國美籍亞太人法律聯盟，代表來自 25 個不同的種族或民族團體、講 75 種不同語言的亞裔公民，負責在華盛頓展開院外活動。拉美移民組織在首都華盛頓聯合發起示威遊行，顯示團結和力量。多元文化和 WASP 文化的競爭還沒有結束。

主流文化與多元文化之爭是目前美國最突出的社會問題，幾乎圍繞其他難題的所有紛爭都可以歸結到這個根本分歧上來。重塑國家的價值體系，成為美國在冷戰後面臨的最根本的課題，也是最嚴峻的挑戰。新的價值觀將澄清何謂美國人這個根本問題，在新舊美國之間、在各種種族集團之間重建平衡與和諧。不解決這個問題，美國的社會就難以恢復活力，美國也不可能雄心勃勃地領導著世界。

第五章
冷戰後美國對外經濟戰略的調整

＊ 王榮軍 ＊

冷戰時代，美國的對外經濟戰略在很大程度上從屬於其安全戰略，服務於安全戰略目標的實施。它的著重點主要是在經濟上對蘇聯陣營國家進行封鎖和打擊的同時，致力於穩定西方世界經濟，透過單邊、雙邊和多邊手段來加強西方各國的相互經濟聯繫，鞏固西方同盟。隨著世界經濟格局的變化、冷戰體系的瓦解，經濟因素在國際關係中的地位大大提升，美國對其全球戰略進行了調整。對外經濟戰略的優先目標也從安全轉向國內經濟本身的穩定和增長。美國仍然積極推動各國間經濟聯繫的加強，並將這種聯繫的範圍擴大到全球，但這已不再是為了建立一個同盟，而是希望建立一個以自己為中心的世界經濟秩序，真正享受到「和平紅利」的好處，在新的國際經濟環境下繼續「領導」世界。

一、冷戰期間的美國對外經濟戰略

　　冷戰時期的美國對外經濟戰略可以大致概括為：一方面，透過創建和維護以自由貿易和資本自由流動為基本原則的世界經濟體制，確保以美國為中心的西方世界經濟秩序的穩定；另一方面，對蘇聯陣營國家進行經濟封鎖和制裁，防止它們獲得西方的資本和先進技術。這一戰略的形成是以如下國際政治和經濟環境為背景的：

　　第一，美國經濟實力急劇膨脹。19 世紀 90 年代，美國的工業產值已超過英、德等歐洲大國而居世界首位。二戰期間美國相對於其他經濟大國的優勢地位得到大大加強。據美國著名經濟學家赫伯特·斯坦估算，美國的工業總產出在 1939～1944

年間增長了 77%，平均每年增長 12%。[1] 二戰結束初期，在整個資本主義世界中，美國的國民生產總值佔 65%，對外貿易額佔約 1/3，黃金儲備約佔 75%。儘管這一時期美國的這種地位帶有特殊性，並不持久，但它卻成了美國當時制定對外經濟戰略的物質基礎。這種絕對優勢地位為美國政府「領導」世界的雄心提供了物質基礎，也提供了自信。如 1945 年，羅斯福總統在要求國會批准延長 1934 年貿易協定法時就曾宣稱，「我們現在是個債權國了」，繁榮而強大，需要承擔「新責任」。[2]

第二，經濟孤立主義思潮的影響力大大下降。孤立主義思想在美國有深厚的基礎，其影響力一直非常強大。二戰前，在對外經濟領域它主要表現為貿易保護主義和以鄰為壑的國際金融政策。富蘭克林·羅斯福執政期間，美國開始與孤立主義決裂。這一方面是因為以斯穆特—霍利關稅法為代表的孤立主義政策所帶來的貿易戰、匯率戰對美國經濟和世界經濟都造成了巨大的危害。另一方面是因為羅斯福政府已經認識到，儘管美國比其他國家更能自給自足，但美國也能從世界經濟的健康發展中獲益。美國產品需要國外市場，美國經濟本身的發展也越來越需要有利的國際經濟環境。作為世界最大的經濟強國，美國應為建設一個國際貿易自由暢通的體系而承擔責任。1934 年，經過與國內貿易保護主義勢力的艱苦鬥爭，《互惠貿易協定法》得以通過。根據這一立法，美國總統有權削減關稅率，在

---

[1] 赫伯特·斯坦著，《總統經濟學——從羅斯福到雷根以及未來總統經濟政策的制定》，中國計劃出版社，1989 年版，第 54 頁。

[2] Robert A. Pastor, *Congress and The Politics of Foreign Economic Policy.* (University of California, Berkley. 1980), p.95.

雙邊協定中這種削減可達 50%，並要求其他國家做出對等讓步。以此為開端，美國開始走上倡導自由貿易的道路。隨著二戰的進行，美國在全世界的利益大大增加，支持經濟國際化的力量也大大加強。擺脫孤立主義、確立以美國為中心的世界體制成為美國政府的戰後世界構想的基本原則。這一原則的確立決定了其戰後對外經濟戰略的基本方向。

第三，冷戰的需要。以遏制戰略的提出為標誌，對外經濟政策成了美國安全政策的重要工具。對以蘇聯為首的社會主義陣營進行貿易、資本和先進技術方面的封鎖從此成為這一時期美國對外經濟戰略的基本組成部分。除此之外，冷戰還提出了另外兩方面的需要，一是維持美國經濟實力本身的強大，二是穩定和發展英國等盟國的經濟，並將德、義、日等前敵國的經濟納入以美國為中心的世界經濟體制。要實現這兩個目的，一方面要使美國本身的經濟不斷增長，另一方面又要對遭到戰亂破壞的西歐和日本等國的經濟輸血。要實現前者，需要世界其他國家對美國產品開放市場，要實現後者，美國市場的開放和資本的輸入也是必須的。而這兩個目標的實現，都要以理順戰前混亂的國際貿易和金融秩序、建立穩定的新體制為前提。冷戰局面的形成和擴大，加強了美國創建並確保在自己控制下的世界經濟體制的決心。

第四，西方各國政府普遍加強了對經濟的宏觀干預，凱因斯主義逐漸成為它們制定經濟戰略與政策的基本理論依據。二戰結束時，大多數西方資本主義國家經濟都陷入蕭條，政府面臨著使經濟從戰時向一般經濟轉軌並促進經濟增長的任務；此外，包括美國在內的西方各國都希望避免 20、30 年代完全自由放任式的資本主義經濟所造成的不穩定性。在這種情況下，各

國或多或少地接受了凱因斯提出的有關政府進行宏觀經濟干預的理論。政府承擔了促進經濟增長和充分就業的責任，各國都開始建設「混合經濟」和「福利國家」。這是自由放任傳統深厚的美國著手制定經濟戰略、構築世界經濟體制的理論依據和思想基礎。

在這樣的背景下，美國政府透過若干步驟逐步確立和完善了冷戰期間對外經濟戰略的具體框架。

首先，在 1944 年確立以美國為中心的國際金融和投資體系即所謂布雷頓森林體系。這是美國實施戰後對外經濟戰略的關鍵步驟之一。這一全新的國際金融體系建立了國際金融調節機構即國際貨幣基金組織，並確立了以美元為中心，美元與黃金掛鉤，其他成員國貨幣釘住美元的原則。這使美元「成為各國貨幣價值的標準，在很大程度上與金本位時代的英鎊一樣」。[3] 國際貨幣基金組織的有關協定中最重要的一條原則就是確定歧視性匯率和限制匯兌自由為非法，這是資本自由流通和國際貿易發展的重要條件。協定的另一條重要原則是穩定匯率，防止競相貶值。為此，它規定市場匯率波動幅度超過對美元比值的 1% 時，各國政府有義務進行干預，比值波動幅度超過 10% 必須得到基金組織的同意。美國則承擔各國政府或其中央銀行用美元向其兌換黃金的義務。為解決短期外匯平衡問題，協定規定建立一種常設的、官方的短期信貸基金，以幫助處於困難中的成員國政府彌補逆差。每一成員國都必須向該基金貢獻黃金和自

---

3 Glenn Porter ed., *Encyclopedia of American Economic History: Major Principles and Movements* (New York: Charles Scribner's Sons,1980), Vol.I, p.260.

己的貨幣，以此換取提款權。該基金的資本定為 88 億美元，美國認繳 31.75 億美元。按協定規定，理事會是該基金組織的最高權力機構，成員國在其中投票權的多少基本上取決於該國認繳基金份額的多少，因而美國一國就擁有全部表決權的 20%以上，實際上擁有最大的表決權及在重大問題上的否決權。這種安排使美國具有世界銀行家的身分，美元也隨之成為世界性貨幣。

其次，積極努力建立一個開放型、多邊型的世界貿易體系。1945 年秋，英美之間曾就兩國戰後的商務合作進行過非正式的談判，當時雙方都同意建立一個國際貿易組織以推進多邊原則並解決成員間的爭端。1946 年美國發表了《聯合國國際貿易組織憲章的建議》。儘管組建國際貿易組織的構想未能實現，但 1947 年，美國和其他 22 個國家在日內瓦國際貿易大會上簽定了《關稅和貿易總協定》。這個協定實際上成為新的世界貿易規則，確立了新的世界貿易體系。

這一協定包括一項貿易法規，還有一個佔當時西方世界貿易額一半以上、包含 4 萬 5 千多個專案的關稅減讓表。作為一個多邊條約，它一開始就明確指出，其目的是要「達成以切實削減關稅和其他貿易壁壘、消除國際商務中的歧視性待遇為目標的互惠互利的安排」。[4] 這一協定普遍適用於幾乎所有工、農業產品，明確規定對製造業產品不得在進口方面設置數量限制（但涉及國際收支平衡或發展中國家保護幼稚產業時例外），禁

---

[4] John H. Barton & Bart S. Fisher, *International Trade & Investment: Selected Documents.* (Boston: Little, Brown and Company), 1986, p.21.

止對製造業產品進行出口補貼，只在一定條件下允許對初級產品、主要是農產品實行進口限制或出口補貼。此外，它對締約各方互相給予普遍最惠國待遇、稅收和管制方面的國民待遇、商品的自由轉運、匯率安排、反傾銷稅和反補貼稅的徵收等等問題做出了具體規定。它重點突出了多邊主義的非歧視原則和減少貿易壁壘的原則，而這正是當時的美國對外經濟戰略所追求的目標。

這樣，透過關貿總協定和有關國際貨幣基金組織的協定，美國從制度框架上基本完成了其戰後對外經濟戰略的構建。

然而，要穩定以美國為中心的世界經濟秩序，僅有制度安排是不夠的，還需要有現實的實施環境。當時作為原主要發達地區的西歐經濟一片蕭條，難以真正推行貿易和資本自由流通的規定，無法憑自身實力大量進口美國產品。二戰結束初期，西歐各國幾乎都在實行管制一切國際經濟往來的制度。這種管制從外匯開始，禁止貨幣自由兌換，資本流動實際成為非法，進口也受到限制。美國非常擔心這種管制的長期化。何況，社會主義蘇聯及其實際控制下的東歐地區奉行的是另一套經濟模式。1949 年，在所謂兩個平行的世界市場論的指導下，蘇聯組建了經互會，形成了以自己為中心的獨立於西方世界之外的經濟體系。對美國來說，這是種異己力量且能構成實際的威脅：它很可能在西歐自由市場經濟相對軟弱的情況下，與西歐當時聲勢頗大的左翼和勞工運動力量一起，使本為自由資本主義大本營的西歐走上國家控制經濟的道路。這樣，美國的戰略將完全落空。此外，戰爭使西歐國家的國際收支狀況受到極大損害。戰前，歐洲對美國有逆差，但可以透過有形和無形貿易從亞洲等地獲得的順差來彌補。戰後，由於外國投資的減少、軍事開

支負擔沈重、外債大增，西歐的無形收益已大為減少，而對美國的逆差卻由於戰時美國轉向美洲其他國家獲取商品及從美國進口的增加而迅速擴大。這時的西歐各國已難以再靠與其他地區貿易的順差來彌補對美逆差了。於是它們開始將從美國的進口減至容易支付的程度，並試圖在雙邊的基礎上重建與其殖民地、前殖民地的貿易關係。如果形成這樣的局面，美國的對外經濟戰略同樣會遭到沈重打擊。為防止上述情況的加劇，保證其對外經濟戰略和整個安全戰略的成功實現，美國迅速出爐了歐洲復興計劃（馬歇爾計劃）。

1948 年至 1951 年間，根據馬歇爾計劃，美國向歐洲提供了價值 120 億美元的物質援助。[5] 這筆鉅額援助，幫助西歐各國獲得了進口美國商品的能力，並使西歐各國產業獲得了重建競爭力的機會。它還有力地促進了歐洲內部以及歐美之間多邊自由貿易的發展。

為了解決各國戰後資本匱乏的問題，美國政府還大力促進美國私人資本的對外直接投資。主要手段是稅收優惠，如投資課稅扣除、允許美跨國公司將子公司向外國中央政府繳納的所得稅和其他稅收從對美國的納稅義務中扣除，允許其所得在匯回本國之前不納稅，對在國內從事國際銷售的公司給予稅收優惠等等。另外，還實施了對外直接投資的保險和保障計劃，目的是減少對外直接投資可能遭遇的某些非商業性風險和所投資國貨幣喪失兌換能力的風險。這本身也是馬歇爾計劃的一個組成部分。

---

5 Glenn Porter, op. cit., p.261.

透過布雷頓森林體系、關貿總協定、馬歇爾計劃的建立和實施，美國的對外經濟戰略最終得以貫徹。到50年代後期，所有的主要歐洲貨幣都實現了自由交換，排他性的雙邊安排和數量限制大部分已消失。一個以美元為中心的多邊世界金融和貿易體系建立了起來。布雷頓森林體系和馬歇爾計劃突出體現了美國當時對外戰略的特點：單方面承擔穩定世界資本市場、對非敵國開放美國市場的義務，實際上是單方面為盟國提供穩定本國經濟的手段。

這樣一個體系是透過美國資本和市場發揮向西歐輸血的功能來建立的。它存在著內在的矛盾。要保證美元作為國際金融體系中心貨幣的地位，需要使美國出口保持持續順差；但要使各國具備進口美國產品的能力，又要大量輸出美元。在美國國際收支地位具有絕對優勢的40、50年代，這種體系可以繼續，但一旦其國際收支狀況惡化，調整就不可避免。60年代日、歐的復興以及歐洲經濟共同體的建立使原體制的國際環境發生重大變化，而美元危機則已顯示出該體系的脆弱。美元地位的衰落首先突出表現在1968年美國宣佈不再支持在自由市場上以35美元兌一盎司黃金的價格。隨後，1971年它關閉了官方黃金窗口。這樣，美元這種國際流通手段便不再與黃金掛鉤，浮動匯率制從而取代了固定匯率制，布雷頓森林體系就此瓦解。此後，美國國際收支狀況持續惡化。到80年代中後期，美國已從世界最大債權國變成最大淨債務國。但是，由於放棄布雷頓森林體系後不再有大規模拋售美元擠兌黃金的威脅，美國戰後所確立的自由匯兌、資本自由流通的原則得以維持下來。

美國國際貿易地位的變化也引發了對其貿易政策的質疑。尤其是80年代以來美國經常專案逆差急遽擴大，國內貿易保護

主義情緒日趨激烈。加之西歐復興、日本崛起，亞洲和拉美國家經濟的發展也對美國的戰後世界經濟安排造成了衝擊。美國在對外貿易立法及有關國際組織中的立場都有了調整。這種調整主要表現在從單方面強調自由貿易向自由和公平貿易並重立場的轉變。這種轉變是從 1974 年貿易法開始的，從這一點上說，它具有轉折性、奠基性的意義。它推行的是一種兩面性政策：一方面繼續推動貿易自由化，致力於消除非關稅貿易壁壘；一方面對某些經選擇的政治敏感性強的產品實行進口限制。這一轉變說明美國貿易政策開始在 1934 年以前的極端保護主義與 1945 年以後的「國際主義」之間尋找經濟和政治平衡。1988 年「綜合貿易和競爭力法」繼續了這一轉變，並把注意力更多地放在開拓國外市場方面，「公平貿易」的色彩也變得更加濃厚。

綜上所述，美國冷戰時期的對外經濟戰略的形成是漸進的，其具體政策思想和行動一直隨著美國國內經濟和世界經濟的變化而進行調整，而其核心原則具有較強連續性。從它形成和發展的過程來看，下列幾點值得注意：

第一，美國市場的開放和資本及商品的自由流動是美國對外經濟戰略的兩大基本原則，它們是冷戰期間美國將西方盟友維繫在它所認可的經濟軌道上的兩大關鍵性政策工具。由於美國把政治和安全考慮置於經濟考慮之上，加之當時它在經濟上具有絕對優勢地位，美國並未要求盟國給予對等的優惠。但是，它從一開始就意識到這是一種犧牲。自「1934 年貿易協定法」的積極倡導者科德爾‧赫爾以來，美國一直強調貿易的「互惠」。與其說美國追求的是「自由貿易」（free trade），不如說是「更自由的貿易」（freer trade）。這一點是始終一貫的。

其次，就其中貿易方面的內容而言，自由貿易政策固然是

美國政府追求的目標，但美國國內貿易保護主義壓力始終存在。不過，這種壓力並未使美國政府的貿易政策真正轉向保護主義。在戰後初期美國推行的貿易政策曾是單向性的市場開放主義，保護主義在其國際競爭地位相對下降時極力矯正這種單向的開放。

第三，儘管美國要確立的是一種適用於全世界的經濟體系，但其重心明顯偏向歐洲，主要對外經濟資源也用於歐洲。它最終建立的經濟體系是以美歐同盟為核心的，該體系的維持也主要依靠美歐合作。

二、冷戰後美國國際經濟環境的變化

實際上，世界經濟格局的變化在 70 年代即已初見端倪。當時，日本和西歐各國的經濟力量已經得到恢復，以亞洲「四小龍」為代表的新興工業化國家興起，隨著西歐共同市場的建立和發展，西歐經濟一體化進程不斷深入；而美國的國際收支狀況不斷惡化。同時，以資訊技術為中心的新技術革命以美國為源頭迅速發展，其影響不斷擴大，有力地推動了各國經濟乃至世界經濟的發展和變化。這些發展和變化推動了冷戰的結束，而冷戰的結束又大大加快了這些發展和變化的進程，加快了向世界經濟新秩序的過渡。

冷戰後的世界經濟新格局儘管尚未最終形成，但已表現出與以往的經濟格局不同的特點，主要是：

1.全球經濟一體化和新技術革命的發展加速，成為世界經濟格局變化的背景和基本推動因素

這主要表現在以下幾個方面：

第一、世界貿易不斷高速增長，貿易結構發生變化。世界貿易的增長速度在 80 年代後期超過了 70 年代，1985～1989 年，年平均增速達 6.9%。進入 90 年代，世界商品貿易量的增長率已連續 6 年超過世界生產總值的增長率。1995 年包括商品和服務的世界貿易總額已突破 6 萬億美元。90 年代前 5 年，世界貿易總額年平均增長率達 7%左右。[6] 作為經濟全球化的傳統表現形式，世界貿易不僅總量增長，結構也發生了變化。產業內部貿易主要是各製造行業內部的貿易增長迅速，其總量已佔世界全部製成品貿易的約 2/3。這是生產要素流動逐步取代商品成品流動的情況下，國際間的分工和協作進一步細化，並在一定程度上轉變為產業及至企業內部的分工與協作的結果。

第二、跨國公司不斷發展，國際直接投資出現不斷增長的趨勢。據聯合國貿發會議秘書處統計，80 年代以來，世界對外直接投資一直保持增長情勢，而且增速超過了國際貿易。1982～1988 年，國際直接投資額增幅為 505.8%，國際貿易額增幅為 55.5%；發達國家的對外直接投資額佔其商品和勞務出口總額的比重，從 1981～1984 年的 2.3%增加到 1988～1989 年的 5.3%。進入 90 年代，其增長繼續加快。1990 年，世界對外直接投資流量達 2,320 億美元，此後兩年受世界經濟周期影響有所回落。

---

6 國際貨幣基金組織，1996 年《世界經濟展望》，轉引自《國際經貿消息》，1996 年 12 月 13 日頭版。

1993 年起重又上升，到年底世界對外直接投資累計總額已達 2.1 萬億美元左右。

國際直接投資被認為是推動全球經濟一體化的主要力量之一，而跨國公司則是進行這類投資最重要的力量。80 年代末以來，它一直保持著增長的情勢。1991 年，跨國公司國外分支機構的銷售額超過了 44.8 億美元，是 80 年代初期銷售額的兩倍。1994 年，跨國公司總產值已佔世界 GDP 總值的 25%，其銷售額達 5.2 萬億美元，超過了當年世界貿易額。[7] 隨著投資和生產全球化的發展，跨國公司母公司和子公司間的貿易不斷發展。以美國為例，從 1982～1994 年，美國跨國公司母公司和子公司之間的商品出口貿易額從 471.26 億美元增至 1,343.11 億美元，在美國總出口額中所佔比重從 33.3%增至 36.3%；進口額從 392.88 億美元增至 1,194.38 億美元，在總額中所佔比重從 37.4%增至 42.7%。[8] 跨國公司和國際直接投資的不斷發展，意味著國際分工的進一步深化和面向全球市場的全球生產的繼續拓展。

第三，金融市場全球化程度加深，各國國內市場進一步成為全球市場的一部分。金融市場的全球化首先表現為金融交易的全球化。資訊技術的發展和應用，各國金融管制的放鬆，使世界金融市場越來越緊密地聯繫在一起，大批資金可在任何時間以「光的速度」轉移到世界各地。全球外匯交易額與世界貿

---

[7] 聯合國貿易與發展會議跨國公司與投資公司編，《95'世界投資報告——跨國公司與競爭能力》，對外經濟貿易大學出版社，1996 年版，第 43～80 頁。

[8] Bureau of Economic Analysis, U. S. Department of Commerce, *Survey of Current Business*. February 1997. p.25.

易額比率已由 10：1 上升到 60：1。國際清算銀行的報告顯示，1995 年，全球外匯交易（包括外匯租賃、遠期外匯、外匯調期合約等）平均每天成交額已達 1.23 萬億美元，而 1989 年時僅為 0.59 萬億美元。[9] 此外，越來越多的金融機構進行跨國經營，除了設立分支機構，跨國銀行合併和兼併也不斷增多。由於跨境資本流動的規模不斷擴大、速度也大大加快，各國國內金融市場利率、股票和債券價值等都更易受到國際市場相應價格變化的影響，更多地成為國際市場的組成部分。各國的貿易、生產和投資、就業等越來越直接地受到國際金融環境的影響和制約。其突出表現是國際信貸資金在世界貿易、生產和投資三大領域中所佔的比重大幅度上升，尤其在貿易和投資領域，已佔舉足輕重的地位。1994 年底，墨西哥金融危機從反面表明了目前全球金融市場的發展程度。

以資訊技術為中心的新技術革命歷經十幾年的發展，到冷戰結束時，其影響已擴展到世界各國。在一些發達國家，以丹尼爾‧貝爾為代表的西方未來學家所預測的「後工業社會」的某些特徵已成為事實。新技術革命帶來了各國產業結構的變化，使資訊技術產業和其他高技術產業及相關產業成為發達國家中的主導產業，並使相關產品、技術成為國際貿易中越來越重要的組成部分。由於資訊技術迅速應用於經濟和社會生活的各個方面，它的發展程度已成為衡量各國經濟和科技競爭能力的基本指標之一。

---

9 轉引自《1995~1996 年世界經濟形勢分析與預測》，中國社會科學出版社，1996 年版，第 13 頁。

新技術革命的發展與全球經濟一體化有著密切聯繫。新技術革命所導致的生產率的提高、產業結構的變化和新的資訊交換和處理手段，不僅促進了國際貿易的擴大，而且促使國際分工進一步加深，從而推動了生產國際化的發展，並為全球化的金融市場準備了技術基礎。而向全球擴展的經濟一體化則大大加快了人們知識和資訊的交換速度，促進了新興技術的進一步發展。這兩種相互促進的趨勢對世界經濟產生了重要影響，構成了世界經濟格局變化的背景和基本推動因素。

2.世界經濟區域集團化的趨向和三大經濟區域集團的發展

蘇聯和東歐的劇變使美國不再有強大的軍事和政治對手，但在經濟領域，情況卻並非如此。日、德經濟實力和技術實力在冷戰期間的迅速恢復和加強，以及美國經濟實力地位的相對下降，使美國單獨支配下的世界經濟體系成為了歷史。冷戰期間多邊國際體系的瓦解、各國發展經濟、加強投資和貿易聯繫以及對付越來越激烈的國際競爭等因素，都是世界經濟的區域集團化趨勢在冷戰後迅速加強的原因。世界三大區域的經濟集團都是在 80 年代取得突破性進展的。

歐洲聯盟是起步最早、目前的發展最深入的大區域經濟集團。80 年代下半期，歐洲經濟一體化獲得突破。1985 年制定並於 1987 年生效的「單一歐洲文件」，明確提出了 1992 年年底以前建立商品、人員、勞務和資本均可自由流動的統一歐洲大市場的目標。1990 年，歐洲經濟共同體與歐洲自由貿易聯盟開始就共同建立統一的歐洲經濟區的問題進行談判。《馬斯特里赫特條約》的簽署和生效使歐洲經濟一體化邁出了決定性步伐。為實現經濟與貨幣聯盟，由「馬約」而誕生的歐盟已決定於 1999

年 1 月 1 日啟動統一貨幣「歐元」。同時，歐盟的範圍也在不斷擴展，東歐國家對加入這一經濟區也表現出興趣。如果東歐各國加入，歐盟經濟區的力量將得到進一步加強。

北美自由貿易區的建立與冷戰後美國對外經濟戰略的調整有密切的關係。它形成的第一步是 1989 年 1 月 1 日起實行的《美加雙邊自由貿易協定》。緊接著美國又提出了建立美洲大經濟圈的構想。1990 年 6 月，布希總統正式提出了美洲經濟合作計劃。隨著墨西哥的加入，北美自由貿易區首先於 1994 年 1 月 1 日開始運轉。在美國的推動下，北美、中美、南美的 34 個國家已決定在 2005 年建立一個北起阿拉斯加，南到火地島的「美洲自由貿易區」。1995 年，34 國通過了行動綱領，1996 年，在美洲各國部長會議上，有 7 個專家組對各國現行法律和制度審查的情況做了通報，為美洲自由貿易區的建立做好了前期準備。這個以美國為中心的自由貿易區計劃對整個世界範圍內經濟區域集團化的發展必然會是一個新的推動。

冷戰後亞洲經濟主要是東亞地區經濟持續高速增長，亞太經濟合作組織正是在這一背景下建立起來的。就成員所屬地域範圍來看，它橫跨亞、美、大洋洲三大洲，是三大區域經濟集團中最大的一個，目前也是最鬆散的一個。它的突破性進展是在美國的推動下取得的。1993 年，美國在西雅圖會議上提出了建立「新太平洋共同體」的想法，當時這雖未得到多數國家的支持，但亞太經合組織卻逐漸走上了機制化的道路。1994 年《茂物宣言》的發表，確立了在亞太地區為實現貿易和投資自由化而擴大經濟合作的目標。1996 年 11 月，在菲律賓舉行的第八屆部長會議和第四屆領導人非正式會議通過了實施貿易和投資自由化的《馬尼拉行動計劃》、有關經濟投資合作的《亞太經合組

織經濟技術合作原則宣言框架》以及《亞太經合組織經濟領導人宣言：從憧憬到行動》，這標誌著這一區域經濟集團的發展邁上了新的臺階。

冷戰結束後，其他原有的或新建的大小區域經濟集團都得到了發展。東盟自由貿易區、西非國家經濟共同體、安第斯條約成員國、南錐體共同市場、中歐自由貿易協定等等不同層次、多樣化的區域經濟集團不斷擴展。與過去只有少數幾個關稅同盟和自由貿易區的情況大不相同，冷戰後區域貿易和經濟合作集團的發展已成為一種世界性趨勢。

世界經濟發展及其格局的變化對美國的國際經濟環境產生了重大影響，主要表現在下面幾個方面：

第一，在新技術革命和全球經濟一體化不斷深入發展的情況下，作為新技術革命的策源地，美國在國際經濟競爭中的地位大大加強。這種加強主要體現在兩個方面。

其一是新技術革命和經濟全球化使科學技術實力成為國家競爭能力中最重要的指標之一。二戰以來美國一直保持著世界上首屈一指的科學和技術大國的地位。雄厚的資本、活躍的創業精神、廣闊的科研市場、強大的科研隊伍、深厚的科學研究基礎以及對全世界優秀科技人才的強大吸引力，一直是其科技領先地位的有力保證。冷戰後，美國繼續加強在科學技術研究方面的投入，研究開發的投資一直保持世界領先地位。1993 年，以不變價格計算，美國的研究開發投資約為 1,610 億美元，佔GDP 的比例約為 2.6%，總額世界第一，比日本、德國和法國的總和還多 10%。美國的科學技術水準也繼續處於世界前列。1995年 3 月，白宮科學技術政策辦公室發表國家關鍵技術報告，認為美國在 27 個關鍵技術領域都處於領先地位。其中資訊與通信

技術大大領先，生物、醫學、農業、環保技術等都佔有優勢，只有製造業和能源技術與其他國家持平。與日本相比，美國在 10 個領域處於領先地位，在 11 個領域暫時領先，6 個領域持平。與歐洲各國相比，美國在 1 個領域領先，18 個領域暫時領先，7 個領域持平。[10] 美國一直保持著世界最大的技術出口國的地位，遠勝於日、歐各國。

其二是由於新技術革命在美國開展得早，在其自由市場體制中的傳播迅速，美國率先進行了經濟結構的調整。不少人認為，經過戰後第 9 次經濟衰退，美國已基本完成了調整，美國經濟生活各方面都發生了深刻的變革，這使它在經濟過渡中走在了最前面。由於其主要競爭對手的經濟調整相對滯後，美國已擴大了它的領先優勢。近年來美國經濟的表現似乎為這種觀點提供了佐證，如其非農業勞動生產率每年提高 2.2%，遠高於 80 年代 1%左右的水準。據美國國際資料公司的統計，到 1995 年，美國每 100 名雇員就擁有 63 台個人電腦，而日本每百人只有 17 台。據該公司的首席經濟學家納利曼・皮拉維什估算，美國製造商的生產效益比德國或日本高 10%～20%，服務部門的生產效益要高 30%～50%。[11]

第二、全球經濟一體化和地區集團化並存、多邊貿易體系與區域性集團貿易體系並存的局面形成，使對外貿易和投資在美國經濟中的地位不斷加強。1970 年，貨物和服務的進出口及美國海外投資的收益只佔美國國內生產總值的 13%左右，而到

---

10 轉引自國務院發展研究中心國際技術經濟研究所，《1995 年國際科技發展報告》，第 2 頁。
11 《商業周刊》中文版，1996 年第 4 期，第 26 頁。

1995 年，進出口及海外收益所佔的比重已達 30%。這一變化，總體而言有利於美國國際競爭地位的提高。地接兩洋的地理優勢，遍及全球的政治、軍事、經濟、文化影響，美元作為主要國際儲備及結算貨幣的地位，為美國比其他國家更便利地利用全球經濟一體化提供了機遇。它比較容易滲透和影響世界各類區域經濟集團。就前述最大的三個而言，美國與歐盟等傳統盟友在政治、經濟、文化軍事等各方面的淵源極深，施加影響並不困難；在另兩個集團中它都是主要參與國，基本上處於領導地位。何況，美國仍是世界最大的單一貿易實體，喪失美國市場的代價是巨大的，各國因為參加了某個區域經濟集團而將美國排斥在外的可能性很小，它們彼此之間競爭的加劇還有使其加強與美國聯繫的可能。

在全球經濟一體化、資訊化的條件下，各個國家都不可能將自己的經濟活動封閉在集團內，各國經濟都需要向外擴展。作為世界最大的單一開放經濟實體和資訊革命的先行者，美國已在世界商品、勞務、資金、技術等市場上形成優勢並在冷戰後進一步擴大了優勢。美國固然受到了新、舊競爭對手的壓力，但世界各國感受到的美國競爭壓力同樣在加強。從這個角度來看，美國的競爭地位還將繼續加強。

第三，但是，新技術革命和經濟全球化也給美國帶來了挑戰。從科學技術方面的競爭來看，日本和歐洲都在積極推動本身科學技術的發展，並取得了相當大的成就。冷戰期間的日本、歐洲透過國家政策扶植及大量引進、吸收美國技術取得迅速的技術進步，對美國的科技領先地位形成挑戰。80 年代以來，日本和歐盟各國政府一直採取大力促進科技發展的政策。如日本在 1984 年提出《振興科學技術政策大綱》，以美國為主要競爭

目標，提出要在電子資訊與軟體技術、生命科學與生物技術、空間科學技術、能源技術等所謂有關鍵意義的領域迎頭趕上。同年，歐共體開始連續實施每期五年的「科技發展和研究框架計劃」，重點推進應用基礎性研究。到 80 年代後期，日、歐在許多領域與美國的差距已經縮小，在某些技術領域已領先於美國。1994 年，日本提出以「科技創新立國」取代 80 年代的「技術立國」，力圖改變基礎研究落後的狀況。雖然目前日、歐的基礎研究力量均不如美國，在關鍵性的資訊科學技術領域也與美國有較大差距，在短期內它們都不可能真正威脅美國的領先地位，但正如白宮科學技術報告所指出的，美國在許多技術領域只是暫時領先，與日、歐的差距並不顯著。即使在目前日、歐與美國差距較大的資訊和通訊技術領域，美國的優勢也並非不可動搖。

全球經濟一體化和區域經濟集團的發展也對美國產生了一些負面影響。如數量和實力都居世界前列的美國跨國公司進行全球生產、全球銷售，對美國的國內就業和國際收支平衡都形成了一定的衝擊。此外，從形式上看，區域經濟集團的存在與關貿總協定和替代它的世界貿易組織的原則並不相悖。它們對非成員國徵收的關稅、實施的貿易規章，將大體上不高於或不嚴於未建立經濟集團時的水準。但由於集團內部進行程度不等的自由貿易，集團外國家不能享受這種優惠，實際上仍對非成員國構成了一定意義上的壁壘。貿易集團對內實施自由貿易，對外統一壁壘的傾向本身至少在短期內妨害了自由貿易。這有可能構成對美國利益的損害。歐洲貨幣體系及統一貨幣將於1999 年實現，此後，在歐盟國家的相互結算中，「歐元」將佔據主導地位，在與非成員國的結算中，「歐元」的比重也會逐漸上

升。此外，日元的地位也可能由於經濟區域集團化而繼續上升。
這些都可能削弱美國的國際經濟優勢。

　　總之，冷戰後國際經濟環境的變化，標誌著世界經濟進入
了一個新的時代，這對美國提出了挑戰，更提供了機遇。複雜
的國際經濟環境，直接影響了美國冷戰後的經濟戰略選擇。

三、對外經濟戰略的調整

　　在冷戰後關於美國對外政策的辯論中，對外經濟政策始終
是爭論的焦點之一。面對複雜的、不斷變化著的世界經濟圖景
和不斷遇到新的國際競爭挑戰，美國傳統的對外經濟政策，即
單方面的自由貿易和投資及多邊主義的原則受到了質疑，政
界、學術界中呼籲進行戰略性調整的聲音不斷加強。但在具體
問題上，代表各種利益和思想派別的人往往發出不同的聲音，
派別的組合也往往因具體問題的不同而分化重組。大致而言，
在美國的總體對外經濟戰略問題上有較固定看法的人可以劃分
為三類：比較利益論的支持者、新孤立主義者和「戰略貿易政
策」的支持者。

　　眾所周知，以自由放任為主要特徵的傳統自由經濟思想在
美國政界、學界和企業界一直佔據著主導地位。而這種思想在
國際貿易領域的主要理論，就是比較利益論。該理論認為，在
自由貿易、自由競爭的條件下，每個國家都會根據自己的比較
利益，在產業發展上揚長避短。產業和企業的發展應當由自由

市場力量去決定,因為「工業興衰是經濟演化的自然結果」。[12] 而政府的作用,是保持全面的經濟秩序「井井有條」。持這一理論的人們認為,美國的鉅額外貿逆差是一些暫時性的原因造成的,比如美元定值過高。布魯金斯學會的經濟學家羅伯特‧勞倫斯在《美國能夠競爭嗎?》一書中提出:「美國製造商只要在改變匯率的幫助下,就能夠在一種存在發展中國家和日本的新的競爭和歐洲不斷加強政府干預和保護的環境中,進行卓有成效的競爭。」[13] 因此,美國並未面臨長遠的或真正的國際競爭能力下降的問題。美國必須繼續在世界經濟中保持領導地位,美國也有能力保持這種地位。儘管美國與日本及歐洲強國的技術差距有所縮小,但日本等國追趕到一定程度以後,其增長速度會自然緩慢下來。美國的產品是有競爭力的,但外國政府的不公平貿易行為和地區經濟集團化的發展阻礙了美國進行競爭。只要聯邦政府制止外國的不公平貿易行為,就為美國產品打開了市場,美國就會獲得全球化時代帶來的好處。換句話說,美國需要的只是「更平整的遊戲場」。

在他們看來,世界分割成許多地區性經濟集團就可能損害「遊戲場」的「平整」。比如對歐洲經濟一體化,「美國許多觀察家擔心這樣一種風險,歐洲人除了執行他們所宣佈的在共同體內部消除現有貿易壁壘的法令文件,還會設置新的壁壘,以保護成員國的工業免受外國譬如美國的競爭。築起這麼一個『歐

---

[12] 中國世界觀察研究所譯,《美國製造業的衰退及對策:奪回生產優勢》,軍事科學出版社,1991 年版,第 2 頁。

[13] 轉引自黃素庵,《美國經濟實力的衰落:技術‧競爭‧霸權》,世界知識出版社,1990 年版,第 20 頁。

洲堡壘』可能會關閉美國最重要的海外市場，並有全部毀壞從
40 年代以來辛辛苦苦建立起的國際貿易自由化運動的危險」，而
「日本可能把東亞老虎領入另一個區域性集團」。[14] 美國只有參
與，才能防止各大、小區域經濟集團將美國排除在外，維持全
球多邊自由貿易體系，從而繼續在世界經濟中佔據領導地位。
這種思想在美國政界、學界和企業界仍然具有最廣泛的影響
力，佔據著主導地位。

　　孤立主義在美國有深厚的基礎和傳統。每當遇到新的外界
挑戰時，這種思潮都會自然而然地得到相當一部分人的擁護，
尤其是那些既得利益受到損害的人。這在美國歷史上已是屢見
不鮮。目前美國對外經濟戰略領域的所謂「新孤立主義」思潮，
指的是在經濟全球化背景下興起的，反對美國繼續在世界經濟
體系中發揮領導作用，反對美國參加地區和全球多邊貿易及金
融安排，主張貿易保護主義等的一股思潮。在 1992 年和 1996
年兩次大選中都曾十分活躍的共和黨極端保守派政客帕特里
克‧布坎南是這種主張的主要代言人之一。由於布坎南是在經
濟全球化的浪潮衝擊美國社會之後崛起的，有的學者因而視之
為「全球化之子」。

　　當然，貿易保護主義者並不一定都是孤立主義者，但在新
的全球經濟條件下，這兩者之間常常存在著密切的聯繫。全球
化、資訊化造成的激烈的國際競爭和劇烈的經濟調整使相當一
部分缺乏競爭力的美國企業和美國人的切身利益受損，使之成

---

14 中國現代國際關係研究所選編，《冷戰後的美國與世界》，時事出版社，
　1991 年版，第 32～34 頁。

為這種思潮的主要社會基礎。這類人並沒有系統的理論主張，其構成也不穩定。一般情況下，它的主要支持力量是高度依賴國內市場的中小企業和與受到國際競爭威脅的各類企業相關的勞工組織。儘管這種思潮在某些時候有不小的影響，常常給美國決策者帶來困擾，但是，美國畢竟是經濟全球化和資訊化的先行者，全球化時代的美國不可能割斷與世界經濟的聯繫。在大多數美國人眼裏，「全球化通常像天氣一樣被視為自然的力量，即生活中只能忍受而不能加以控制的經濟現實」。[15] 因此，新孤立主義式的對外經濟政策主張並不能成為美國政策的主流。

　　真正對主流理論構成挑戰的是「戰略貿易政策」思想。這種理論在 80 年代初就已出現，流行於以普林斯頓大學、哈佛大學、麻省理工學院等科研機構的學者為代表的一部分美國經濟學家中。其觀點主要是：新技術革命以來世界進入了全球化、高技術時代，高技術產業的特點：一是規模報酬遞增，二是壟斷競爭的市場結構。這樣，國際競爭的特點將發生變化。一國倘若搶先佔據某個高技術產業領域，不但能獲得極大的利潤，還可居於壟斷地位而對他國的進入設置障礙。他們認為，「市場經濟無法自我培育一國最重要的一些產業」。因此，政府要從戰略的高度重視技術的發展，並對技術產業的發展和貿易進行干預。有相當一部分美國人認為，其他國家由於有內在一致的貿易和產業計劃，政府透過管理國際貿易而積極發揮作用，因而

15　中國世界觀察研究所譯，《美國製造業的衰退及對策：奪回生產優勢》，第 153 頁。

創造出了人為的競爭優勢。這方面的一個典型例證就是日本政府積極參與，促使汽車、電子儀器和電腦等產業發展的成功。

這種理論儘管已出現多年，但一直處於非主流地位。冷戰後美國面對新形勢選擇新戰略的需要使它受到了重視。1989年，由麻省理工學院學者合作撰寫的《美國製造業的衰退及對策：奪回生產優勢》一書出版，旋即成為美國1990年管理科學十大暢銷書之一。這本著作，實際上就是運用「戰略貿易」理論來分析美國製造業的問題。它認為，美國製造業在國際競爭中日益失去優勢的重要原因，就在於戰略過時，在高技術產業的研究與開發方面存在弱點，企業之間、政府與企業之間缺乏合作等等。它開出的藥方之一，就是聯邦政府不僅應支持科學研究，還應採取一些具體政策鼓勵產品的開發，並幫助清除在技術革新道路上的所有障礙。它還提出「政府應該鼓勵建立國家資訊基礎設施」從而「為美國建立一種重要的競爭優勢」的具體建議。

在引起社會反響的同時，這本書也吸引了美國部分政界人物的注意。1992年底，民主黨智囊機構「進步政策研究所」出版《柯林頓變革方略》。作為「企業經濟學」戰略的核心，這本書在對外經濟戰略方面提出的主要建議之一，就是政府要採取步驟，「提高貿易和競爭力問題的地位」。具體來說，就是「新總統應當……承擔起打開外國市場和擴大世界貿易的戰略義務」。「政府本應當既有能力又有準備，與受影響的工業部門一起，包括與生產者和消費者一起，儘早提出一項有關競爭力的全面計劃，把促進工業生產率的刺激措施和在適當的地方採取

積極地、打開市場的措施結合起來，而不是靜觀，或者在一個工業已經衰落之後再依靠保護措施」。[16] 它與《美國製造業的衰退及對策》一書一樣，反映出了戰略貿易政策者持有的一種認識，即美國一直缺乏一項加強對外競爭地位的長遠戰略。

　　需要指出的是，戰略貿易政策者並不支持貿易保護主義，其理論是建立在美國積極參加國際競爭、促進自由貿易和投資的基礎上的。《美國製造業和衰退及對策》明確提出，要「發展具有國際意識的政策」，並且說，「所有證據告訴我們，從長遠講，一個像美國這麼大的國家不能靠廣泛的保護主義來自給自足」。[17]《柯林頓變革方略》也認為，「在 90 年代，我們與其他國家的經濟關係將大大影響美國的生產率。在由全球性公司之間不按傳統方式競爭和各國存在一系列妨礙公開貿易的障礙所形成的世界市場上，放任主義和保護主義都將不起作用」。[18] 在自由貿易、進行全球競爭、美國繼續在全球經濟體系中發揮領導作用等問題上，他們與主張自由放任的正統比較利益論者並沒有本質區別，他們的區別在於對政府作用的看法。

　　布希政府在對外經濟戰略領域進行的調整以比較利益論為理論依託，認為政府不應過多干預，當然更不能為改善本國產業的競爭力而制定某種產業政策。這一點在其對科學研究和高技術產業的政策上得到了明確的反映。儘管布希政府意識到世

---

16 威爾‧馬歇爾、馬丁‧施拉姆主編，《柯林頓變革方略》，新華出版社，1993 年，第 127～155 頁。

17 中國世界觀察所譯，《美國製造業的衰退及對策：奪回生產優勢》，第 142 頁。

18 馬歇爾、施拉姆主編，《柯林頓變革方略》，第 39 頁。

界上有不少國家執行了對高技術的研究和產業發展進行政府支持的政策，但它堅持認為，這種支持從經濟上來說不可能是高效的，而且有礙自由競爭。因此，布希政府採取的對策是尋求透過談判來減少這類支援。[19] 不過，與雷根執政時期相比，布希政府在調整對外經濟戰略方面還是邁出了新的步伐。1989 年 5 月，它向國會提交了《國家貿易政策綱要》。其中，除繼續高舉「自由和公平貿易」的大旗而外，還首次提出了 90 年代美國對外貿易的五大戰略重點：(1)早日完成關貿總協定烏拉圭回合多邊貿易談判，建立一個更加開放和自由的國際貿易體系；(2)積極推動北美經濟一體化進程，建成北美自由貿易區；(3)與日本進行結構性談判，促使日本市場進一步向美國開放，減少並最終消除鉅額對日貿易逆差；(4)確保歐共體經濟一體化後不在周邊設置貿易壁壘，使歐洲市場保持開放性，以便美國產品也能自由進入歐洲統一市場；(5)擴大和加強與亞太地區的貿易關係，妥善處理日益嚴重的美、亞貿易衝突，糾正貿易不平衡狀況。[20] 這一綱要構成了布希政府對外經濟戰略的基本框架。與雷根時期不同的是，它大大提高了對世界經濟格局變化尤其是地區經濟集團化的重視程度，並為此採取了相應措施。這主要表現在美國對組建地區經濟集團的戰略調整上。布希政府一改過去美國政府不支持組建地區經濟集團的政策，不僅支持而且參與組建地區經濟集團。它先後提出了建立北美自由貿易區的

---

19 *Economic Report of the President: 1993*, United States Government Printing Office, Washington, 1993. p.324.
20 轉引自張健，〈90 年代美國貿易政策趨勢〉，《美國研究》，1993 年第 3 期，第 37 頁。

倡議、「美洲事業倡議」和「太平洋經濟盆地經濟合作體倡議」。

北美自由貿易區協定的內容既包括貿易方面的關稅減讓也包括投資方面的增加自由度。1990年9月，布希向國會提出正式與加、墨開展進一步的自由貿易談判的要求。1991年初，三國領導人表示將就組建北美自由貿易區的問題開展談判。在此期間，1990年6月，布希在國會發表講話，又提出了「美洲事業倡議」，即與拉美國家建立「一種新的經濟夥伴關係」，消除該地區的貿易和投資自由化的障礙，創造有利的貿易和金融環境，最終實現從阿拉斯加到火地島的「泛美自由貿易區」。此外，1989年，美國參加了亞太經濟合作組織第一次部長級會議，並提出了「太平洋盆地經濟合作體」的構想。這些調整使布希時期的美國對外經濟戰略呈現出了與雷根時期不同的特點。

就美國對外經濟戰略的發展趨向而言，布希時期的調整有幾點值得注意：第一，這種調整不是短期性的貿易政策調整，而是具有長期意義和方向意義的經濟戰略調整。之所以這麼說，是因為它在對該經濟集團的態度和策略上有了很大改變。以美國為中心，發起和參與地區經濟集團的組建和運作成為它防止地區經濟集團化趨勢對美國利益的損害的重要手段。第二，在推動地區經濟集團發展時並不侷限於特定的某一個地域，合作目標以推進貿易和投資自由化為主。從布希的幾個自由貿易區倡議的時間、內容可以清楚地看出這一點。第三，戰略基點立足於美洲，主要是北美。美加之間經濟聯繫向來緊密，是互為重要的經濟合作夥伴，關係穩固，制度近似。墨西哥經濟與美國經濟之間存在較強的互補性。三國地域相接，易於形成統一市場。以北美為中心向外輻射，有利於美國向世界其他集團及市場滲透。第四，調整仍是在傳統的自由放任思想指導

下進行的。布希政府相信自由市場力量的作用，主張減少政府干預（也要求外國政府這樣做），並不主動為美國企業開拓市場。包括參與和推動地區經濟集團化的努力在內，它所追求的是為企業創造良好的自由競爭環境。政府所扮演的基本角色仍是「守夜人」。

柯林頓政府上臺後，繼續進行美國對外經濟戰略的調整。與布希政府相比，柯林頓政府的調整明顯地受到戰略貿易論的影響，其最大特點是政府進行積極的、多方面的干預。柯林頓政府把經濟放在了美國對外戰略最顯著的位置，柯林頓本人、政府中的一些主要官員都曾先後多次強調，「經濟安全」是美國外交最重要的支柱之一，而「經濟安全」的首要因素，就是「保證讓美國企業進入不斷擴大的全球市場」。[21] 在這一基本原則的指導下，柯林頓政府主要圍繞兩個基點進行了對外經濟戰略的調整：一是提高美國的國際競爭力；二是確保美國在冷戰後全球經濟體系中的主導地位，這其中既包括以雙邊、地區和多邊手段擴展海外市場，也包括力圖使美國在新的各種世界經濟組織中佔據主導地位。具體措施是：

第一，改善美國宏觀經濟狀況，並由政府出面扶植高技術及其產業的發展，從而加強美國國際競爭力的基礎。

造成美國國際收支地位相對惡化的根本原因在於美國的宏觀經濟狀況。1993 年 2 月，柯林頓在美利堅大學發表有關對外經濟政策的演講，在演講中他將「理順自身的經濟」作為實施

---

21 〈克里斯托夫在參院外委會提名聽證會上談對外政策〉，馬歇爾、施拉姆主編，《柯林頓變革方略》，第 451 頁。

對外經濟戰略的首要步驟，表明他已認識到這一點。與雷根、布希時期完全歸咎於外國市場不開放或美元匯率定值過高相比，這是一大進步。柯林頓為此而提出的「國家經濟戰略」主要致力於削減財政赤字、增加投資和儲蓄、提高企業的勞動生產率等。

促進高技術自身及產業的發展，也是柯林頓對外經濟戰略中的重要內容。在這方面，柯林頓的積極干預態度表現得較為明顯。它採取了一系列有利於教育和技術開發的政策措施，並改變了與國防有關的投資在聯邦政府研究與開發預算中所佔比例過大的狀況，使促進產業經濟發展、提高產業競爭力成為政策優先目標。具體措施包括：(1)加強政府對產業經濟領域研究和開發的宏觀干預和調控。創設與國家安全委員會、國家經濟委員會並列的全國科技委員會，同時還設立總統科技顧問委員會，以把研究和開發問題提高到與國家安全及經濟事務同等的地位，使國家對研究和開發的促進和指導得到機構上的保證。提出「資訊高速公路」計劃作為國家支持的產業優先發展專案。使全國科學基金會發揮協調各州、工業企業、大學研究團體和研究中心的研究計劃的作用。並在致力於削減財政赤字的困難情況下繼續增加有關經費。(2)採取多種措施鼓勵企業進行研究與開發。政府延長了研究與開發的稅額減免時間，並減少資本收益稅以促進對研究和開發的投資，1993 年制定了一項有利於投資新創業的高技術公司的法律。政府還設立各種技術開發組織，鼓勵開發應用技術。此外，政府加大了對知識產權的保護力度，以使企業從科技研究和開發活動中獲得利益，鼓勵它們在這方面的積極性。同時，改變以往的體制，透過鼓勵企業合作進行研究與開發、或政府與企業合作的方式來那些推動對整

個產業的發展大有裨益但由單個企業來進行則動力不足的研究。為此，政府減少了反托拉斯法方面的有關障礙，以便於聯合開展研究。有關法案不僅允許公司在共同研究與開發方面合作，還允許成立合作生產企業以便利用合作研究成果。(3)調整聯邦研究與開發預算，平衡軍事與民用目標的地位。與軍事有關的研究在聯邦研究與開發預算中一直佔著最大的份額，1987年它曾佔總額的 69%。美國政府的目標是到 1998 年使這一比例恢復到 50%。它提出了「技術重新投資計劃」（TRP），鼓勵國防部與有關民間企業進行研究與開發方面的合作，尤其是「雙重用途」技術方面的合作。政府對為軍事技術尋找民用途徑的公司給予資助。

第二，推動西方主要工業國協調經濟政策，力求建立全球化時代穩定的國際金融體系，以促進各國經濟和貿易的增長。

柯林頓及其政府要員多次指出，當代經濟已經全球化，世界各國經濟相互依存。這已成為一種基本認識。柯林頓說，「當我們從工業化時代邁向資訊時代、從冷戰世界進入地球村的時候」，各國已經處在「國內政策和對外政策的界線日益模糊的世界上」。[22] 因此，美國政府大力促進各經濟大國宏觀經濟政策與財政金融政策的協調。1993 年，西方主要工業國達成一項經濟協調戰略，主要內容是：在美國和加拿大，透過大力削減財政赤字來增加儲蓄和投資；在歐洲，採取措施刺激私營部門的需求和制止失業率上升，特別是透過中期財政調整和開支控制促

---

22 1995 年 10 月 6 日柯林頓在「自由之家」就對外政策發表的演說。轉引自《參考資料》，1995 年 10 月 10 日第 11 頁。

使利率進一步下降；在日本，採取措施刺激國內需求以加快經濟增長、減少其鉅額外貿順差。[23] 各經濟大國宏觀經濟政策的協調有利於美國所追求的穩定的國際金融體系的形成。

全球化、資訊化導致全球金融體系快速擴展，在帶來更高效率的同時也帶來了巨大的不穩定，這對美元的國際地位和美國在世界經濟體系中的領導地位是不利的。為此，美國聯邦儲備委員會主席明確指出，「商品、勞務和金融證券交易的全球性要求各國中央銀行的行為遵守嚴厲的紀律」，要「保持商品和勞務價格的穩定和保持對國際金融市場的信心」。[24]

第三，政府積極干預，大力促進美國的出口。同時，雙邊、地區和多邊手段並用，確保美國在新的世界經濟體系中的領導地位。

柯林頓政府把對外貿易在經濟中的地位提到了前所未有的地步。這突出表現在 1993 年 9 月，柯林頓政府正式推出了一個所謂「國家出口戰略」。該戰略的基本原則就是商業優先，促進政府各部門之間、政府與私人企業之間的合作。具體做法包括放寬高技術產品的出口限制，設立新的以促進出口為目的的政府機構，政府為出口企業提供資訊和更完善的金融服務等。[25]

與此同時，在處理與貿易有關的問題上，柯林頓政府在雙邊、地區和多邊層次上都採取了積極進取的進攻性姿態：在雙

---

[23] 美國財政部 1993 年上半年度報告。轉引自武桂馥，〈美國謀求經濟安全的競爭戰略〉，《太平洋學報》，1995 年第 1 期。

[24] 1995 年 6 月 20 日，格林斯潘在紐約經濟俱樂部的談話，轉引自《參考資料》，1995 年 7 月 27 日，第 30 頁。

[25] *Economic Report of the President:1994*, United States Government Printing Office,Washington:1994, pp.214-215.

邊貿易問題上，進一步強化了自雷根、布希以來「自由與公平貿易」政策中的「公平」原則，明確要求對等優惠、對等開放市場，並動輒以制裁和報復相威脅，態度強硬。所涉及的對象範圍廣泛，不論對發達的西方盟國還是對新興工業化國家和其他發展中國家，都貫徹「公平」原則。其咄咄逼人之勢，引起了世界上許多國家對美國貿易保護主義成為主流的擔憂。

在地區貿易問題上，繼續並擴大了布希時期開始的以北美為基點向各個主要經濟區域滲透的戰略。1993 年 8 月，美、加、墨達成了有關環境、勞動保護等問題的附加協定，1994 年 1 月 1 日，北美自由貿易協定正式生效。至此，美國藉以構築冷戰後世界經濟秩序的北美基點的框架已經形成，以後的問題在於如何鞏固和擴大這一成果。這種擴大不僅包括北美自由貿易區本身擴大為美洲自由貿易區乃至西半球自由貿易區，還在於北美自由貿易區模式擴大至世界範圍。在目前的北美自由貿易區中，美國既要與加拿大這樣的發達夥伴國協調利益，又要與墨西哥這樣的發展中國家協調利益，困難不小。一旦利益平衡機制成熟，它將對美國構築冷戰後的世界具有指導意義。目前，這樣一種模式並未完全成熟。

除了經營北美經濟圈外，美國在建立美洲自由貿易區、亞太自由貿易區以及跨大西洋自由貿易區等方面都採取了積極姿態。1994 年邁阿密美洲國家首腦會議達成建立美洲自由貿易區原則協定，1995 年簽署行動綱領；1993 年西雅圖會議後亞太經合組織走向機制化，開放貿易和投資被宣佈為亞太經合組織存在與活動的基石，1994 年 《茂物宣言》確認「至 2020 年分階段實現亞太地區貿易自由化」，1996 年通過了實施貿易和投資自由化的《馬尼拉行動計劃》；1995 年，美國政府正式提出了建設

跨大西洋自由貿易區的構想，試圖與歐盟建立一種「新關係」。這樣，以美國為中心的北美為頭，拉美為軀幹，兩翼分別伸展到亞太和歐洲的「蜻蜓」狀戰略構想已具雛形。

在多邊貿易問題上，柯林頓政府決心確保美國在全球性經濟組織中的領導權。為此，它積極推動烏拉圭回合關貿總協定談判，爭取談判議程的主導權，並在協定達成後將「努力確保各國遵守、實施烏拉圭回合協定中承擔的義務」作為其貿易政策議程中的優先問題；力圖擴大協定的範圍，將勞工標準、管制政策、環境保護等納入新的世界貿易規則[26]；號召對國際貨幣基金組織、世界銀行等國際經濟機構進行改革。力圖透過領導改革來使自己繼續保持在這些機構中的主導地位。

從雷根後期、布希及柯林頓幾屆政府在對外經濟戰略方面的調整過程及內容中，我們可以發現其中戰略原則的延續性，那就是盡力使新的冷戰後世界經濟體系建立在冷戰以來美國領導確立的國際經濟規範的基礎上，由美國主導這一過程。這一點，與冷戰後美國一度出現的軍事上和政治上的某種全球收縮是有區別的。與冷戰期間的經濟戰略相比，新的戰略具有以下幾個特點：

(1)對外經濟戰略中經濟競爭考慮已上升為首要因素。這並不是說它不再具有安全或其他方面的含義，而是說經濟競爭本身已成為安全最重要的組成部分之一。

(2)與冷戰時期相比，多邊性、世界性安排所佔據的地位並

---

26 〈1996 年貿易政策議程和 1995 年美國總統關於貿易協定的年度報告〉，美國大使館駐華新聞文化處《經濟政策背景資料》，1996 年 4 月 10 日。

未下降。美國積極參與和推動世界經濟體系的變革性發展，主要目的是要讓它在新的經濟形勢下繼續在美國的主導下發展。美國進行的雙邊談判和地區經濟集團安排往往干涉對方的政策安排，並只組建組織貿易區而不主張深層次的經濟一體化，都與這種考慮有關。

(3)柯林頓政府上臺以來，改變了冷戰以來政府只干預與安全相關的對外經濟交往的傳統，政府在對外經濟戰略中的作用較以往大大加強。這種政府直接干預對外經濟交往的做法是否會得到長期延續乃至機制化，是個值得注意的問題。

(4)由於試圖繼續領導世界經濟體系，並認為全球化條件下內外政策界限已模糊，美國有以自己的法律和規則為基礎來安排世界經濟體系的戰略傾向。在不同的時期，針對不同的具體問題，它可能以不同的方式表現出來。

(5)孤立主義無論在冷戰期間還是在冷戰後都不是美國對外經濟戰略中的決定性因素，但其影響將始終存在。

第六章
國家安全新戰略

* 彭光謙 *

美國國家安全戰略是美國國家戰略的支柱。在兩極對抗時期，美憑藉其強大的軍事力量，以「遏制共產主義」為目的，以歐洲為主要戰場，在世界範圍內與另一個超級軍事大國蘇聯展開了激烈角逐，其安全戰略表現了典型的全球戰略性質和濃厚的冷戰色彩。柏林牆的倒塌，蘇聯的崩潰和華約的解體，標誌著一個時代的結束。曾經支配美國家安全戰略、武裝力量結構以至國防資源分配的主要威脅不復存在。為適應戰略環境的這一巨大變化，從 80 年代末 90 年代初起，美國政府對其安全戰略進行了前所未有的大調整。這次調整前後歷時八年，經過三次戰略評估，以柯林頓政府 1997 年 5 月正式發表「新世紀國家安全戰略」報告為標誌，大體告一段落，基本實現了美國國家安全戰略由「冷戰型」向「冷戰後型」的歷史性轉變。

一、兩極結構下的美國國家安全戰略

　　季辛吉在其被譽為「改變美國戰略思想」的《核子武器與對外政策》一書中曾經指出，美國首次進入「全球性對外政策的新時期」是從第二次世界大戰開始的。在第二次世界大戰前美國只有地區性戰略，而沒有全球性戰略。這既是與獨立戰爭到二次大戰美國孤立主義一直佔支配地位的狀況相聯繫的，也是由其軍事力量的相對有限性決定的。在美國兩百餘年的發展史中，自 1861～1865 年的南北戰爭後，在美國大陸本土未再爆發過大規模的戰爭，早期美國的安全戰略思想大體限於以軍事力量保衛本土或在鄰近地域擴大美國的國土，開拓新的邊疆。一旦戰爭結束，軍隊規模和作用隨即縮減。1898 年美西戰爭爆

發前，美陸軍常備員名額僅 2 萬餘人。海軍直到 19 世紀 80 年代中期才開始建立第一批「白色艦隊」。1898 年的美西戰爭是美第一次遠離本土，在海外從事爭奪勢力範圍的戰爭。但直到第二次世界大戰前，美國的常備軍規模仍然不大。美正式參戰前的 1939 年，美僅有陸軍 18.5 萬人，軍事預算約為 5 億美元，既沒有軍事結盟，也沒有海外駐軍。美國軍事活動範圍主要侷限於美洲大陸本土，間或延及西半球，或偶爾涉足歐洲。「美國的思想家們還不習慣於在世界範圍的大棋盤上下棋。」[1]

　　第二次世界大戰是美國戰略史上的一個重要轉捩點。第二次世界大戰不僅把美國推上了世界戰略大舞臺，而且使其在戰爭中迅速崛起，發展成為國力、軍力高居於西方世界之首的超級大國。到戰爭結束時，美國工業是西歐和日本總和的兩倍多，美國的黃金儲備佔資本主義世界的 70%。美陸軍達 89 個師，600萬人，海軍 385 萬人，各型艦船 10,759 艘，總噸位 1,382.8 萬噸，陸戰隊近 50 萬人，陸軍航空隊發展成為與陸海軍並駕齊驅的獨立軍種。此外，美國還是世界上唯一擁有原子彈的國家。美憑藉這一實力地位，在雅爾達召開的「三巨頭」會議上，與戰爭中發展起來的另一個大國蘇聯展開爭奪，在歐亞大陸上劃分各自的勢力範圍，並由此構成了長達 40 餘年的兩極對峙的世界冷戰格局。

　　為了遏制蘇聯「共產主義的擴張」，維護和擴大美國的全球利益，第二次世界大戰的戰火剛剛散去，杜魯門政府就制定了

---

[1] 馬特洛夫，〈美國戰略思想的演變〉，《軍事戰略》，軍事科學出版社1986 年版，第 23 頁。

美國第一個具有全球戰略性質的國家安全戰略——「遏制戰略」。遏制戰略的提出標誌著美國戰略質的轉變。這種轉變主要體現在：國家安全戰略開始具有強烈的意識形態色彩。「遏制共產主義」成為美國不變的戰略目標和「維護美國安全，推進美國利益」的核心內容。自此，昔日反法西斯的盟友成為美國的主要假想作戰對象和不變的戰略對手。突破了長期以來以關注美國本土安全為主的「孤立主義」戰略思潮。以美國本土為中心的美洲堡壘戰略轉向積極干預世界事務、爭奪世界主導權的全球戰略。古典的傳統的常規戰略逐步讓位於核條件下的現代戰略體系。隨著現代軍事核技術的急劇發展，美國的戰爭方式、作戰思想和兵力結構都發生了重大變化，以往由於戰略傳統缺乏而呈現的戰略思想貧乏，習慣於模仿歐洲傳統戰略理論的沈悶狀況大為改觀，迅速掀起「戰略熱」，開創了美國現代戰略研究的新局面，創立了具有美國文化特點的獨立的戰略體系。

遏制戰略的提出奠定了第二次世界大戰後美國家安全戰略的基礎。它意味著美國國家安全戰略實現了由地區戰略向全球戰略的轉變，也標誌著東西方冷戰的開始，表明兩大軍事集團以歐洲為重點的重兵對峙格局已初步形成。在遏制戰略指導下，杜魯門政府不遺餘力地在全世界範圍內與社會主義思想和運動對抗。美在世界範圍內加強和擴大對戰略要地的軍事控制，在亞洲、歐洲、北非、中近東建立了從東、西、南面包圍社會主義國家的環球基地網，還透過一系列雙邊和多邊軍事協定建立起「把蘇聯勢力地區包圍起來」的聯盟體系。美設想以「核子優勢」為後盾，與蘇聯打一場第二次世界大戰樣式的大規模常規戰爭。美國參謀長聯席會議為此制定了代號為「半月」（後改名為「弗利特伍德」和「雙星」）的應急作戰計劃。但「遏

制戰略」終究未能阻止中國革命的勝利和美軍在朝鮮戰場上的失敗。

為此，1953 年入主白宮的艾森豪威爾政府提出了「主要依靠大規模的機動報復力量，在我們所選擇的時間與地點來對付侵略的主要策源地」的「大規模報復戰略」，試圖以美國佔優勢的核子力量這個「絕對武器」來「阻遏共產主義世界龐大的地面部隊」。這一戰略改變了以往側重打常規戰爭的設想，明確提出以核子武器和戰略空軍為中心與蘇打「閃電式」的核子大戰的思想。特別強調在戰爭初期以戰略核子武器實施先發制人的突然襲擊，速決取勝。代號為「非橄欖球」（後改為「地鋪」和「橫木」）的作戰計劃，就強調在戰爭的 90 天內以 292 顆原子彈和 1.7 萬噸常規炸彈進行報復性攻擊。美在原有基礎上擴充海外軍事基地，部署導彈核子武器，建立起針對中蘇等社會主義國家的核子軍事範圍。但事實很快就證明，這一戰略構想同樣有著天然的缺陷。美蘇間「相互威懾」的戰略格局的形成和「導彈差距」的出現，動搖了「大規模報復戰略」的基礎。這種以「大炮武裝警察」的做法，使美國陷於既不敢打核子大戰，又無力應付局部地區衝突，若不是在核子大戰中與敵同歸於盡，那麼就是屈辱投降的進退兩難的困境。[2] 為了走出美國戰略上的死胡同，60 年代初甘迺迪政府採納了泰勒將軍提出的「靈活反應戰略」，即以核子力量為盾，以常規力量為劍，既準備打對美國威脅最大的核子戰爭，又立足於採取最可能發生的中小規模的有限戰爭的戰略。這一戰略特別重視「有限戰爭」和「特種

---

2 參見馬克斯韋爾‧泰勒，《不定的號角》，戰士出版社，1963 年版。

戰爭」的作用，而把「全面核子大戰」作為其他辦法無法實現
自己的目的時的「最後手段」。據此美國提出了準備在歐洲和亞
洲各打一場規模較大的戰爭，同時在亞非拉地區打一場規模較
小的戰爭的「二個半戰爭」設想。五角大樓在核子力量的使用
上提出了「相互確保摧毀」的核子戰略方針，力求建立一支能
打擊城市目標的「第二次打擊力量」，即在遭到蘇聯襲擊後仍然
能透過還擊一舉摧毀蘇 20%～25%的人口和 50%的核子力量，
將蘇大城市作為「抵押品」，遏制蘇聯對美國發動核子戰爭。

　　「靈活反應戰略」與「大規模報復戰略」相比，雖然在某
種程度上增加了美國國家安全戰略的可操作性和現實性，但美
在推行這一「靈活反應戰略」時卻「靈活」過了頭。當美國以
54 萬兵力和上千億美元一頭栽進越南戰場，進行「靈活反應戰
略」的試驗時，蘇聯日益坐大，而美國深陷泥潭，連連失分，
戰略上處於十分不利的境地。70 年代初，尼克森政府面對通貨
膨脹，武器價格和軍隊維持費用上漲，而軍事預算趨於削減的
「財政現實」；國內反戰情緒高漲，兵員徵集困難，戰鬥力不斷
下降的「人力資源現實」；美國及其盟國之間政治矛盾日益尖銳
化，美國國內政策分歧日益加深的「政治現實」；以及美蘇戰略
核子均勢形成，60 年代中蘇分裂，世界逐步形成五大力量中心
等「戰略現實」，對「靈活反應戰略」進行了調整，提出了「現
實威懾戰略」。這一戰略試圖透過收縮戰線，發揮「夥伴」作用，
推進美蘇「緩和」等做法，緩解美國重點在歐洲而兵力部署重
點卻在亞洲的嚴重失衡現象，以及戰略目標過大而戰略能力相
對不足的矛盾。鑑於同時打「兩個半戰爭」已力不從心，而且
在亞洲打一場大戰的可能性不大，美放棄了「兩個半戰爭」設
想，提出只打「一個半戰爭」的目標。隨著戰略核子武器精度

的提高，美核子戰略也由「打城市目標為主」轉變為「打軍事目標為主」的方針。

80 年代初，雷根政府就任後，又進一步提出了「新靈活反應戰略」。根據蘇聯威脅增長的情況，雷根提出了「重建美國軍事實力」的口號，主張以針鋒相對的強硬姿態和機動多樣的靈活手法，與蘇聯在全球範圍內展開競爭，以扭轉美蘇力量對比不利於美的趨勢，重建對蘇戰略優勢。為此，美國一方面提出了包括「常規威懾」在內的「多層次威懾」思想，強調加強戰略防禦系統，以「確保生存」理論代替「相互確保摧毀」理論；另一方面全面加強海外軍事部署，強調先於蘇聯作出反應，在多條戰線對蘇靈活地實施反擊，把戰爭推向蘇聯的薄弱和要害地區，決心把蘇聯勢力從第三世界佔領的地盤上趕回本土去。

直至 80 年代末，90 年代初，儘管美國國家安全戰略幾經變化，歷屆政府都提出了帶有本屆政府印記的新的國家安全戰略概念，在兵力建設和運用上也都有各自不同的重點，但是綜觀戰後 40 年美國國家安全戰略的發展演變過程，我們不難看出，從杜魯門政府的「遏制戰略」到雷根政府的「新靈活反應戰略」，其基本內涵並沒有多少實質性的改變：維護美國的全球利益，遏制共產主義這個總的戰略目標始終沒有變；以唯一能威脅美國生存的另一個超級大國——蘇聯為主要作戰對象，互為攻守，激烈爭奪，這個總的戰略態勢始終沒有變；以歐洲為戰略重點，兩大軍事集團重兵對峙，這個總的戰略格局始終沒有變；建立包括核力量和常規力量在內的超級軍備，追求絕對軍事優勢的總的戰略企圖始終沒有變；立足於採取全面戰爭，與蘇聯在全球範圍內進行對抗的總構想始終沒有變。戰後 40 年的美國國家安全戰略始終是一種冷戰戰略，兩極戰略，集團戰略、

全球戰略、意識形態戰略和全面戰爭戰略。

二、冷戰後美國安全環境的變化

80 年代末和 90 年代初，國際戰略格局發生了一系列影響深遠的變化。曾經主宰戰後世界政治經濟秩序以及美國安全戰略方向達四十多年的東西方「冷戰」，隨著蘇聯、華約的解體，以及柏林牆的倒塌而結束了。冷戰的終結使美國面臨了全球安全環境以及美國國家安全戰略賴以確立的基本要素發生了巨大變化。自從第二次世界大戰結束以來，沒有任何事件能像這次那樣對美國國家安全需求造成如此重大的影響，朝鮮戰爭、越南戰爭及其他任何事件都難以與之相比。布希政府的國防部長錢尼在 1990 年 1 月、1991 年 2 月、1992 年 2 月相繼向總統和國會提交的國防報告以及在國會作證的證詞中，認為目前的時代只有第二次世界大戰的結束可以與之相提並論，冷戰後美國全球安全環境發生了「令人鼓舞的歷史性的」變化。這主要表現在下列幾點：

第一，由於蘇聯的解體和華沙條約的廢除，西方取得了有重大地緣政治影響的勝利。一個曾全副武裝、對歐洲和亞洲構成嚴重威脅，並具有全球力量投送能力的超級大國，已經不復存在。如果不考慮戰略核子力量，今天美國已沒有全球性的挑戰者。對美國利益構成嚴重威脅的重要敵國或敵對聯盟已經消失。

第二，四十多年來，美國的安全政策一直受蘇聯可能對歐洲發動直接、大規模進攻這一威脅判斷所左右，蘇聯作為一個

國家的解體和意識形態的破產，不僅宣告了這一威脅的終結，美國不再與一個謀求破壞其基本價值觀的、咄咄逼人的「擴張主義國家」進行全球性意識形態對抗，而且昔日面臨大規模進攻威脅的態勢發生了逆轉，取而代之的是「西方自由思想和制度向東方的進軍」，以及西方在東歐和歐亞大陸建立全新戰略關係的攻勢行動。

第三，隨著國際戰略格局的劇變，俄羅斯的軍事力量已大為削弱，其國防政策已經發生了重大的變化，已經發生的種種事件對俄羅斯的軍事力量產生巨大的破壞性影響，其軍隊規模大大縮小，戰備水準大大下降，駐德國東部和東歐國家的前蘇聯部隊正在撤回國內，部隊內部分裂，軍心不穩，隨著軍控協定的落實其軍事威懾力量也將進一步削弱。在未來的若干年內，歐亞大陸的心臟地帶不大可能再次挑起涉及美國和西方安全的全球性常規戰爭，即使莫斯科的某些新領導人試圖恢復它有中歐失去的地位或恢復與北約的對抗也已力不從心。

第四，在以往的冷戰時期美國缺少「戰略縱深」，如果「華沙條約」組織在歐洲發動進攻，美與西方盟國只有一至兩周的預警時間。而這種進攻有可能在短時間內征服歐洲並把美國及其盟國推上核子戰爭的邊緣。而現在美國贏得了數十年來夢寐以求的「戰略縱深」，這一縱深遠遠超過了戰後的任何時期。對美國安全的威脅，「不僅在事實上而且在時間上都變得更加遙遠了」。在嚴重的威脅出現之前，美及其盟國將擁有更長的準備時間。任何對手要想對美提出挑戰，都不得不面對西方聯盟和美所擁有的軍事質量優勢和技術優勢。

總之，美國在「冷戰」和 90 年代初的第一場熱戰中的勝利，使美國進入了一個新時代。冷戰已成往事。蘇聯的瓦解大大改

善了美國及其盟國的安全環境,「使美國獲得了前所未有的安全和實力地位」。

　　但這只是問題的一面。冷戰的結束並不意味著美國面臨的一切矛盾與衝突的消失,剛好相反,舊的矛盾不僅依然在一定程度上存在,而且新的問題開始大量湧現。長期存在的蘇聯全球性對抗不存在了,地區衝突卻出現了日益增加的趨勢。「對美國根本利益的威脅可能突然出現在世界各個地方,包括歐洲、亞洲、西南亞和拉丁美洲」。[3] 與蘇聯進行全面核子大戰的可能性減少了,但由於核、生、化武器技術和導彈技術的擴散,使核子武器恐怖使用的可能性更大了,這是美國最擔心的重大安全問題。蘇聯雖然解體了,但俄羅斯仍是一個主要的歐洲強國,前蘇聯陸軍作為世界上最大的和重型裝備最多的軍隊,仍然保留了完整的運轉機制,從長遠看,烏克蘭也有可能變成一個歐洲強國。與共產主義意識形態的對抗減弱了,但由於宗教、民族利益矛盾引起的衝突日益上升。因此,當美國朝野從歡慶冷戰勝利的狂熱中坐下來環顧左右的時候,他們發現冷戰結束及蘇聯解體後美國面臨的新安全環境更加複雜、更加模糊不清,而且無時無刻不在變化之中。舊的蘇聯威脅雖然比較嚴重,卻較易監控。新的安全環境更加難以把握,更難採取相應的對策。就地緣政治環境而言,新的安全環境發生了如下的變化:世界正從「兩極」走向「多極」,從「單一」走向「複雜」;國際形勢的發展從「可以預見」變得「不確定」;美國正從頭號政治、

---

3 Chairman of the Joint Chiefs of Staff, *National Military Strategy of the United States,* 1994.

經濟和軍事強國和一統西方世界的地位淪為純軍事上的超級大國，美經濟日益受到日本和歐洲的挑戰；國際陣營重新組合，正從「固定的聯盟關係」走向為了某一目標的「特定的同盟」關係；此外，聯合國的作用也由以往的「沈寂」狀態，變得日益活躍。

在新的環境下，美國政府最為擔心的是以下四種危險：

第一種是新的核子危險。冷戰時期舊的核子威脅來自與蘇聯進行一場戰略核子戰爭的可能性。冷戰後儘管隨著蘇聯的消亡，戰略核子戰爭的威脅和對美國本土進行大規模核子攻擊的威脅已經下降了，但是，世界上依然存在數以千計的核子彈頭和戰略投射系統，只要這些武器存在，美國就難以安寢。特別是前蘇聯龐大的核子武庫已經一分為四，作為前蘇聯核子武庫的繼承者，俄羅斯、烏克蘭、白俄羅斯和哈薩克境內的三萬餘件戰術和戰略核子武器是令美擔心的嚴重問題。其中俄羅斯仍保持著一個龐大的戰略和戰區核武器庫，並使其不斷現代化（儘管其步伐比前蘇聯慢了許多）。即使在第二階段《削減戰略武器條約》批准和生效後，俄羅斯仍將維持 3,500 枚戰略核子彈頭的核子武庫。數以千計來自前蘇聯的戰略核子武器仍散佈在俄羅斯境外。前蘇聯各共和國存在的政治動亂的危險使核子武器失控的危險日益增加。俄羅斯、白俄羅斯、烏克蘭、哈薩克都存在著不確定的因素，如果政治動盪和民族糾紛繼續下去，這些國家對核子武器及其相關技術的有效監控就會大大削弱，這將導致出現偶然地和未經授權使用核子武器的可能性。特別麻煩的是上述武器及有關材料有可能被偷盜或被第三者攫取，一小部分核子武器透過非常規途徑擴散的可能性大為增加。這是新的安全環境下，美國面臨的另一種形式的新的核子威脅。這種

威脅主要表現為核子武器與核子專家向全世界外流的可能性。前蘇聯各共和國經濟狀態的惡化和武器計劃的縮減，使習慣了比較優厚待遇和較高社會地位的前蘇聯核子專家到國外尋找工作具有很強的誘惑力。儘管美國國會和行政部門已注意到這一問題的嚴重性，並通過立法，撥款 4 億美元解決這一問題，但前蘇聯的核子人才、核子技術的擴散趨勢似難遏止。美強烈擔心，前蘇聯的核子武器部件、核子原料或核子知識可能越過其疏漏的邊境地區流入尋求獲得自己的核子武器國家，尤其是那些與美保持敵對態度的國家和恐怖主義集團。儘管前蘇聯的核子原料或核子技術不會在一夜之間促成新的核子國家的產生，但這種原料或技術的外流可能縮短核子擴散的潛在威脅變為現實威脅的時間。美估計，今天除 5 個公開的核子國家外，15 個國家擁有彈道導彈，不出十年，擁有這種武器系統的國家將多達 20 個。在美軍可能大規模介入的地區，許多可能成為美的敵人的國家已擁有了化學或生物武器。而且，在這些國家中，許多國家似乎決心要獲得核子武器。核、化學和生物武器等大規模毀滅性武器及其運載工具在世界範圍內的擴散，將是美國面臨的最為棘手的問題。

　　第二種是地區衝突。這種衝突雖然不直接威脅美國本土，但美國卻認為它會危及美國的利益和美國的盟國。這種危險不僅包括與美國存在利益衝突的國家發動的軍事行動，還包括由於種族、部族或宗教仇恨引起小規模衝突的可能性，不僅包括國家支持的恐怖主義活動，還包括美國的「友好」國家的政府被顛覆。美認為，美國的安全與其他地區的安全與穩定日益緊密相連。如果亞洲或歐洲出現動盪，對貿易造成重大破壞，則對美國的經濟造成重大影響。現在美國國內生產總值的 1/4 都與

其進口或出口有關。那些過去並非是美國安全關注中心的潛在問題——歐洲種族衝突的蔓延、加勒比海國家秩序的失控，以及貿易的中斷，——如今都可能對美國的利益和安全構成真正的威脅。從爆發國內衝突如南斯拉夫、索馬利亞和盧安達所發生的事情，到進攻鄰國如伊拉克對科威特的入侵，事實證明，地區衝突將是一個反覆出現的挑戰。除了冷戰時期遺留下來的問題外，許多被嚴峻的冷戰關係所掩蓋的對立如今又重新浮現。古老的宗教、民族與領土爭端的復活，在許多情況下，與前蘇聯解體而導致的當代緊張局勢相結合，可能呈現一個更廣泛的威脅。在前蘇聯各加盟共和國、巴爾幹、馬格里布及整個非洲，到處佈滿了動盪。伊拉克、伊朗等也對美國及其盟國的利益提出了挑戰。因此，隨著蘇聯的滅亡，對世界關鍵地區的穩定的威脅已成為美十分關注的問題。在過去的二十年裏，在中東和西南亞地區使用彈道導彈的可能性極大地增加了。自 1973 年以來，彈道導彈已在 5 次地區性衝突中使用，最近的一次使用彈道導彈是在波斯灣戰爭中，伊拉克對以色列、沙烏地阿拉伯和美國為首的多國部隊發射了近 90 枚改進型的「飛毛腿」導彈。導彈因素使地區衝突對美國構成特殊的影響，它限制了美以常規力量援助盟國，從而限制了美處理地區危機的行動自由，甚至有可能遏制美的盟國，使之不敢尋求美國的保護，或不敢與美國一道參加防禦聯盟。這是美不能接受的。

第三種是跨國威脅。美認為日益增長的全球相互依存性使每一個國家更易於受到不斷增加的跨國威脅的傷害，美國也不例外。如在美國販賣和使用違禁毒品以及與之有關的暴力活動對美國安全和西半球穩定造成了直接威脅。此外還有難民逃亡和國際犯罪集團，國際恐怖主義活動等都是滲透於美國和其他

國家邊境較為嚴重的跨國威脅。這些威脅的一個獨特的特徵是僅靠某一個國家來對付它是力不從心的。鑑於這類活動對社會造成的嚴重危害以及這些威脅本身具有的跨國性質，美國將尋求與有關國家合作，消除這種威脅，如和主要的商品生產、轉運、消費國一起努力打擊毒品販運，流傳和使用，最終消除毒品的危害。

第四種是所謂「民主與改革面臨的危險」。美認為「民主國家」與自由市場經濟的範圍在全世界日益擴展，是符合美國重要利益的。美國將大力支持這一國際社會轉變。因此，美國將大力援助前蘇聯、東歐和其他地區抵禦危及其「民主與經濟改革」的威脅。但是上述正在出現的轉變過程依然有可能受挫與逆轉。新近獨立的幾個國家特別是俄羅斯自身改革的失敗雖然不會必然使美國與俄國回到構成冷戰特徵的兩極對立狀態，但俄羅斯改革的逆轉和極端民族主義政權的出現將從根本上改變美國的安全環境。如果俄羅斯、烏克蘭和獨聯體其他國家最終不能過渡到建立在西方價值觀基礎上的新的政治經濟制度，而退回到「封閉、專制、與美敵對」的狀態，那麼就意味著世界上將出現更多可能危及美國利益的不可測因素；意味著在國際事務上出現更多的對美不合作或與美對抗的可能；有可能出現一個「獨裁的、重新軍事化」和試圖恫嚇東歐的俄羅斯，進而使東歐政治形勢發展出現違背美國意願的逆轉；俄羅斯與烏克蘭之間甚至也有可能爆發武裝衝突，難民將流入西方國家，對波蘭、匈牙利、捷克、斯洛伐克等國家安全構成威脅；俄境內的核子指揮與控制系統也有可能遭到破壞，某些核子武器將失去控制。所有這些無疑都將對美國利益帶來不利影響。歷史上，「威瑪德國」的民主政體存在十多年後便夭折了，美擔心今天

會出現一個「威瑪俄羅斯」。如果俄羅斯的改革半途夭折,「獨裁者篡奪權力並重新擴軍備戰」,美國將不得不面對一系列新的「安全挑戰」。

鑑於冷戰後美國安全環境發生的上述轉折性變化,以美蘇冷戰為背景的美國國家安全戰略的基礎從根本上發生了動搖。為了適應新的戰略形勢,美國政府不能不對戰後延續了四十餘年的安全模式實行戰略性調整與轉變。

三、從布希到柯林頓:冷戰後國家安全戰略調整

早在 1989 年上半年,美即開始醞釀對國家安全戰略進行調整。1990 年 3 月,美國總統布希向國會提交了他上臺後的第一個《國家安全戰略報告》。鑑於蘇聯東歐的政治變革呈現出一種「積極的戰略趨向」,他提出對美國的主要戰略對手蘇聯不能只是簡單地、消極地、被動地進行遏制,而是要大膽地「超越」第二次世界大戰後長期奉行的遏制共產主義的戰略目標,以比所有前任更大的抱負和雄心,透過綜合運用政治、經濟、軍事、外交等多種手段,積極主動地「將蘇聯作為一個有益的夥伴納入國際體系中」,從而「開創一個超越遏制的新時代」,為美國提供更可靠的安全。這是布希政府發出的即將對冷戰時期長期奉行的「遏制」戰略進行重大調整的明確信號。

1990 年 8 月 2 日,即伊拉克入侵科威特當天,布希在科羅拉多州的阿斯彭城宣佈美國將採取新的「地區防禦戰略」概念,其要旨在於透過對冷戰後世界安全環境做出新的判斷,重新審視美國的安全需求。1991 年 3 月,根據「蘇聯正朝民主化和非

軍事化方向發展」的新跡象，國防部長錢尼在其《國防報告》中做出了國際安全環境發生了「戲劇性變化」，冷戰時期的持續威脅——華約對西歐的大規模入侵並升級為全球戰爭的危險，已因蘇聯從東歐撤軍和華約崩潰而不復存在」的判斷，明確提出「將防務計劃關注的焦點從對付蘇聯的全球挑戰轉向對地區性威脅做出反應」。在官方文件中以「地區性威脅」取代了「蘇聯的全球挑戰」。據此美防務部門全面展開基本部隊評估。1991 年 8 月 13 日，也就是蘇聯「8·19」事件發生前六天，布希發表新的《國家安全戰略報告》，將政治、經濟、軍事並列為美國國家安全戰略和全球戰略的三大支柱，根據美國面臨的新的威脅、新的作戰對象和新的作戰任務，提出以建設精兵、常規優先、高技術化、快速反應和重組能力等為重點調整兵力結構，以滿足新形勢下的戰略需要。1992 年 2 月 25 日，國防部長錢尼向國會提交 1993 年財政年度《國防報告》，對醞釀中的美國國家安全戰略構想做了系統總結，將美國新的國家安全戰略正式命名為「地區防務戰略」（Regional Defense Strategy）。這是對遏制戰略的第一次重要調整。

　　「地區防務戰略」的問世標誌著美國以「遏制共產主義」為特徵的冷戰型戰略的終結和「冷戰後」戰略構想的開始。這一戰略的基點是：主要作戰對象由蘇聯轉變為可能危及美戰略利益的地區性軍事強國。報告直言不諱地聲稱伊拉克、伊朗、北韓等是對美「持敵意」的國家。戰爭準備由立足於對付全球大戰轉為主要對付地區性的衝突，地區安全問題成為美國戰略關注的重點。防務計劃關注焦點從歐洲轉向第三世界；戰略重心由歐洲變為歐亞並重。在安全手段上，由主要針對蘇聯的核子威懾戰略轉變為全方位、多層次的核子威懾戰略，未來戰略

力量將不再側重發展陸基洲際彈道導彈和戰略轟炸機，而是重點建立和發展應付全球潛在核子威脅的「防止有限核子打擊的全球防禦系統」（GPALS）。在軍事部署上，由實行前沿部署轉為強調前沿存在。鑑於全球威脅減小、美國的盟國力量的增強以及軍控的進展，美將適當調整和削減海外駐軍與海外軍事基地。著重減少駐歐兵力，大體維持駐亞兵力，相應增加駐中東兵力。在部隊結構上，改變長期維持的以蘇為作戰對象的部隊規模，適當裁減軍備數量，重點增強軍隊的重組能力，以威懾任何可能對美再次提出的全球性挑戰。一旦威懾失敗則提供一支全球作戰部隊，為此將保留力量結構中具備重建能力的部分，包括研製周期長或服役時間長的武器平臺，重建部隊所需的工業基礎和人力動員基礎。在作戰方針上，由預先部署兵力對蘇實行圍堵轉為突出應急反應，著重強調對重要地區衝突和危機做出快速反應的能力。為此，美軍強調必須具備四種特性：多用途，具有強大的殺傷破壞力，全球機動和快速反應，必須把戰備和機動列入最優先考慮的重點問題。後四個方面的轉變，即戰略核子威懾、前沿存在、危機反應和重組能力被列為地區防務戰略的「四根支柱」。

1993 年 1 月比爾·柯林頓取代布希，就任美國第 42 任總統。柯林頓在其前任的基礎上以更大的步伐對國際戰略格局大變動中的美國國安全安全戰略繼續進行調整。柯林頓高舉「變革」的旗幟，聲稱「美國所需要的不是縮小規模的冷戰思想」，而應當「從舊觀念中解脫出來」，制定「冷戰後美國安全的新契約」，加速從「冷戰軌道」向「冷戰後軌道」的轉變。還在競選總統的過程中，柯林頓就提出了以下四點安全構想：共產主義的崩潰並不是危險的終結，在當今更加不穩定的世界上，一系

列的威脅迫使美國在隨時能夠重建國防力量的情況下保持高度警惕。美國必須重新獲得強大的經濟實力,以維持其在國際安全上的領導地位。今後應當在「火力」上少投資,而在「腦力」上多投資,否則美國將無法承受。在當今資訊時代,思想感召力是一種無法阻止的巨大力量。正是電視、磁帶和傳真機等現代化的通信手段,使思想武器的能量穿透了柏林牆,並推倒了它。美國的安全定義中的「威脅」概念應該包括對所有人的共同威脅。美國的生存,取決於美國對世界的領導作用。據此,柯林頓提出美國安全戰略的目標應是:在一個新的時代建立一支美國所需要的軍事力量;在世界範圍同盟國一道推動民主運動的鞏固和發展;使美國的經濟在國際上重新獲得主導地位。

1993 年初,為了全面評估美國在冷戰後時代的防務需求,以制定新的安全環境下美國新的安全戰略,確立新的安全結構,柯林頓一上任就責成美國國防部部長辦公廳和聯合參謀部、各軍種參謀部、戰區聯合司令部迅即組成工作班底,對美國防務政策展開全面審查。這次為期七個月的全面防務審查的工作重點是:評估美國在冷戰後世界上的安全需要,尤其是分析冷戰後世界上可能出現的新危險和機會;制定在新時代保護和擴大美國利益的新的國家安全戰略;確定貫徹上述戰略所需要的各種部隊的「板塊」;對上述各種部隊「板塊」進行組合,為設計總體力量結構提供各種方案;根據部隊結構編制武器採購計劃,以實現美軍的現代化;制定國防基礎設施建設規劃,以保障美軍的後勤補給,以及提出對付新危險、利用新機會的政策建議。

透過全面防務審查,工作班底力求回答以下問題:冷戰後美國的安全環境到底發生了什麼樣的變化?冷戰後美國的重要

利益在哪裡？誰可能威脅這些利益以及如何威脅這些利益？在冷戰後的新的安全環境下，美國需要多少部隊以及什麼類型的部隊？冷戰後美國必須準備應付多大規模的地區衝突以及多少個這樣的衝突？如何在部隊趨於減少並面臨重新調整的同時確保部隊隨時處於戰備狀態？是否需要以及何時或怎樣在冷戰後動用武力以對付新的危險？在全面防務審查過程中，工作班底就設計、建設和維持符合冷戰後美國需要的軍事力量提出自己的建議，這些建議交由負責採購和技術的國防部副部長領導的指導委員會審查。在此基礎上，國防部長再與參謀長聯席會議主席、各軍種參謀長、國防部副部長和國防部其他高級官員進行協商，然後就有關安全戰略，軍事力量結構、現代化計劃和其他國防基礎設施等問題向總統提出最後建議。1993 年底，柯林頓最後批准根據《全面防務審查》報告而制定的國防計劃，1994 年初柯林頓政府發佈它的第一份《國家安全戰略報告》，正式提出了冷戰後美國的國家安全戰略，即「接觸與擴展戰略」，報告隨後又提出了與這一安全戰略相適應的美國國家軍事戰略，即「靈活與有選擇地保持接觸戰略」。這是對冷戰時期長期奉行的「遏制」戰略的第二次重要調整。

這次調整的重要內容是：

第一，安全政策重心由以往的核威懾與全面戰爭準備轉向「預防性防務」。美國領導人認為，「這是對付具有冷戰後特點的危險以保持美國利益的最好途徑」。為保護和實現美國的利益，美國政府「應當有能力影響其他國家的政策和行動」。這就要求美國保持在國外的接觸，尤其是那些美國最重要的利益處於危險的地區。美國新的「接觸與擴展」的安全戰略強調以下三個目標：(1)加強安全。即保持強大的國防力量，並推行合作

安全措施。(2)促進國內繁榮。即奉行透過與其他國家合作,「創造更為開放和公平的國際貿易體系」,並透過刺激全球經濟增長來加強自身經濟實力的政策。(3)促進民主。即在全球範圍內「保護、鞏固和擴大自由市場民主國家的陣營」。

第二,強調加強國際接觸,確保美國的領導地位。美認為這是維護美國利益唯一可行的戰略。任何形式的孤立主義都會減弱美國影響外部事件的能力,從而削弱美國的安全。特別重要的是美要努力「擴大市場民主國家大家庭」。在全球範圍內,特別是在對美國具有地緣戰略意義的國家,當「民主和市場」佔統治地位時,美國就會變得更安全,政治民主化和經濟自由化程度越高,美國的安全程度也就會越高。因此,必須保證美國能在各種情況下對決策施加影響並能參加到合作決策的活動中去。在當今統一而相互依賴的世界上,如果美不積極參與並領導世界事務,美絕對不可能成功地維護美國的國家利益。儘管冷戰已經不存在了,但美絕不能置身世界事務之外。如果不能到國外去打開市場,在關鍵國家推進「民主」政治並遏制新出現的威脅,美國不僅難以保證安全,也難以使美成功地振興。

第三,對美國的國家利益進行層次區分,並以此作為軍事行動的依據。第一個層次是美國「生死攸關的利益」。凡涉及美國或其主要盟友的生存,涉及到美國重大的經濟利益,或使美國及其盟國未來遭到核子威脅的危險,則這項利益就屬「生死攸關的利益」。如果美認為其生死攸關的利益受到威脅,則美必須準備使用軍事力量來遏制這種威脅。例如 1994 年 10 月伊拉克在科威特邊界集結軍隊,對科威特和沙烏地阿拉伯構成威脅,美認為這是對美保護其生死攸關利益的決心的一種檢驗。為此美展開「警惕勇士」行動,美空軍、海軍和地面部隊對該

地區進行了快速增援，賦予美在伊拉克發動入侵之前進行遏制的能力。

第二個層次是美國的「重大利益」。這種利益不影響美國的生存，但關係到「美國的發展」。在這種情況下，美將根據受到威脅之利益的大小決定動用何種等級的武力。在軍隊有可能完成其既定目標，並且「軍事參與的費用和風險與處於危險中的利益相當」時，將考慮動用軍事力量。美國通常可能做出的選擇是作為多國集體行動的一部分參加這種行動。多邊行動，包括維和行動，是美國戰略的重要組成部分。美將有選擇地加以有效使用，以「保護和實現美國的利益」。在海地，美認為該國軍事政權威脅了美國的利益，因此，美及其盟國透過使用武力相威脅，迫使軍事政權下臺。在波斯尼亞，美認為實現波斯尼亞的全面和平所需的武力超出了維護美國利益所允許使用的範圍，因此，美在波斯尼亞所採取的行動有所「節制」。美認為美在波斯尼亞的行動是有選擇地使用武力以實現有限目標的一個範例。為防止衝突擴散，少量的美陸軍步兵部隊被作為聯合國維和部隊的一部分部署到馬其頓，另外，美軍還參加了北約為控制暴力和人員傷亡而採取的行動。

第三個層次是「人道主義利益」。美認為國防部的重點應是執行作戰任務而不是人道主義行動。但出現以下情況時，可使用武裝部隊提供人道主義援助：自然或人為災害使正常的救援機構喪失了反應能力；迫切需要進行救援，只有軍方才有能力做出迅速反應；只有軍方具有做出反應所需的資源；美國執行的援助任務侷限在對美軍部隊造成的危險不大的範圍之內。美認為在盧安達的行動是使用軍隊解除人道主義危機的一個最新的例子。由於對付這一危機已超出了民間救援機構的能力範

圍，因此國防部動用了其特有能力，如空運和水源淨化，來消除危機。一旦最緊急的危機情況得以控制，美軍就將救援工作移交給民間機構，並撤出部隊。

第四，明確賦予冷戰後美軍的新使命、新任務。為了維護美國及其盟國的利益，新的安全戰略要求美部署並保持一支強大的、多功能的、戰備狀況良好的軍隊，這支軍隊的主要任務是：

(1)應付重大地區性事件，打贏兩場幾乎同時發生的大規模地區性衝突。冷戰時期，美國軍事計劃的重點是在歐洲打贏一場大規模戰爭，冷戰後「接觸與擴展」的安全戰略把重點放在打贏如同1991年波灣戰爭規模的地區性衝突或在北韓的一場潛在衝突。這些地區衝突爆發的時間和地點是不確定的，在衝突爆發前，美國部隊一般不會在該地區，因此，美國防務計劃將重點確保能夠迅速向該地投送軍事力量，懾止並打敗敵對的地區大國。在這些大規模地區性衝突中，美國通常將作為「聯盟的領導者」，而盟國則提供一定的支援和作戰部隊。為保證打贏一場大規模地區性衝突，美計劃最多動用下述軍事力量：5個陸軍師，相當於10個空軍戰鬥機聯隊的力量，100架空軍重型轟炸機，4～5個海軍航母戰鬥大隊，1～2支陸戰隊遠征隊，以及特種作戰部隊。如果作戰初期不能實現軍事目的，或美國決策者決定尋求更大的戰爭目標，則有可能投入另外的部隊。美國將竭力避免出現這種局面：即某一地區力量可能會趁美國部隊大規模捲入其他地區之機奪取優勢。同時，保持一支可以應付兩場大規模地區性衝突的部隊，有助於確保美國有足夠能力打敗敵對的多國聯盟部隊或者一個比今天所能預見到的規模更大、能力更強的對手。

(2)透過海外軍事存在，謀求穩定。美把和平時期在海外駐紮和部署美國軍隊看作美國國家安全戰略和國家軍事戰略的基本要素。美認為美國軍事力量的存在將遏制潛在敵對國家對美國盟友及關鍵地區利益的侵犯與威脅，可提高美國對危機做出迅速有效反應的能力，有利於保持地區穩定，保證在更大程度上實施「接觸與擴展」的安全戰略，並將加強美國在重要地區事務中的作用。美認為，保護海外軍事存在的重要性在 1994 年 10 月伊拉克共和國衛隊開始向伊科邊界集結時得到了體現。前沿部署的美國部隊，有些正在參加「南方監視行動」，與及時趕到的其他陸海空部隊一起，利用附近預置的裝備遏制了伊拉克的行動。美維持海外軍事存在的主要形式是：長期駐紮的部隊，定期和臨時性部署的部隊，多國聯合國演習，港口訪問和其他部隊訪問，預置軍事裝備等等。

(3)隨時準備執行各種的應急行動。應急行動指的是那些向國外非例行性部署美軍，但是尚不構成大規模戰區戰爭的軍事行動。這些行動是美安全戰略的一個重要組成部分。在過去十年中，美國已執行七十多次規模較大的應急行動，按美國的區分，它們包括以下幾種類型：和平行動、救災活動、人道主義援助、非戰鬥性撤離、海上護送、反恐怖主義行動、實施制裁、實施禁飛區、移民救援、平息國內民事騷亂等等。其中「和平行動」，包括美傳統意義上的維持和平和強制實施和平。前者包括經主要參戰各方同意而採取的軍事或準軍事行動，主要目的在於監督、促進現有停戰協定的執行，支持外交努力達成長期政治解決；後者指運用軍事力量或者威脅使用軍事力量強制有關方面履行廣為接受的國際準則、決議或制裁，目的在於維護或恢復和平。這些行動通常由聯合國安理會授權。美國武裝部

隊參加聯合國維和行動始於 1948 年。1994 年，在所有十七次聯合國藍盔行動中，美國軍隊參加了其中的兩次。1994 年底共有 963 名美國軍人參加聯合國和平行動。人道主義和難民救援，主要是向遭受洪水、風暴、乾旱等災害困擾的難民提供應急食品、住所、醫療、安全和其他援助。如 1994 年美軍對盧安達難民實行空運 1,250 架次，對前南斯拉夫空運 1,800 多架次，協助轉移古巴和海地移民等。

1997 年柯林頓連任美國總統，這使得他有可能加大調整力度，繼續把美國國家安全戰略的調整引向深入。第二任期一開始他便依照國會授權再次組織國防部和參謀長聯席會議展開「四年防務審查」（Quadrennial Defense Review），對美國安全環境、國防戰略、部隊結構、戰備狀況、軍隊改革、基礎設施、國防資源等進行全面評估，為確定 1997～2015 年的安全需求和制定跨世紀的長遠安全戰略規劃提供依據。這次審查得到了美軍各軍種及各作戰司令部的廣泛參與，其中的國防戰略問題，柯林頓本人還多次直接過問。這次防務審查的結果集中反映在 1997 年 5 月美國國防部發表的《四年防務審查報告》上，幾乎在同一時間，柯林頓總統簽署的題為《新世紀國家安全戰略》報告也公開發表。這是自 80 年代末 90 年代初布希總統提出「超越遏制」戰略以來，美國國家安全戰略的第三次調整，這次調整在前兩次調整的基礎上進一步梳理了美國國家安全戰略思維，明確了新世紀安全戰略的方向，其中特別引人注目的有以下幾點：

第一是重申了前幾次防務審查對安全形勢所做的判斷，強調 20 世紀末至 21 世紀初，美國將獲得一個「戰略機遇期」。2015 年以前，不大可能出現與美分庭抗禮的全球性戰略對手，也沒

有任何國家或國家集團能在常規軍事力量上與美抗衡。美國面臨的安全威脅將主要是地區衝突，可能用於軍事或恐怖活動的先進技術的擴散、跨國犯罪以及針對美國的不對稱攻擊等。2015年後則有可能出現一個地區強國或勢均力敵的對手對美國構成「意想不到的嚴峻挑戰」，而俄羅斯和中國有可能成為這樣的對手。

　　第二是在集中應付近期威脅、著眼應付長遠威脅、近期與長遠兼顧這三種可能的選擇中確定了兼顧現實威脅與長遠挑戰的總方針。所謂集中應付近期威脅主要在於防止世紀之交的軍事衝突及核子武器、生物武器、化學武器的擴散；集中應付長遠威脅主要是應付2010～2015年以後可能出現的大國或可能與美抗衡的全球大國，以及綜合使用不對稱手段所造成的越來越大的威脅。美認為只顧當前，或只關注未來都是不夠的，必須正確處理近期需求與長遠需求之間的關係，在應付當前威脅與迎接未來難以預料的威脅之間保持平衡，既要維持與發揮現有軍事實力，確保美國的安全，又要致力於完善適應21世紀的安全計劃和力量結構，發展美國無可匹敵的能力，始終保持美國決定性的實力優勢。這就要求美軍必須成為全能型的部隊，這種全能部隊既要有海外軍事存在的能力，也要有兵力投送能力，這兩方面的能力也應保持平衡。

　　第三是系統地提出了以「塑造—反應—準備」為核心的跨世紀的戰略方針。

　　所謂「塑造」（Shape）就是積極參與國際事務，把軍事與外交密切結合起來，塑造有利於美國的國際安全環境，力求防患於未然。在出現潛在衝突的徵兆時或潛在威脅表面化之前就主動採取措施防止或減輕這些威脅。美認為塑造行動有多種方

式，其中最常見的有：(1)外交方式。美認為，這是防範威脅的第一道防線，透過針對衝突和複雜的突發事件展開預防性外交，可以以較低的代價，獲取較大的安全效益。(2)國際援助方式。即透過實施美國可能承受的各種發展計劃，避免危機的發生。美認為，從美國領導的戰後歐洲重建工作，到近期的在亞非拉創造出口機會的行動，這些援助行動不僅有利於改善美國的安全環境，也增進了美國的利益。(3)軍控方式。美認為這是塑造安全環境的重要手段，它可增進軍事力量規模和結構的透明度，減少誘發攻擊的刺激，對於建設一種更安全的關係將產生難以估量的效果，可使美不必再興師動眾地對危機做出反應。在相當一段時間內減少戰略性進攻武器將是美實施軍控的首要目標。(4)不擴散大規模毀傷武器方式。為儡止大規模毀傷武器的使用，制止其部件和投射系統的擴散，美支持禁止獲取核子生化等大規模毀傷武器的國際條約，美謀求透過參加多邊條約來限制敏感設備和技術。(5)軍事行動方式。即透過前沿駐紮或部署部隊，防務合作和安全援助以及與盟國共同訓練演習等儡止可能的威脅。美特別強調對於那些「非敵非友」國家，進行軍事合作是一種參與的重要方式，今天建立安全關係可以預防這些國家明天變為敵人。

所謂「反應」（Respond）就是提高防止和應付各種局部衝突的軍事能力，特別要準備打贏兩場幾乎同時發生的戰區戰爭。美認為，僅僅依靠塑造行動，還難以保證美所謀求的那種國際環境，美還必須有能力對發生的各種危機做出反應。這種反應可能是外交的、經濟、法律的或軍事的，但更大可能是上述各種方式的結合。美需要做出反應的威脅主要有三種：一是對付跨國威脅，二是對付小規模突發事件，三是對付大規模戰

區戰爭。美認為最高級別的危機反應是打贏大規模戰區戰爭，在可以預見的將來，美必須保持有效懾止和擊敗在兩個相距遙遠的地區幾乎同時發生的大規模戰區戰爭的能力。為此，更必須有能力在兩個地區連續快速擊敗敵手最初的進攻，必須計劃和準備擊敗敵國使用非對稱手段如大規模毀傷武器、資訊戰或恐怖活動對美的挑戰。

所謂「準備」（Prepare）就是為應付未來難以預測的重大挑戰做好準備。這主要包括三個方面：(1)推行重點明確的現代化計劃，有選擇地增加軍隊現代化方面的投資，從引進新的裝備系統和替換已接近其使用壽命的冷戰時期的裝備。(2)發展軍事革命，建立和運用資訊優勢，確立向資訊時代軍隊轉軌的戰略目標，逐步完善並實施以《2010 年聯合作戰構想》為核心的軍事革命戰略規劃體系。(3)利用「經營革命」，削減管理費用和精簡設施，充分利用採辦改革，支援工作轉給民營部門或實行私有化，支持民用技術，運用綜合程式的產品開發，增加與盟國的合作性開發計劃等。

透過上述三次戰略評估，三次戰略調整，一個適應國際戰略格局的轉折性變化，面向 21 世紀的美國國家安全戰略的新框架大體成形。持續了近半個世紀的以蘇聯為主要作戰對象、以歐洲為主要作戰方向、以大規模全球對抗為主要作戰樣式、以確保相互摧毀的核子威懾為基礎，以龐大的機械化軍隊為主要作戰力量的「遏制戰略」逐步讓位於以積極領導和參與國際事務為靈魂，以預防性行動積極塑造有利於美的安全環境為優先目標，以可能危及美國戰略利益的地區性軍事強國為主要作戰對象，以核子與高技術常規威懾為基礎，以資訊化武裝力量為主要手段，以干預地區性衝突為重點的新戰略。至此，持續了

八年的美國國家安全戰略由「冷戰型」向「冷戰後型」的轉軌基本完成。

四、國家安全新戰略的特點與內在矛盾

美國國家安全戰略的這次調整，無論在深度上還是在廣度上都是戰後四十年來最大的一次調整，是冷戰後美國安全戰略的一次戰略性轉變。目前這一調整雖已初具規模，但調整仍在進行之中，很有可能要持續到 21 世紀初方能最後完成。目前要對它的性質、特點、影響與後果做出全面評價似乎為時尚早，僅據現有情況看，我們大體可以得出以下幾點認識：

第一，這次戰略大調整表明美國國家安全戰略運行機制尚有一定的靈活性和適應性。美國歷史上隨著國際戰略格局的大變動而對國家安全戰略進行較大調整大約有三次。第一次是第一次世界大戰後隨著凡爾賽—華盛頓體系的確立逐步由主張本土防禦的孤立主義向「有特定目標的干涉主義」的轉變。第二次是第二次世界大戰後隨著雅爾達體制的確立，實現由西半球防禦戰略向與蘇爭霸的全球戰略的轉變。第三次就是近期的這次戰略調整。與前兩次調整不同，這次戰略調整不是大規模戰爭的結果，而是在相對和平常時期進行的，因而具有更大的不確定性和複雜性，持續時間也較長。在歐洲局勢突變之初，美國就從自身利益出發，及時把握其戰略動向，提出對傳統的「遏制戰略」大膽實行「超越」。如對美國國家安全戰略中的強權政治色彩另作別論，單就美維護其「國家利益」而言，新的安全戰略對變化中的美國安全環境的分析及著眼於地區衝突的總體

思路應該說在一定程度上對國際戰略格局劇變的現實作出了較為靈敏與迅速的反應。

第二，新世紀美國國家安全戰略呈現以下幾個新的特點：

一是戰略內涵擴大化的趨勢。美國政府正式把「經濟安全」和所謂「全球民主化」納入國家安全戰略範疇，帶有濃厚的「柯林頓主義」色彩，是美新的國家安全戰略引人注目的新內涵。「冷戰」時期，美蘇耗費鉅資，展開無休止的軍備競賽，美雖贏得了「冷戰」的最後勝利，但美蘇一死一傷。美國的經濟和綜合國力的增長速度日益落後於世界其他主要國家，特別是受到了德、日越來越大的挑戰，美國的實力地位受到了嚴重的削弱。因此經濟安全已成為關係美國興衰和戰略地位的大問題，不能不引起美國朝野的關注。這也是為什麼贏得「冷戰」勝利的在任總統布希意外的敗在打「經濟牌」的阿肯色州年輕人柯林頓手下的重要原因。所謂「全球民主化」，則反映了美國政府力圖擴張「冷戰」戰果，加快美國價值觀念輸出，力求不戰而勝的戰略企圖。「經濟安全」概念和「全球民主化」概念的提出使美國的「安全」領域大為擴展了。

二是安全時空外延化的趨勢。如果說冷戰時期美在戰略指導上通常是圍繞當前危機展開的，那麼冷戰後美國安全戰略指導無論在時間上還是空間上都大大前移了。昔日全球戰略對手的消失使美有可能以唯一超級軍事大國的軍事實力，追求美國的絕對安全，無限提高其國家安全係數。為此，美由裏向外設置了三道安全防護圈：內層防護圈是對涉及美國安全利益的現實危險做出反應；中層防護圈是以強大的軍事實力懾止對美國可能的挑戰；外層防護圈是透過各種預防性行動創造有利於美的安全環境，防患於未然。美把安全戰略指導的基點盡可能向

外推移，首先著眼於營造有利的戰略環境，從而使美安全戰略指導的提前量大大增加了，在時間與空間上獲得更多的戰略迴旋餘地。

三是地區防務全球化的趨勢。冷戰後美國安全戰略的重點由全球對抗向地區衝突的轉移只不過是衝突型態的變化，並不意味著美國安全戰略由全球範圍向局部地區的收縮。恰好相反，美認為冷戰後美國的安全利益更加廣泛地遍佈全球各地，世界各地發生的地區性衝突都將與美的利益相關。新的戰略要求美具有在全球做出反應的行動能力，要求美更加積極地干預發生在全球各地的地區性事務。為保持美在歐洲的影響和領導地位，重建一個符合美國利益冷戰後的歐洲，美特別重視在歐洲保持一種看得見和有力量的前沿軍事存在，包括繼續保持 10 萬人的駐歐部隊和在附近水域前沿部署的海軍部隊的支援。鑑於亞太地區在美國戰略結構中地位日益上升，美十大貿易夥伴中有 5 個在亞洲，歷史上美對外戰爭也大多在亞洲進行，亞洲情結深植於美國社會，美強調透過保持 10 萬駐軍和第 7 艦隊在亞太地區遊弋並顯示其控制亞太事務的決心。在中東，自波灣戰爭結束以來，美不僅多次對伊拉克發動導彈襲擊，而且在科威特預置 1 個重型旅的裝備，在印度洋和太平洋的艦隻上預置 2 個重型旅的裝備，在波斯灣地區部署陸基飛機以為執行「南方監視」行動，與波灣有關國家及盟國軍隊共同進行一系列擴大的多國聯合演習，在伊拉克核查危機中，美又制定了代號為「波灣驚雷」的作戰計劃，在波灣地區迅速集結包括 2 艘航母、幾十艘其他艦艇、數百架飛機和 3 萬多部隊的重兵集團，隨時準備對伊實施打擊。拉丁美洲和加勒比地區一直被視為美國的後院，美始終把美南方總部和大西洋總部作為對該地區「安全承

諾」的象徵。在非洲，美軍直接參與了索馬利亞和盧安達的軍事行動。冷戰後，美國對全球事務的干預不是減少了，而是大大增加了，美國在世界各地的活動範圍不是收縮了，而是更加擴大了，美國國家安全戰略的全球色彩不是淡化了，而是更加濃重了。

四是重新軍事集團化的趨勢。在冷戰時期為全面遏制蘇聯，美不僅建立起先後有 16 國參加的龐大的北約軍事集團，還透過一系列雙邊與多邊軍事條約編織了遍佈世界各地的軍事同盟網。冷戰後，這些軍事集團與軍事同盟不但沒有因為主要戰略對手的消失而消失，反而在規模與作用上得到進一步強化。美認為美在冷戰後雖然是「唯一具有真正全球利益和全球干預能力的國家」，但實力仍然是「有限的」，「離開其他國家的積極支持和幫助，美國也無法單獨達到目的」。因此，美把從冷戰中繼承的安全關係當作推進冷戰後議程的關鍵，如果這一安全框架遭到削弱，就勢必影響美國決策和處理國際事務的能力。在冷戰後的國際環境下，美強調北約仍然是美參與歐洲事務的紐帶和跨大西洋地區安全的關鍵。為此，美積極支持北約推行「和平夥伴關係」的東擴計劃，進一步擠壓俄羅斯的戰略空間，強化軍事機器，擴張冷戰勝利成果，鞏固美對歐洲安全事務的主導權。同時，與北約東擴相呼應，美還在太平洋方向積極推動日美安保條約西擴。美把日本作為其亞太安全的基石，透過修訂「日美防務合作指導方針」，進一步強化了美日軍事同盟，促使日本防衛方針由本土防禦向干預「周邊事態」的外向型方針轉變。

五是威懾多元化與實戰化的趨勢。首先美強調核子威懾仍然是冷戰後美國國家安全戰略的柱石。在冷戰的大部分時間

裏，美國一直生活在「相互確保摧毀」的現實之中，核子威懾曾經是美首要的關注點，它消耗了美國大量的資源，高峰時一年耗費達五百多億美元，而且還佔用了大量的高素質的人才。冷戰後儘管美不再面臨全面核子戰爭的威脅，美對其戰略核子力量做了精簡與調整，但美仍然認為核子威懾是「美國的最終的保險單」，是防範未來不確定威脅的一道至關重要的屏障，美將繼續保持一支足以威脅任何核子國家的三位一體的戰略核子力量。即使按美俄《第三階段削減戰略武器條約》要求，美仍將擁有 2,000～2,500 枚戰略核子彈頭，在世界核子俱樂部中，仍居於無人企及的地位。不僅如此，在簽署《全面禁止核子試驗條約》的情況下，美仍繼續興建新的核子武器試驗室，並堅持進行亞臨界地下核子試驗，以改進其核子武器的技術性能，保持其強大的核子威懾優勢。其次在強調發揮核子威懾的核心作用的同時，美還強調加速發展具有戰略意義的常規力量，建立核與非核子相結合的多元威懾模式，增加美戰略威懾的多樣性、靈活性、可靠性與有效性。其三，在全面核子戰爭危險減少的情況下，美越來越強調透過核子力量與常規力量的實戰使用達到威懾目的，也就是說核子力量不只是發揮「盾」的作用，而且也將發揮「劍」的作用。至今美不放棄首先使用核子武器的選擇，宣稱其核子力量不僅用於懾止對美的核子攻擊，而且也用於懾止對美的常規軍事行動。只要美認為其安全受到威脅，不管對手是否擁有或運用核子武器，美都可以實施先發制人的核子打擊。不難看出，這種威懾實戰化的趨勢，大大降低了核子門檻，核子與非核子的界限日趨模糊，實際動用核子武器的可能性比以往更大了。

六是戰略力量高技術化的趨勢。為了確保 21 世紀美軍在任

何時候和各種作戰行動中都能以決定性優勢支配戰場，新的安全戰略強調大力推行「武器裝備現代化五年躍升計劃」，到 2001 年美軍武器裝備採購費將由 1997 年的 389 億增加到 601 億美元，扣除通貨膨脹因素，實際增長高達 40%。鑑於目前世界軍事革命的迅猛發展，美決心充分利用資訊時代科技的最新成果，致力於發展資訊武器和資訊戰優勢，按照《2010 年聯合部隊構想》，加速 C4ISR（指揮、控制、通信、電腦、情報、監視和偵察）的一體化建設，加緊研製、改進和裝備新一代精確打擊武器，包括取代「戰斧」式巡航導彈的「快鷹」巡航導彈，新一代的 F-22「超級星」式隱形戰鬥機、RAH-66「科曼奇」隱形直升機、V-22 垂直起降機、新型核動力攻擊潛艇、C-17 遠端運輸機、GPS 精確制導炸彈和攻擊地下掩體的 B61-11 型核子炸彈等等新一代技術兵器，並創立全新的以資訊戰為主體的作戰理論以及與之相適應的新的編制體制，使美軍的現代化水準提高到一個新的階段。

　　第三，新世紀美國國家安全戰略更具積極進攻性質。在美蘇冷戰對峙時期，美雖然在戰略上採取積極進攻姿態，大力發展戰略核子力量，並置重兵集團於歐洲地區，對蘇實行全面圍堵與對抗，但懾於全面核子戰爭的巨大風險及難以預測的災難性後果，美在戰役戰術層次上還是比較謹慎的，美在保持美蘇核子恐怖平衡的同時，盡可能避免直接與蘇迎頭相撞。在近半個世紀的美蘇冷戰中，除了古巴導彈危機美蘇曾怒目相向外，美更多的是利用其中小盟國與蘇進行代理人戰爭，自己盡可能隱身其後，暗中操縱。冷戰後隨著前蘇聯這個全球戰略對手的消失，美在軍事實力上已處於無人可以與之抗衡的唯一超級軍事大國地位。美在推行其新世紀國家安全戰略時不僅在戰略上

繼續保持了積極進攻的態勢，而且在戰役戰術上也表現出更大的進攻性與外向性。美比以往任何時候都更加頻繁地和無所顧忌地對外動用軍事力量，更加積極地直接干預在世界各地發生的地區性衝突。僅中東地區 90 年代以來，美就接連四次出兵波灣，動用了包括戰斧式巡航導彈、F-117 隱形飛機、核子動力航空母艦等在內的當代最先進的高技術武器裝備。可以說新世紀的美國國家安全戰略的積極進攻性質不但沒有減弱，反而更加強化和突出了。

第四，向「冷戰後」轉變的美國國家安全戰略並未真正脫離「冷戰」思維。美國與蘇聯長達四十年的「冷戰」雖然結束了，但「冷戰後美國安全新契約」並不是真正的「冷戰」的對立物，而在很大程度上繼承了「冷戰」思維。美國安全戰略關注的焦點從歐洲轉向第三世界，以及全力推進所謂「全球民主化」，也就意味著美國對第三世界和社會主義國家新的「冷戰」的開始。「冷戰」的對象變了，其戰略總目標並沒有變；「冷戰」的強度和形式變了，其政治性質並沒有根本改變。

第五，美國國家安全戰略以維護美國的唯一超級大國地位為主旨，這與世界多極化的必然趨勢是相違背的。在世界日益走向多極化和國際政治民主化的歷史潮流中，美試圖維持其一家獨尊的地位不僅是不明智的，而且是行不通的。美極力抑制任何新的政治經濟中心和戰略對手的出現，不僅受到世界各國的抵制，而且也引起了法、俄以及正在重新崛起的德日等國的警覺。美國為維護其「經濟安全」，已經而且必將進一步加劇西方發達國家之間、各經濟集團之間的摩擦，一輪新形式的經濟戰也許已經開始。

第六，美國國家安全戰略中戰略目標過大與戰略能力相對

不足的固有矛盾是不可克服的。以往在美蘇的全球爭奪中，美就一直有力不從心、捉襟見肘之感。這一戰略矛盾並沒有也不可能因為美蘇冷戰的結束而消失，相反在新的戰略環境下愈益突出。在波灣戰爭中，美國身為超級巨富竟然不得不「集資」打仗，深刻說明了美國戰略目的與戰略能力之間矛盾的尖銳性。這一矛盾的尖銳化特別表現在冷戰後以下趨勢的日益發展上：一是美國對外軍事干涉的強烈願望與集中力量振興經濟的客觀需求之間的矛盾趨勢；二是冷戰後地區衝突的廣泛性與美國軍事力量被迫收縮的矛盾趨勢；三是現代高技術戰爭日前增加的高消耗性與美國戰略資源日益遞減的矛盾趨勢；四是對盟國日益增加的依賴性與盟國離心力日益增大的趨勢。上述矛盾不能不對新形勢下美國國家安全戰略的調整與實施起著巨大的制約作用。美提出了同時打贏兩場大規模地區性局部戰爭的目標，這也是一廂情願的。不僅未來戰爭及衝突的突發性和對手的不確定性給美同時打贏兩場大規模地區性局部戰爭增添了許多不確定因素，而且現代戰爭的高消耗性也使美軍縱然能同時參加兩場大規模局部戰爭，但卻無力「打贏」。50 年代朝鮮戰爭打了 3 年，波灣戰爭僅打了 42 天，即耗資 600 多億美元，波灣戰爭總消耗量是朝鮮戰爭的 16 倍。現代戰爭的高消耗性無疑將嚴重限制美軍的行動能力。

在美國的外交戰略中始終存在著孤立主義與擴張主義的矛盾、現實主義與理想主義的矛盾。冷戰後美國外交目標方面存在的爭論是，在其三大外交政策目標經濟、安全和人權中究竟應以哪一個為重。上述這兩種爭論都與美國的人權外交有著直接的聯繫。因為現實主義與理想主義對立的另一種表達就是國家利益優先還是道德優先，而在經濟、安全和人權三大目標中，前兩者代表了對國家利益的考慮，即現實主義，後者則代表了道德考慮，即理想主義。正如美國學者 A．格倫．莫沃爾所說：「給予人權什麼樣的優先考慮的問題，實際上是一個『現實主義』和『理想主義』之間的舊有爭論的當代表達，即在現實主義和理想主義之間，究竟哪一個應當成為外交政策的主導思想」。[1] 因此，人權外交（其基本含義是在外交決策中把促進人權作為基本考慮）雖然是當代國際社會的新現象，但在美國的對外關係史上它始終以不同的形式存在著。

一般來說，人權外交可以界定為以促進人權為基本目標的外交政策，也可以理解為以人權為藉口來進行外交鬥爭。前者為美國人所推崇，也是他們盡力樹立的自我形象，而後者則是許多發展中國家對它的譴責。我們認為，美國在當代，特別是在冷戰以後加緊推行其人權外交，無疑是為建立世界霸權的總目標服務的，而且它時常運用雙重標準來干涉別國內政。然而，歷史上試圖建立某種霸業的國家，如西班牙、英國、法國、德國、俄羅斯、日本等，都沒有把在全世界促進人權，或者廣而

---

[1] A. Glenn Mower, JR., *Human Rights and American Foreign Policy, the Carter and Reagan Experience* (New York: Greenwood Press,1987), p.27.

言之推行某種道德理想作為工具，唯獨美國是如此，而且人權外交已正式成為其冷戰後的全球戰略的組成部分；翻開一部西方外交史，能夠被很少有爭議地看作是理想主義外交政策的典型事例，恐怕也只能在美國找到。這樣看來，僅僅指出人權外交是美國的政策工具、藉口和幌子，尚不足以解釋美國人權外交的深層原因和社會背景，在這些方面還需做一些更深入的探討。

一、冷戰時代美國人權外交的產生和發展

人權概念被引進美國外交領域始於第二次世界大戰後，而1976 年上臺的卡特政府大張旗鼓地推行人權外交可以說是美國人權外交史上的一個里程碑，從這時起，人權外交開始成為美國對外政策的一個重要特徵。

(一)卡特政府時期

除了美國的歷史經驗之外，卡特開始倡導人權外交，應主要歸因於卡特政府時期上任前一個時期的國內國際環境。

有兩個重要的國內事件對美國外交政策的國內輿論基礎產生了重要的影響：

第一個是 60 年代的民權運動，它使公民權利的基本思想更加深入人心，它使廣大的美國人民，尤其是年輕的一代，瞭解到政府如何支持或默認對基本人權的否定。強調權利和價值的民權運動明顯地改變了美國的法律體系和政治體系，它推動國

會通過了美國歷史上最全面的民權法律——1964 年民權法，1965 年又通過了選舉權法，這些在很大程度上改變了人們的認識方式和行為方式。

第二個重要事件是水門事件。在美國公眾看來，水門事件揭示了掌權者可能如何濫用權力，表明了制度本身不能避免統治者的專斷行為。美國人覺得受了騙，多年來第一次瞭解到他們自己的政府可能任意利用權力來達到個人目的，侵害美國公民的權利。

此外，在 60 年代和 70 年代的國際環境中，在外交方面對美國國內輿論影響最大的事件是越南戰爭。越南戰爭震動了美國整個社會、政治和經濟結構。它是一個起催化作用的事件，對後來美國的人權外交產生了巨大的心理影響。[2] 對許多美國人來說，越南戰爭表明美國放棄了道德領導作用，否定了傳統的價值。他們疑惑美國怎麼會阻止其他民族的自決。他們看到自己的國家侵犯了一個萬里之外的小國，捲入了暴力和殘酷的衝突。他們看到無辜的越南老百姓被大量殺害，美國士兵被派往戰場送死，而關於什麼是美國侵略目的的問題所得到的回答卻是死亡統計和即將贏得戰爭的預測。在美國公眾看來，國家的利益和安全的目標與美國對吳廷琰政權的支持和轟炸柬埔寨毫不相干，政府的行為也與美國人民的自我認識完全矛盾。許多美國人感到他們的政府是在揮霍巨大的財力和人力來製造人類的苦難，而對於南越政權的反民主和壓迫性質卻置若罔聞。

---

2 Mark L. Schneide, "A New Administration's New Policy: The Rise to Power of Human Rights", in Peter G. Brow and Douglas Maclean ed. *Human Rights and U.S. Foreign Policy, Principles and Applications*, p.4.

行政和立法權力的原有平衡也因越南戰爭而受到挑戰。J·威廉·富布賴特（J. William Fulbright）參議員舉行了第一個參議院外交委員會關於越南戰爭的聽證會，它開始向美國公眾透露在印度支那所發生的事情。從此以後，脫離戰爭的呼聲開始在美國人民和國會中增長。國會年復一年地不斷圍繞著軍事授權和對外援助法案進行鬥爭。國會中那些強烈要求美國停止軍事捲入的人，也正是以後對政府缺乏對人權的足夠關注提出質疑的人。

國會辯論中的主詞也在變化。反戰者最初以與戰爭支持者同樣的理由來反對戰爭，從國家利益和國家安全的出發來檢驗美國的介入是不是走得太遠，資源的花費與所追求的目的是不是不成比例。然而，不久以後，對於大多數國會議員來說，越南戰爭主要成為一個道德問題而不僅僅是軍事問題，參眾兩院的議長對美國對越政策的攻擊也相應地變為越南戰爭與美國人的某些基本道德價值相衝突。

僅僅第92屆國會就通過了大約200項制止或限制戰爭的修正案，這些法案在逐步成為法律。國會中每年軍事採辦和國防部撥款法以及對外援助授權都成為的關於越南戰爭爭論的引子。這些法案涉及戰爭資金和所有的防務專案資金。支持通過這些法案的國會議員的數量在逐漸擴大。

於是，美國國會在70年代成倍地通過了與美國外交相關的法案，這些法案開始用人權標準來制約美國的外援政策。迄今影響美國對外援助政策的三項基本法律都是在這一時期通過的，它們是502B條款，涉及所有的安全援助，規定不得向任何一個其政府參與持續地、全面地侵犯國際上公認人權的國家提

供安全援助[3]；116 條款，它涉及所有的雙邊經濟援助，第一次提出外援要根據一個國家的人權記錄，它聲明：「不得向下述任何國家提供援助，這些國家的政府參與不斷且大量地侵犯國際上承認的人權，包括拷打或給予殘酷及非人道或侮辱性的待遇或懲罰，不經起訴延長拘留，或其他公然否認人的生命、自由、安全權利的做法，……除非這樣的援助將直接使處在這樣的國家中的貧困人民受益。」[4] 701 條款，它把影響雙邊經濟援助的條件擴大到主要的國際銀行，這一條款授意財政部指示美國駐這些銀行的代表投票反對向上述國家貸款，但同時又一次設了一個類似的保留。[5] 此外還有關於貿易的 1974 年貿易法（傑克遜修正案），它對美國給予最惠國待遇的人權方面做了規定。

據分析，國會關於越南戰爭的辯論有三種動機，首先是提出與基本人權相衝突的外交政策問題；第二，不能允許在一個民主國家執行一項相當多一部分人反對的外交政策；第三，國會想要表明它在決定美國外交政策方向上的作用。這三個傾向與以後政府把人權放在外交政策中的顯著位置有直接關係。

在越南戰爭的背景下，國會還對總統在緊急狀態下的權力做了限制。1993 年國會通過了戰爭權力協定，它是國會試圖限制行政部門在國外捲入敵對行動的一個重要步驟，它要求國會「在可能的情況下」參與關於美國在國外採取軍事行動的協商。關於對外出售武器的行政協定，若成交額超過若干數額，

3 David P. Forsythe, *Human Rights and U.S. Foreign Policy, Congress Reconsidered,* (Gainesville: University of Florida Press, 1988), p.175.

4 ibid., p.180.

5 ibid., p.183

必須經參議院批准。[6]

　　由於上述原因，卡特總統上臺後美國開始奉行人權外交便不是偶然的了，特別是許多在 60、70 年代積極參與民權運動的國會議員也進入了卡特政府。此外，由一個民主黨總統首先倡導人權外交，在美國歷史上似乎也順理成章，因為民主黨較之共和黨更傾向於推行理想主義的外交政策，被當作是理想主義典型的美國外交政策就產生於民主黨的威爾遜總統時期。

　　此外，還有一個不容忽視的個人因素，那就是卡特總統本人的個人特點。有兩個因素影響著卡特的人權認識，一是他具有強烈的宗教信仰，二是他長期在美國南部生活，這使他熟知民權鬥爭，因此卡特較其他總統更容易具有在全世界追求人權的傾向。

　　在卡特任職期間，從 1977 年初到 1978 年底，美國政府以人權為名反對向 16 個國家提供 52 項貸款。新的政策也擴展到進出口銀行和海外私人投資公司（OPIC）。由於推行人權政策，在 1977 和 1978 兩年中，美國政府改變了向 12 個國家轉讓武器的計劃，其中一些被取消。[7]

　　除援助專案之外，美國的其他外交行動包括各種層次的外交對話，公開表明美國支持受到鎮壓的反對派的立場，以人權為由改變文化交流專案，對非民主國家的政治提出公開批評，

---

[6] 李道揆《美國政府和美國政治》，中國社會科學出版社，1990，第 424~426 頁。

[7] Mark L. Shneider, "A New Administration's New Policy: the Rise to Power of Human Rights", in Peter G. Brown and Douglas MacLean ed., *Human Rights and US Foreign Policy, Principles and Applications,* Lexington: D.C. Heath and Company, 1979, p.12.

把人權標準作為與有嚴重侵犯人權記錄的國家進行雙邊討論的重要議題。卡特總統在推行人權外交方面引起全世界注目的一個事件，是他在上臺一周後即親自寫信給蘇聯的持不同政見者薩哈羅夫，表示支持他在人權問題上的立場。在多邊舞臺上，美國政府所採取的第一個步驟是在主要的國際人權協定上簽字，包括《美洲人權公約》、《公民權利和政治權利國際公約》和《經濟、社會和社會權利國際公約》，表明美國想要履行它的國際人權責任。[8]

在聯合國，美國也在人權委員會中起了更積極的作用，它為設立聯合國高級人權專員（UN High Commissioner for Human Rights）的職務進行了積極努力，並尋求透過其他的機制來結束拷打現象。在聯合國教科文組織中美國致力於建立特殊的程式來保證該機構能收到關於一些地區違反人權的申訴，並據此採取行動。這些程式於 1978 年被採用。

此外還有兩個用來影響其他國家政府人權實踐的方法，一是逐年發表「人權狀況報告」，這是美國國會 1976 年的法令所要求的；二是採取措施在其他國家鼓勵發展「民主體制和實踐」。

卡特政府還透過外交渠道來對某些政府施加壓力促使它們走向民主化。美國駐菲律賓大使不斷告誡馬可仕總統：在菲律賓建立民主政府對於緩和它與美國的緊張關係以及菲律賓的政治穩定和經濟發展是必不可少的。美國促進了宏都拉斯、巴西、秘魯和波利維亞的選舉，尤其是宏都拉斯 1981 年的選舉被看成是卡特政府的一個功績。卡特還在恢復智利文職政府的過程中

---

8 同上註。

有著重要影響。1984 年烏拉圭選舉之後，當選總統聲明：「卡特政府充滿生氣的政策是對烏干達民主進程最重要的外界影響……我們所獲得為數不多的重要援助來源是美國政府政策的產物，它不斷地注視著對人權的侵犯行為。」[9]

　　卡特總統的人權外交在他任期的後兩年明顯地減弱下來，這是由於他在國內招致了許多批評，說他在外交政策上過分重視人權目標而忽視了國家利益，指責他在冷戰中出賣了友好盟國，其中最有爭議的是對於美國來說具有極其重要戰略意義的伊朗的政策。親美國的巴列維國王統治的垮臺和對美國持敵對態度的宗教領袖柯梅尼的上臺，被批評者說成是卡特在國際上倡導人權和公開批評巴列維國王在國內破壞人權的結果。

（二）雷根政府時期

　　雷根總統領導的共和黨政府於 1981 年上臺後，美國國務院發表的「人權報告」認為：「人權是美國外交政策的中心，因為它是美國自我概念的中心……。人權不是某種被加到我們外交政策上的東西，而是外交政策的最終目的：在全世界維持和促進自由……人權是把外交與美國人民的傳統聯繫在一起且具有關鍵重要性的問題。」[10] 但是在雷根政府看來，「在促進美國的地緣政治利益和人權之間存在著協調性」，「蘇聯是壓倒一切的

9　ibid., p.114.

10　*U.S. Department of State, Country Reports on Human Rights Practices, for 1982: Report Summitted to the Committee of Foreign Affairs, House of Representatives and the Committee on Foreign Relations, U.S. Senate* Washington, D.C.: U.S. Government Printing Office, 1983, p.7.

問題」,「共產主義國家是侵犯人權的同義語」。[11] 雷根說他將直接關注蘇聯和其他社會主義國家的人權,他的做法正是如此。雷根政府信奉的是「在美國的權利政策面前首當其衝的不是獨裁政權,而應是共產主義獨裁政權」。[12] 因此,在雷根政府看來沒有任何事情比保衛美國的盟國不受到蘇聯的挑戰更重要。1982 年雷根對英國議會做了一次演講,贊成在全球爭取民主的運動。而柴契爾夫人更為明確地指出,這段話是反對共產主義的意識形態鬥爭的一部分。

　　第一屆雷根政府期間美國政府雖然繼續倡導人權外交,但其人權政策的基本特徵是執行雙重人權標準。根據這種標準,共產黨國家受到批評甚至懲罰,而友好的盟國即使有嚴重侵犯人權的行為,也漠然視之,甚至對其政權加以扶植。[13] 美國政府官員用所謂的「悄悄的外交」來對待友好的獨裁政權,即只是勸告它們做出改進,南非即是一例。在聯合國裏,雷根政府幾乎把注意力集中於古巴和其他社會主義國家的人權問題。一個不會講英語的古巴裔人竟被提名為美國駐聯合國人權委員會代表團團長。

　　美國政府也放棄了在多邊發展銀行(MDBs)中的投票作為推行人權政策手段的做法,在這些銀行中,美國只以人權為由反對它認為不友好的左派政府。它不再反對向那些與美國利

11　*Human Rights and American Foreign Policy, Principles and Applications*, p.26.

12　David P. Forsythe, "Human Rights and US Foreign Policy: two Levels, two Worlds in Political Studies", in *Political Studies*, Vol.43, *Special Issue 1995, Politics and Human Rights*, Edited by David Beetham, p.120.

13　*Human Rights and American Foreign Policy, the Carter and Reagan Experiences*, p.109.

益有關的右派政府貸款，無論它們侵犯人權的程度有多大。

　　1981 年 2 月，美國駐國際金融機構（IFIs）的代表接到指示不再以人權為由反對向阿根廷、智利、烏拉圭、巴拉圭貸款。雖然這些國家仍然被普遍認為嚴重地侵犯人權，但美國政府聲明，它們的人權狀況已經得到了「引人注目的改善」。美國還改變了原先對國際金融機構向菲律賓、瓜地馬拉、南非、韓國、薩爾瓦多提供援助的否定立場。而同時，它並沒有放棄用國際金融機構的援助作為工具向安哥拉、敘利亞、貝寧、南葉門、老撾（寮國）和越南這些得到蘇聯支援的國家施加壓力。

　　在 1985 年前九個月中，雷根政府至少支援給予八個嚴重侵犯人權的國家貸款：菲律賓、土耳其、瓜地馬拉、巴拉圭、韓國、海地、巴基斯坦、薩爾瓦多，這些國家都是美國的盟友。它反對給予援助的僅有的三個國家都是在「左派」統治之下：安哥拉、敘利亞、南葉門。從 1984 年 10 月到 1985 年 3 月，美國曾反對向五個國家貸款，其中只有一個屬於美國政治營壘，即智利。同一時期，它支持了 31 項向 8 個對它友好的右翼政府的貸款，雖然它們按美國的標準都有很糟糕的人權記錄。[14] 除此之外，美國政府還採取了一些直接針對蘇聯的措施，例如 1981 年底以蘇聯支持波蘭政府軍管對它實行經濟制裁，包括限制高技術的出口，延遲出售糧食的談判，停止蘇聯航空公司的飛機飛往美國等。[15] 透過這些事例我們可以看出，雖然美國政府在處理對外關係時口不離人權，但此時考慮的卻只是冷戰問題，

---

[14] ibid.p.116.

[15] 熊志勇，〈美國的人權外交與其全球戰略〉，《美國研究》，1991 年
　　第 4 期，第 50 頁。

而不是人權狀況，人權僅僅被利用來作為冷戰的工具。

　　第二屆雷根政府略微改變了對一些國家的人權政策，其中的原因是複雜的。首先，其班底中的許多人被更實用主義的人所接替。其次，這些實用主義者，尤其是舒爾茨（George Shultz）和許多外交部的官員認為，一些國家中的反共獨裁者實際上有害於美國長遠的安全利益，例如菲律賓。這樣，美國改變了以前歷屆政府對菲律賓馬可仕總統獨裁統治的支持政策，並運用其影響力於 1986 年幫助結束了馬可仕的統治。在海地右翼專制者讓—克勞德・杜瓦利埃（Jean-Claude Duvalier）的垮臺中雷根政府也起了作用。[16] 在智利，美國擔心，如果安古斯托・皮諾切特（Angusto Pinochet）擔任總統太久，會導致極左派重新出現。於是，舒爾茨和其他人如美國大使哈里・巴恩斯（Harry Barnes）努力使皮諾切特離開總統職位。雖然第一屆雷根政府曾在聯合國為皮諾切特辯護，但他的第二屆政府卻幫助起草和聯合發起了一項批評智利人權記錄的決議，同時根據人權記錄否決過對智利和烏干達的貸款。對智利貸款的否決是雷根政府把 701 條款應用於右翼政府以來的第一例。[17] 這一變化產生於對美國長期安全利益的重新估計，其實人權外交仍然服從於戰略需要。其他兩個例子是阿根廷和瓜地馬拉，國務院人權司司長埃利奧特・艾布拉姆斯（Elliott Abrams）稱它們為「被廣泛注意到的雷根總統促進人權和民主的成功」。

　　由於雷根政府不把經濟和社會權利列入人權範圍內，因此

---

16 David P. Forsythe, *Human Rights and American Foreign Policy, the Carter and Reagan Experiences,* New York: Greenwood Press, 1987, p.110.
17 ibid., p.116.

在它的報告中比沒有包括各國的「社會經濟和文化狀況」的部分。

　　總的來說，這一時期美國政府的人權外交明顯地服從於冷戰這個更大的戰略目標，因此其人權外交中的雙重標準問題十分突出。第二屆雷根政府的對外政策表面上看起來似乎更注重人權，因而在國家利益和人權兩方面之間取得了一些平衡，但其基本考慮仍然是美國的國家利益。[18]

二、冷戰後美國的人權外交

　　1990 年冷戰結束以後，美國的人權外交至少從形式上看不再與意識形態的鬥爭交織在一起。美國政府不再特別強調人權考慮在外交政策制定中的重要地位，這是因為實際上人權因素已與美國外交政策有機地結合在一起，特別是經過從冷戰時代到後冷戰時代過渡的布希政府到柯林頓政府，美國政府似乎找到了人權在外交政策中恰當的位置，即把人權列為三大外交政策目標之一。它既不像卡特政府的前期那樣過分追求人權目標，表現出佔壓倒優勢的理想主義；又不像在雷根政府時期那樣，為了與共產主義進行意識形態的鬥爭而推行雙重的人權標準，過分明顯地把人權外交作為冷戰工具；也不像在布希政府時期那樣保留但又在一定程度上淡化人權意識。這反映出美國

---

18 David P. Forsythe, *Human Rights and Peace,* Lincoln NE: University of Nebraska Press, 1993, ch.5.

政府試圖在外交政策中的現實主義和理想主義之間找到平衡點（更可能是不自覺地）。然而要達到平衡並非易事，它越是試圖維持兩者之間的平衡，其結果就越可能是在兩者之間搖擺不定。不過，從卡特政府的人權外交高峰後，並不意味著美國外交政策的特徵向尼克森—季辛吉時期的現實主義回復，因為人權考慮已經成為美國外交政策決策中的一個不可分割的因素。

(一)布希政府時期

從雷根政府的外交政策到布希政府的外交政策的過渡是平穩的，存在著基本外交政策的延續[19]，這不僅因為布希本人曾擔任了八年雷根的副總統，而且因為布希班底裏的很多重要官員都曾在雷根的班底中做過事，如國家安全顧問布倫特·斯特考羅夫特（Brent Scowcroft）、國務卿詹姆斯·貝克（James Baker）、中央情報局主任威廉·韋伯斯特（William Webster）、國防部長迪克·錢尼（Dick Cheney）、參謀長聯席會議主席科林·鮑威爾（Colin Powell）。但是另一方面，由於布希政府正好處於世界從冷戰時代向後冷戰時代過渡的時期，世界舞臺上發生的一些重大變化所帶來的挑戰：冷戰的結束，蘇聯的解體，東德的統一，使他應接不暇。布希政府的迫切任務是忙於應付和處理突如其來的重大轉變時期所面臨一系列複雜的國際事變。雖然布希曾提出「建立世界新秩序」的象徵性目標，在這個新秩序中人權將特別受到保護，但事後證明它不過是一個沒有實際內容的空

---

19 Dilys M. Hill and Phil Williams ed., *The Bush Presidency, Triumphs and Adversities,* New York: The Macmillan Press LTD, 1994, p.164.

洞口號。正因為此，雖然布希政府時期美國的外交由一系列引人注目的重大國際行動所組成，但美國國內研究者對布希的批評是「缺乏制定冷戰後外交政策的長遠眼光」。

在美國的評論家看來，布希比卡特和雷根都較少道德主義。[20] 有評論說，布希本人是明顯的實用主義者，「不在意識形態上信奉民主和人權的理想」。《紐約時報》上刊登的 A・M・羅森塔爾（A. M. Rosenthal）的文章批評他，「不懂得美國的權力和美國的民主理想必須結合起來，才能創造美國的效率，兩者不可或缺」。[21] 由於這個原因，人權雖然在布希政府的外交政策中佔有一席位置，但與雷根政府相比，布希政府外交政策的人權色彩較弱。

布希政府時期美國人權外交以一系列所謂的「人道主義」干預為特徵。美國政府最初在 1991 年春南斯拉夫發生危機時無所作為，而波斯尼亞 1992 年 2 月 29 日宣佈獨立釀成了歐洲自二戰以來最嚴重的種族危機。直到 1992 年 12 月 21 日，布希才傳達給斯洛博丹・米洛舍維克（Slobodan Milosevic）一個明確的警告，如果塞族侵犯科索沃或馬其頓，美國將進行直接報復。[22]

1989 年 12 月 20 日入侵巴拿馬是布希政府所進行的第一次軍事干預。此前雷根政府已經譴責過巴拿馬馬奴埃爾・諾列加

---

[20] *Political Studies,* Vol. 43, *Special Issues 1995, Politics and Human Rights,* p.124.

[21] Charles-Philippe David, "Who was the Real George Bush? Foreign Policy Decision-Making Under the Bush Administration", in *Diplomacy Statecraft,* Vol.17, March 1996, No.1, p.217.

[22] ibid., p.217.

（Manuel Noriega）專政政權捲入販毒、支持遊擊活動、大量濫用資金和騷擾美國在巴拿馬運河區的駐軍。1986 年夏季諾列加開始成為美國所厭惡的人物。1987 年美國停止了對他的政府的經濟和軍事援助，1988 年 2 月他被佛羅里達的大陪審團指控為從事毒品交易。美國凍結了巴拿馬存放在美國銀行中的資產，並要求在巴拿馬國內舉行自由選舉。

布希入主白宮後，巴拿馬的局勢急轉直下。1989 年 5 月巴拿馬舉行大選，布希政府期望反對派透過選舉擊敗諾列加，因此向它投注了 1,000 萬美元的援助。5 月 7 日，反對派以明顯優勢贏得了初選，而政府一方也宣佈自己在大選中獲勝。5 月 9 日，布希公開譴責諾列加在選舉中舞弊，要求他尊重大選結果。10 日諾列加宣佈大選無效。布希立即召回了美國駐巴拿馬大使，下令向巴拿馬運河區增派 2,000 人的軍隊。

在美洲國家組織為巴拿馬以民主方式交接政權的斡旋失敗後，9 月 1 日，由巴拿馬軍政當局組成的國務委員會委任弗朗西斯科‧羅德里格斯組成臨時政府，美國政府認為這是非法的，拒絕承認由「諾列加安排的政府」，布希總統聲明斷絕與「非法政府」的一切外交關係，並宣佈新的制裁措施。危機在 12 月 16 日一名美國士兵被殺害和另外兩名遭到襲擊時達到了頂點。諾列加此時成了美國新聞媒介的頭號公敵。

12 月 17 日布希命令入侵巴拿馬，20 日美軍發動了直接軍事入侵。2.6 萬名美國海軍陸戰隊的兵力從美國本土和美國駐巴拿馬的軍事基地投入了行動。諾列加在軍事失敗後躲進了梵蒂岡的駐巴拿馬使館尋求政治避難，美軍包圍了該使館，並施加外交壓力迫使梵蒂岡拒絕了諾列加的避難要求。1990 年諾列加在離開使館時被美軍扣押，並被押送到美國霍華德空軍基地，

由美國緝毒署官員正式將其逮捕。隨後，5 月份在大選中宣佈獲勝的反對派領導人恩達拉出任巴拿馬新總統。

雖然美國那次入侵巴拿馬的藉口是諾列加參與了國際販毒，損害了美國的利益，根據美國的法律要把他捉拿歸案，藉此恢復巴拿馬的民選政府，但它的入侵行為在國際上是否有權干預他國主權引起了很大的爭議。人們幾乎難以想像，一國元首要由另一國家以販毒的罪名派軍隊進入加以逮捕，還要由那個國家的法庭根據它的法律來進行審判（1991 年 5 月 9 日，美國佛羅里達州邁阿密聯邦法院開始對諾列加進行審訊。1992 年 7 月，該法院以「參與國際毒品走私」等 8 項罪名判處諾列加四十年徒刑。1993 年 10 月 20 日，諾列加又因與殺害一名反對派人士有關，被巴拿馬巴奇里基省高等法院判處二十年徒刑）[23]，這在國際上很難找到先例。而且，美國的真實目的是不是僅限於此還很值得懷疑的。

有理由認為，在這些藉口背後掩蓋的是美國維護其安全利益的真實動機。美國在巴拿馬運河區有 14 個軍事基地，設有美軍南方司令部。其中的霍華德基地是美國在拉美最大的空軍基地，可以接受和安置美國所有的核子與非核子戰略空軍力量。美國在巴拿馬還設有訓練拉美國家軍人的訓練中心。保持美國在巴拿馬的軍事存在不僅對控制巴拿馬運河，而且對控制西半球和太平洋、大西洋兩大洋都具有重要的戰略意義。此外，根據 1977 年新的《巴拿馬運河條約》規定，到 1999 年底，巴拿

---

23 徐世澄主編，《美國和拉丁美洲關係史》，社會科學文獻出版社，1995
年，第 277 頁。

馬將全部收回運河，美軍應全部撤出，「由巴拿馬共和國單獨管理運河，在本國領土上部署軍事力量、維持防務地點和軍事設施」，運河將「永久中立」。[24] 這樣，在美軍撤走之後維持一個親美的巴拿馬政權，保護美國在運河區的利益，或者更好一些，在運河條約有效期滿之前的最後十年重新談判條約，繼續保持美國在運河地區的軍事存在，對於美國來說就是至關重要的。假若諾列加政權執行的是親美政策，而且對美國的利益備加關照，那麼美國的政策就可能不致如此，即使它是一個軍事獨裁政權。但諾利加政權偏偏對美國桀驁不馴，又與古巴十分接近，這就使得布希政府難以容忍，對可能出現一個「尼加拉瓜—古巴—巴拿馬」聯盟「深感憂慮」。[25]

在布希政府對巴拿馬進行軍事干預之後，美國遭到了拉美國家的普遍指責。為了平息它們的不滿，緩和與它們的緊張關係，美國副總統奎爾於 1990 年 1 月下旬訪問了宏都拉斯、巴拿馬和牙買加三國。但他訪問墨西哥、委內瑞拉等主要拉美國家的計劃卻遭到了這些國家的婉拒。在美國的幫助下上臺的恩達拉政府由於國內的輿論傾向，也多次聲明在他任內不與美國重新談判美國在 2000 年後繼續保持它在巴拿馬運河區的軍事基地問題。

如果說在入侵巴拿馬的問題上布希政府尚能以恢復民主政

---

24 參見 Richard A. Melanson, *American Foreign Policy Since the Vietnam War, the Search for Consensus From Nixson to Clinton*, Armonk, New York: M.E. Sharpe, 1996, p.276；徐世澄主編，《美國和拉丁美洲關係史》，第 276 頁。
25 徐世澄主編，《美國和拉丁美洲關係史》，第 276 頁。

治為由，那麼波灣戰爭前後布希政府在波灣地區的政策則明顯不過地表明瞭其現實主義態度。1990 年 8 月以前，薩達姆‧海珊因被看作是遏制伊朗宗教領袖阿亞圖拉‧柯梅尼影響的重要盟友。當美國國會 1990 年春夏打算以人權為由減少與伊拉克的貿易時，布希政府堅決反對，然而在伊拉克當年 8 月入侵科威特之後，布希政府的態度發生了 180 度的轉變，譴責薩達姆是西方盟國石油供給線的威脅，而且是希特勒的化身。美國政府用了最聳人聽聞的詞句來指責海珊對科威特和伊朗政策，以此來動員美國公眾對「沙漠風暴」行動的支持。美國政府態度發生變化的根本原因是，伊拉克入侵科威特的行動嚴重威脅了美國的石油供應線，有可能危及美國的經濟穩定。8 月 7 日布希宣佈在沙烏地阿拉伯的沙漠部署軍隊。在以後的 4 個月裏，美國向波灣地區派遣了 5 萬人的軍隊，這是美國繼越南戰爭以來最大的一次出兵。波灣戰爭爆發於 1991 年 1 月 7 日，六個星期後以美國軍隊的全面軍事勝利而告結束。

然而，從人權的角度來看，布希政府在波灣戰爭之後並沒有對沙烏地阿拉伯施加壓力促使其民主化。沙烏地阿拉伯畢竟是美國軍事行動的主要基地，而且對於西方經濟來說至關重要。由此看來，美國對波斯灣人權問題的關注依賴於華盛頓對自身利益的權衡，特別是在石油供應和遏制伊朗的問題上。

當不存在威脅現實國家利益的問題時，布希在人權問題上表現得較果斷。1992 年秋季當索馬利亞發生普遍饑荒和嚴重的內亂時，布希決定把 2.8 萬名美國士兵部署在索馬利亞以維持治安，並向索馬利亞運送了大量的人道主義救援物資。這一行動

在美國國內非常具有感召力，在國際上也頗得人心，它在一定
程度上是成功地制止了饑荒和派別戰爭。[26]

　　布希簽署了《禁止酷刑和其他殘忍、不人道或有辱人格的
待遇或處罰公約》，並把它交給參議院批准。布希的政策與雷根
的政策差別在於他不再強調意識形態，因此在對待右翼政府的
態度上，他不再像雷根政府那樣主要以意識形態來決定政策。
在對南非的政策上，他接受了國會的表決，執行禁運，對白人
政權施加了更大的壓力。他對納爾遜·曼德拉（Nelson Mandela）
1990 年對美國的訪問表示了歡迎[27]，並加大了對薩爾瓦多政府
的壓力，要求對死刑隊和其他侵犯人權的機構實行更多的制約。

（二）柯林頓政府時期

　　完全在後冷戰時期上臺的柯林頓是遵循卡特的傳統進行競
選的，他批評共和黨的在任者拋棄了處理世界事務的人道基
礎。1992 年，柯林頓反覆批評布希不注重中國和海地等國家的
人權。他許諾，他將使民主即更廣泛的人權觀念成為外交政策
的主要議題。他任命沃倫·克里斯托夫（Warren Christopher）為
國務卿，後者具有曾在卡特政府工作的經驗；任命約翰·沙特
克（John Shattuck）為人權和人道事務助理國務卿，部分原因是
因為他曾為美國市民自由聯盟（American Civil Liberties Union）
工作過。他的國防部長萊斯·阿斯平（Les Aspin）也主張五角

26 "Who was the Real George Bush?, Foreign Policy Decision-making Under
　　the Bush Administration", in *Diplomacy Statecraft*, Vol. 7, March 1996,
　　No.1, p.178.
27 *The Bush Presidency, Triumphs and Adversities,* p.167.

大樓要更多地關注民主和人道事務。許多柯林頓任命的官員都有曾在私人人權組織中工作的經驗。總統國家安全顧問安東尼‧萊克（Anthony Lake）在卡特政府期間曾是國務院政策計劃司司長，他的副手薩繆爾‧R‧伯傑（Samuel R. Berger）也曾經是這個計劃組的成員。一位捷克政治避難者的女兒，具有強烈人權主張的馬德琳‧歐布萊特（Madeleine Albright）被任命為美國駐聯合國大使，在柯林頓的第二個任期又被任命為國務卿。

　　冷戰時期，美蘇之間的競爭是最緊迫的問題，任何干預都有可能造成雙方鬥爭的潛在危險。然而在冷戰結束後的 90 年代，波黑、索馬利亞和海地的情況已有所不同。

　　柯林頓當政時，實際上執行了布希的許多對外政策。最引人注目的是 1993 年的對海地政策。1990 年 12 月，在聯合國的密切監督下，海地舉行了民主選舉，一位左翼神父讓‧貝特朗‧阿里斯蒂德（Jean-Bertrand Aristide）當選為總統。他開始改組軍隊並著手實行經濟和社會改革，這些舉動引起了右翼勢力的嚴重不滿，1991 年勞爾‧塞德拉斯（Raul Cedras）將軍領導的軍事政變推翻了阿里斯蒂德的政府，他被迫流亡美國。如果這一事件發生於冷戰時期，美國政府很可能會因塞德拉斯將軍的反共立場而承認他的政權，但是布希政府毫不含糊地譴責了海地軍政府，支持安理會做出的一系列對海地實行經濟制裁的決議，並歡迎聯合國秘書長加利的私人代表丹特‧卡普托（Dante Caputo）與塞德拉斯談判恢復阿里斯蒂德的權力。讓聯合國的官員進入西方勢力範圍可以說是一個前所未有的舉動，這在冷戰時期是不可想像的。

　　海地的非法移民問題在布希時期也是引起國內關注的一個問題，但是布希政府拒絕把乘船逃離海地的人看作是政治避難

者。由於聯合國的經濟制裁削弱了海地的經濟，加上塞德拉斯政府繼續殺害阿里斯蒂德的支持者，致使海地逃難者的數量急劇增加。柯林頓在競選總統時極力批評布希的政策，即在美國的領海外攔截逃往美國的海地人，把他們遣送回美國，或者把他們囚禁在古巴的關塔那摩海軍基地，而不充分聽取他們的申訴。柯林頓發誓，如果他當選，他將改變這一政策。但是還沒等到他上任，他就改變了態度，準備繼續執行布希的政策。

然而，柯林頓政府遭到了來自國會黑人小組（Congressional Black Caucus）及其領導人夸瓦西‧恩福米（Kwasi Nfume）的國內壓力。這個小組認為美國有責任恢復海地的民主，如果必要的話，可以訴諸武力。與布希不同，作為民主黨人的柯林頓不能疏遠這一集團，他在國內問題上需要得到他們的投票支持，後者可以把柯林頓的海地政策作為其他立法的籌碼，例如1994年夏末的犯罪法。

柯林頓政府此時在對海地採取軍事行動方面有些進退兩難。一方面，公眾顯然對入侵海地缺乏熱情，另一方面政府內部也分成兩派意見：國防部持懷疑態度，而一些政府官員如萊克、歐布萊特和伯傑則把入侵海地看作是一個使用武力支持道德原則的絕好機會。卡特政府宣佈了塞德拉斯退職的最後期限，但他對此不予理睬。1994年9月，柯林頓被授權就美國軍隊和平進入海地以確保阿里斯蒂德回國任職採取行動。9月19日，美國軍隊在海地登陸，且未受到任何抵抗，在以後的不到一個月內，阿里斯蒂德返回海地重任總統。

在這次軍事行動的前夕，柯林頓在一次全國講話中解釋了行動理由，他提出了推翻塞德拉斯政權的四個主要理由。第一，海地的軍人統治嚴重侵犯人權，並驅逐了那些揭露他們行為的

國際觀察員。第二，它造成「大量移民外流的威脅，不斷威脅到我們的地區和我們的邊境控制」，美國政府已經花費了上百萬的美元來供養那些逃離者。第三，民主國家更可能維持和平，……創造自由市場和經濟機會，成為強大的、可靠的貿易夥伴。因此，「恢復海地的民主政府將有助於使我們的地區更加穩定和繁榮，正如我們在巴拿馬和格林納達的行動一樣」。第四，「美國具有重要的利益，不允許專制者，特別是我們地區的專制者，對美國和聯合國食言」[28]，這些理由的核心是要制止海地軍人政府侵犯人權的行為和恢復海地民主政府。

美國在索馬利亞的行動可能是一個最缺少美國國家利益背景的行動了，或許正因為如此，美國在那裏的決心更容易被動搖。

當 1993 年 3 月索馬利亞的饑荒明顯消除後，柯林頓政府強烈支持聯合國安理會的決議，幫助重建索馬利亞的「國家和地區體制以及平民政府」。這一行動直接威脅了那些想要利用饑荒來鞏固自己的權力基礎的氏族首領，尤其是穆罕默德·艾迪德（Mohammed Farah Aidid）。一個月以後，5 月初，24 名聯合國維和部隊中的巴基斯坦軍人在遭受伏擊時被殺害。美國支持安理會逮捕對這次攻擊事件負責的人的要求。這樣，前布希政府國家安全委員會的高級官員喬納森·豪（Jonathan Howe），作為聯合國秘書長加利在索馬利亞的私人代表前往索馬利亞指揮搜查首要嫌疑者艾迪德。他懸賞 2.5 萬美元，並請求美國派遣部隊

28　*American Foreign Policy Since the Vietnam War, the Search for Consensus From Nixon to Clinton*, p.264.

和突擊隊捉拿或處死這個軍閥。

　　雖然美國懷疑加利的做法，但美國高級官員仍然同意支持
聯合國的決議，授權並派遣部隊。歐布萊特公開聲明，索馬利
亞作為一個「失敗的國家」還是「一個正在出現的民主國家」
的命運正待裁決，申明美國有責任堅持到底。

　　1993 年 10 月，在將近兩個月無結果的搜查之後，美軍與
艾迪德的支持者進行了一次流血的巷戰。他們打死了數百名敵
對者，自己也有 18 人死亡。美國的電視播放了索馬利亞人拖著
一個美國士兵的屍體和一個受重傷的被俘美國直升飛機駕駛員
穿過摩加迪沙，美國輿論為之譁然。對「恢復希望行動」
（Operation Restore Hope）的支持開始煙消雲散，許多國會議員
要求美國立即從索馬利亞撤兵。柯林頓在一次對全國的演講中
（這是他的第一次有關外交政策的演講）申明，倉促的撤軍可
能不可避免地導致新的饑荒，嚴重損害美國在其朋友和盟友中
的信譽，削弱美國提供全球領導的能力，鼓勵「侵略者、暴徒
和恐怖主義者」對美國肆無忌憚的行為。[29]

　　柯林頓宣佈，5,000 名美國士兵將留在索馬利亞，除部署在
海岸的 3,600 名海軍外，將增派 1,700 名士兵。柯林頓把美國軍
隊的使命描述為：(1)保護美國軍隊和基地；(2)確保繼續運輸食
品供應；(3)「繼續對那些切斷救援供應和攻擊我們的人民施加
壓力，避免退回到無政府狀態」；(4)幫助索馬利亞人，使他們有
可能解決爭端，並「在我們離去後維持下去」。他還宣佈，奧克
利（Oakley）大使將再一次嘗試透過談判結束兩敗俱傷的部族戰

---

29 ibid., p.259.

爭。不過，他許諾 1994 年 3 月 31 日之前除了幾百名非戰鬥支援人員之外，所有的人員都將撤離。

柯林頓在對華政策問題上也表現得搖擺不定。他從來沒有停止過對中國人權狀況的指責，當政的第一年，他透過行政命令把中國的貿易最惠國待遇與中國改善人權狀況聯繫在一起。但是到 1994 年 6 月，柯林頓宣佈切斷這一聯繫，這是因為美國在中國有持久的經濟利益，在亞太地區與中國有共同的安全利益，它也需要中國在核子不擴散等全球問題上的合作。這說明美國對華政策中的人權因素必然受到國家安全利益和經濟利益的制約。

柯林頓像卡特一樣贊同國際人權標準，許諾推動有關兒童、經濟和社會權利的人權公約。在柯林頓的支持下，1994 年秋季參議院外交關係委員會建議美國批准聯合國反對歧視婦女的條約。在 1993 年聯合國維也納人權大會上，美國政府接受了把發展權作為人權的組成部分之觀念，這一觀念長期以來受到貧困國家的支持，但一直遭到美國的拒絕。

然而，冷戰結束以後，美國國內的孤立主義開始增長，把注意力放在國內的要求更加強烈，在對外關係上更加注重經濟利益和低代價的對外介入。當 1993 年 10 月美國的八名軍事人員在索馬利亞被殺害時，許多國會議員和大部分公眾輿論認為，結束索馬利亞饑荒的努力不值得以美國人的生命為代價。當 1994 年 3 月盧安達內戰和種族滅絕行動奪走了大約 5 萬人民的生命時，美國國內幾乎沒有什麼壓力迫使柯林頓介入盧安達。美國拒絕支持聯合國向盧安達派遣維和部隊。在一再拖延行動和成千上萬的人死於疾病之後，美國政府只派出了 478 人的部隊對逃往布隆迪的盧安達避難者提供人道援助，但它並不

想參與幫助重建盧安達。此時，美國政治文化中美國第一的傾向和美國的孤立主義在 40 年的冷戰之後成為國內的主要力量，柯林頓強調的重點常常是經濟以及城市、犯罪和教育等一系列國內問題。[30]

三、關於美國人權外交的爭論問題

美國關於人權的法律和它近年來的人權外交引起了許多爭論，這些爭論涉及到一些理論問題，例如什麼是人權？人權是否僅僅屬於主權的管轄範圍？如果是，那麼一國或多國政府是否有權干涉屬於他國主權範圍內的人權事務？人權意識和主權意識可能在什麼背景下發生衝突？等等。由於篇幅所限，這裏不可能詳細討論這些理論問題，因而只打算指明關於人權外交的兩個重要方面：

一方面，現行的以主權國家為主體的世界法律體系建立在各國平等和國家間條約具有神聖法律效力的觀點之上，建立在對以純國家制度為基礎的地緣政治的認識上。它認為不應有一個全球事務的強制者，國家之間應相互尊重各自的主權，在一個由主權國家組成的世界中，法律和政治上的平等排斥了任何使命的要求，包括為了人道的目的進行干預。

這樣，國家主權的思想不僅與帝國主義的行為相對立，也

---

30 *Political Studies,* Vol. 43, Special Issue 1995, *Politics and Human Rights,* p.128.

與干涉一國國內事務（無論在什麼情況下）的主張相對立。遭受過殖民統治的經歷使發展中國家對於大國干預其內部事務非常敏感。而且一般來說，只有持帝國主義態度的大國才有意志和能力來對違反人權的現象採取國際行動，然而，正是這些國家，常常用所謂人權作為其反對其他不同文化和意識形態的國家的工具。人權干涉的歷史記錄證明這些大國並不是全球人權的真正保護者。關於這一點，約翰‧文森特（John Vincent）的看法有一定的道理，他認為，以不干涉為道德的理論所遇到的難題是，「一國內出現了令人不能容忍的行為」（如納粹對猶太人的迫害和種族隔離制度對黑人的虐待）。但是沒有足夠的理由認為干涉者一定是公正的，並且有理由假設干涉的結果會超出糾正所意識到的罪惡的範圍之外。事實上，即使承認一些特殊的情況可以為干涉辯護，也並不足以造成一個先例，使其他可能的干涉者起而效法。[31]

另一方面，與主權觀念在世界範圍內加強的同時，另一種新的觀念也在逐漸形成，這就是超國家的全球觀念。根據這種觀念，建立在主權國家基礎上的國際關係沒有能力處理人權的問題，應當對此進行改革，把更高的標準應用於每一個國家。從這種觀點看，世界上存在著許多問題，發生了許多濫用國家權力和侵犯國內人權的事情，雖然有許多侵犯人權的情況不能透過國際干預得到糾正，但有一些是可以糾正的。如果一個強大國家的政府承擔起促進人權的責任，即使它是出於自身安全

---

31 Richard Falk :*Human Rights and State Sovereignty*, New York: Holms Meier Publishers, Inc, 1987, p.37.

考慮，也會同時給世界帶來一些好處。即如　介紹此組織自由社（Freedom House）的文件所說：「民主國家必須關心其他國家的內部事務。干涉不總是錯的……。」[32] 國際干預也可以求助於某些國際組織，但在其中大國的作用仍起關鍵作用。

然而這種看法有三個關鍵的弱點，首先它暗含一個假定：西方民主國家是尊重人權的典範，因而在這些國家中一般不存在侵犯人權的現象。干預只是發生於非西方民主國家的事情。這樣，持這種觀點的人在提到國際干預時，便沒有考慮是否其他國家的政府也可能有權以促進人權為名來干涉西方民主國家的內部事務，例如以美國印第安人或其他少數種族的權利受到侵犯為由來干涉美國的國內事務。

其次，根據主權觀念，民族自決被看作是至關重要的人權，其重要性高於個人權利。但是如果一個國家喪失了主權，它的內部事務由另一國政府和另一個種族或民族所決定，那麼這個國家的人民那裏還有什麼自由、平等可言？

第三，西方的人權標準是以西方現行民主制度為樣板，但是如果指的是包括經濟範疇在內的人權，那麼一個國家的政府就有必要承擔保障全體人民最起碼的生存權利的責任，這樣就發展中國家來說，就必須選擇能為經濟發展創造前提條件的政治模式。而這在歷史、文化、民族、觀念和發展環境特點不同的發展中國家，將不同於西方國家。於是，如果用同一的標準來衡量政治制度狀況，尤其是處於轉型階段的政治制度狀況，其結果可能不僅不利於發展中國家的經濟建設，因而也更不利

---

32 ibid., p.2.

於保障人權。

最後，人權主要不是抽象的法律或道德，對它的關注在國際鬥爭中常常與其他利益交織在一起。冷戰時代它可能成為西方國家意識形態鬥爭的工具，後冷戰時代它可能成為強國在世界推行政治、經濟和文化統治的工具。因此令人可以理解的是，反對這種統治的鬥爭也常常會以駁斥甚至抵制西方人權觀念的形式出現。在這種情況下，雖然似乎衝突的中心是人權問題，但實際上卻往往是涉及國家主權或經濟利益的鬥爭。因此，它常常不是在一個理論範圍內所能解決的問題。

儘管如此，我們也應當同時看到，世界普遍的人權觀念正在逐漸形成，人權保護已進入國際領域。各國至少已形成了如下一致看法：如果一個國家的人權狀況威脅到臨近國家的安全與和平，或者超出了大多數國家所能容忍的程度，國際社會便有責任採取集體制裁和人權保護措施，這些情況包括：侵略與擴張行為，種族隔離制度、製造或驅趕難民。[33]

具體到美國的情況來講，美國的人權外交中還存在著另一個問題：其外交政策中國家利益和道德考慮之間存在著明顯的矛盾。現實主義和理想主義之所以被看作是相互對立的外交政策思想，就是因為長期以來人們在理論上傾向於一個看法，即注重實際的國家安全與公民的經濟和社會福利的外交政策，與反映像自由和公正等價值的外交政策之間存在著不可避免的衝突。關於美國的外交政策，有人說，「在我們根據美國的經濟、政治和安全利益和根據我們的人權利益而傳統地界定的外交政

---

33 參見孫紀成，《人權初論》，雲南人民出版社，1993 年，第 92 頁。

策之間將始終存在著衝突」。[34] 我們這裏的重點不在於討論哪一種外交政策更恰當，而在於指出，由於上述衝突，一國政府無論怎樣信奉道德原則，它在制定外交政策時都不可能忽略國家利益而完全依照道德原則行事。冷戰時代這一現象非常突出，當美國把最高的國家利益看作是在冷戰中取勝。從意識形態的角度把社會主義看作是對人權最嚴重的侵犯時，人權外交往往服從於冷戰的需要。當然這樣說也並不排除美國的決策者時而有在全世界追求人權的真誠願望，但是從實例看，一旦這種願望與國家利益發生衝突，那麼置於優先地位的就只可能是國家利益。

美國外交政策中國家利益和道德考慮的矛盾體現在許多方面，其中一個最明顯的例證就是國會立法中的但書，它明確規定如果武器出售和對外援助符合國家利益，那麼有關的侵犯人權的國家就可以被當作例外。這常常是美國行政部門違反其道德原則的藉口。這樣，即使是在卡特政府時期人權外交達到高峰的時期，這個政府也在大量場合中利用了國會立法的漏洞，例如對巴拉圭的貸款，理由是幫助貧困人口；對土耳其的援助，理由是出於安全的考慮。

按理講，依照美國的法律，一旦發現一個國家不斷大量侵犯人權，就應取消對這個國家的援助和武器出售，然而這些法律允許有例外。關於安全援助，國會要求國務院報告繼續向該國提供援助的「特殊」環境說明，以及是否「根據所有的事實

---

34 *Human Rights and U.S. Foreign Policy, the Carter and Reagan Experiences,* p.37.

提供這樣的援助是符合國家利益的」。但是國會從未闡明什麼是特殊的環境，或什麼應當被看作是國家利益。實際上，如何看待「貧困人口」、「特殊環境」和「國家安全利益」這些問題，無疑帶有很大的主觀性，如果目的不同，所做的解釋就可能完全不同。而且，由於安全援助從來都是基於國家利益的考慮，所以幾乎所有的例子都可以構成例外。

關於經濟援助，在大多數情況下，可能更不容易判斷援助是否直接有利於貧困者。許多美國的雙邊援助和大多數透過國際金融機構管理的援助都是為了交通和工業基礎建設，雖然這些援助有助於一個國家的發展，但這些發展所帶來的好處卻不能直接惠及最貧困的人口。這些援助的理論基礎是，援助一個不發達國家最適當的方法是幫助它實現工業化、技術現代化，否則它便不能加入到世界經濟中來。這樣做的效果將是潛移默化的，它最終會使其公民富裕起來。但另一個可能產生的問題是，許多不發達國家貧富之間的差別往往在國家發展的時候相應擴大，而上述效應卻非常緩慢或不易察覺。但是如果援助專案僅僅給予貧困者，它並無助於一國經濟的發展，這個國家在未來可能仍然貧窮，因而從長期來看對該國人口並不利。

從實際情況看，美國從未對對於它來說有重要戰略意義的非民主國家運用過人權外交，三個典型的例子是菲律賓、韓國和伊朗，這些國家都曾有令人髮指的鎮壓人權運動的記錄，但它們又都是美國對外援助或安全援助的主要接受國（伊朗的情況自宗教領袖柯梅尼 1980 年執掌權力後發生了變化）。從美國的角度來看，維持這些國家的政權穩定對於美國的利益來說是生命攸關的，這意味著美國不可能利用援助手段來對它們施加影響，也意味著它更容易對一些戰略上不重要的小國象徵性地

採取人權外交的措施。

四、未來美國外交政策中的人權因素

從美國政府人權外交的發展來看，卡特政府時期是它的開端，自布希政府之後趨於平穩。冷戰之後上臺的柯林頓政府即將結束一屆任期，今後美國政府的人權外交會向什麼方向發展？它對於國際關係，特別是中美關係會有什麼影響，這些都是非常值得關注的問題。

在討論這個問題之前，關於美國的人權外交有三個要點需要強調指出：

首先，在一些中國分析者的觀念中，美國的人權外交主要產生於 70 年代後期對外戰略調整的需要，以往發表不少論著都持此種觀點。然而，我們不應忘記外交是國內政治的延續這一公認的命題，尤其是像美國這樣一個國家，其外交政策決策程式完全不同於許多政治權力集中化的第三世界國家，甚至不同於一些西方國家，其外交政策的制定是行政部門、國會、利益集團、輿論等眾多因素相互平衡的結果。因此，美國人權外交的首要推動力是其國內政治的發展，是 60 年代中期的一系列國內政治運動和政治事件，包括民權運動和反越戰運動，而不是冷戰中為與蘇聯爭霸而調整國際戰略的需要，這一點在前文談到的卡特上臺前後美國人權外交產生的國內背景中可以清楚地看出。如果沒有這些國內因素的推動，美國外交政策在卡特政府時期打出人權外交的旗號就是不可能的。卡特之後歷屆政府在不同程度上繼續推行人權外交，也是不可能的。

是美國政府為了推行人權外交，以要求或授意國會透過有關立法作為準備，還是正好相反，國會在國內政治潮流的推動下，透過立法來限制政府的外交行為，要求政府在對外援助中把人權作為考慮因素之一？關於這一點，小施萊辛格的一句話講得很確切，他說，70 年代中期，「國會著手把人權問題強加於最高行政當局，國會運用立法權禁止和限制對『嚴重侵犯國際公認的人權』各國提供經濟和軍事援助」。[35] 關於美國政府和國會在外交決策方面的制衡關係，中國國內的研究者在經歷了近年來中美關係中發生的一系列事件後恐怕已經很熟悉了。專注於美國人權外交研究的福賽思（Forsythe）也認為，「卡特政府對人權問題關注主要植根於國內政治，而不是純粹對在國外運用道德的關注。無論卡特的個人道德和他在大選中為吸引人而對辭藻所做的設計起了什麼作用，他的政府相信把注意力集中於人權為有關於外交政策的輿論提供了一個基礎。卡特和民主黨的領導人都認為，反共產主義的舊有基石已不再能作為調動國內支持的辭藻起作用了。……所有關於人權的辭藻因此在很大程度上根源於國內，當萬斯說『我們開始認識到美國在世界上是最強大的，既然它的人民的價值觀是最強大的』，他正是暗示了美國外交政策的這一國內基礎和道德傳統」。[36] 這些觀點都表明美國的國內輿論和國會的壓力傾向是美國人權外交的主要動因。

---

35 小阿瑟‧施萊辛格，〈人權和美國傳統〉，《現代外國哲學社會科學文摘》，1980 年第二期，第 29 頁。

36 David P. Forsythe, *Human Rights and World Politics* (Lincoln & London: University of Nebraska Press 1983), p.99.

第二，美國的歷史學家和政治學家都承認，美國外交政策具有理想主義和現實主義兩種傳統，這兩種傳統在歷史上交替地起主導作用。在中國的學者中，也已有人接受了這一觀點並對之做過詳細論述。例如王緝思的文章〈美國外交傳統與對華政策〉強調「美國外交思想中存在理想主義和現實主義的矛盾」[37]，並對它們各自的主張和表現形式做了詳盡分析；元簡的〈冷戰後理想主義思潮的發展及其對美國外交政策的影響〉在談到理想主義對卡特外交政策的影響時寫到：「民主黨有重視理想主義的傳統；卡特本人被認為是威爾遜之後最提倡理想主義的總統。」[38]

　　說美國外交政策在某一時期受理想主義的主導，或「美國的人權外交是美國理想主義外交傳統的當代表現形式」，並不是在美化美國的外交。在國際關係理論中以及在我們對美國外交政策的分析中，現實主義和理想主義這兩個概念都不帶有任何價值判斷，正如我們在分析美國的國內政策時，保守主義和自由主義兩個概念不帶有任何價值判斷一樣。追求道德理想的外交政策可能導致在世界上強制推行民主和人權，用各種手段，包括經濟制裁和軍事干預，來對不同制度的國家施加壓力，使其發生制度上的根本變化。美國政府近年來在外交方面不乏這樣的事例，例如在推行人權外交時期，美國國會於 1992 年通過

---

[37] 王緝思，〈美國外交思想傳統與對華政策〉，中國社會科學院出版美國研究所、中華美國學會編，《中美關係十年》，商務印書館，1989 年，第 132 頁。

[38] 元簡，〈冷戰後理想主義思潮的發展及其對美國外交政策的影響〉，《國際問題研究》，1997 年第 1 期，第 13 頁。

了「古巴民主法」，1996 年又透過了「赫爾姆斯—伯頓法」，規定要對古巴、利比亞和伊朗進行貿易的外國公司進行制裁。對於古巴更是把它的「民主化」列為向它取消全面經濟制裁的條件。另一方面，注重國家利益的外交政策則可能導致在冷戰中不計較政治制度和意識形態方面的根本差別，而把戰勝冷戰對手當作主要目標，同時與主要對手的對手結成某種戰略關係。這正是美國在冷戰結束以前對中國所做的。那時，出於冷戰的需要，美國並不把中國的人權問題當作雙方發展關係的嚴重障礙。

　　況且，從理論上說，理想主義與現實主義可能在某一點上走到一起，那就是，當美國認為民主國家之間無戰爭，對美國和西方的最大戰爭威脅來自那些非民主國家，從而把在全世界推行民主和人權當作最大的國家利益之時，兩者之間的界限就可能變得模糊了。這也可以從相反的方向來得到證明：人所共知的美國現實主義外交政策的代表人物之一季辛吉，就把他的現實主義政策解釋為也是理想主義的，他說：「追求美國的實力就是符合道德的，因為它旨在使所有自由的人們最終得到安全和維持均勢。」他的一個典型辯解方式是向美國駐聯合國代表團提出這樣的問題：「如果我們危害了自己的安全（透過諸如保護人權的行為），就服務於道德目的了嗎？」[39]

　　第三，非西方國家的人或非美國人常常很難理解和相信，在大多數美國民眾看來，他們和他們的國家在全世界追求民主

---

[39] *Human Rights and American Foreign Policy, the Carter and Reagan Experience*, p.8.

和人權是出於真誠的動機。這正如許多西方或美國民眾不能理解，為什麼第三世界的國家，包括中國，把生存權和發展權當作基本人權，而且可能是優先考慮的人權一樣。這些僅僅用資本主義國家統治階級的欺騙是不能解釋的，更深層的原因是雙方多方面的差異，既有經濟發展水準方面的，也有基本的文化和觀念方面的。美國的政治文化帶有一個甚至不同於其他西方國家的獨特特徵，即美國人把自己看作是上帝的選民，有責任在全世界追求自由，並認為美國外交政策應當反映這一形象[40]，美國式的民主制度應當推廣到全世界。美國人的這種傾向雖然不是時時在其外交政策中表現出來，但它卻是形成美國理想主義外交傳統的基礎。

這也就是為什麼馬克·L·施奈德（Mark L. Schneider）會提出，「從歷史上講，人們可能發現很難理解為什麼 1977 年美國外交政策關心人權被看作是與過去的決裂而不是延續。美國從一開始就致力於發現道德，並且斷言它打算根據普遍的原則來指導其外交政策。無論它對外界顯得多麼傲慢，它存在著一個信念：這個新的世界在政府方面的試驗應當為所有其他國家提供一個樣板。不過，顯然這一道德理想被定義狹窄的對自身利益的追求所平衡和壓倒。在過去的 200 年中，美國 150 次把它的軍隊運送到世界各地追求其外交政策利益，進行小的侵犯和大的干預。然而，對人權的關心並不是掩蓋其真實政治目的的虛偽的假面具。這一關心和對我們自己利益的追求維持著不

---

40 *Political Studies,* Vol. 43, Special Issues 1995, *Politics and Human Rights,* p.124.

穩定的共處狀態。美國時常保衛個人自由、自決和公民自由，在聲明中譴責其他政府破壞人權。對猶太人遭大屠殺，對美洲人遭屠殺，對其他殖民地自由的否定，從來都遭到歷任美國總統激烈公開的反對」。[41]

也正是由於存在著產生於國內的來自「美國例外論」的要求，美國的外交政策才比任何的西方國家都表現出了更多的理想主義色彩和人權要求色彩。只有瞭解美利堅民族看待世界的這一獨特方式（無論它有時多麼討厭，或給其他國家和民族帶來多麼不可接受的後果），我們才可能理解美國外交政策中的理想主義傳統，從而進一步理解美國今日的人權外交，唯有如此，我們才可能對需要應付美國的人權外交有一個長期的心理準備（美國人權外交不是簡單地經過對外戰略的調整就能放棄的），也才可能有的放矢地採取適當的對策。

從美國政府人權外交的發展來看，卡特政府時期是它的開端，自布希政府之後趨於平穩。至此，柯林頓政府已進入了第二屆任期，今後美國政府的人權外交會向什麼方向發展？它對於國際關係，特別是中美關係會有什麼影響？這些都是非常值得關注的問題。從目前存在一些的情況來看，美國的人權外交不會逆轉，這是由以下情況所決定的：

第一，人權是美國人的基本價值觀念。1776 年的美國《獨立宣言》就已提出了人民權利的觀念，反對英國殖民統治的革命成功之後，這些權利首先在各州的憲法中以法律的形式規定

---

41 *Human Rights and American Foreign Policy, Priciples and Application*, p.3.

下來，以後又在聯邦憲法中以憲法前 10 條修正案形式規定下來（即著名的權利法案）。60 年代蓬勃高漲的美國民權運動推進了不同種族間的權利平等，並使權利思想更加深入人心。權利觀念或人權觀念在美國人心目中已根深柢固，不可動搖。另一方面，正如美國著名的中國問題專家邁克爾·奧克森伯格（Michel Oksenberg）1996 年 9 月 2 日在美中教育交流中心回答提問時所說，美國是一個眾多種族和民族組成的社會，這個社會需要有一種共同的東西把不同的人凝聚在一起，這就是統一的價值，人權就是這樣的價值，因此它是美國立國之本。[42] 再加上上文所提到的以「美國例外論」為基礎的對外政策上的理想主義傳統，今後「人權注定將保留在美國的外交議事日程上，美國在這個問題上沒有選擇的餘地，美國將來不會放棄人權外交」。[43]

第二，美國政府的人權外交被認為是有成效的。美國政府對其人權外交或人道干預的自我估計很高，它把許多拉美國家和亞洲國家走上民主化的道路歸功於此。蘇聯的解體和東歐社會主義陣營的瓦解，更被它看作是美國在全世界追求人權和民主的成果。著名的美國政治學家亨廷頓在提到 70 年代開始出現的世界第三次民主化浪潮時，所列舉的兩個國際因素之一就是美國透過人權外交來促進世界各國的民主化，他在發表於 1991 年的文章《民主的新時代，民主的第三次浪潮》中說，「70 年代和 80 年代美國是民主的主要促進力量」。[44]

---

42 奧克森伯格，1996 年 9 月 2 日在美中教育交流中心的講話。

43 *Human Rights and U.S. Foreign Policy, Congress Reconsidered,* p.127.

44 Samuel P. Huntington, *A New Era in Democracy, Democracy's Third Wave,* in Current, 1991, Sep. No. 335, p.28.以及亨廷頓教授在哈佛大學開設「現

第三，美國政府的人權外交已經制度化。從卡特政府開始，政府設立了一些把人權考慮納入外交決策過程的機構和制度，如國務院下新設立了一個司——人權和人道事務司，其司長被授予助理國務卿的頭銜，由此提高了該職位在國務院中的地位。

自 1976 年起，政府根據國會立法逐年發表各國人權狀況報告，這個報告受到高度重視，它是根據各種情報來源做出的，其中最重要的是美國駐外大使館，以及非政府和政府間人權組織的報告、國會委員會的調查、美國公民和外國訪問者、國務院官員和新聞媒介。

人權在美國已不僅是某一個政黨關注的問題，而是自卡特政府以來兩大政黨，包括兩屆民主黨、兩屆共和黨政府在不同程度上正式承擔的責任。這表明了人權作為外交政策因素的持久性。

此外，政府的對外雙邊和多邊經濟援助和安全援助都要受到憲法 502B、116 和 701 條款的限制，這些條款都以促進國際人權為目標。

第四，人權日益受到國際上的普遍承認。當今人權作為國際政治所關心的問題越來越具有大的重要性。一個從屬於聯合國的非政府組織——國際人權同盟（International League for Human Rights），在聯合國「人權宣言」發表一周年時，發表了一個特別文件，評述過去一年中人權領域裏的重大變化，它說：「首先，在過去的一年中，人權第一次在許多國家中成為國家政策辯論的主題。第二，對人權的關注也成為諸如聯合國、美

代民主」課程時的講座。

洲國家組織和貝爾格萊德會議等的更大討論的中心議題。第三,世界傳媒比以往任何時候都更集中於國際人權問題。第四,人權意識在世界許多人民中日益提高。第五,在相當多的例子中,鎮壓被減輕。」[45]

還有許多證據表明人權在國際上日益受到關注,例如國際人權協定的數量和份量越來越大,無論是總協定,還是具體的協定。到 1987 年為止,世界各國政府已在聯合國內達成了 57 個有關人權的公約、決議、原則聲明、具體聲明和行動準則。[46] 美國駐聯合國代表傑羅姆‧謝斯塔克說,「許多政府已把人權問題當作它們外交政策不可分割的一部分」。[47]

在聯合國之外,人權也成為一些國際組織的議事日程,主要的例子是歐洲 35 國安全與合作會議（thirty-five-nation Conference on Security and Cooperation in Europe）,它是 1975 年赫爾辛基會議的最後決議,其中包括關於人權問題的部分。

此外,諾貝爾和平獎被授予大赦國際,國際上普遍接受把基本的經濟需要作為人權的要素,國際上的一些象徵性人物如聯合國秘書長和教皇習慣於使用人道的詞句,這些都是人權在國際上普遍受到關注的例子。

1993 年 6 月,在維也納召開了 171 國參加的聯合國人權大會,大約 800 個非政府組織代表與各國和國際機構的代表一起參加了會議,它成為世界關於全球人權問題最大的一次聚會,

---

[45] *Human Rights and U.S. Foreign Policy, Congress Reconsidered,* p.13.
[46] *Human Rights and American Foreign Policy, the Carter and Reagan Experiences*, p.1.
[47] Ibid., p.2.

也是聯合國歷史上專門討論人權問題的第二次會議（第一次會議於 1968 年在德黑蘭召開，目的是紀念「人權宣言」20 周年）。召開這次人權大會的想法是於 1989 年冷戰結束後提出的，它旨在檢驗保護和促進人權的國際制度。[48]

雖然不干涉別國內政至今仍是國際規範，但人權領域越來越被看作是一個例外，國際上的人權運動是一個標誌，它代表了接受某種干涉觀點的趨向。人們預料，在有關人權的問題上，今後關於限制政府對外行為的道德規範的爭論可能會越來越少。[49]

第五，意識形態的公開鬥爭隨著冷戰的結束而結束，美國人權外交的雙重標準問題不再十分突出。在冷戰的國際背景下，美國人權外交中存在著不斷受到國內和國際輿論批評的雙重標準問題，即對不同意識形態和不同冷戰陣營的國家採取不同的人權標準，把人權外交作為意識形態和冷戰的工具。這個問題隨著冷戰的結束，變得不再突出，雖然美國政府毫無疑問仍然會繼續使其人權外交服從於其全球戰略，但它外交政策目標的自相矛盾將會減少。

第六，隨著許多亞、非、拉美軍事獨裁國家開始走上民主化的道路，美國外交政策中國家利益和道德考慮之間的衝突逐漸減少。與上一個情況相關的是，自 80 年代以來，全世界大量

---

[48] Kevin Boyle, Stock-Taking on Human Rights: the World Conference on Human Rights, Vienna 1993, in David Beetham, ed., *Political Studies,* Vol. 43, *Politics and Human Rights,* Special Issue, 1995, p.126.

[49] *Human Rights and U.S. Foreign Policy, Principles and Applications,* p.xxiii.

非民主國家開始走上民主化的道路，與美國戰略利益相關的一些發展中國家近年來都在向民主制轉變，其人權狀況有了很大的改善。這減輕了美國外交決策中國家利益和道德考慮之間的衝突，更易於促使美國從人權的角度去做出外交決策。

第七，美國國內輿論和國會對美國外交政策的影響有所加強。美國國內輿論越來越重視國際人權，特別是在美國國內基督教右翼勢力復活和爭取少數群體權利運動取得有限成功的背景下；同時，國內輿論對外交的影響有所加強。這表現在所有美國重要的政府官員在國際公開場合都必須談論人權，表明美國對人權問題的立場，否則就會受到國內輿論的強烈批評。一項表明美國在人權問題上立場強硬的對外政策容易得到美國國內輿論的同情，反之則容易招致指責。美國的政治官員都非常重視輿論傾向，因為這關係到他們在民意測驗中的得分和下一次當選的機會，因此美國外交政策在一定程度上要受輿論的左右。

另一個影響因素是，美國國會在外交政策方面的發言權自70年代以來明顯提高，而國會作為立法部門歷來比行政部門在國家利益和道德考慮兩者之間更傾向於後者。此外，重視人權不僅是國會的傾向，而且還有許多制度保障：國會的下屬委員會負責監督國會頒佈的大量與國際人權有關的立法的執行情況，政府也必須逐年向它提交關於各國人權狀況的報告。

第八，與不同政治制度的國家進行鬥爭仍將是美國的一個長期目標。雖然冷戰已經結束，公開的、激烈的國際意識形態鬥爭已經不復存在，但是兩種政治制度的鬥爭並沒有消失，雖然是以和以往不同的形式出現。在共產黨國家中推進民主和人權就是當前的一種形式，因為這些國家都被指責為非民主國

家，嚴重侵犯人權，並被看作是對民主國家的潛在威脅。

　　然而，儘管存在著上述因素，美國的外交政策不會被導向完全的理想主義，因為「美國例外論」只是美國政治文化的一個方面。實用主義而不是道德主義、物質主義而不是深刻的思想、安全而不是倫理，也全都是美國遺產的一部分。引用美國著名歷史學家小施萊辛格的話說就是：「美國外交政策的後果充滿了自相矛盾。」「美國外交政策的概念是經驗和命運之間舊有爭論的反應──是美國被看作是許多國家中的一個，像其他國家一樣有天使的衝動和掠奪的慾望之傾向；還是被看作是上帝所選擇的救世主來拯救墮落的世界。每一種看法都孕育出其思想類型。第一種產生於歷史和對待世界事務的經驗方法上的爭論問題。第二種產生於神學和神學世俗化中的問題。這兩種方法之間的衝突表現在美國人靈魂的分裂上：信奉經驗和遵從教條。」[50] 換句話說，現實主義、注重國家利益的傳統也會同時在美國的外交政策中起重要作用。而且，近年來美國國內政治上的保守主義、國際關係上的孤立主義正在同時滋長，它們也會成為一種抵消因素。

50　Authur M. Schlesinger, JR. *The Cycles of American History,* Boston: Houghton Mifflin Company, 1986, p.52.

回顧近代以來美國對華政策的演變過程，十分發人深省。西方資本主義入侵中國後，最早深入中國內地的美國勢力，是商人和傳教士「兩支大軍」，前者是為了敲開中國市場的大門，後者是為了向中國人灌輸美國的價值觀。1899年和1900年，美國國務卿海約翰在對華「門戶開放」政策宣言中聲稱：「美國政府的政策，是在尋求一種解決，使中國獲得永久安全與和平，保持中國的領土與行政完整，保護各友邦受條約與國際法所保障的一切權利，並維護各國在中國各地平等公正貿易之原則」。[1]「門戶開放」政策的實質，是打開中國對美國的商品大門和思想大門，使中國成為美國在經濟和政治上的勢力範圍。

　　國際環境和中美兩國國內的巨大變化，曾使美國對華政策作出過多次重大調整。從太平洋戰爭爆發到冷戰後期，在美國對華戰略中佔據主導地位的，不是擴大在中國的市場和改變中國政治發展方向這兩大目標，而是美國對抗第三國（先是日本，後是蘇聯）的安全需要。中美關係格局從抗日戰爭時期的同盟，轉變為新中國成立後的全面對抗，又演變為緩和關係以對付蘇聯威脅。在美蘇冷戰初期，美國污蔑新中國為「蘇聯的附庸」，以對中國的遏制和封鎖政策代替了「門戶開放」。與此同時，美國領導人仍然對中國接受美國的政治價值觀抱有幻想。美國國務卿艾奇遜把希望寄託在中國的「民主個人主義」復活上。他的繼任者杜勒斯則聲稱要用和平手段「使中蘇集團內部的政府

---

[1] 轉引自李長久、施魯佳主編，《中美關係二百年》，新華出版社，1984年版，第58頁。

政策加速演變」[2]，從甘迺迪到尼克森的美國領導人，都多次強調美國要用「和平演變」政策改變中國政治方向的戰略意圖。

隨著國際形勢的緩和和冷戰的結束，近百年前「門戶開放」的原則又在美國對華政策宣言中得到重申。1996 年 5 月 17 日，美國國務卿克里斯多夫發表對華政策演講，聲言「中國發展成為一個安定的、開放的和成功的國家完全符合美國的利益」，「我們將支持中國完全加入和積極參加國際社會」，「尊重中國的主權，同時又維護我們自己的價值觀念和利益」[3]。

相隔近百年的兩項政策宣言，表述了一以貫之的美國對華戰略思想，就是希望看到一個安定的中國，而這種安定是為了讓中國最大限度地對美國的商品和資本開放，也對美國的價值開放，以便按照美國的長遠經濟利益和安全利益，來影響中國的發展方向。就戰略目標而言，今天的美國政策仍然是「門戶開放」政策的繼續。

然而幾十年來國際環境和中美兩國國內的巨大變化，也使美國對華政策做出過多次重大調整。1941 年 12 月太平洋戰爭爆發後，美國與中國結成軍事同盟，共同抗擊日本侵略。戰後初期，美國的對華政策目標是將中國納入美國的勢力範圍，使之成為遏制蘇聯的戰略陣地。美國外交決策者斷定中國共產黨掌握政權將與蘇聯結成緊密聯盟，於是支援國民黨政府打內戰。新中國成立後，美國對華政策是在政治上孤立中國，在經濟上

---

2 〈杜勒斯在加利福尼亞州商會的演變〉，見辛燦主編，《西方政界要人談和平演變》，新華出版社，1989 年版，第 9 頁。

3 《參考資料》，1996 年 5 月 20 日，第 2~3 頁。

封鎖中國，在軍事上遏制中國，兩國關係出現了長達二十多年的嚴重對抗。70 年代初期，抵禦蘇聯擴張、穩定亞太安全的共同戰略利益促使中美兩國緩和關係，在 1979 年中美建交前後，美國實際上已將中國視為「準同盟」。但到 80 年代初期以後，中蘇關係、美蘇關係分別出現了轉機，中美兩國在對付蘇聯威脅方面的相互需要已經不像 70 年代那樣緊迫，臺灣問題上的分歧也日漸突出；然而與此同時，兩國在經濟、社會發展、教育、科技等領域的交流與合作日益發展，在某種程度上填補了戰略安全方面日益擴大的鴻溝。

1989 年是中美關係又一次發生重大歷史轉折的一年。導致雙邊關係急遽下滑的直接原因固然是天安門事件之後美國對中國的制裁，但蘇聯和東歐各國在這一年發生的政治劇變，對中美關係造成的影響更為深遠，因為 70 年代初期之後美國對華政策的主要基礎是蘇聯因素。回顧 1972 年的中美上海公報、1979 年建交公報和 1982 年有關臺灣問題的中美「八一七」公報的簽定過程可以看到，每當美國在對蘇關係中出現緊迫問題、需要增加對蘇聯施壓的手段時，改善對華關係的願望就明顯增強。反之，當美蘇關係緩和時，美國對中國的戰略需求減少，推進對華關係就缺乏動力。[4] 當蘇聯解體之後，美國對華政策的戰略基礎發生了嚴重動搖，於是臺灣問題、人權問題、貿易摩擦問題等等原來不大突出的雙邊問題，不時陷入失控狀態。直到 1997 ～1998 年中美首腦互訪，兩國宣佈「致力於建立建設性戰略夥

---

[4] 參見王緝思，〈美國對華政策中的「戰略大三角」〉，《美國研究》，1992 年第 2 期，第 7~35 頁。

伴關係」，雙邊關係發展才有了一個較為穩固的基礎。

　　根據中美關係的歷史變化以及當前美國外交的基本趨勢，對於今天美國對華政策的戰略意圖及其在美國外交全局中所處的位置，已經可以做出較為明確的判斷了。可以說，蘇聯的消失使美國對華政策突然失去了座標，但是「門戶開放」政策所體現的長遠戰略目標——使中國向美國的商品、資本和價值觀開放，反倒由於蘇聯的消失而更為清晰起來。也就是說，從30年代末到80年代末的50多年裏中美關係由第三國（日本或蘇聯）因素來主導的局面，隨著冷戰的終結而終結。雙邊的問題開始對中美關係起主導作用。90年代中美關係起伏不定的「不正常」，從長遠的歷史眼光看，恰好是正常的。今天美國對華政策的動向，主要取決於中美之間的摩擦與合作對於美國的根本利益產生多大程度的影響。下面簡單地回顧與分析冷戰結束後美國在中美關係的四大領域裏的態度和政策。[5]

一、中美關係主要問題

（一）經濟領域

　　冷戰結束後，經濟領域的互利合作是中美兩國得以避免政

---

[5] 在下文列舉的1995年之前的中美交往事實，除注明者外，主要取材於兩本著作：熊志勇著，《中國與美國——邁向新世紀的回顧》，河南人民出版社，1995年版；劉連第、汪大為編著，《中美關係的軌跡——建交以來大事縱覽》，時事出版社，1995年版。

治對抗的最重要原因。自 1979 年兩國建交以來，雙邊貿易以年均 20%的速度持續增長。儘管有政治因素的強烈干擾，如 1990 年以後一年一度的對華最惠國待遇問題，兩國的貿易額和美國在華投資幾年來仍舊迅速上升。雙邊貿易額從 1990 年的 118 億美元（美方統計為 200 億美元）增加到 1997 年的 490 億美元（美方統計為 753 億美元）。[6] 美國已成為中國第二大貿易夥伴（僅次於日本）。中國大陸是美國的第四大貿易夥伴，而如果與香港和臺灣加在一起，則是美國的第三大貿易夥伴（僅次於加拿大和日本）。到 1998 年上半年截止，美國在中國大陸的投資額為 180 億美元，加上在香港的 140 億美元，投資總額為 320 多億美元（對臺灣地區的投資額 50 億美元未計算在內）。[7] 以合同金額排序，美國已超過日本，居對華投資國家首位。[8]

中美兩國在貿易領域的互補性很強。美國產品以其技術和質量上的優勢打進中國市場，而中國勞動成本低廉造成的產品價格優勢，則使某些中國商品大量佔領美國市場。中國每年從美國進口大量的小麥、飛機、化肥、棉花、紙漿、紙張和機械、化工、石油、電子設備等。近年來中國經濟持續增長，國內市場對美國產品的需求還在不斷擴大。1994 年 1 月，美國商務部在發展中國家中選出 10 個貿易夥伴，作為今後要重點打入的市場，中國在其中名列榜首。

中美雙邊經貿關係中曾經出現過的主要問題是貿易逆差、

---

[6] 參見《中國經濟時報》，1998 年 6 月 25 日，第 1 版。
[7] 同上。
[8] 參見《國際商報》，1998 年 12 月 23 日，第 1 版。

知識產權、中國恢復在關貿總協定的席位（後轉變為加入世界貿易組織）等問題。

由於外貿統計方法的不同，兩國對美方所稱的鉅額貿易逆差有不同的理解，這主要是因為中美雙邊貿易經過香港等地轉口的比例很高。按照美國商務部的統計，美國對華貿易從 1983 年開始存在逆差，以後逐年上升，90 年代更為突出。1990 年美國對華貿易逆差為 104.2 億美元，1994 年上升到 294 億美元，1997 年更高達 497 億美元，僅次於美國對日貿易逆差。實際上，按照中方統計，1993 年中國才第一次有對美貿易的出超（62.8 億美元），1997 年對美出超是 164 億美元，美中貿易逆差被美方大大的誇大了。[9]

美國指責中國實施不公平貿易，早在 1991 年就提出中國市場准入問題。由於中國沒有滿足美國開放市場的要求，美國幾次威脅要對中國進行貿易制裁。1992 年 10 月，兩國達成在市場准入問題上的諒解備忘錄，從而避免了一場貿易戰。中方承諾在一定時間內使中國的進口管理體制增加透明度，更加符合國際貿易規範；美方承諾放寬對華技術出口的限制，並表示支持中國「復關」。但是，其後美國在放寬對華技術出口限制方面步伐邁得極為有限，而在中國「復關」問題上帶頭提出中國難以達到的條件，實際上是阻撓中國「復關」。

由於中國經濟發展迅速，國內市場巨大，美國又稱對華貿易逆差越來越大，當前和今後一段時間內美國在市場准入問題上還會對中國施加更大壓力，重點可能放在中方市場潛力大而

---

9 參見《中國經濟時報》，1998 年 6 月 25 日，第 1 版。

美國具有相對優勢的領域，如小麥和其他農產品、航空、電訊、電力等等，以及金融服務業和保險業。

對美國國內市場的保護，一直是中美貿易摩擦的起因之一。其中一個熱點是中國向美國出售紡織品配額問題和某些中國公司向美國非法轉運紡織品問題。1994 年 1 月，中美紡織品貿易談判達成協定。雙方都做出妥協。協定規定，以後三年中國輸美紡織品和絲綢服裝的增長率均不超過 1%。美方還經常運用反傾銷法限制從中國的進口。

美國在知識產權問題上與中國的糾紛幾年來一直沒有平息。美國指責中國非法仿冒美國產品，如拷貝電腦軟體和影像製品，抄襲服裝式樣和冒用美國商標。1991 年 4 月，美方宣佈中國未能充分保護知識產權，把中國列入根據美國的「特別 301 條款」要重點調查的國家。1992 年 1 月，中美達成知識產權協定，中國加強了知識產權的立法執法工作。但此後美國指責中方執法不力，威脅要實行嚴厲制裁。在貿易報復和反報復的嚴重威脅下，雙方重開談判，終於在 1995 年 2 月再次正式簽署中美知識產權保護協定。然而一年後美方仍未感到滿意，要求中方立即關閉盜版光碟的工廠，向美國的電腦軟體和影像製品開放市場等等。

美國之所以在知識產權問題上屢屢發難，把中國的知識產權保護列為支持中國進入世界貿易組織的又一個條件，與美國經濟對於高技術的高度依賴有關。美國的電腦軟體在全球市場上佔有 75%的份額；版權行業一年便為美國創造 3,500 億美元的價值。此外，這一問題還牽涉到美國國內政治等因素。中美知識產權方面的摩擦將長期持續下去。

美國在中國「復關」和加入世界貿易組織問題上設置重重

障礙，有著多方面原因。根據中國學者王勇的研究，冷戰結束後兩國經貿關係中的競爭性大大加強，是美國政府和企業界彼此配合。堅持要求中國以「商業條件」而不是「政治條件」加入世貿組織的根本原因。王勇列舉了美國人堅決不同意在目前情況下對中國「放鬆條件」的五條理由：

(1)中國經濟體制朝向市場經濟的過渡並未完成，「中國經濟依然基本上是中央控制的」，中國還保留著一系列帶有貿易保護性質的規章制度。

(2)如果放鬆中國加入世貿組織的條件，會引起連鎖反應，世貿組織將面臨一連串的非市場經濟國家申請的壓力。由於世貿組織實行一國一票制，並規定任何新的法規必須經過 2／3 的多數通過方能生效，允許這些國家加入意味著美國企圖主導的世界貿易體制發生混亂和瓦解。

(3)美國如不迫使中國做出重大讓步就同意其加入世貿組織，美國對華貿易赤字將被長久地固定化。

(4)美國與中國過去的那樣一種戰略合作關係已經結束，因此用經濟讓步的辦法換取中國政治合作的思路已經過時。

(5)對中國採取強硬貿易政策以打開中國市場，是贏得美國國內支持以發展對華關係的基礎。[10]

---

10 王勇，《最惠國待遇的回合——論 1989~1995 年美國對華貿易政策》（博士論文），1996 年 5 月，列印稿第 20~21 頁。

美國對於中國加入世界貿易組織問題的態度，涉及美國國內各派利益集團的考慮和中美關係的大環境。美國官方現已承認，中國在知識產權保護方面採取了有力措施，加緊打擊盜版CD行為；中國已經採取重要步驟來增加貿易制度的透明度，與美國就電信業和保險業的市場准入問題進行談判。但是，美國還在對華出口農產品等方面向中方施加壓力。美國仍然堅持中國不能以發展中國家的條件加入世貿組織。[11] 只有美國決策集團真正下定改善中美關係的政治決心，這一問題才能得到解決。

(二)國際安全領域

　　美中兩國在冷戰後的國際安全領域既有矛盾，也有協調，而協調的一面往往是由雙方低調處理的問題，因而並不十分引人注目。例如，中國在和平解決柬埔寨國內衝突問題上與美國和東盟國家合作，向聯合國駐柬維持和平部隊派出了自己的人員。在1990年伊拉克入侵科威特後出現波灣危機時，雖然中國希望和平解決爭端，但在聯合國安理會表決授權對伊拉克使用武力時，中國投了棄權票。這樣，以美國為首的多國部隊才有可能以聯合國名義對伊拉克採取軍事行動。在中美關係因1989年「六四事件」而陷入緊張狀態後，中國仍然簽署了《不擴散核子武器條約》，宣佈遵守《導彈及其技術控制制度》的準則和參數。中美兩國在《不擴散核子武器條約》的無限期延長問題上協調立場，使其得以順利實現。中國已承諾於1996年加入全面禁止核子試驗條約。中美在達成一項停止生產用於核子武器

11　《參考資料》，1996年9月24日，第1~2頁。

的可裂變物質的國際公約問題上立場接近。近年來，在維護朝鮮半島的安全和穩定以及防止在東北亞出現核子擴散的問題上，中美雙方保持著密切接觸，存在著與有關各方的某種協調與諒解。

雖然中美兩國軍方高級領導人的交往因政治氣氛的影響而時斷時續，但美國一直認為透過與中國軍方的接觸，可以瞭解和影響中國的國防建設計劃和戰略意圖，增強「軍事透明度」；對中國的核子試驗和核子政策施加影響；限制中國軍品出售的品種和對象；鼓勵中國減緩發展軍備；將中國納入亞太多邊安全對話機制；加強雙方在軍轉民問題上的合作。為此，美國於1993 年 10 月同意恢復與中國的軍事交流計劃。

兩國在安全領域的摩擦和分歧，主要表現在美國企圖阻止中國的某些武器技術出售，對中國增加軍費和購買武器表示不安，加強與日本、澳大利亞和一些東南亞國家的安全關係以牽制中國。美國建立亞太地區多邊安全機制的努力，也是對中國形成壓力的一種手段。

1991 年 6 月，美國政府以兩家中國公司出口高性能導彈和從事導彈技術擴散活動為由，宣佈採取三項制裁中國的措施。

1993 年 7 月，美國指控中國商船「銀河號」正向中東運送化學武器原料。後來在沙烏地阿拉伯對「銀河號」進行檢查，未發現任何違禁品。同年 8 月，美國又指控中國向巴基斯坦出口 M-11 導彈，違反了中國承諾遵守的《導彈及其技術控制制度》，宣佈貿易制裁措施，兩年內停止向中國出口可用於軍事目的的高技術。

1996 年春季，美國宣稱中國某公司向巴基斯坦出售了製造核子武器所需的環形磁鐵，還有中國公司向美國境內走私自動

步槍。雙方進行了談判交涉，避免了問題激化。

　　美國對中國與俄羅斯建立戰略夥伴關係表面上反應不強烈，但實際上是警惕的。1996 年 5 月，當有傳言說俄羅斯可能將某種戰略導彈技術轉讓給中國時，當時的美國國防部長佩里立刻向俄羅斯發出警告，說把這種技術轉讓給中國將是「重大錯誤」。[12]

　　冷戰後美國在亞太繼續駐軍，保持甚至加強與日本的安全同盟，明顯地帶有針對中國的圖謀。1996 年 5 月，美日兩國首腦發表有關安全條約的共同聲明，引起中國官方的關注和輿論界的強烈批評。美國不動聲色地加強與日本的軍事合作，幫助日本開發新型戰鬥機和戰區導彈防禦系統。[13] 隨著中美關係的政治氣氛惡化，特別是在 1995～1996 年中國在臺灣海峽地區舉行一系列軍事演習以後，美國對中國與一些東南亞國家的南海領土爭端的態度有了微妙的變化，由以前的表面中立轉變為強調保護這一地區的海域通道。

(三)人權問題

　　1989 年春夏之交北京發生政治風波後，所謂人權問題立即成為中美關係中最為敏感、爭論最為激烈的問題之一。美國總統布希於 6 月宣佈中斷兩國間高級領導人互訪，中止一切中美政府間軍售和商業性武器出口，考慮延遲國際金融機構向中國

12　*Washington Post*, May 22, 1996.

13　Robert Ross, *"Conflict and Cooperation in U.S.-China Relations: Regional Diplomacy, Bilateral Issues, and Negotiating Dynamics,"* manuscript, 1996, p.5.

提供新的貸款，以及其他以中國政府「粗暴違反人權」為由的制裁措施。1989年11月，美國國會參眾兩院分別通過進一步制裁中國的修正案。

但是，美國實際上並未中止與中國的高層往來。布希派遣他的國家安全事務助理斯考克羅夫特為特使，於1989年7月秘密訪問北京，於同年12月公開訪華，與鄧小平等中國領導人會見。以後美國與中國的高層接觸越來越頻繁。

「六四事件」後，美國一直與中國政府就釋放「民主運動人士」進行交涉。1990年6月，中國政府同意讓「六四」後一直逗留在美國駐華使館的方勵之夫婦離境。以後中國政府又陸續釋放和處理了一批在北京政治風波中觸犯刑律的人，將其中部分人遞解出境。但是，美方繼續就中國「持不同政見者」的待遇問題進行干涉中國內政的活動。例如，1994年3月，當美國助理國務卿沙特克為國務卿克里斯多夫訪華做準備而來到北京時，私下在飯店裏會見了保外就醫的魏京生。這件事引起了中國政府的極大不滿，幾乎使克里斯多夫北京之行告吹。以後此類問題，雙方都逐漸淡化處理。

1989年以來美國國務院發表的年度世界人權報告，每年都對中國的人權狀況加以攻擊。在一年一度的日內瓦聯合國人權會議上，美國年年都帶頭企圖透過譴責中國的決議，而均以失敗告終。

1990年以後，美國國會每年都要辯論是否延長對華最惠國待遇問題，其癥結在於中國的「人權記錄」。1992年9月，布希總統否決了美國國會通過的一項有條件地給予對華最惠國待遇的提案。1993年，新任總統柯林頓宣佈將最惠國待遇再次延長一年，但次年是否延長「取決於中國是否在改進人權狀況上取

得重大進展」。他列出了七項要求，包括兩項「必要條件」和五項「重要條件」，即：

(1)中國滿足 1974 年貿易法關於自由移民的有關規定。

(2)中國遵守 1992 年中美關於犯人勞動的雙邊協定。

(3)中國採取步驟開始遵守《世界人權宣言》。

(4)釋放因非暴力表達政治和宗教信仰而遭監禁的或拘留的人員並對他們的情況做出令人滿意的說明。

(5)保證犯人的人道待遇，允許國際人道主義和人權組織視察監獄。

(6)保護西藏獨特的宗教和文化遺產。

(7)允許國際廣播電臺和電視臺對中國廣播。[14]

1994 年 5 月，柯林頓總統宣佈將人權問題與每年延長最惠國待遇問題「脫勾」。這是對一年前將人權問題與最惠國待遇問題「掛勾」的直接否定，等於宣告用高壓手段迫使中國做出政治讓步的政策失敗了。兩國因人權引起的爭論暫時緩和。柯林頓在解釋這項決定時說：「是孤立中國，還是在擴大與中國的政治經濟合作中保持接觸更能促進中國的人權事業？我相信，促進中國自由事業的最佳道路是美國加強擴大與中國的聯繫。」[15]

從中國大陸流亡到美國的美籍華人吳弘達，由於在中國境內進行非法活動，於 1995 年 6～7 月被捕，美國提出交涉。美

---

14 轉引自鄭永平前引文，第 3 頁。

15 "President Clinton Announces Decision to Renew MFN for China," Press Release by USIS at the U.S. Embassy in Beijing, May 27, 1994, p.3.

國許多政界要人稱吳弘達為「出色的人權活動家」，新聞媒介也藉此掀起反華宣傳浪潮。此事影響到柯林頓夫人希拉蕊到北京參加世界婦女大會。在這種氣氛下，希拉蕊最後雖然到北京懷柔參加了世婦會的「非政府組織」活動，但沒有對東道主表示應有的尊重，反而藉世婦會講壇不指名地抨擊中國，對中美關係起到的只是消極的影響。

美國對中國的政治和意識形態滲透和中國的反滲透也是兩國圍繞人權問題鬥爭的一部分。1989 年北京政治風波期間，「美國之音」等美國新聞媒體起了推波助瀾的作用。以後，美國政府一直要求中國方面停止對「美國之音」播音的干擾，以此作為改善對華關係的條件之一。美國方面還不斷聲稱中方阻礙了美國記者的採訪活動。實際上，美國透過新聞媒體、電腦網路、文化教育交流、影像製品銷售等手段，加緊進行政治滲透。1996 年 10 月，由美國國會批准撥款、籌劃已久的「自由亞洲之聲」電臺正式開播。該電臺的主要對象是中國等亞洲社會主義國家和緬甸，以播送這些國家的國內新聞為主，明顯地帶有鼓勵反政府活動的目的。

(四)中國領土主權和統一問題

這一領域的中美交鋒，包括臺灣問題、香港問題和西藏等涉及中國領土完整和主權的問題。其中臺灣問題一直是中美關係改善的最大障礙，造成最為敏感的政治衝突，甚至可能導致兩國的全面對抗。

臺灣問題是 40 年代末美國干涉中國內戰造成的。當中美關係在 70 年代初緩和以後，美國對台政策發生了重大變化。從尼克森到雷根的美國政府，都聲明美國「認識到」（或「承認」）

中國的立場，即只有一個中國，臺灣是中國的一部分。[16] 由於抵禦蘇聯擴張的全球戰略需要，美國部分轉變了對臺灣問題的態度和立場，以適應與中國達成戰略諒解和關係正常化的要求。在 70 年代和 80 年代，儘管中美雙方也經常因臺灣問題而發生政治糾紛，但總的來說，美國是將對華戰略關係的考慮放在對台政策考慮之上的。

　　1989 年以後，圍繞著臺灣問題發生了三個方面的重要變化。第一是中美關係的變化。中美兩國在戰略安全、人權和經貿關係等方面連續不斷地出現爭執以至危機，各自對於對方的看法也出現轉變，由「準盟國」或「朋友」的關係變成「對手」或「潛在敵人」的關係。中國在美國的形象受到損害，基本是「負面」形象，與下文談到的臺灣在美國的「正面」形象形成對比。美國政界人物更經常及有意識地抬高臺灣的地位，以牽制中國的力量上升。美國還有人對中國大陸和香港、臺灣統一的前景感到十分擔心，認為「隨著經濟資源和軍事力量的增長，中國將試圖在亞洲稱霸，從而成為近期內對美國在該地區利益的首要戰略威脅」。[17] 在這些美國人眼裏，如果出現了一個政治

16　在說明美國對臺灣問題的立場時，1972 年 2 月 28 日「中美上海公報」的措辭是：「美國認識到，在臺灣海峽兩邊的所有中國人都認為只有一個中國，臺灣是中國的一部分。美國政府對這一立場不提出異議。」1979年 1 月 1 日中美建交公報的措辭是：「美利堅合眾國政府承認中國的立場，即只有一個中國，臺灣是中國的一部分。」兩個文件英文本中的「認識到」和「承認」，都是用的同一個英文詞 acknowledge。美國方面不承認中文本中的措辭變化意味著美國立場的改變。

17　轉引自 Harry Harding, "Setting a New Benchmark for U.S.-China Relations," Statement Presented to the House Committee on Foreign Affairs, February 17, 1993, p.2.

上統一的中國，那麼中國的綜合國力更會大大增強：外匯儲備將居世界第一，對外貿易總額將接近日本，軍事實力亦將稱雄於亞洲。這樣一個中國會對全球戰略平衡產生巨大影響，會出現「最可怕的前景」。因此，在中國大陸沒有發生美國所希望的「和平演變」之前，美國絕不能允許中國統一。[18]

　　第二方面的變化是臺灣政治的變化。進入 90 年代後，臺灣島內的「台獨」勢力日益猖獗。以李登輝為首的臺灣當局奉行事實上的「兩個中國」和「一中一台」政策。在 1996 年 3 月李登輝連任「總統」後，竟然連在口頭上的「一個中國」立場都不肯再重申，而是反覆強調「中華民國在臺灣」。隨著臺灣經濟起飛後臺灣實力地位的上升和國際經濟交往的擴大，臺灣當局「拓展國際空間」和「重返國際社會」的努力有了更大的實力後盾和資本。臺灣追隨美國的政治理念，搬用美國的政治模式，廢除「黨禁」、「報禁」，改變了幾十年一直沿用的政治體制，實行「總統直選」。臺灣這種所謂「民主化」經驗，成為在國際舞臺上特別是西方爭取同情、擴大影響的政治資本。雖然臺灣島內存在著「統」「獨」之爭，雖然李登輝因其不擇手段排除異己的政治品質和一意孤行的大陸政策而不斷遭到批評和反對，但「民主化」、「拓展國際空間」等言行在臺灣得到相當大程度的政治認同。在這一背景下，臺灣當局和「台獨」勢力加緊在美國各界爭取支持，尤其是透過金錢拉攏、「感情投資」等手段在美國國會和地方政府遊說，與國會內外和輿論界的親台勢力聯

18　參見王緝思、朱文莉，〈美國人眼中的「大中華」〉，《美國研究》，1994 年第 1 期，第 36 頁。

合起來，共同向美國政府行政當局施加壓力，要求其改變現行對台政策。美國方面已有不少人接受了以下論調：1972 年上海公報發表時，臺灣海峽兩邊的中國人確實都認同「一個中國」和「臺灣是中國的一部分」的立場；但是現在臺灣改變了立場，於是美國的立場也應隨之而改變。

第三方面的變化是國際環境的變化。在大陸和臺灣長期未能實現統一的情況下，國際上對於臺灣問題存在著各種模糊認識和模糊立場。許多對臺灣問題的歷史沿革和中國的堅定立場有較深認識的世界政治家，許多對臺灣問題在中美關係中的敏感性有足夠瞭解的美國人士，已經逐漸退出政治舞臺。正如美國著名的中美關係專家奧克森伯格所指出的，一般的美國人對於美國應對 1949 年以來中國的分裂負責這一點不再懷有歉疚感；相反，「他們為援助臺灣人民取得目前水準的繁榮、安全和政治發展而感到驕傲」。[19] 國際上有些人，有些國家，或出於模糊認識，或被臺灣的「金錢外交」所誘惑，或在臺灣有較大的經濟利益，把臺灣作為一個「國家」來打交道，做出違背「一個中國」原則的事情；或者表面上奉行「一個中國」的政策，事實上企圖從大陸和臺灣的分歧中獲取最大限度的好處。隨著時間的推移和臺灣「本土化」的趨勢，這種情況在客觀上使中國領土被割裂的事實，在人們心目中固定化。日本等國家的一些國內政治勢力，對中國的日益強大心存不滿和憂慮，希望「台獨」勢力成功，支持所謂「自決原則」，以達到削弱中國的目的。

---

[19] Michel Oksenberg, "Taiwan, Tibet, and Hong Kong in Sino-American Relations," unpublished paper, May 1996, p.4.

以上三方面的變化是互為因果的關係，而以臺灣政治發展的內因為根本動力。美國國內的反華親台勢力固然對「台獨」傾向起著推波助瀾的作用，但美國的長遠戰略利益和歷屆美國政府的主導思想，在於維持兩岸分裂但不發生武裝對抗的基本局面。假如臺灣當局鋌而走險，公然宣佈臺灣「獨立」或者向「一個中國」的原則提出不顧後果的挑戰，中國的反應就只有使用武力來阻止「台獨」。這樣，美國的戰略棋盤將完全被打亂，美國決策集團也將面臨困難的外交抉擇和嚴重的國內政治分歧。一方面，美國國內部分政治勢力將堅持援引《與臺灣關係法》和所謂國際道義原則，要求「保衛臺灣」；另一方面，從美國全盤的經濟利益和安全利益來說，為了局部利益和「道義原則」與中國這樣的核子大國發生軍事對抗是風險極大、匪夷所思的選擇，因此美國不能無條件地支持臺灣。對於台海兩岸一旦發生武裝衝突時美國做何反應的問題，美國官方的表態是「故意模糊」的立場。

　　相對而言，臺灣當局有更多的動機來把水攪渾，製造事端，在一步步地「拓展國際空間」的過程中試探大陸的反應和美國的支持程度。無論中美關係惡化還是飄忽不定，臺灣當局都有機可乘。臺灣當局和島內各派政治力量在美國經營多年，其決策人物和智囊人物大多曾在美國留學和長年從事政治經濟活動的經驗，瞭解美國政治體制和外交運作，稔知美國政界、財團和智囊團人物。他們確知美國行政當局在臺灣問題上保持現狀的政策和不願被臺灣「拖下水」的心態，於是在不放鬆爭取美國聯邦行政當局支持的同時，把更大的精力和資本投入在美國國會、地方政府、財團、智囊機構、輿論界的活動中，透過「迂迴包抄」的方式，對美國政府施加影響。臺灣領導人指望在他

們走到公開進行「台獨」這一步並和中國政府攤牌時，美國可以成為強大後盾。這種「挾美自重」的策略，是李登輝和公開的「台獨」分子所從事的一場長期而危險的政治賭博。

1989 年以來，美國政府雖然無數次重申堅持「一個中國」的立場，其內涵已經發生了悄悄的、但卻是實質性的轉變。它在官方正式聲明中從來不肯提「臺灣是中國的一部分」，甚至不肯像 1979 年「中美建交公報」那樣「承認中國的立場，即臺灣是中國的一部分」。這只能說明它在聲明「只有一個中國」的立場時，故意留下「還有一個臺灣」這個伏筆。

事實上，美國對台政策也的確在向著「一中一台」的方向逐步進行調整。這種調整首先表現在美台之間的人員往來層次越來越高，越來越頻繁，越來越具有官方色彩。訪台的美國人包括現任和卸任的國會議員、高級將領、部長級官員等。1994年 9 月 7 日，柯林頓政府宣佈調整對台政策。它雖然聲明堅持「一個中國」原則，不支持臺灣進入聯合國，只與臺灣保持非官方關係，但在實際做法上的調整幅度頗大，是中美建交 15 年來美國政府首次就其對台政策「全面審議」之後而做出的系統性調整。它允許建立美台內閣副部長級的對話，允許美台官員在白宮和國務院以外的政府機構中進行會晤，批准美國經濟、商務、技術部門的高級官員訪台，承認臺灣在一些跨國問題上所發揮的作用，同意臺灣駐美機構改名為「臺北駐美經濟文化代表處」。

更為嚴重的是，柯林頓政府違背自己的承諾，於 1995 年 5 月 22 日宣佈同意向臺灣「總統」李登輝發放簽證，使他可以出席母校美國康乃爾大學的慶典活動。美國政府不顧中國的強烈抗議和交涉，不但讓李登輝得以實現這次「私人」訪問，還讓

他在康乃爾大學發表了極具政治性的演說。此後,中國駐美大使奉召回國述職,美國駐華大使也離任回國,中美外交關係實際上降到了代辦級,這是 1979 年兩國建交以來官方關係的最低點。中國為了警告「台獨」勢力和趨勢,在臺灣海峽地區舉行了數次軍事演習。1996 年 3 月,在臺灣「總統直選」和中國的導彈發射演習及登陸演習期間,美國向臺灣附近海域派出兩艘航空母艦,向中國炫耀武力,實際上有著替在競選中的李登輝打氣之作用。由於中國方面的堅決鬥爭,美方在臺灣問題上被迫澄清立場,保證信守「一個中國」的原則。雖然美國不肯承諾今後不再向臺灣領導人發放簽證,但聲稱這樣的訪問將是「非官方的、私人性質的和罕見的」。經過兩國領導人的幾次直接對話和高層級的外交接觸,李登輝訪美事件造成的中美關係惡化的形勢才得以遏止。但是,美國政府在如此重大的、關係到中國切身利益和國際聲望的問題上竟能公然出爾反爾,使美國的政治形象及其政策的可信度在中國人心目中進一步降低。李登輝訪美事件的長遠影響是不能低估的。

冷戰後美國對台政策向「一中一台」的方向下滑的另一種表現是售台武器逐步升級。1992 年 7 月,美國政府批准向臺灣出租軍艦。同年 9 月,布希總統宣佈將授權向臺灣出售 150 架 F-16 戰鬥機。這是一種遠距離、高性能的戰鬥機。出售 F-16 是自 1982 年「八一七」公報以來美國與臺灣最大的一筆武器交易,是完全違背「八一七」公報的行為。美國人辯解說,F-16 是防禦性的飛機,而且布希總統的決定是為了在總統選舉年拉選票的需要。其實,這是美國抬高美台關係的嚴重步驟。此例一開,「八一七」公報在美國對華關係決策者眼中已成為一紙空文。1993 年 9 月,美國決定向臺灣出售性能先進的「魚叉」式導彈,

與臺灣聯合生產改進型「愛國者」導彈。因李登輝訪美而導致的海峽兩岸關係緊張之後，美國還在考慮出售導彈防禦系統等更為先進的武器裝備。中美關係在這一問題上面臨嚴重的考驗。

美國奉行事實上的「一中一台」政策，還表現在美國政界、輿論界、思想庫中主張「一中一台」和同情、支持「台獨」的言行日益明目張膽。前任駐華大使李潔明等人多次攻擊中國「主權觀已過時」。一些輿論工具和思想庫建議以提高美台關係作為牽制中國的一張牌，以代替不起作用的「最惠國待遇牌」和「人權牌」。有人在私下竟稱臺灣仍是一艘「不沈的航空母艦」。美國一些軍工企業是向臺灣出售先進武器的直接受益者，因此鼓吹「保衛臺灣」。那些主張將人權作為外交重點的美國人，很自然地將臺灣作為「民主樣板」，同情「住民自決」的「台獨」言論。國會內的親台勢力則提出支持臺灣爭取國際承認的種種動議。值得注意和警惕的是，美國人越來越傾向於把臺灣視為一個國家，而很少再提「中華民國」。美國已有 16 個州的議會通過了支持臺灣加入聯合國的決議。

1996 年美國對外關係委員會發表的一份對亞洲政策的報告，就臺灣問題做了如下建議，它很可能成為美國對台政策的指導方針：「臺灣問題將繼續成為危險的潛在導火線。對中美關係和（亞太）地區都可能造成嚴重的後果，需要最高行政部門與國會領袖們不斷地加以注意。美國政策的主要目標應為鼓勵臺灣和中國以和平方式解決爭端，而避免使用武力，否則造成的廣泛地區性後果將損害美國的利益。為了防止任何一方採取危害和平的行動，美國應對中國明確表示美國決心支持其以和平方式解決它與臺灣的分歧；如果中國對臺灣使用武力，美國不能保證置身事外；同時對臺灣也明確表示，如果臺灣企圖單

方面改變現狀而引發危機，美國不會自動出面干涉。我們必須在國內各黨派間對這個敏感問題達成共識，才能以同一個聲音與一切有關方面對話。絕不能讓某個受雇用的遊說團體來左右美國的政策。美國如何處理對中國和對臺灣的關係，將在本地區視為對美國冷戰後領導能力的考驗。」[20]

　　在香港於 1997 年 7 月 1 日回歸中國之前，美國對香港的政策已經作出重要調整。不顧中國的交涉和反對，美國總統布希於 1992 年 10 月 5 日簽署了《美國－香港政策法案》，主要內容是美國對香港政策和香港在美國法律中的地位，並要求美國國務卿每年要向眾議院議長提交有關香港問題的報告。近年來美國政府一直聲稱它除關心美國在香港的實際利益以外，不想介入中國與英國關於香港的爭執。但是它的傾向其實是很明顯的。例如，1993 年 2 月柯林頓對英國首相梅傑說，他完全支持在香港實行更大民主的建議。同年 4 月，柯林頓政府在一份報告中也聲稱，香港總督彭定康的政治改革方案與香港基本法是一致的。同年 5 月，柯林頓會見訪美的彭定康。柯林頓既表示美國希望能與中國保持良好關係，又表示支持香港爭取在 1997 年回歸中國之前獲得更大民主的努力。

　　實際上，近年來美國一直在悄悄地加強對香港的政治、經濟、文化、教育、輿論等方面的影響和滲透。在許多方面，美國在香港的影響已經超過英國。個別政治上活躍的香港「民主派」在美國獲得政界人物和輿論的支持。美國在香港的外貿和

---

20 Council on Foreign Relations, *Redressing the Balance: American Engagement with Asia* (Asia Project Report), 1996, p.4.

金融市場中都佔有極其重要的地位。從其長遠利益來看，美國應希望香港保持穩定繁榮。但如果有人企圖像打「臺灣牌」那樣用「香港牌」來牽制中國，那麼中美之間又會增加一個新的不穩定因素。

自 80 年代開始，美國在西藏問題上就攻擊中國「破壞宗教自由」、「毀滅當地民族文化」、「鎮壓持不同政見者」等。達賴喇嘛在美國長期活動，特別是在國會、輿論界、宗教界有不少支持者。冷戰後，由於中美關係惡化、美國宗教右翼勢力上升、人權問題在美國外交中地位上升、國際上出現民族分立主義浪潮等綜合因素的影響，美國在西藏問題上與中國的分歧更為突出。1993 年 4 月 27 日，柯林頓在副總統高爾的辦公室短暫會晤正在訪美的達賴喇嘛。會見後柯林頓發佈聲明說，「達賴喇嘛因為他在精神上的領導作用而受到國際社會的尊敬。……美國政府繼續敦促北京和達賴喇嘛恢復對話，迫使中國解決在西藏的侵犯人權問題。」然而美國政府主要是從人權角度關注西藏問題，認識到它對西藏問題的影響有限，一直承認西藏是中國領土的一部分，不願因之過分得罪中國。美國學者奧克森伯格說：「追根究底，美國政府對西藏事業的保護不大可能超過對車臣事業的保護。但是，美國政府給予達賴喇嘛作為精神領袖的禮遇，公佈它所瞭解的中國在西藏的統治情況，悄悄地鼓勵達成一項可以相互接受的、使達賴喇嘛得以返回西藏的和平解決辦法，這些當然是適當的。」[21] 事實證明，美國在西藏問題上干涉中國內政由來已久，今後美國的干涉可能引發更多的中美摩

---

21 Ibid., p.26.

擦。

　　以上探討的美國對華政策中經濟、安全、人權、中國統一等四個領域的問題，是相互緊密關聯的。拿雙邊關係中最為敏感的臺灣問題來說，它關係到的美國利益首先包括美國在亞太的安全利益。美國在亞太保持現有駐軍水準的主要藉口之一就是臺灣海峽局勢不穩定。其次，美國在臺灣有重要的經濟利益。美國對臺灣的軍事裝備出口對美國軍火製造商和出口商都意味著大宗交易。隨著台海兩岸經貿關係日益密切，中美之間在貿易不平衡、知識產權等方面的經濟摩擦間接影響到美台經濟關係。同時，一旦臺灣海峽出現大規模動武，美國在臺灣的經濟利益必定要受巨大損失。再次，臺灣效仿美國模式實施「民主化」，使美國人權外交的倡導者更加緊呼籲「保衛臺灣」。正如美國的中國問題專家哈里・哈丁所說：「在很多美國人看來，中國對臺灣和香港的主權要求威脅著這兩個剛剛實現民主的中國人社會的政治自由。」[22] 因此，臺灣問題本身就涉及安全、經濟、人權這三大領域。

　　將上文提到的冷戰後美國確立的三大外交支柱（經濟安全、軍事安全、民主人權）與中美關係中的四大問題相對照，可以看到二者幾乎重合，即美國外交所最關注的領域全部與中美關係有關。這樣看來，在冷戰後美國與其他大國的關係中，對華關係的矛盾最為突出，原因就十分清楚了。美國與其他大國的矛盾僅涉及「三大外交支柱」中的一個或兩個，而與中國

---

22 Harry Harding, *"Human Rights and U.S.-China Relations,"* manuscript, May 1996, p.1.

的矛盾是全面的。美國與歐洲的矛盾涉及經濟和局部（如波黑）安全問題，而基本上沒有人權問題。[23] 美國與日本的經濟摩擦突出，但在安全和人權問題上主要是如何協調政策的問題。美國與俄羅斯在地緣政治安全和民主化問題上都有歧見，但談不上多大的雙邊經貿摩擦。

雖然美中分歧是深刻而全方位的，但在打交道的幾乎所有領域裏，都有某種合作基礎和共同利益，或至少是緩和衝突的期待。例如在人權問題上，因為美國對中國政治出現「和平演變」的可能性仍抱有幻想，所以美國官方希望保留「人權對話」的渠道，而不能一味攻擊煽動。在臺灣問題上，美國擔心「台獨」勢力壯大到敢於公開向美國承諾要信守的「一個中國」原則挑戰的程度，引起中國的激烈反擊，以致嚴重損害美國的利益，因此也需要與中國達成某種諒解。這種中美之間嚴重分歧和廣泛合作並存的局面，決定了美國對華政策的深刻內在矛盾和兩重性。

在以上談到的四大領域之外，中美關係中還有一些不容忽視的合作領域和摩擦點，如環境保護、移民、禁止毒品走私、打擊跨國恐怖活動、防止愛滋病等傳染性疾病的蔓延等等。這些問題是今天美國公眾普遍關心的，也是中國正面臨的重要問題。柯林頓政府的第二任國務卿歐布萊特說：「作為世界上產生溫室氣體最多的兩個國家，美國和中國必須攜手對付全球環境

23　美國與英國在北愛爾蘭問題上的分歧，可以說涉及人權問題。但柯林頓
　　插手北愛爾蘭問題，部分動機是爭取美國國內愛爾蘭人後裔的政治支
　　援。

面臨的威脅所帶來的戰略危險。……我們大家都應當關心的是，全球最強的國家和全球最大的國家能否共同努力來確保一個不僅更富裕而且更有利於健康的未來。」[24] 在較好的雙邊政治氣氛下，這些全球性問題將成為兩國新的合作基礎。但當氣氛惡化時，一些美國人總要利用這些問題作為攻擊中國的藉口。

二、對華政策的兩難選擇

冷戰結束後，中美關係危機不斷，一直未能走上平穩發展的軌道。1995 年 5 月 22 日，柯林頓政府宣佈允許李登輝訪問美國，又一次將中美關係推到了破裂的邊緣。自 1989 年以來，美國以中國「侵犯人權」、「違反《導彈技術控制協定》」等為由，對中國實行了多種形式的制裁。向臺灣出售 F-16 戰鬥機、給對華最惠國待遇附加條件、非法搜查「銀河號」貨輪、美眾議院透過反對中國申辦奧運會的決議、阻撓中國恢復在關貿總協定的席位等等一系列舉動，都傷害了中國的國家權益和尊嚴。

與此同時，美國為了維護自身的安全利益和經濟利益，又必須維持與中國的交往與合作。美國不得不逐步取消對華制裁，恢復與中國的高級官方接觸和軍事交流。1993 年 11 月，江澤民主席和柯林頓總統在美國西雅圖實現了 1989 年以後中美首腦第一次正式會晤。這兩位首腦又於 1994 年 11 月在雅加達的亞太經合組織會議上以及 1995 年 10 月江澤民主席參加紐約聯

---

24 《參考資料》，1997 年 4 月 21 日，第 4 頁。

合國大會期間再次會晤。1994 年 6 月，柯林頓宣佈對華最惠國待遇問題與人權問題脫勾。自 1993 年 9 月以來，柯林頓政府一直表示要奉行「全面交往」的對華政策。1996 年 6 月，美國總統國家安全事務助理萊克訪華，再一次重申「交往」政策，並與中方商議進一步增加政府間高層接觸的安排。近年來，中美兩國貿易額和美國在華投資額直線上升。兩國在東北亞地區安全、環境保護、掃毒、衛生等方面的合作取得了成效，科技、文化、教育領域的交流也在擴大。軍事領域的交流已經恢復。實際上，儘管 90 年代中美官方關係經常出現緊張狀態，兩大社會之間交往的深度和廣度都超過了 80 年代。

既要向中國施加高壓，限制中國的國力增長和國際地位的提高，又要與中國保持交往和合作，這就是冷戰後美國對華政策的兩重性。一方面，這樣一項政策有深刻的內在矛盾，在執行中表現出搖擺不定的特點；另一方面，約束、防範中國的需要與「全面交往」的要求並非全然相互矛盾，有其內在的統一性，在執行中又表現出一定的連貫性特點。

(一)「中國威脅論」及其政策含義

那些習慣於冷戰思維、需要一個敵人來確定外交目標的美國人，已經宣佈中國是現實的或潛在的敵人。美國《時代》周刊 1995 年 7 月發表的一篇題為《我們為何必須遏制中國》的文章，可以說是一篇以中國為敵的代表作。它公然聲稱一項「理性的」對華政策只需要兩個基本點：一是與中國的鄰國建立或加強安全關係，以遏制中國影響的擴大；二是支持吳弘達這類的「持不同政見者」，以顛覆中國現政府。這篇文章還說，那位宣稱美國對華政策的實質不是「遏制」而是「交往」的，負責

亞太事務的助理國務卿洛德，還有那位在電視臺發表談話主張打擊中國政府而後又改口的美國眾議院共和黨領袖金里奇，都不過是自欺欺人；政治家因怕承擔責任而不敢說的真話──「美國必須遏制中國」，新聞評論家替他們說出來了。[25]

90 年代中期，美國不少政要和新聞媒體著力渲染中國崛起造成的「威脅」，宣稱要「遏制」中國。柯林頓政府的主要外交決策者則聲稱美國現行對華政策旨在與中國「交往」，而不是要遏制中國。但是，即使是主張奉行對華「交往」政策的人，也往往強調交往是有條件的，假如「交往」政策不能奏效，即不能「使中國改變其行為方式」，美國最終可能轉而採取遏制政策。例如，柯林頓政府負責亞太事務的助理國務卿洛德在 1995 年 7 月聲言：「美國希望改善對華關係，然而兩國變為長期敵手的可能性不能排除。美國也許不得不與其他西方國家一道，轉而採取一項『遏制』政策。」[26] 1996 年 5 月，《紐約時報》著名專欄作家弗里德曼寫道，如果中國對美國的交往政策沒有積極回應，「那麼另一個共識最終將在這裏（美國）形成，而這一共識將不是要與中國交往，而是要遏制中國」。[27]

「遏制」政策倡導者所根據的理論前提，是中國對美國構成了「戰略威脅」。冷戰剛剛結束時，一些美國人曾經幻想中國

25 Charles Krauthammer, "Why We Must Contain China," *Time*, July 31, 1995, p.72.

26 轉引自沈大偉，〈美國與中國：一場新冷戰？〉，美國《當代史》月刊 1995 年 9 月號，第 245 頁。

27 Cited in Wang Jisi, "New Test for US Policy on China," *Window* (Hong Kong), August 2, p.19.

會像蘇聯、東歐那樣很快出現政局動盪，進而根本改變政治制度。這種幻想破滅之後，就從美國政界、輿論界和學術界冒出來形形色色的「中國威脅論」。「遏制政策」鼓吹者所根據的理論前提，是中國已經對美國構成了「戰略威脅」；而「交往政策」的倡導者，宣稱中國目前尚未構成對美國的戰略威脅，但是如果美國不透過與中國各個層次的交往影響中國的國內外政策，中國進一步強大之後，將對美國在國際事務中的主導地位和根本利益形成嚴重挑戰。美國人關於「中國威脅」的種種論調，雖然尚未系統化，未成為對華政策的主導思想，但在對華政策的「強硬派」和「務實派」中都有一定市場。

　　歸納起來，可以聽到美國人有關「中國威脅」的六種論據。第一是「極權威脅論」，即雖然中國在走市場經濟的道路，其「極權國家」的性質並未改變。西方的一種流行理論是「民主和平論」，認為「成熟的民主國家之間沒有根本利害衝突」，而極權國家是禍根，與「民主國家」之間存在著根本的利害衝突。按照這種理論，西方國家之間的矛盾是可以調和的；而只要中國沒有實現根本的政治體制轉軌，其綜合國力越強大，對美國的挑戰就越嚴重。於是中國現在已經成為「一個新的邪惡帝國」。[28] 有的美國人聽到久加諾夫領導的俄羅斯共產黨可能執政，就如同談虎色變；聽到波黑塞族前領導人卡拉季奇曾經是共產黨人，就欲置其於死地而後快。這些都說明美國仍是反共意識形態最為根深蒂固的國家。對於共產黨領導下的中國的穩固和崛

---

28 *Washington Post*, August 4, 1996. 「邪惡帝國」是一些美國人對蘇聯的稱呼，由於雷根總統 80 年代初公開使用這一說法而為美國公眾所熟知。

起，美國是難以容忍的。

第二是「實力地位擴張論」，即中國是一個正在興起的地區大國，實力增強後勢必要求改變現存國際秩序，不會遵守西方主導建立的國際規範；而美國是一個維護國際現狀的世界大國。特別是冷戰結束後多數大國都削減了軍費，俄羅斯的軍事實力更是大為削弱，但中國軍費卻有大幅度增長。因此，無論中國內部發生何種變化，包括政治制度的根本變化，兩國在利益和國際地位方面的角逐都不可避免。持這種觀點的人援引國際關係史上的事例，企圖說明一個國家的國力迅速增強，會造成國際結構和秩序的不穩定，甚至將今天的中國與 30 年代的日本和德國相提並論。持這種論調的人還渲染中國實力的增長會促使國內「民族主義情緒高漲」，更多地對美國說「不」，同時可能聯合與美國敵對的國家，在西方陣營「製造縫隙」，或向外輸出尖端武器和技術，對美國安全利益造成損害。

第三是「經濟挑戰論」，即中國利用其低勞動成本和高技術引進，正在向美國內市場傾銷產品，同時卻阻止美國產品和資本大規模進入中國市場。這種結構性的貿易不平衡正對美國構成經濟威脅。在這種意義上，中國在不久的將來可能會發展成「第二個日本」。有些美國人比較近年來的美日、美中貿易，聲稱美日貿易逆差在減小（現已從六百多億美元降低到五百多億美元），而美中貿易逆差在擴大（按美方統計已達五百多億美元）。[29] 按照此趨勢發展，中國可能取代日本，成為美國貿易逆

---

[29] 1996 年 9 月 18 日，美國商務部公佈的數位，顯示美國對華經常專案貿易逆差 7 月份達到 33 億美元，比 6 月份增長了 8.8%。7 月份美對日逆

差的最大來源。美國還指責中國違反知識產權，外貿、外資政策不透明。此外，中國大陸與臺灣、港澳的經濟聯繫越來越緊密，並受到海外華人經濟的強有力支持，這樣一個「大中華」可能成為嚴重的經濟挑戰。

第四是「文明衝突論」，即冷戰結束後，不同宗教和文明之間的碰撞取代了意識形態衝突，中國所代表的儒家文明要與伊斯蘭文明聯手向西方基督教文明發起攻擊。雖然這只是哈佛大學教授亨廷頓等少數人的論調，受到不少人的反駁，但其理論根源在於埋藏得較深的種族意識和基督教優越感，因此值得重視。近年來美國深受國內種族矛盾的困擾以及多元文化和外來移民的衝擊，一股保守、排外的所謂「新孤立主義」思潮泛濫，擔心美國文明被外來價值觀所侵蝕和影響。在這種背景下，中國等東亞國家維護和提倡自己的文化傳統和價值觀，就被曲解為對美國的一種政治威脅。

第五是「鄰國恐懼論」，即中國軍事力量日益強大已經引起其鄰國的疑慮不安，美國應當同情這些較為弱小的國家，抵禦中國的「擴張」。某些美國人利用中國與一些鄰國的領土問題大做文章，宣傳中國加強國防力量是準備用武力解決領土爭議問題。有人甚至視臺灣為一個「國家」，把中國在臺灣海峽地區舉行軍事演習、打擊「台獨」勢力，說成是對地區安全的威脅。

第六是「災難擴散論」，即中國將來可能無力解決自己的糧

差為 32 億美元。這是美方公佈的對華貿易逆差第一次超過對日逆差，在國際經濟界引起注意。具體數位見《今日美國》，1996 年 8 月 21 日。

食、能源等問題，須大量依賴國外資源，以致造成全球資源短缺。還有美國人散佈說，中國環境污染、毒品走私等問題嚴重，影響到周邊國家以至美國。萬一中國的政治和經濟失控，會有大批難民從陸上和海上外流。

這些形形色色的「中國威脅論」殊途同歸，有著誤導輿論、破壞中美關係氣氛的作用。從一部分「中國威脅論」的鼓吹者那裏，不難聽出一部「新冷戰」序曲。但是，上述論調也反映了一個重要而不可迴避的現實，即中美兩國在面臨的共同戰略威脅消失以後，尚未建立起一個穩固的合作基礎。在冷戰後美國全球戰略所關注的所有主要問題裏，中國都是一個突出的因素，一個施加壓力的對象。在現實國家利益、長遠戰略目標、意識形態、文化價值觀方面，中美兩國確實存在根本分歧。隨著中國經濟實力、政治影響和國防力量的增長，中國在美國全球戰略中的地位將進一步上升，美國人對中國的疑慮也就有進一步加深的可能。從這一意義上說，美國國內要求採取對華遏制政策的聲音有相當大的市場，並可能在一定的國際背景下將中美關係引向對抗。

（二）對華「務實派」的論點及政策建議

較有現實感的美國政治家、評論家和外交政策專家，雖然並不一定反對保留「遏制中國」的戰略選擇和「中國威脅論」的所有論點，但提出了對華政策的不同思路。

首先，一些務實的觀察家認識到，中國的國內社會穩定和經濟發展對美國利大於弊。「中國如果是安全的、有凝聚力的、朝向改革的、正在現代化的、穩定的、對外開放的，並且能夠有效地處理本國問題，那麼它在未來的行動就很可能是建設性

的。」[30] 他們認為，儘管美國不喜歡中國的社會主義制度，但如果另起爐灶的結果是中國的天下大亂，那麼「兩害相權取其輕」，還不如維持現在的穩定局面。美國應從蘇聯崩潰的不利後果中吸取教訓：假使中國走上蘇聯那條分崩離析的道路，中國龐大的人口壓力，相對貧乏的自然資源和經濟積累，會給亞太鄰國直至美國帶來一場災難，其後果不堪設想。美國一位著名的中國問題專家 1993 年對筆者說：「雖然蘇聯突如其來的垮臺給美國帶來了戰略上的好處，但也帶來許多無法預測的不穩定因素。美國經不起中國陷入蘇聯式的混亂。」一些美國專家認為，從目前中美關係的焦點問題——武器擴散、知識產權、市場准入等等——來看，一個中央權力相對強大的體制比地方主義抬頭更有利於問題的解決。例如，只有中央政府下決心嚴厲打擊盜版活動，美國的知識產權才能得到有效的保護。因此他們認為，美國不能以顛覆或打擊中國現政府為政策目標，而應鼓勵中國朝著資本主義市場經濟的方向進行漸進改革，即實行「和平演變」。

其次，有些中國問題專家主張恰如其分地估計中國目前的經濟和軍事實力。他們認為，中國在經濟起飛階段所達到的年增長率百分之十幾的發展速度不可能長久維持下去，中國的人均國民收入還很低，所以驚呼中國不久就能在經濟上趕上美國，是誇大其詞的錯誤估計。中國的軍費增長在除去通貨膨脹的因素後並不算很高；中國軍隊的常規武器裝備比起日本和其他一些鄰國來說是落後的；軍隊擔負著對「台獨」進行威懾和

---

30 Kenneth Lieberthal, "A New China Strategy," *Foreign Affairs*, Vol.74, No.6, November/December 1995, p.23.

對邊疆地區可能的分裂活動進行鎮壓的艱巨任務；中國海空軍的遠洋作戰能力有限。因此，現在渲染「中國威脅」為時過早，更不能想像中國在軍事上會成為對美國的有力威脅。這些務實派希望美國政府更加有效地利用有經驗的專業人才來分析中國現狀，以免判斷失誤。[31]

　　第三，許多美國觀察家都認為，中國照目前的方向發展下去，兩國利益衝突不大可能加劇，中國也不會向外擴張。一位有權威的國際問題學者曼德鮑姆 1996 年 6 月訪華歸國後寫了一系列觀感，其中一篇標題就是「中國正在變化──大多數方面正在變好」。他報導說，中國年輕一代對國際事物的瞭解比老一代更深，有信心地憧憬國家和個人生活的未來。10%以上的年經濟增長率，非國有經濟佔據國民收入的 70%，4,000 萬至 8,000 萬的流動人口，這幾個數位預示著一個更為有活力的、更為自由的社會。這正是美國希望看到的中國。[32] 在近年來有機會訪華的美國人中，這是一種有代表性的看法。

　　資深中國問題專家鮑大可等人在 1996 年 7 月訪華後撰寫的報告中，駁斥了中國一旦強大就會擴張的論調。報告說：「形成一項長遠的對華政策，需要美國國內對中國上升到一個大國地位所提出的挑戰加深理解。在這個發展階段，中國的主要關注點放在保持經濟增長和國內政治穩定上，而不是放在取得地區

31　A. Doak Barnett, et al., *Developing a Peaceful, Stable, and Cooperative Relationship with China*, A National Committee on American Foreign Policy Report, July 1996, p.24.

32　Michael Mandelbaum, "China Is Changing--Mostly for the Better," *Newsday*, July 11, 1996.

優勢地位上。但是中國關心一系列關係到它的主權和領土完整的問題，這些問題也關係到它的鄰國。這些問題需要妥協以避免公開衝突。……由於中國的日益增強的國際角色，將它融入國際社會並給予它合法的權益，使它幫助維持全球和平、穩定和繁榮，具有緊迫的意義。」[33]

　　第四，對於美國在對華最惠國待遇、雙邊貿易、人權等問題上濫施高壓政策，動輒制裁中國，許多美國政治家和評論家表示強烈不滿，認為這樣做不但不能使中國「就範」，而且將直接損害美國利益。前總統布希，前國務卿季辛吉、海格、舒茲，前國家安全事務助理斯考克羅夫特等人，都持這種看法。不少觀察家還指出，近代中國有著一百多年受欺侮的歷史，中國人對於不平等對待中國的態度極其敏感，也極其反感。1989 年以來的美國對華態度，越來越激起中國民族主義的反彈。如果採取孤立、遏制中國的政策，感到被美國力量包圍的中國絕不會在涉及美國重大安全利益的國際事務中予以合作，而會頑強地反對美國在國際多邊安全論壇上提出的任何倡議；中國將更加努力加強軍隊現代化建設，反過來這有可能加劇地區軍備競賽，增加在朝鮮半島、南中國海、臺灣海峽等地區發生武裝衝突的可能性。此外，遏制中國意味著兩國相互封閉市場，使亞太地區貿易和投資自由化的努力遭受嚴重挫折。因此美國要達到與中國合作的目的，必須放棄孤立中國的做法。

　　第五，許多有識之士指出，美國與中國的實力對比發生了不利於美國的變化。單憑美國的力量，不足以孤立和威懾中國，

33　Barnett, op. cit., pp.6-7.

而中國的鄰國和其他西方國家出於自身利益考慮，不會加入遏制中國的行列，因此「遏制」不是一項現實可行的政策選擇。美國要想牽制中國的力量，必須與日本、西方盟國和其他亞太國家協調對華戰略，同時將中國拉入亞太多邊安全對話機制。否則，美國的政策會招致自我孤立，反而加大中國在本地區的影響力。

　　第六，一些美國戰略分析家認為，雖然中美矛盾在冷戰後的大國矛盾中是最突出的，但美國在許多國際問題上都能找到與中國的共同利益，與中國進行心照不宣的合作。例如，中美兩國都不願看到亞洲出現另外具有核武國家。康乃爾大學的一位國際問題學者在《外交》雙月刊撰文分析中國的外交戰略思想，設想中國可能有朝一日將日本而不是美國視為主要威脅。所以，美國應長期在日本保留駐軍，並說服中國承認美國駐軍有利於亞太地區的戰略平衡和穩定。文章還說，為維護東亞安全和穩定，美國應有意阻止臺灣尋求法律意義上的獨立，避免觸怒中國。[34]

　　第七，還有的美國智囊人物試圖將牽制、約束中國與尋求中國合作融為一體，提出與中國「有條件的交往」政策。在一本題為《結網——與中國有條件的交往》的著作中，對外關係委員會的希恩等人列舉了與中國交往的「十項原則」。這些原則依其重要性的排列是：

34　Thomas J. Christensen, "Chinese Realpolitik," *Foreign Affairs*, Vol.75, No. 5, September/October 1996, pp.37-52.

(1)不單方面使用進攻性的軍事力量。

(2)和平解決領土爭端。

(3)尊重國家主權。

(4)海上航行自由。

(5)限制軍備。

(6)軍事力量透明度。

(7)不擴散大規模毀滅性武器。

(8)貿易和投資的市場准入。

(9)跨國問題的合作解決。

(10)尊重人權。[35]

　　這些「務實派」的觀點和政策建議的一大特點，正像希恩在這本著作中提出的「十大原則」所顯示的那樣，就是不將人權問題放在美國對華關係的顯要位置上，而是主張從美國實際的安全利益和經濟利益的角度，來確定對華政策目標的輕重緩急。因此，即使是「務實派」的觀點在美國對華政策中佔據主流，仍然不能避免與中國的摩擦，只是摩擦的烈度將有所降低。美國在全球和亞太地區的安全利益和經濟利益，畢竟與中國的國家權益和戰略目標有極大的距離。

（三）對華政策的國內政治因素分析

　　一般來說，一個國家的對外政策不僅受國際格局變化的影

35 James Shinn, ed., *Weaving the Net: Conditional Engagement with China*, New York: Council on Foreign Relations Press, 1996, p.12.

響，更是由它的國內政治和經濟發展的需要決定的。冷戰結束後，加強美國的國際經濟競爭力，在海外大力開拓商品和資本市場，保護美國商品的國內市場，打擊走私販毒，限制非法移民，保護生態環境等等問題，都既是外交政策問題，也是國內政策問題。越來越多的聯邦政府和地方政府機構、利益集團、非政府組織、新聞媒體參與到對外事務中去，極力影響外交決策，形成外交決策機制的分散化。與此相適應的是，國會在外交中的發言權增加。柯林頓在 1992 年首次競選總統期間就強調：「在今日世界上，外交政策和國內政策密不可分。」[36] 以後他又不斷重複這一觀點。美國對另一個國家的政策受美國國內因素影響的程度，主要取決於這個外國在美國整個對外關係中所處地位的重要性，以及兩國社會交往的廣度和深度。例如，冷戰時期蘇聯在美國對外戰略中處於中心地位，美國對蘇政策受美國內政治變化的影響就很大，經常成為美國國內政治辯論的主題。海地雖然是個小國，但由於近年來大批海地難民流向美國，而移民問題和黑人問題都是美國內的敏感政治問題，美國對海地的政策也受到美國內因素的很大干擾。柯林頓在為自己的外交行動辯護時說，如果美國不干涉海地局勢，就無法遏止海地的難民潮湧入美國海岸；如果不向陷入金融危機的墨西哥提供緊急貸款，美國人就會面臨更多的非法移民、失業和毒品走私的威脅。[37]

36　Bill Clinton, "A Strategy for Foreign Policy: Assistance to Russia," April 1, 1992, *Vital Speeches of the Day,* Vol.LVII, No.14, May 1, 1992, p.422.

37　比爾·柯林頓，《希望與歷史之間——迎接 21 世紀對美國的挑戰》，金燦榮等譯，南海出版社，1997 年版，第 102～103 頁。

由於中國在冷戰後美國對外戰略中的地位正在上升，兩國在經濟、科技、文化、教育等各個領域的交往日益頻繁深入，在美亞裔人口特別是華人人口迅速增加，美國對華政策必然受到美國國內政治、經濟、社會因素越來越大的影響。美國宗教組織在政治上再重新活躍起來，就攻擊中國的宗教政策和對西藏的政策。美國在國際競爭和產業結構調整中失業增多，貧富懸殊加劇，有人就提倡貿易保護主義，指責中國向美國傾銷產品。1997 年美國一些人製造「中國政治獻金案」，某些影視公司發行反華影片，也是這方面的例子。從外交角度講，中國當然有理由、有權利要求美國決策者從大局出發，排除這些干擾；但從研究者的角度看，在全球化進程加速的巨大壓力下，美國外交所受到的國內制約只會越來越大，因此，要判斷今後美國對華政策的走向，越來越離不開對美國國內政治制度、政治氣候變化以及外交決策機制的基本分析。

　　作為最高決策者，柯林頓總統在對華政策上的考慮受其國內政治考慮的極大影響。一方面，若與中國關係全面緊張，將打亂其外交全局部署，給人以柯林頓缺乏「治國之道」（statecraft）的印象，在國內政治中會丟分。另一方面，由於近年來美國國會和輿論界反華聲浪迭起，柯林頓要竭力避免給其政敵以「屈服於中國壓力」或「討好中國」的口實。所以，他既要與中國領導人交往，又要表現其「堅持原則」的一面。

　　在當前美國對華政策制定過程中有著決定性作用的機構有白宮班底、國家安全委員會、國務院、國防部，有重大影響的機構還有國家經濟委員會、財政部、商務部、貿易代表辦公室、中央情報局等。這些機構從總體上說是協調的，但部門利益也常常反映在其對華態度和具體行動中。例如，國防部及其智囊

團支持對華交往政策，對恢復中美軍事交流感興趣，對中國的戰略重要性有一定認識，他們的政策主張較少意識形態色彩，但要求對中美未來軍事衝突的可能性有所準備；在國務院內部，負責亞太事務和對華關係的官員一般主張謹慎維繫雙邊關係，而負責人權、軍控、貿易等事務的官員則可能不惜損害對華關係而推進美國在這些問題上的具體目標；財政部、農業部、商務部、能源部等處理經濟事務的部門對中國的態度務實，不願經貿關係過多地受政治因素的干擾；但貿易代表辦公室在「復關」談判、知識產權、市場准入等問題上對中國一貫採取高壓態度；美國新聞總署對輿論導向有一定影響，掌管著與中國的許多文化教育交流專案以及「美國之音」等輿論工具；中央情報局、軍備控制與裁軍署等機構在情報分析方面起重要作用。1995 年，軍備控制與裁軍署對中國年度軍費支出的估計高達 500億美元，為「中國威脅論」推波助瀾，而中央情報局的估計是不足 200 億美元，相對符合實際。

　　1993 年柯林頓上臺後，在美國對華政策決策層中出現了一個值得注意的變化，即除了國務卿克里斯多夫、國防部長佩里等人以外，包括柯林頓、高爾在內的高級官員相對年輕。他們的一個共同背景，是在越南戰爭時期才步入政界或外交界，開始形成對中國和亞洲事務的看法。他們受到過當時美國國內反戰情緒和自由化思潮的薰陶，不像老一代人中的「冷戰鬥士」那樣一味主張「遏制共產主義」，也不像老一代中的戰略家那樣重視地緣政治和戰略平衡。他們的現實主義思想，主要表現在對經貿、核子擴散、環保、掃毒等實際問題的關切；而他們的理想主義，則更多地表現在主張削弱主權的「國際主義」和人權觀念，而較少頑固的反共意識形態。在柯林頓 1997 年連任總

統後,重新調整了決策機構,新班底成員的平均年齡 49 歲[38],
以上這些特點表現得更為突出。不過,接替克里斯多夫的國務
卿歐布萊特雖然與柯林頓是同一代人,但她是東歐後裔,對蘇
聯式的舊體制有深深的反感,並將對蘇聯和東歐的看法套用於
中國,所以對華認識受舊式意識形態的影響較深。

　　長期以來,美國國會在中美關係中所起的作用基本上是消
極的。國會是無條件延長對華最惠國待遇的主要障礙,也是促
成李登輝訪美的主要力量。查一查美國《國會記錄》就可以看
到,長期以來,美國國會議員對中國的攻擊大大多於較為客觀
公正的評論,即使是在兩國關係相對平穩發展的 80 年代中期也
是如此,更不用說其他時期。1994 年底美國中期選舉後,幾個
有長期反華言論記錄的右翼保守派議員佔據了參眾兩院負責對
外關係的重要職位。國會議員一般缺少外交知識和經驗,卻可
以出於國內黨派鬥爭需要或所謂個人信仰就對外事務信口開
河。國會及其下屬委員會可以透過有關國際問題的種種議案,
雖然未必有約束力,也不負責其實施,卻對總統和行政部門產
生政治壓力。在過去幾年裏,共和黨佔據多數的國會就通過了
不少反華議案,對民主黨政府的對華政策造成干擾。

　　總的來講,如何謀求選民的支持,是決定美國國會議員言
行的首要因素。隨著中美經貿關係的迅速擴大,美議員必須越
來越多地考慮中美政治關係對本選區對華貿易和投資的影響。
近年來,一些議員贊成延長最惠國待遇,顯然是受到本選區經

38　曹富淼,〈務實,但缺乏戰略眼光——柯林頓政府新班底評析〉,《世
　　界知識》,1997 年第 2 期,第 12 頁。

濟利益的驅使。但是，就中美關係而言，美國選民的意願和要求對議員的對華態度並不起決定性作用。選民主要關心國內和社區事務，不大關心國際問題。更何況中國問題很少處於美國外交的中心地位。此外，除了最惠國待遇等極少數問題外，美中關係的好壞與選區利益很難直接掛勾。議員可以就對華關係濫發議論而不負任何責任。因此，國會議員對華態度主要取決於其本人的政治立場和對世界政治及中國的認識水準。而他們對中國的看法又與是否對中國人有過直接接觸有關，與美國的輿論導向、議員助手的態度和國會研究部門提供的材料有關。就此而言，邀請美國議員訪華是有積極意義的，一些國會議員訪問中國之後，態度確實有所變化。

絕大多數美國議員對中國問題既不瞭解，也很少關心。議員對中國的偏見或敵視有各種背景原因。在保守派議員裏，以現任參議院外交委員會主席赫爾姆斯為代表的一些人，自冷戰時期起就有強烈的反華反共意識形態色彩，認為只要中國還是由共產黨掌權，就會與美國為敵，就應該遏制中國。他們把臺灣視為反共堡壘，與臺灣國民黨的聯繫從蔣家父子時代就開始了。他們與臺灣的民進黨無甚淵源。這些保守派議員年齡偏大，人數逐漸減少。另一些保守派受基督教右翼勢力的影響，攻擊中國沒有宗教自由，攻擊中國的計劃生育政策，同情西藏分裂勢力。有的人與達賴喇嘛有特殊關係，經常就西藏問題說三道四。在自由派議員裏，一部分人標榜「以世界民主化為己任」的姿態，鼓吹應支持中國國內「民主力量」，對中國施加更大國際壓力，以促進「人權狀況改善」與和平演變。他們對臺灣所謂「民主化」大唱讚歌。其中一些人同情民進黨而非國民黨，鼓吹臺灣前途應透過「臺灣人民自決」的方式決定，意即支持

「台獨」。一些人與在美的中國「民運分子」接觸頻繁。

美國的輿論界被稱為政治體制中「三權分立」以外的「第四個權力中心」。雖然美國的大眾傳播媒體與政府保持密切聯繫，政府在某種程度上能夠操縱輿論，但是相對於其他西方國家而言，美國新聞媒體的政治和經濟獨立性是最強的。在很多方面，新聞媒體對政治領導人的行為和政府決策產生重大影響。在國際新聞報導中影響最大的當推《紐約時報》、《華盛頓郵報》、《洛杉磯時報》、《基督教科學箴言報》等。在雜誌中，對國際報導和評論起主導作用的是三家周刊：《時代》、《新聞周刊》和《美國新聞與世界報導》。電視廣播網中聲望名列前茅的是「有線新聞網路」（CNN）、「哥倫比亞廣播公司」（CBS）、「美國廣播公司」（ABC）和「全國廣播公司」（NBC）。近年來，美國新聞媒體對中國的報導明顯增加，其中歪曲性報導和攻擊性評論很多，為國會、政界、企業界和公眾塑造了一個基本上是負面的中國形象。這種情況在 1997～1998 中美兩國首腦互訪後有所改善，但問題的癥結並不在中美關係本身。美國媒體的性質，其一貫對政治建制的廣泛攻擊，以及美國社會對共產黨和社會主義的偏見，都是難以改變的。

隨著美國對華貿易和投資的擴大，美國企業界特別是一些大企業、公司和財團對於對華政策產生越來越大的影響，其作用主要是積極的。在過去幾年裏，美國企業界人士紛紛呼籲政府無條件延長對華最惠國待遇，他們的要求得到了美國商務部、財政部負責人的支持。一般來說，企業界反對政治因素對商業的過多干擾，希望中美政治關係保持穩定。但是，除了最惠國待遇等直接關係其切身利益的問題之外，企業界領導人在中國問題上不願有過多的政治表態，以免被輿論界攻擊為「為

小利而犧牲人權原則」，損壞自己在美國的形象。還有一些公司財團對中國的貿易壁壘、關稅政策、知識產權保護、投資環境等方面的狀況不滿，因此支持政府在這些問題上對中國施加更大壓力。在中國「復關」和加入世界貿易組織問題上，美國企業界與政府的立場是大體一致的。此外，美國紡織、機電等行業的製造商，由於中國產品大量進入美國市場擠佔了他們市場份額，攻擊中國「壓價傾銷」、「出口勞改產品」等，呼籲援引「反傾銷法」制裁中國。在美國對華貿易逆差仍在不斷擴大的情況下，擴大從中國大陸的進口受到的社會環境壓力很大。

美國對外政策方面的重要思想庫包括對外關係委員會、蘭德公司、大西洋理事會、美國企業研究所、傳統基金會、凱托研究所、布魯金斯學會、美國和平研究所、國會研究部等等，還有各大學的有關研究中心。它們的政治傾向各異，絕大多數標榜其獨立於政府色彩，但又都與官方保持著緊密的聯繫，力圖影響官方政策。一些主要思想庫的政策建議往往成為政府決策的重要參考。例如，1993 年柯林頓剛剛上臺，大西洋理事會和美中關係全國委員會就遞交了匯集有關專家意見的對華政策建議報告，受到政府和輿論界重視。此後美中關係的發展，更證明美國對華政策基本上是沿著那份報告的思路展開的。1996年夏天，「美國人大會」、「美國對外政策全國委員會」等思想庫，就已著手調查研究，在 1997 年新一屆政府上臺時，推出了各自的對華政策建議。美國的亞太和中國問題專家經常應邀到政府接受諮詢或到國會聽證會發言。1993 年中美首腦在西雅圖會晤前和 1998 年 6 月柯林頓訪華前，柯林頓就曾親自諮詢有關專家意見。1998 年柯林頓的對華決策班底裏，就至少有兩位曾經在美國著名大學裏講授中國政治的學者。

重要思想庫和研究機構對美中關係的看法，比起輿論界要有強烈得多的現實感。它們一般都重視瞭解中國的基本國情，對中國的戰略地位和經濟發展力爭有一個客觀的估計，較少受利益集團的左右，主張維護正常國家關係。但是，90 年代以來臺灣當局極力利用提供研究基金、邀請訪台、提供講壇以加大學者知名度、領導人接見等方式，拉攏美國專家學者，並確實使其中一些人的觀點發生了變化。此外，還有一部分自由色彩濃厚的美國知識份子，以及專門關注「民主和人權」的機構（如「亞洲觀察」），經常在新聞媒介出頭露面，指責中國的「人權狀況」。

　　美中關係中許多問題（如人權、臺灣、西藏、「宗教自由」）的背後都有美國宗教界的影子。美國憲法規定它是一個政教分離的國家，因此宗教團體對政治的影響主要是幕後的、潛移默化的。然而由於有 90%以上的美國人自稱信仰上帝，每一個美國總統都要表現自己的虔誠宗教信仰，因此教會及其領袖的政治作用又是巨大的。1994 年底共和黨取得國會多數席位，一個原因就是藉助基督教右翼團體的有力支持。美國絕大多數宗教團體對中國的誤解與偏見較深，但又有很強的動力向中國進行宗教滲透，並因此而不希望與中國的交往渠道堵塞。

　　華人血統的美國人，包括來自中國大陸、臺灣和香港的新移民，十多年來大量增加。[39] 他們在某種程度上塑造著當代中國在美國的形象，但對美國現行對華政策影響有限。臺灣當局

39　據美國官方人口普查，從 1980 年到 1990 年，在美國居住的華人人口增　　加了 1 倍以上，現已達 170 萬左右，佔美國總人口的 0.7%以上。

長期在美籍華人中苦心經營，培植自己的政治勢力，進而試圖影響美國主流社會。來自中國大陸的留學生及其家屬現已達到十多萬，其中有些人學成後已在美國學術界和科技界立足。絕大部分留學生是愛國的。1995 年李登輝訪美一事，在愛國華人和留學生中激起強烈不滿。

　　隨著中美關係向縱深交往的方向發展，越來越多的美國政治機構和民間組織捲入對華政策的決策過程。從積極方面看，這將會使美國各界越來越多的人士認識到美中合作和交往對於美國利益的重大意義，從而縮小孤立和遏制中國的政策主張在美國國內的市場。廣泛的中美經濟合作和社會交往對於加深兩國人民的相互理解和相互需要起著重要的作用。

　　當前美國國內政治向右偏轉，保守勢力回潮，對中美關係的消極影響是明顯的。「美國至上」的狹隘民族主義主張，在美國輿論界的國際評論報導中頻頻反映出來。一些保守派固守反共意識形態陣地，以攻擊中國作為自己的一種政治資本。宗教右翼勢力則在所謂「宗教自由」和西藏問題上做反華文章。連墮胎問題也被右翼勢力用來攻擊中國計劃生育政策。1997 年年初，美國國內一些政治勢力掀起過一股來勢凶猛的反華浪潮，製造了所謂中國試圖影響美國國內政治的「獻金案」。「新孤立主義」雖是對美國推行海外擴張和干涉的一種牽制，但其所包含的貿易保護主義、排斥新移民、否定多元文化的傾向，都將美國國內經濟和社會弊病歸咎於外部世界，因此也是造成中美摩擦的現實因素和深層原因。在這種社會氣氛下，不負責任地攻擊中國近乎成為一種時髦，而對中國形勢的客觀報導，以美國長遠利益為重而維護對華關係的政策主張，反而難以問世或者受到壓抑。

三、中美關係展望

(一)從交往政策到中美首腦互訪

　　柯林頓政府於 1993 年 9 月提出對華「交往政策」以來，每當中美關係出現困難時，美國領導人和政府高級官員總要出面保證這項對華政策沒有改變。李登輝訪美造成中美關係嚴重下滑後，美國政府又三番五次重申它的對華政策不是要遏制中國，而是要與中國保持「全面交往」或「建設性交往」。這一點還由柯林頓總統在 1995 年 10 月 24 日與江澤民主席會晤時親口作出保證。[40] 克里斯多夫國務卿於 1996 年 5 月 17 日在就對華關係發表演講時聲明，「中國發展成為一個安定、開放和成功的國家完全符合美國的利益」。他還說，「我們拒絕那些企圖遏制或孤立中國的人的意見。那項方針會損害我們的國家利益，而不是保護我們的國家利益。把中國說成魔鬼與把中國說得具有浪漫色彩一樣會把人引入歧途，這是危險的。美國的對華政策一直是非常成功的，我們認識到該國極具複雜性，認識到變革既需要耐心，尊重中國的主權，同時又維護我們自己的價值觀念和利益」。[41]

---

[40] "Clinton-Jiang Meeting Was Significant Step Forward," Transcript of a White House Briefing by Winston Lord and Robert Suettinger on October 24, 1995, circulated by U.S. Embassy in Beijing, p.12.
[41] 新華社《參考資料》，1996 年 5 月 20 日，第 2～3 頁。

「交往政策」本身就體現了美國的兩個長遠戰略目標。首先，在亞太地區和全球的許多問題上，美國為了自身利益需要尋求中國合作，而合作關係的首要前提是保持各個層次、各個領域的交往。1989 年中國政治風波後，美國對華制裁的首項內容是停止官方高層交往，但中止制裁的第一步就是恢復高層接觸。宣佈實行「交往政策」，就是承認前段時期孤立中國、拒絕與中國高層領導人打交道做法的失敗，就是承認中國的大國地位和中國政府的權威。

　　其次，美國希望透過與中國的交往來影響中國的內外政策。「交往政策」中的「交往」一詞，原文含有「參與、介入」的意思。[42] 它絕不僅僅顯示美國政府需要透過官方談判、互訪和民間交流來密切雙邊關係。「交往政策」並不是一種友好表示（即美國國防部長佩里所說的「我們選擇的『交往政策』不是一種恩惠」）[43]，而是表明美國政府希望它的經濟、政治、文化、思想影響向中國社會的縱深滲透，以便用它倡導的那套國際規範、競爭規範來約束中國。可以說，美國增加同中國交往的目的之一是制約中國的國內和國際行為。

---

42 「交往政策」的英文是 policy of engagement，也有的譯為「接觸政策」、「打交道政策」、「結合政策」。還有人認為，既然柯林頓政府的「參與和擴展戰略」中的參與即 engagement，「交往政策」應譯為「參與政策」。實際上，很難用一個中文詞準確表達 engagement 的含意，它含有「用契約和承諾來約束」、「參加」、「介入」、「捲入」、「交火」、「嚙合」的意思。

43 William Perry, "Engagement Is Neither Containment Nor Appeasement," Transcript on October 30, 1995, of Perry's remarks at the China Relations Council in Seattle, Washington, provided by the U.S. Embassy in Beijing, p.2.

在中美兩國對峙的 50 年代和 60 年代，美國採取的對華政策是政治上孤立和打擊、戰略上包圍、經濟上封鎖的全面遏制政策。雙邊交往幾乎完全中斷，而美國在中國國內的影響也微乎其微。今天美國的當政者十分清楚地認識到，過去那種「全面遏制政策」既不可取，也做不到。只有促使中國融入現存國際體系，參與中國的經濟發展，保持與中國各個層次的接觸，才能實現美國在中國和亞洲的長遠目標。美國國務院一位官員解釋說，對華「全面交往」戰略要達到三個目標：一是在各個層次全力以赴地謀求美國利益；二是在中美利益一致的方面爭取建立互相信任並達成協定；三是透過對話減少中美分歧。具體到經濟領域，美國第一要「尋求使中國完全加入全球市場經濟和貿易體系」，第二要「尋求擴大美國出口商進入中國市場的通道」。[44] 至於如何透過交往促進美國的政治目標，柯林頓本人做過解釋。他在 1994 年為美國政府將最惠國待遇與人權問題脫勾的決定做辯解時說：「我們必須以不讓中國孤立的方式來追求我們在中國的人權目標。我們如果不在那裏，就無法促使中國人權改觀。」[45] 當時，國防部長佩里解釋了與中國軍方接觸的四個目的：影響中國對大規模毀滅性武器擴散的政策；引導中國在朝鮮半島等地區穩定問題上發揮積極作用；開闢與在中國政治中起主要作用的中國人民解放軍的溝通渠道；促使中國國

---

44 美國代理助理國務卿彼得‧湯姆森關於對華「全面交往」戰略的談話，美新署華盛頓 1995 年 3 月 2 日電。

45 Bill Clinton, "Isolating China Wouldn't Improve Human Rights," *Los Angeles Times*, May 31, 1994.

家安全決策機構更加開放。[46] 助理國務卿洛德也說,「我們面臨
的挑戰是,要保證當中國發展成為全球大國時它能起建設性作
用,成為融入國際體制並承諾遵守國際法規定的行為的國家」。
[47]

　　美國對中國實行「交往政策」,並不意味著兩國摩擦的減
少,而至多帶來摩擦烈度的下降。目前兩國政府打交道的領域
空前廣闊,除經貿關係外,還涉及防止核子擴散、軍售、人權、
法制建設、移民、反恐怖活動、緝毒、環境保護、技術轉讓、
知識產權、傳染病防治等等,民間合作與對話的議程更是無限
的。打交道的機會多了,產生摩擦的機會隨之增加。打一個比
喻,就是美國將增加與中國交往的齒輪,而且努力使這些齒輪
咬得更緊,企圖讓中國的齒輪跟著美國的齒輪轉動。雙方的共
同利益,是中美之間這些齒輪的潤滑劑。但是當美國將自己的
意志強加到中國頭上時,當然會遭到堅決抵制。只有相互尊重
對方的利益和願望,兩國才能減少摩擦,增加合作領域。
　　柯林頓政府宣佈對中國實行交往政策以後,美國在安全、
經貿、人權領域和臺灣、香港、西藏等關係到中國主權的問題
上,繼續向中國施加壓力,但方式有所變化。美國在中國「復
關」和加入世界貿易組織問題上提高要價,在中國周邊加緊佈
局造勢以限制中國的影響,在國際人權講壇上大肆攻擊中國,
繼續向臺灣出售軍事裝備,提高美台關係的規格,這些作法都

46　Perry speech, op. cit., pp.3-4.
47　Winston Lord and Joseph Nye, "Engagement with China Will Aid Regional Security,"
　　Transcript on October 11, USIA Wireless File, October 13, 1995, p.2.

沒有受「交往政策」的約束。

　　但是，一項旨在全方位與中國為敵的政策既不符合美國國家利益，也不可能得到美國人民支持，更難以獲得必要的國際支援。美國政府在把握內政和外交的關係時，將內政放在首位；在把握冷戰後美國的三大外交目標——經貿、安全和人權時，將促進經濟利益放在首位。在美國遇到的全球挑戰中，前蘇聯、前南斯拉夫和中東地區的衝突迭起，吸引了美國外交的主要注意力。從客觀上看，中國並不構成對美國的主要威脅。中國的周邊國家和許多發達國家，都已經以明確方式表示反對遏制中國，也以實際行動加強與中國在經濟和其他領域的合作。這對敵視中國的那些美國人來說，無疑是巨大的牽制。因此，儘管美國國內不利於中美關係的因素增加了，美國對華政策的基本框架在可預見的將來不致改變。

　　冷戰後的美國對華政策經歷了好幾年的調整時期，經過政府決策部門和智囊機構的反覆討論，應該說已經呈現出一個清晰的基本輪廓。這項政策的主線是與中國全面交往，而不是孤立中國。美國在執行對華交往政策中，既要尋求合作以促進美國的全球戰略利益和在華經濟利益，又要對中國加大壓力以迫使中國接受美國所倡導的國際規範和價值觀。從發展趨勢看，美國對中國實力的增長越來越感到疑慮和困惑，企圖利用其超級大國的國際影響來牽制中國。美國對華政策中制約中國的因素還在擴散之中，應當引起足夠的關注和警惕。

　　但是，「交往政策」畢竟比「遏制政策」具有更多的積極意義。當「交往政策」在美國對華政策中佔據明顯的主導地位時，中美關係改善的機遇也明顯增加了。1996 年 3～5 月，美國總統柯林頓、國務卿克里斯多夫、共和黨總統候選人杜爾、國會眾

議院多數黨領袖金里奇分別就對華政策發表講話，表示重視對華關係，要透過接觸來加強與中國的合作。緊接著，總統國家安全事務助理萊克訪華，雙邊關係的氣氛有所改善。1996 年 11 月美國大選結束後，雙方高層領導的互訪和其他方式的接觸更為頻繁，討論的議題更加廣泛和深入。

江澤民主席 1997 年秋天訪美期間，中美雙方發表聯合聲明，宣佈致力於建立建設性戰略夥伴關係，中美關係進入了一個新階段。新的《中美聯合聲明》，為冷戰後時代的中美關係確立了一個全面的框架。它承認「在人權問題上存在重要分歧」，但凸顯的是共同利益和促進合作的具體目標及步驟，滲透著務實和面向未來的精神。毫無疑問，經貿關係是當前推動雙邊合作的最大動力。同時，兩國在能源、環境、科技、文化、教育、防止大規模殺傷性武器擴散、制止非法移民、打擊毒品走私和其他國際犯罪等方面，一直存在共識與合作，而這些方面的共同利益經常被忽視。

「聯合聲明」中所說的「共同致力於建立中美建設性戰略夥伴關係」，是兩國領導人對未來關係的一種規劃和規範。按照筆者個人的理解，所謂「致力於」，是指要為實現這一目標而努力。所謂「建設性」，是對過去一段時間動輒以制裁來威脅對方的「破壞性」做法的一種否定，強調的是以逐步推進的方式構築合作基礎，擴大共識。所謂「戰略」，就是從長遠的、全局的觀點處理兩國關係，而不因一時一事的糾紛影響其他領域的合作，並不具有什麼軍事上的含義。所謂「夥伴關係」，在英文裏是 partnership，可以理解為在共同的事業中分擔責任，共用成果。因此，「致力於建立建設性戰略夥伴關係」，既沒有掩蓋目前兩國關係尚未真正「到位」的現狀，又確定了兩國長期合作

的意向。

　　對於《中美聯合聲明》，當然不能只做這種字面上的理解。同樣，中國與俄羅斯宣佈要建立戰略協作夥伴關係，與法國宣佈要建立全面夥伴關係，也都必須聯繫中俄、中法雙邊關係的現狀來理解其含義，而不能機械地對比這幾對關係在詞義上的差別。中美兩國宣佈將要建立面向 21 世紀的建設性戰略夥伴關係，有利於兩國之間逐步消除敵意，避免對抗。美國政府透過「聯合聲明」，事實上承諾了不因人權等問題上的分歧而尋求與中國的衝突，客觀上對美國國內那種「美中衝突即將到來」和「必須遏制中國」的論調是一個打擊。中美努力建立高層次的、全方位的對話與合作機制，對國際上某些附和「中國威脅論」、企圖藉重美國以打擊中國的勢力，也是一個牽制。

　　柯林頓 1998 年夏天對中國的回訪，又達成更為廣泛的共識和許多具體協定，雙邊關係有了進一步改善，兩國同意繼續共同努力，向建立戰略夥伴關係的目標加速邁進。柯林頓訪華有兩個重要的國際背景。第一是亞洲金融動盪，以及由此引發的某些東亞國家國內的經濟政治困境。某些東亞國家經濟衰退，政局不穩，俄羅斯金融形勢幾次告急，反襯出中國經濟發展和社會安定對維護亞太地區穩定的重要性。柯林頓政府在其對華政策調整中，顯然考慮了這一點。

　　日本經濟萎靡不振，見不到短期之內復甦的前景；而日本經濟結構調整和國內市場開放之緩慢，更使日美經濟摩擦呈曠日持久之勢，美國由此深感失望。日元匯率自 1997 年以後曾一路下跌，使美國人擔心在整個亞洲觸發另一輪貨幣貶值，導致亞太一些國家更深層的經濟危機，並攪亂全球金融市場。美國商品和資本向日本和遭受金融危機打擊的東亞國家流動受阻，

因而更需要抓住中國金融穩定和經濟改革的機遇，不遺餘力地開拓在中國大陸的市場，特別是試圖促進金融業和服務業的進一步開放。對於中國來說，在繼續發展與其他各國經濟合作的同時，保持對美經貿關係的發展勢力，挖掘潛力，進一步吸收美國的資金和技術，對經濟的持續發展十分有利。中美兩國經濟的互補性，在亞洲金融動盪的衝擊下更為明顯地表現出來。

　　柯林頓訪華的另一個重要國際背景，是亞洲安全形勢出現的新曲折。印度的核子試驗對國際社會共同構築的核子不擴散機制形成了嚴重挑戰，巴基斯坦隨後進行的核子試驗和印巴兩國關係出現緊張，進一步加深了國際社會的憂慮。南亞局勢提醒有關國家注意的是，經濟發展雖然是許多國家的首要任務和當務之急，經濟關係也成為當代國際關係中越來越重要的內容，但傳統的國際安全、地緣政治因素仍然是某些地區國際關係的主線。在印巴核子試驗問題上，中美兩國的共同利益是十分明顯的。對於美國來說，核子不擴散是冷戰結束後其國家安全戰略的首要關注問題，如果對印度核子試驗所引發的軍備競賽不加以控制，就會產生一系列連鎖反應，伊朗等國都有更大的理由發展核子武器，已經基本平息下去的北韓核子問題又可能浮出。因此，美國對印度以「中國威脅」為藉口爭取進入核子大國俱樂部的行徑予以駁斥，並對印度進行經濟制裁。中國則擔心南亞的戰略平衡被進一步打破，西南邊境地區的安全形勢更為複雜，多年來第一次使用了「地區霸權」的概念，對印度核子試驗進行了強烈譴責。印度核子試驗之後中美兩國之間迅速就南亞局勢進行磋商，協調立場。江澤民主席 1997 年訪美時確定下來的中美首腦「熱線」1998 年 5 月第一次開通，兩國首腦就談到了南亞局勢問題。在國際社會穩定南亞局勢、防止

核子不擴散機制遭到進一步破壞的努力方面，中美兩國起著實際上的協調主導作用。

中美兩國的國內政治變化，也是柯林頓訪華的重要背景。中共十五大確定了深化改革的路線，1998 年 3 月中國新一屆政府又推出了一系列大膽的改革措施。中國領導人對國內政治穩定的信心十足，北京的對美政策是積極的。在美國方面，形勢較為複雜。一方面，在美國經濟的持續繁榮面前，公眾對柯林頓的「個人醜聞」不甚介意，柯林頓的政治威望沒有多少下降，在外交方面受到的國內製肘並不那麼嚴重。另一方面，1998 年秋美國舉行中期選舉，政治右翼和自由派都藉這一時機指責柯林頓「對中共軟弱」。尤其是宗教右翼，在西藏和人權問題上向柯林頓施加壓力。總的來說，美國政府在對華政策上沒有出現大的搖擺。

柯林頓訪華取得了明顯的宣傳效果。除了中國在經濟發展方面取得的巨大進步以外，特別給柯林頓一行和西方媒體留下深刻印象的，是以江澤民主席為代表的中國領導人的自信、坦誠、開放和駕馭重大問題的能力。中央電視臺直播江澤民主席和柯林頓總統聯合記者招待會和柯林頓在北京大學的演講，出乎原先預料之外，特別受到美國媒體的關注和讚揚。中美首腦互訪成功地改善了中國在美國的形象，使美國公眾對中國經濟發展和社會進步有了比較深刻的印象。根據《今日美國報》（1998 年 7 月 10 日）在柯林頓訪華後所做的一次民意調查，贊成柯林頓訪華和對中國有良好印象的美國公眾人數有所增加。

柯林頓訪華取得的具體成果也是十分豐富的。美方高度評價中方在緩解亞洲金融危機中所發揮的重要、積極作用，雙方同意進一步加強在經濟和金融領域的戰略對話。關於中國加入

世界貿易組織問題，雙方意見有所接近，差距有所縮小，均表示願意以靈活務實的態度繼續進行磋商，以期使這一問題早日得到解決。中美在柯林頓訪華期間簽署了總額約 30 億美元的商貿合同。值得一提的是，中國首次獲得美國進出口銀行提供的融資擔保，使中國能夠透過貸款進口美國的先進醫療設備。1989年天安門事件以後，美國曾禁止這家官方銀行向中國提供融資擔保和貸款。這一制裁行動的取消，預示著中國從美國進口高技術和成套設備將更為便利。雙方在金融、住房、文教、衛生、社會保障、醫療改革、和平利用核子技術、環境保護、清潔能源、水資源管理、保護珍稀和瀕危物種等領域，落實了一系列合作專案。

在國際安全領域，雙方決定互不將各自控制下的戰略核武器瞄準對方。兩國重申要維護朝鮮半島的和平與穩定，在打擊國際犯罪以及毒品走私和國際恐怖主義活動等方面繼續加強合作。兩國軍方在人道主義救援和減災、軍事環境保護以及互派人員觀摩對方聯合訓練演習方面開展合作達成協定。雙方發表了「中美關於《生物武器公約》議定書的聯合聲明」和「中美關於殺傷人員地雷問題的聯合聲明」。雙方特別就南亞核子擴散問題和當前南亞局勢進行了深入討論，並發表了「中美關於南亞問題的聯合聲明」。雙方同意加強各自對化學品出口的控制。中方表示將積極研究加入《導彈及其技術控制制度》問題。在政治領域，中美雙方確認加強法律合作，在政府和非政府級別進行人權對話。雙方商定將舉行中美政府間人權對話並設立中美非政府人權論壇。

對於中國來說，柯林頓訪華的最重要成果之一，是柯林頓本人在上海聲明美國政府將在臺灣問題上奉行「三不」政策，

即不支持臺灣獨立，不支持「兩個中國」或「一中一台」，不支持臺灣進入只有主權國家才能進入的國際組織。雖然這一立場曾經由包括國務卿歐布萊特在內的美國高級官員幾次公開宣佈，但由美國總統在中國領土上再次公開確認，畢竟意義更為重大。臺灣當局在柯林頓訪華前四處活動，企圖阻止柯林頓公開聲明「三不」；柯林頓在上海講過「三不」之後，臺灣輿論一片譁然，這正說明這一表態對臺灣分裂勢力的打擊是沈重的。中美關係的改善和戰略對話的加強，有利於臺灣海峽兩岸關係氣氛的改善，儘早進行政治談判以結束敵對狀態，遏止「台獨」傾向的發展。

中美透過一系列高層互訪和戰略對話拉近了相互距離，而日本和美國之間的嫌隙相對突出。中美日三邊關係發生了有利於中國的微妙變化。但是，美日之間畢竟是政治和安全同盟的關係，又分別是數一數二的發達國家，經濟上的相互依存程度極深，而中美關係還剛剛處於改善過程中，與美日關係的性質是完全不同的。總的來說，美日聯手牽制中國，仍是中美日三邊關係的基本態勢。中國與美日兩國同時改善關係，妥善地分別解決與這兩個國家的問題，於中國的長遠國家利益最為有利。

（二）中美關係的發展趨勢

可以用四句話來概括兩國元首互訪後的中美關係格局：戰略共識確立，對話機制健全，大局基本穩定，局部摩擦不斷。

中美之間的戰略共識主要在於：雙方都希望看到世界保持和平與安全，在解決熱點問題方面都做出了自己的努力。兩國在防止大規模殺傷性武器擴散方面有著共同的目標。雙方都致力於保持亞太地區穩定，在制止南亞核子軍備競賽、維護朝鮮

半島的和平與穩定等領域進行了有效的合作。中美積極開展雙邊經貿合作，共同致力於促進世界金融的穩定和經濟的發展。在保護環境、制止非法移民、打擊國際犯罪以及毒品走私和國際恐怖主義活動等全球性問題方面，也有著廣泛的合作基礎。

　　中美在經濟和安全領域進一步確立戰略共識，不僅是各自國家利益的需要，也是雙方自 1996 年以來不斷建立和健全各個領域對話機制的結果。兩國外長、國防部長等高級官員建立了定期互訪的機制。在許多領域，兩國都已經或正在建立聯合工作委員會等形式的合作機制。兩國的半官方接觸和民間交往也在不斷擴大。1998 年 7 月初，由兩國知名人士參加的「第二軌道」戰略對話（即由有政策影響的非官方人士舉行的非正式對話）在美國夏威夷開始啟動。越來越完善的對話和合作機制，不僅有利於增加共識，也使某些雙邊摩擦能在工作級別得到控制，而不致發展到影響全局的程度。1997 年秋和 1998 年夏中美首腦互訪所取得的成果，已將中美關係的大局基本穩定下來，不存在足以導致改善關係的趨勢全面逆轉的嚴重問題。

　　但是，中美之間的局部摩擦仍然是不可避免的，有時還會發展到比較激烈的程度，對此應當心中有數，做好充分的準備。雖然柯林頓政府對中美關係的重要性有了一定認識，也為改善關係做出了一些努力，但在政府內外都有一股勢力，仍將中國視為潛在威脅或長遠威脅，主張對中國進行戰略牽制。在柯林頓訪華之前和訪華期間，美國政府都企圖在人權、宗教、西藏、軍控等問題上向中國施加壓力。美國國會中一些自由派、保守派和主張貿易保護主義的人，在攻擊中國、批評柯林頓政府的對華政策方面找到了共同點。他們或是無中生有地指責中國在美國進行政治捐款，或是攻擊中國限制宗教自由，或是批評柯

林頓政府在臺灣問題上對中國讓步太多，或是指責中國對美出口影響了美國就業人口。這些國會議員企圖透過各種反華議案，一方面打擊中國，另一方面也是為了在國內政治鬥爭中撈取資本。

　　儘管中美兩國首腦互訪受到美國輿論的普遍關注和歡迎，但應當清醒地看到，一部分的美國媒體仍在塑造負面的中國形象，許多美國公眾對中國的誤解並未消除。美國國內政治將對中美關係的改善形成長期干擾。中美兩國在意識形態、價值觀和社會制度方面的巨大差異，並不因政府間戰略共識的擴大而明顯縮小，也不會因經濟等領域的合作而消失。

　　當前中美關係中最為敏感的問題仍然是臺灣問題。柯林頓總統在訪問上海期間的「三不」聲明剛剛發表，立即在美國國內引起強烈反彈，臺灣當局也加緊在美國國會和輿論界的活動，企圖讓國會通過議案，以平衡「三不」立場對其分裂活動所造成的阻礙作用。一些美國人的論調是，「台獨」和臺灣爭取國際空間的努力是兩碼事。他們不贊成「台獨」，是因為擔心中美兩國在臺灣問題上出現直接對抗；他們贊成臺灣擴大國際空間，則包含牽制中國、將兩岸分裂狀態固定化的長遠考慮。危害中國國家安全的美國對台軍售政策，也看不出有做出重要改變的跡象。

　　在第九章將要談到，美國外交的主要著眼點正在從國別關係和區域政策（如對東亞、拉美、中東等地區的政策）轉向防止大規模毀滅性武器擴散、保護能源供應、國際貿易和金融、移民、毒品走私等「功能性問題」（functional issues），形成所謂「問題政治」（issue politics）。美國外交這一新特點也強烈反映在對華政策中。近年來美國方面在軍備控制、市場准入、知識

產權、貿易不平衡等功能性問題上不斷向中國施加壓力，有時不惜冒著與中國對抗的風險來維護美國在這些領域的具體利益。另一方面，柯林頓政府也經常用中美兩國在這些問題上合作所取得的進展，向國會和公眾展示與中國保持交往和合作的重要性。據美國官員說，當時任美國國家安全事務助理的萊克1996年表示，中國政府提出的「增加信任，減少麻煩，發展合作，不進行對抗」的兩國關係原則很好，但希望增加一句，即「解決問題」。每當中美進行高層對話時，美方總是提出一列長長的問題單子，作為改善關係的籌碼，要求中方回應。中美官方關係好轉，當然有利於減緩兩國在功能性問題上的摩擦，至少將防止具體分歧過分政治化。但是，美國不會因兩國關係的改善而放棄許多具體利益，而中國也不會為了遷就美國而犧牲長遠目標和根本利益。換言之，不能指望官方關係氣氛的改善能夠一勞永逸地解決具體分歧。

今後中美關係中的合作與摩擦，都將趨於複雜化、具體化、分散化、多邊化。兩國關係的戰略框架正在逐漸清晰起來，但要真正建立「建設性的戰略夥伴關係」，還必須在宏觀和微觀的各個層次相互「切磋」很長一段時間。同時，全球和亞太地區經濟、政治和安全形勢中存在許多不確定的因素，例如國際金融和美國經濟狀況可能波動，朝鮮半島的政治局面可能變化，一些東南亞國家的國內政局可能惡化，從而造成對東盟在地區安全中所起作用的削弱，等等。在預測今後中美關係的走向時，必須對諸多變數加以考慮，而不能只看一時一事。

（三）中國在中美關係中將更加有所作為

一個世紀之前，在美國提出一項「門戶開放」政策時，它

是迅速崛起的世界強國。1894 年，美國躍居為世界第一工業大國。美國在 1898 年的戰爭中擊敗西班牙，正式吞併夏威夷群島，乘勝向亞太地區和拉丁美洲擴張其勢力。大清帝國則國力孱弱，處於內憂外患之中，1894 年在甲午戰爭中蒙受國恥。1898年企圖「學洋」而扶清的戊戌變法與 1900 年企圖「滅洋」而扶清的義和團運動，均以失敗而告終。在列強爭霸、弱肉強食的時代，中國的落後、分裂和清朝的虛弱、無知，使國家命運不能掌握在中國人民自己手裏。在列強瓜分下，滿清王朝奄奄一息。隔海相望的兩大國，對比何等鮮明！

滄桑百年，今非昔比。美國依舊是當今世界上頭號強國。然而包括美國人在內的許多戰略觀察家，都在爭論美國是否正在走向衰落。這場爭論在未來二、三十年內大概不會結束。但是，中國正在興起而走進世界強國的行列，已是不爭的事實。中國有足夠的理由感到自豪。面對一個意識形態上與自己對立、政治經濟上不時發生摩擦、國際事務中立場每每相左的中國，美國則確實有理由感到不安。兩大國實力對比的巨大變化，構成 20 世紀末中美關係的重要時代背景。

不過，在看到中美實力對比發生巨大變化的同時，也必須承認兩國實力仍然存在巨大差距。2.5 億人口的美國，國內生產總值是 12 億人口的中國的十倍。有的美國輿論說，到了 21 世紀初中國就會成為與美國並駕齊驅的超級大國。這樣的預測毫無根據。鄧小平在 80 年代初的戰略設想裏提出，到下個世紀中葉，中國人均國民生產總值達到中等發達國家水準，人民生活比較富裕，基本實現現代化。這才是一個既宏偉又現實的目標。

冷戰的結束，是世紀末中美關係的另一個重要時代背景。過去近百年裏，中美關係中幾乎每一次重大轉折，都是由第三

國因素引起的。冷戰後世界政治的一大特點,是大國無一例外地將主要注意力集中於國內。中美關係中,第三國的作用現在也退居次要地位。這時,中美矛盾卻成為大國關係中最為突出的一對矛盾,而且似乎沒有另外哪一對大國矛盾在不久的將來會比中美矛盾更突出。另一方面,20 世紀末中美兩大社會交往的深度和廣度,要超過歷史上的任何時期,足以說明發展雙邊關係的內在動力十分充足。中美關係的緊張未能阻止交往的擴大,而交往的擴大也未必能緩解矛盾。這是值得深思的一個現象。

當前中美關係中的主要難題,都涉及中國的領土主權、政治穩定、經濟發展和國防建設。在中國人看來,只要美國停止干涉中國內政,兩國關係就不會有多大障礙。美國卻堅持不肯改弦更張。其中有三個重要原因。一是當中美交往擴大時,美國在中國(包括在香港和臺灣)的利益也增加了。例如市場准入、知識產權、中國加入世界貿易組織等問題,涉及美國的經濟利益。二是對華關係越來越深地與美國國內政治攪在一起。國會裏關於對華最惠國待遇的辯論,輿論界的反華喧囂,「台獨」勢力、西藏分裂勢力、「人權積極分子」和基督教右翼在美國政界的活動,以及參與對華政策的決策過程的政府部門增多,都使對華政策受到國內政治鬥爭的嚴重牽制。三是意識形態因素(包括廣義上的文化價值觀即塞繆爾・亨廷頓所稱的「文明」)並沒有隨著冷戰結束而消失。相反,在美國外交中,推進「民主化」和「人權」成為比冷戰時期更為重要的戰略目標。

在美國方面,國內政治對外交的投射作用越來越凸顯出來。在中國方面,對外政策服務於國內經濟建設的中心任務,維護主權和領土完整也是始終不變的原則。因此,世紀末的中

美關係固然受到國際大環境的影響,但兩國的國內推動力對雙邊關係的曲折起伏有著更為重要、更為直接的作用。

正如中共黨史專家章百家所說,中國向來是透過改變自己來影響世界的。既然中國的國際地位進一步提高,中美兩國的實力對比正在發生有利於中國的變化,既然雙邊關係中的主要難題涉及的是中國本身的發展,既然兩大社會的交往勢必繼續擴大,那麼一個符合邏輯的結論就是:中國的所作所為,將越來越有力地塑造中美關係的未來。今天,作為一個國力日益昌盛的大國,中國應能以其穩定的政治局面和蓬勃向上的民族精神,堅持改革開放的根本方向,致力於長治久安的民主法治建設和精神文明建設。在這一基礎上確立的外交政策和對美政策,就不僅僅是觀察美國政策後採取的「對策」了,而是一套基於長遠利益和目標的完整的國家戰略。從這個意義上說,美國的政策和行為,絕不能單獨決定中美關係的方向。中國也在為中美關係掌舵。

鄧小平的外交思想,為我們如何在 20 世紀末的對美關係中掌握更大的主動權,指出了明確的方向:

> 進入 90 年代前後,國際風雲劇變,世界社會主義遭到嚴重挫折,兩極格局瓦解,各種政治力量重新分化組合,世界進入新舊格局交替的大變動時期,中國面臨西方國家聯合施加壓力和制裁的威脅。鄧小平同志綜觀全局,對形勢突變及時做出了精闢的論斷,諄諄教導我們,要冷靜、冷靜、再冷靜,及時提出冷靜觀察、沈著應付、穩住陣腳、韜光養晦、有所作為等戰略方針。他指出,不管國際形勢如何變化,我們都要在和平共處五項原則的基礎上從容發

展與所有國家的友好關係；我們要保持警惕，誰也不怕，
誰也不得罪，朋友要交，心中有數；要韜光養晦，埋頭苦
幹，不扛大旗不當頭，過頭的話不說，過頭的事不做；要
真正紮紮實實地抓好經濟建設，不要耽擱；中國在國際舞
臺上不是無足輕重，是能夠並且應該有所作為的。[48]

在這樣一個戰略方針的指引下，我們對於 20 世紀末中美關
係將向何處發展，就能夠建立信心。當然，美國不會改變它近
百年來的對華戰略目標，即按照美國的利益和價值觀來改變中
國，對此我們不抱幻想。中國人要走自己的路，所以中美關係
的改善餘地是有限的，更何況美國從來沒有把改善關係作為其
對華政策的首要目標。我們在進一步研究美國（特別是美國的
國內變化）的過程中，應能對未來中美關係的波動幅度做出恰
如其分的估計，更清楚地認識到，中國在中美關係中「不是無
足輕重，是能夠並且應該有所作為的」。

---

[48] 錢其琛，〈深入學習鄧小平外交思想，進一步做好新時期外交工作〉，
1995 年 12 月 12 日，王泰平主編，《鄧小平外交思想研究論文集》，
世界知識出版社，1996 年版，第 6~7 頁。

美國是在第二次世界大戰以後成為全球大國，並向世界每一個角落滲透和擴張的。然而美國在全球的擴張與傳統殖民帝國的形式不同，它不是採取武力征服領土、強佔資源、奴役殖民地的方式建立世界統治。在軍事上，美國透過在歐洲大陸、西太平洋、加勒比海等地建立長期軍事基地，與其他國家簽定雙邊和多邊的軍事條約，建立了以它為主導的軍事同盟。在經濟上，美國以布雷頓森林國際貨幣體系為基礎，主導成立了世界銀行、國際貨幣基金組織、關稅及貿易總協定等國際經濟組織和機制，建立了一整套有利於美國進行海外經濟擴張的國際貿易和金融規則。在政治、意識形態和文化上，美國設立了規模龐大、資金雄厚的對外宣傳機構和情報網絡，對他國進行政治和文化滲透。

　　在與蘇聯冷戰的背景下，美國在世界各地區的戰略，處理與世界各國的關係，都圍繞著與蘇聯爭奪勢力範圍的長遠目標。這也就是美國人在冷戰時期制定的以美國國家安全為中心的「遏制戰略」，經濟、政治、文化等其他方面的目標，都從屬於遏制蘇聯的目標。由於與蘇聯的爭奪是全球性的，美國「把本國的『安全』邊界劃到遠離本土之外。世界任何地區都與美國『安全利益』有關，任何地方發生美國認為對它不利的革命、政變或某國政府的重大政策措施，美國均可能以其威脅了自己的『安全』，而以某種方式進行干涉」。[1]

　　蘇聯解體，美國成為唯一超級大國，使美國在世界各地區

---

[1] 資中筠主編，《戰後美國外交史：從杜魯門到雷根》，世界知識出版社1994年版，第 6 頁。

的戰略失去了統一而明確的目標。從表面上看，戰略對手的消失使美國在世界各地的干涉承擔的風險較小，它似乎有了更大的行動自由和選擇餘地來擴展自己的利益和影響。實際上，冷戰後美國在世界各地利益的輕重緩急更難以確定，進行海外干涉特別是冒一定風險的軍事干涉時，更缺乏動力和依據。在冷戰時期，任何地區衝突和國家的內部衝突，都會被美蘇兩大國所利用，擴大為大國勢力範圍的爭奪，而冷戰後的內戰和地區衝突引發全球衝突的可能性大大降低。許多地區性衝突，如90年代初在索馬利亞和波黑發生的大規模內戰，並不直接威脅美國的安全和經濟利益，美國是否應當或應以何種方式進行干涉，遂成為在美國決策集團和公眾中引起很大爭論的問題。

冷戰初期，美國透過馬歇爾計劃援助西歐，在亞洲則在經濟和政治上扶植日本、韓國和一些東南亞國家，美國在冷戰時期結成的軍事同盟同時也是政治和經濟同盟。冷戰結束後的一個明顯趨勢，是美國與其安全上的盟國日本和歐盟的經濟競爭和摩擦越發突出。美國對世界各地區和各國的政策，越來越受到經濟利益的驅動。

全球化趨勢的深入發展，要求美國形成一項比較完整而長遠的全球戰略構想。然而目前美國對歐洲、亞洲、中東、非洲、拉美等地區的政策之間，卻顯得更缺乏協調和一致性。一些美國戰略家為美國設想的主要角色，是擔當每一地區各種政治力量之間的「平衡者」，以維持符合美國利益的地區穩定和美國的唯一超級大國地位。[2] 本章首先概述冷戰結束後美國在世界各地

---

2 Ariel Cohen, John Hillen, Thomas G. Moore, James Phillips, James J. Przystup, Thomas

的外交活動，然後介紹美國外交決策集團和思想庫對美國外交的幾種戰略設想，最後對美國全球戰略的趨勢和特點做出歸納。

一、冷戰後美國外交軌跡

　　冷戰結束後多年來，在所有重大全球性問題和地區性問題上，都可以發現美國外交的蹤跡。美國在外交戰線有得有失。從美國在世界各個地區的所做所為來看，美國避免了關係其根本利益的外交挫折。

（一）與歐洲和俄羅斯的關係

　　美國和絕大部分歐洲國家同屬於西方世界。它們都是發達的資本主義國家，人種特徵近似，有相近的基督教文明淵源和政治價值觀。大多數美國人是歐洲人的後裔，至今與歐洲人有著密切關連的文化和社會聯繫。但美國人又是從英國殖民統治下透過武裝鬥爭取得獨立的。因此從建國初期開始，美國就是懷著複雜和特殊的心情觀察歐洲的。在很長一段歷史時期內，美國人認為自己的社會是自由、平等、代表未來、充滿機會和希望的，而歐洲則象徵著壓迫、等級制、落後、保守。建國初期，美國國力弱小，無力與歐洲各國抗衡。它既不願意讓歐洲列強涉足北美，也無意捲入歐洲的政治漩渦。然而當 19 世紀末

P. Sheehy and John P. Sweeney, "Making the World Safe for America," in Kim R. Holmes & Thomas G. Moore, eds., *Restoring American Leadership: A U.S. Foreign and Defense Policy Blueprint,* Washington: The Heritage Foundation, 1996, p.43.

美國大力向海外擴張時，美國與非西方國家的接觸大大增加，開始明顯意識到它與英國、德國、法國等歐洲列強的共同利益和近似的政治價值觀。美國在兩次世界大戰後均以勝利者的姿態介入歐洲格局的重組和經濟的重建，特別是在第二次世界大戰後，更以西方領袖自居，許多歐洲人也認可美國的領導地位。

90 年代歐洲的巨大變化使美國在歐洲的地位和美歐關係面臨幾個重大考驗。第一個考驗是共同的戰略對手蘇聯解體後，美歐如何共同構築新的歐洲安全體系。北大西洋公約組織（北約）繼續存在的必要性受到質疑。有人提出加強歐洲安全與合作會議（歐安會），或復興西歐聯盟，或賦予歐洲共同體（歐共體）防務協調職能，以代替北約。這幾種方案都在實際上排斥了美國在歐洲安全機制中的核心地位。但是，90 年代初的幾項事態發展，證明北約對維護美國全球安全利益必不可少，而歐洲國家也繼續支持美國在北約和歐洲防務中扮演主導角色。首先，前南斯拉夫地區、阿爾巴尼亞，以及前蘇聯若干加盟共和國之間和內部爆發了嚴重衝突和騷亂。這些頻繁的領土、種族、宗教衝突不但危害到本國，而且假如不加以控制，也會蔓延到歐洲其他地區。北約在西方干預波黑衝突時作用突出，提供了維和部隊。其次，波灣戰爭突出顯示歐洲面臨著來自南方的威脅。在伊朗、土耳其、中東和北非部分地區，伊斯蘭原教旨主義復活，並且和激進的民族主義相結合，對歐洲安全利益構成直接威脅。地區不穩定所造成的難民和國際恐怖主義活動，還有生物化學武器、核子技術和導彈技術的擴散，都使歐洲國家不能放鬆軍事戒備。第三，俄羅斯軍隊雖然撤出了東歐國家，但俄羅斯仍然擁有龐大的核子武庫和軍事力量，傳統的大俄羅斯民族主義也經常露頭，企圖奪回其失去的勢力範圍。

無論是在俄羅斯政治失控的情況下，還是在經濟復甦、國力恢復的未來，它都有可能重新走向與西方對立的道路。此外，如果在建立新的歐洲安全結構之前就解散北約，德國就可能擴充軍備並謀求核子武裝，這是其他歐洲國家所不願看到的。因此，以強大的、聯合指揮的軍隊為後盾的歐洲多邊防務安排是美國與歐洲的共同戰略需要，北約只能調整而不能解散。

在 1990 年 7 月召開的北約國家倫敦會議上，決定了北約調整的基本方針：第一，華沙條約組織（華約）國家不應再被視為敵人；第二，北約的常規力量規模應當縮小，但應更機動，更具有多方面作戰能力，更加多國化，更依賴於預備役部隊和部隊重建能力；第三，核子武器將真正作為最後的手段。1991 年 11 月北約羅馬首腦會議上透過了倫敦會議的基本方針，對北約軍事戰略做出重大調整，即從過去主要對付蘇聯轉向「全方位」防禦；放棄「前沿防禦」戰略，明確北約今後的主要任務是預防衝突和處理危機；縮小部隊規模，提高其靈活、機動和快速反應能力；調整「靈活反應」戰略，削減核子武器，但仍將保持一定的核子威懾力量。會議強調北約在歐洲防務中要繼續有著主導作用，同時歐美應共同努力建立一個包括北約、歐共體、西歐聯盟以及歐安會在內的新安全機構。此後，北約在削減部隊、調整軍事指揮機構等方面都採取了具體步驟。

1992 年 12 月，北約正式決定「根據自己的程式逐案支持聯合國安理會領導下的維持和平行動」，以軍事力量介入波黑衝突。1995 年底波黑衝突各方在美國達成「代頓協定」後，美國軍官指揮的多國部隊駐紮在波斯尼亞。美國等西方大國一直對波黑塞爾維亞族領導人卡拉季奇十分不滿。在強大壓力下，卡拉季奇被迫宣佈放棄一切政治權力，並徹底退出政治舞臺。美

國派遣外交官作為歐洲安全與合作組織駐波黑的首席代表，監督了 1996 年 9 月的波黑大選。在北約舉行協商會議達成一致意見後，聯合國安理會於 12 月通過決議，成立一支任期 18 個月的多國穩定部隊，立即開始進駐波黑，接替任期剛滿的波黑和平協定執行部隊。多國穩定部隊由一名美國將軍擔任司令，總兵力為 3.1 萬人，其中美軍 8,500 人，是最大的一支力量。美國對波黑和平進程所起的作用，目前還不可能由歐洲國家所替代。在科索沃危機中，美國雖然沒有明確支持阿爾巴尼亞族人獨立，但一直在向塞爾維亞施加壓力，要求其尊重科索沃地區的人權，允許阿族人高度自治，實際上對阿族人的民族分離主義傾向起了鼓勵作用。

北約的改革和指揮權問題，顯現了美歐之間相互競爭和相互利用的十分微妙的關係。早在 1994 年，北約就已醞釀成立一支由北約的歐洲成員國組建的、美國不參加的多國多兵種特遣部隊。該部隊可以動用北約指揮系統，以及主要由美國提供的衛星情報系統和空中運輸與通訊設備，以在有關地區執行維持和平或者救援使命。直到 1996 年 6 月，美國才在法國同意回歸北約軍事一體化之後，表示同意建立這支部隊。北約在柏林正式批准了此項計劃。然而出乎美國意料之外的是，法國等北約歐洲國家要求美國同意讓歐洲將領取代美國將領出任兩個重要的北約軍事領導職務，包括在義大利那不勒斯港指揮美國第六艦隊的南歐盟軍司令的職務，否則法國將不回歸北約軍事機構。南歐盟軍司令職務一向由一名美國海軍上將擔任，而且擔負著美國為首的波黑維和部隊的指揮任務，因此美國絕不肯放手。華盛頓一些官員對於席拉克是否真心想回歸北約軍事一體化機構表示懷疑。但是法國堅決不願讓步。如果這一問題得不

到解決，由歐洲承擔更大防務角色的北約改革計劃就將裹足不前。

北約的另一項戰略調整任務，在於如何適應冷戰後戰略敵手消失、安全威脅來源多樣化的新局面。西方國家對於處在轉軌過程中而且民族主義思潮不斷上升的俄羅斯仍然不能放心。為此，美國積極謀求北約東擴，企圖把北約的防務範圍從西歐和南歐擴大到中東歐和獨聯體國家。1996 年上半年，為支持葉爾欽蟬聯總統，美國暫停北約東擴的步伐。俄羅斯大選結束後，國內政治方向較為確定，美國對此感到寬慰，於是又重新啟動北約東擴進程，但遭到俄羅斯的頑強抵制。

1996 年 9 月，柯林頓和克里斯多夫分別宣佈，1997 年的北約首腦會議上將確定首批邀請加入北約的國家。柯林頓宣稱，1999 年北約成立 50 周年和拆毀柏林牆 10 周年之際，就是北約首批東擴的期限。這些聲明說明美國關於東擴的決心已定，不可逆轉。1997 年波蘭、捷克、匈牙利成為北約首批新成員國，同時北約與波羅的海三國（愛沙尼亞、拉脫維亞、立陶宛）、斯洛伐克、羅馬尼亞等國建立了「超級和平夥伴關係」。為使俄羅斯默認北約東擴的事實，美國和北約將表示願與俄羅斯建立「特殊夥伴關係」，簽署一份內容空泛的「憲章」。雖然美國與歐盟在北約東擴問題上也存在不同意見，但總體目標一致。俄羅斯是否能頂住西方咄咄逼人的壓力，尚難以預料，因為俄羅斯自身實力不濟，也沒有真正的戰略盟友，處在無法擺脫的兩難境地。葉爾欽政府面臨國內民族主義勢力的強大壓力，故不會在北約東擴問題上輕易鬆口；但如果它對北約東擴反應過分強烈，其他前華約國家對俄羅斯會更為警惕，進一步向美國和歐洲靠攏，而美歐之間也會增強合作。總的來說，美國主導下的

北約東擴是難以阻擋的趨勢。

北約改革的方向，從長遠看歐盟國家在北約內承擔更多的義務，也享有更大的發言權。美國既想繼續保持在歐洲的軍事存在和對北約的控制，又想儘量減少自己的負擔（美國在歐洲的駐軍已從冷戰時期的 30 萬人左右減少到冷戰後的 10 萬人左右）；歐盟則在解決本地區的衝突問題和防範俄羅斯方面，繼續需要美國合作。同時，在歐盟內部，對歐美關係的看法也不盡一致。德國和英國在許多國際安全問題上仍然強調和美國保持一致，而法國的獨立色彩非常突出。

在今後北約應在歐洲以外的地區發揮什麼樣的作用方面，美國和歐洲的看法分歧很大。美國不僅要擴大北約成員，還要擴大它的職能，使北約的任務從防禦敵國入侵其防區，轉為防止大規模殺傷性武器的擴散、防止恐怖活動、對危害地區安全的事態採取共同行動等，更長遠的目標是以北約為依託，建立橫跨歐亞大陸乃至全球的安全體系。然而歐盟各國對於在歐洲以外承擔安全義務採取謹慎態度，不願被美國牽著走或拖下水。

美歐關係中的第二個考驗是貿易和經濟摩擦。進入 90 年代以後，美歐之間的貿易增長幅度繼續低於美國與亞洲地區的貿易。但是，美歐仍然是最大的相互投資夥伴。1991 年，關稅與貿易總協定總幹事鄧克爾提出一項關於削減農產品和出口補貼、進一步開放市場的協定，得到美國的支持，而遭到歐共體國家的集體抵制。關貿總協定的烏拉圭回合談判由此擱淺，美歐互相攻訐。1992 年 2 月，美國副總統奎爾為逼迫歐共體在貿易談判中讓步，竟以放棄保護歐洲安全相要挾，警告歐洲人「烏拉圭多邊談判與北約是聯繫在一起的」。歐洲人對此強烈回擊，使布希總統不得不出來澄清奎爾的講話，否認貿易談判與安全

問題的聯繫。[3] 美國一直指責歐洲「空中客車」民用飛機生產享受政府補貼，不公平地與美國波音公司競爭市場。1992 年初，美歐就有關削減民用飛機生產補貼問題達成協定。美歐之間在農產品貿易、紡織品貿易、世界勞務市場、軍火市場等問題上的摩擦頻繁發生。在經濟政策和貨幣政策上，美歐也各行其是，難以協調。例如在 1992 年前後，美國為刺激經濟回升，採取壓低利率的政策，而歐洲各國特別是德國利率居高不下，使雙方發生爭吵。1993 年 11 月馬斯特里赫特條約（馬約）正式生效，歐洲聯盟誕生。對於歐洲一體化進程加快，歐洲統一貨幣——歐元的啟動，美國懷有一種矛盾的心理，既表示謹慎的歡迎，又擔心美國經濟和美元在世界經濟中的領先和主導地位受到威脅，因此力圖透過加強與歐洲的經貿關係，促使歐洲對美國的貿易市場和金融市場的進一步開放。1995 年 6 月，美國國務卿克里斯多夫公開倡導成立歐盟——北美自由貿易區，並提出了一系列有待談判的問題。歐美各國紛紛表態，支持泛大西洋自由貿易區。在亞洲金融危機的衝擊下，美歐必須採取協調行動，但其經濟利益的差別和波動周期的不同步又使合作受到很大的限制。

美歐關係在其他地區性和全球性問題上也經受著考驗。近年來美國與歐盟特別是法國在中東問題上的分歧擴大。美國在伊拉克武器查核問題上堅持制裁、不依不饒的態度，與歐洲國家的相對緩和政策形成鮮明對比。美國偏袒以色列的態度與歐盟國家的「相對公正」立場發生明顯摩擦。在 1996 年 3 月美國

---

3 《世界知識年鑑》（1993／94），世界知識出版社，1994 年版，第 6 頁。

召集的「和平締造者」首腦會議上，歐盟與阿拉伯國家一起強調推進和平進程與反對恐怖主義的關係，阿拉伯國家還指出以色列的暴力和暗殺活動也屬於恐怖活動之列。這些與美國、以色列片面強調反恐怖主義的立場形成對立。歐盟利用其對巴勒斯坦的經濟援助和阿拉伯世界對美國同情以色列的不滿，加緊在中東活動，而美國則公開要求歐盟不在中東扮演引人注目的角色，遭到歐盟拒絕。法國總統席拉克 1996 年 3 次出訪中東。在 10 月下旬的中東之行時，席拉克受到以色列的明顯冷遇，內塔尼亞胡對歐洲可能孤立以色列充滿戒心。美國國務院發言人則含蓄地批評法國插手中東事務，聲稱美國不能允許在以阿談判桌旁「出現一個小型的聯合國」。因此，歐洲在中東和平進程中發揮作用的餘地受到美以的聯合牽制，席拉克也不得不表示歐洲的作用並非為排斥美國的地位。此外，歐盟遠未形成在外交上「用同一個聲音說話」的整體力量。

　　由於美國企圖強迫歐洲參加對古巴、伊朗、利比亞等國的制裁，美歐政治糾紛相當激烈。1996 年 3 月，美國政府以兩架美國飛機在古巴領空被擊落為藉口，掀起新的反古巴浪潮。在大選年，柯林頓政府為了獲取選票，宣佈限制古巴官員訪美、無限期停止從美國飛往古巴的包機旅行等制裁古巴的措施，還企圖在聯合國安理會通過反古提案。更為嚴重的制裁古巴的措施是由美國國會透過立法提出的。以提出該法案的參議院外交委員會主席赫爾姆斯和眾議員伯頓命名的「赫爾姆斯─伯頓法案」，於 1996 年 3 月 12 日由柯林頓簽署生效。該法案包含的內容有：美國公民包括美籍古巴人可以對古巴政府沒收其財產的行為提出司法訴訟；美國公民有權向法庭起訴與古巴沒收其財產有牽連的外國政府或個人。該法案在國際上可能挑起的財產

索賠糾紛主要涉及外國對古巴的投資，而這樣就把美國的司法管轄權強加於國際社會，具有明顯的治外法權性質。

「赫爾姆斯—伯頓法案」的霸道作風立即在國際社會激起強烈反感和憤慨。歐洲聯盟首當其衝，因為歐盟與古巴的貿易佔古巴外貿總額的一半左右，受該法案影響的歐盟國家的公司多達 1000 家以上。法、英、德、加拿大等國領導人紛紛發表講話，譴責美國的做法，不接受美國單方制定的制裁方案。1996年 7 月，歐盟委員會提出了一系列針對美國的反制裁條例；10月，歐盟 15 國外長在盧森堡舉行的部長理事會會議上一致決定，就「赫爾姆斯—伯頓法案」向世界貿易組織仲裁機構正式提出申訴。11 月，世貿組織接受了歐盟的起訴狀，決定成立一個仲裁委員會對該法案進行仲裁。歐洲發達國家如此一致地激烈抗拒美國，是史無前例的。拉美里約集團和美洲國家組織也強烈譴責「赫爾姆斯—伯頓法案」，指出它違反國際法、聯合國和美洲國家組織的憲章以及世貿組織的原則。但是，1996 年 7月美國國會又通過以參議員達馬托命名的法案，要求擴大對伊朗和利比亞制裁。柯林頓簽署了這一法案。該法案出爐的背後是美國最大的親以色列遊說集團——「以色列—美國公共事務委員會」。與「赫爾姆斯—伯頓法案」一樣，「達馬托法案」在國際社會引起軒然大波，遭到西方發達國家以及相關的發展中國家的齊聲譴責。連一貫被認為「親西方」的土耳其也向「達馬托法案」直接挑戰。

其實，在「赫爾姆斯—伯頓法案」和「達馬托法案」通過之前，白宮就預料到世界各國包括美國的盟國會做出強烈反應，而且對法案規定的制裁措施是否可行心存疑慮。但是，對共和黨右翼指責白宮「姑息養奸」的擔心，以及討好選民的國

內政治考慮，壓倒了白宮對美國外交實效和國際形象的考慮。柯林頓硬著頭皮簽署了這兩個法案之後，面對國際上群起而攻之的嚴重後果，宣佈在 6 個月內不實施「赫爾姆斯—伯頓法案」有關在美國法院起訴外國公司的規定，以緩解外國政府和公司對美國的一致抗議。柯林頓還打算以後每隔半年就宣佈暫停實施該法案有關條款 6 個月，而使這些條款胎死腹中。柯林頓政府在 1997 年決定暫時緩和了與歐盟的矛盾。

　　蘇聯解體後，美國對俄羅斯、獨聯體其他國家和東歐各國的政治進程極力施加影響。在 1991 年的「八一九」事件和 1993 年的俄羅斯 10 月事件中，美國表態鮮明，它所支持的一方都在事變後佔了上風。在 1994 年以前，美俄關係有一段表面上的「蜜月」時期。雙方宣稱兩國關係進入了「友誼和夥伴關係的新紀元」。美國協調西方國家對俄羅斯的經濟援助，派專家幫助俄羅斯實行激進的「休克療法」，企圖在俄建立全面西方式的自由市場經濟。在政治上，美國幫助葉爾欽鞏固政治權力，極力插手俄政局，扶植「少壯派」的親西方力量，推進西方式的多黨制和民主化。在安全問題上，透過實施第一、二階段削減戰略武器條約，大大削弱俄羅斯的核子力量，並防止俄羅斯的核子技術和核子專家外流。此外還向烏克蘭施加外交壓力以迫使其放棄核子武器。在外交方面，美國企圖與葉爾欽和其他俄領導人建立良好的私人關係和定期磋商機制，協調在中東等熱點地區、熱點問題上的立場。

　　1997 年 3 月，美俄兩國首腦在芬蘭首都赫爾辛基會晤，簽署了五項文件。會晤主題是北約東擴問題。雖然核心文件《美俄關於歐洲安全問題的聯合聲明》宣稱兩國首腦「在北約東擴問題上仍然未能取得一致意見」，似乎雙方仍然各持己見，但美

國基本上獲得了俄羅斯對北約東擴的默認。作為回報，柯林頓邀請葉爾欽正式參加 1997 年 6 月在美國丹佛召開的西方 7 國首腦會議，並將該會議改稱為「8 國首腦會議」。美國承諾「目前不考慮」在北約新成員國領土上部署核子武器，同意北約將單方面削減常規軍備和核武庫，還答應向俄羅斯提供 40 億美元的私人投資。同年 5 月，俄羅斯和北約 16 個成員國領導人在法國巴黎簽署了「基本文件」，宣佈俄羅斯和北約今後不再是對手，而要建立「嶄新關係」。雖然俄羅斯政府一再聲稱這項文件是它的外交勝利，但實際上俄所做的讓步遠遠超過美歐，也未能阻止北約在 1997 年底正式確定捷克、匈牙利和波蘭為首批加入北約的前華約國家。

　　1996 年的俄羅斯總統選舉，葉爾欽戰勝俄羅斯共產黨候選人久加諾夫而連任，仍是美國希望看到和努力實現的結果。1998 年 9 月普里馬科夫擔任俄羅斯總理並組成新內閣後，美國繼續對俄羅斯實行「恩威兼施」的兩面政策，但防範的一面上升。美國國防部認為 2015 年以後俄羅斯可能構成對美國的全球性挑戰。美國不顧俄羅斯反對，決意要實施北約東擴計劃，加強對烏克蘭、中亞及外高加索地區的滲透，以壓縮俄羅斯的地緣活動空間，制約其傳統民族主義的復興。但美國對俄羅斯內政變化持謹慎態度，繼續採取支持葉爾欽總統的政策。至於獨聯體其他國家，美國在俄羅斯和它們之間力圖保持某種微妙的平衡，既承認俄在這一地區的傳統利益，又擴大美國在這些國家的政治經濟影響。

　　但是，隨著俄羅斯經濟進一步滑坡，國內政局不穩，葉爾欽以外的領導人頻繁更換，俄羅斯的民族主義情緒逐漸上升，對美國的干涉和霸權行徑越來越不滿，在外交上也與美國分道

揚鑣。在車臣戰爭、波黑衝突、科索沃衝突、對伊拉克的制裁、以阿和談等問題上，美俄矛盾都很突出。一個經濟迅速恢復、政治上團結統一的俄羅斯，將會在全球範圍對美國構成重大挑戰，這當然不是美國的戰略目標；但是，如果俄羅斯經濟全面崩潰，政治分崩離析，中央政權羸弱不堪，核子武器失控、難民外逃、恐怖活動猖獗、內戰等局面就會出現，也會對美國構成重大威脅。即使是目前美國人眼中這樣一個自信心不足、民族情緒上升、發展方向不確定的俄羅斯，也是美國外交中的重大難題。

（二）對中東、非洲、拉丁美洲的政策

冷戰後美國對中東地區的政策有 5 個主要目標。首先，美國需要保證來自中東地區的石油供應。中東石油儲量佔世界石油總儲量的 70%以上，美國石油消費的 1/4 來自中東。因此，不讓美國的敵手掌握石油資源的開採或控制石油的運輸通道，是美國長期的戰略目標。其次，美國需要保護它在中東地區最重要的盟國以色列的安全。再次，美國需要遏制該地區正在復活的伊斯蘭原教旨主義，認為後者對地區穩定和美國的國家安全造成重大威脅。第四，美國要促進與中東的經貿關係。中東的勞務、軍火、投資和商品市場使美國獲得鉅額利潤。第五，美國要防止中東地區的大規模殺傷武器擴散和國際恐怖活動猖獗，特別是絕不允許美國的現實敵國和潛在敵國擁有核子武器、生化武器及其運載工具。

美國在中東的外交高峰，當推 1991 年初波灣戰爭時期。當時，美國儼然以反侵略國際聯盟的盟主自居，一面協調各國對伊拉克實施全面封鎖，一面要求西歐、日本、中東產油國為美

國指揮的聯合作戰出資，顯示了強大的政治影響力。在波灣戰爭後，美國一直沒有中斷對伊拉克、伊朗、利比亞等所謂「無賴國家」施加壓力，特別是對伊拉克和伊朗實行「雙重遏制」政策。與此同時，在埃及、阿爾及利亞等國，美國支持它所稱的溫和派政府，阻止它的眼中釘伊斯蘭極端勢力上臺；在科威特、沙烏地阿拉伯等國，則促進逐步開放的民主政治進程，企圖推進美國的自由價值觀念。美國加強了與波灣 6 國的政治、軍事、經濟合作，確保其石油利益不受損害。美國力圖控制中東軍火貿易市場，防止敵對勢力掌握大規模毀滅性武器。美國參與新一輪中東和談，柯林頓在華盛頓主持了巴勒斯坦和以色列的和平協定簽署儀式，企圖顯示美國獨一無二的影響力。

美國對中東政策的具體實施經常受到國內政治因素的影響。例如，1996 年 9 月，美國以伊拉克軍隊進入伊拉克北部「禁飛區」為由，對伊拉克接連實施大規模空襲，波灣形勢驟然緊張。這次單方面的行動受到國際社會的廣泛批評。但是柯林頓也因此在大選年顯示了他敢於使用武力來維護美國利益和「領導作用」的決心，在國內政治中有所得分。美國的強硬態度也使聯合國在近期內難以取消對伊拉克的制裁。1997 年 11 月，美英兩國以伊拉克拒絕配合聯合國武器核查小組工作為由，要求聯合國安理會加強對伊拉克的制裁。伊拉克反應強烈，驅逐了美籍核查小組成員。於是美伊軍事對峙急遽升級。在俄羅斯等國斡旋下，伊拉克無條件接受聯合國武器核查小組人員返回工作，至此危機平息。

此後，薩達姆‧海珊因領導下的伊拉克又多次對聯合國核查小組在伊拉克的調查設置障礙，迫使美國數次在波灣調兵遣將，以武力相威脅，但仍然對海珊的挑釁無可奈何，更無法推

翻海珊政權。1998 年 12 月 17 日，美英兩國未經聯合國授權，對伊拉克實施代號為「沙漠之狐」的空中打擊。這次軍事行動選擇的時間正是美國眾議院辯論表決是否彈劾柯林頓的前夕，顯而易見地含有為柯林頓減緩國內政治困境的意圖。「沙漠之狐」行動遭到中國、俄羅斯和許多發展中國家的譴責，法國、義大利等西方國家也明確批評美國。

美國對阿拉伯和以色列的政策經歷過嚴重的挫折，其在中東問題上的主導地位面臨強勁挑戰。1996 年 4 月，在以色列和黎巴嫩發生的衝突中，美國聽任以色列用猛烈火力「教訓」由敘利亞支持的黎巴嫩真主黨，然後又站在偏袒以色列的立場上草擬黎以停火協定，引起阿拉伯國家的強烈不滿。法國、俄羅斯等國也都派外交部長到中東斡旋。最後達成的黎以協定較多地採納了法國最初的建議內容。

1996 年 5 月內塔尼亞胡當選以色列總理後，以色列與巴勒斯坦的關係經歷了 1993 年達成巴勒斯坦自治協定以來最困難的階段。內塔尼亞胡的當選多少出乎美國意料之外。但柯林頓為爭取美國猶太人的政治支持，不能對內塔尼亞胡的強硬政策施加太大的壓力，這就更加得罪了阿拉伯國家。以巴和平進程一時陷入空前危機，暴力衝突接連不斷。美國竭力進行調解，1996 年 10 月初在華盛頓安排了阿拉法特與內塔尼亞胡的會晤。1997 年 1 月，以阿雙方簽署希伯倫協定，以色列軍隊撤出希伯倫市大部分地區，打破了和談僵局。雖然柯林頓政府表示不贊成以色列擴建定居點等行動，但其偏袒以色列的基本立場沒有變化，而美國國內親以色列勢力對其政策調整構成重要障礙。1997 年 6 月，美國眾議院竟然通過一項決議，要求美國政府承認耶路撒冷是以色列「不可分割的首都」，並將美國使館遷往耶路撒

冷。這一決議遭到伊斯蘭會議組織的強烈抗議。1998 年 12 月柯林頓訪問以色列和巴勒斯坦自治區,以圖挽救於同年 10 月簽署的風雨飄搖中的以巴臨時和平協定。柯林頓一方面重申對以色列的安全承諾不可動搖,並在每年 30 億美元的經濟和軍事援助之外,還答應再給 12 億美元幫助以色列執行臨時和平協定。另一方面,柯林頓也為安撫巴勒斯坦而爭取對巴的國際捐款,還讚揚巴在打擊恐怖主義活動和收繳非法武器方面的工作。但是,柯林頓終究未能使以阿達成新的妥協。柯林頓自耶路撒冷飛抵加沙,成為有史以來巴勒斯坦接待的第一位美國總統。這一舉動被認為是事實上承認巴勒斯坦國這個實體。從柯林頓此次訪問中東看,美國偏袒以色列的政策出現了朝向平衡的微調。

打擊國際恐怖活動是美國對中東政策的重要組成部分。美國仇視利比亞政府有多方面原因,其主要原因之一,是歷屆美國政府均認為利比亞的卡扎菲政府支持並從事恐怖活動,利比亞是中東恐怖主義最大的策源地之一,甚至卡扎菲本人就是一個恐怖主義者。1988 年,美英兩國指責利比亞情報人員策劃了洛克比空難事件,並要求聯合國透過了制裁利比亞的決議。直到 1998 年 8 月,美國才提出與利比亞打破僵局的某種妥協方案。但在顯示與利比亞緩和關係意圖的同一個月,美國駐肯尼亞和坦桑尼亞大使館遭到恐怖分子炸彈襲擊,柯林頓下令在紅海和阿拉伯海的美國海軍艦隻發射巡航導彈,轟炸蘇丹和阿富汗境內據稱是恐怖分子基地的目標。伊斯蘭極端主義勢力與美國強權之間的爭鬥,以恐怖活動和反恐怖鬥爭的形式表現出來,但有著極其複雜的歷史、宗教、社會、經濟和政治背景。由於恐怖主義分子掌握了越來越先進的武器技術,曠日持久的地區衝突以及西方世界與伊斯蘭世界的矛盾又為恐怖活動提供

了深厚的社會土壤，美國對國際恐怖活動的打擊很難取得真正的成果，反而可能使鬥爭愈演愈烈。

美國在非洲的外交行動比較混亂，基本上是圍繞介入地區維和任務和安全事務、打擊恐怖活動、推動經貿關係、促進民主化的目標展開，力圖逐步主導非洲事務。美國 1992 年以聯合國維持和平部隊的名義干預索馬利亞內戰，受阻後又於 1993 年全部撤出，這是一次失敗的軍事干涉行動。對於 1994 年盧安達等國家的種族大屠殺和內戰，美國僅提供人道主義援助，不願涉足過深。美國宣稱支持曼德拉領導的第一個南非民族團結政府，希望能在非洲其他地區推廣「南非模式」。柯林頓執政後，將發展與非洲的經貿關係置於對非政策的重要位置。美國商務部長布朗 6 次訪問非洲，促進美國對非貿易和投資。1995 年，美國對非洲的貿易額增長了 12%，達到 181 億美元，創歷史最高記錄。為了擴大在非洲的政治影響，美國國務卿克里斯多夫於 1996 年 10 月訪問馬里、衣索比亞、坦桑尼亞、南非和安哥拉 5 國。這是美國國務卿 10 年來對非洲的首次正式訪問。這次訪問與美國大選中柯林頓力爭黑人選票有關。其外交目的，是建議組織一支由美國支援和訓練、非洲人組成的危機反應部隊，以加強美國介入非洲事務的能力。克里斯多夫此行還試圖說服非洲國家向尼日利亞軍人政權增加壓力，迫使它推行「民主化」。70 年代以來，扎伊爾總統蒙博托一直受到法國支持。蒙博托實行專制統治，近年來政治腐敗，經濟衰退，民族矛盾不斷，引起國內人民強烈不滿。1997 年 5 月，卡比拉領導的反政府武裝攻佔首都金沙薩，建立了剛果民主共和國新政權。柯林頓政府一直抨擊蒙博托政權，暗中支援卡比拉，擠佔法國在非洲的地盤，擴大了美國在非洲大湖地區的勢力範圍。1998 年 3

月，柯林頓訪問了加納、烏干達、盧安達、南非、博茨瓦納、塞內加爾等六個非洲國家，這次訪問是冷戰後美國為把非洲納入其主導的西方體系的一個重要步驟。

冷戰結束後，美國在拉丁美洲的外交目標出現明顯變化，傳統的軍事安全問題地位下降，經貿關係（特別是美國向拉美地區的出口和金融問題）、移民、掃毒、環境保護、人權、民主法治等問題的地位上升。美國主導建立了北美自由貿易區，提出「美洲事業倡議」，宣佈要將自由貿易區向南延伸。在柯林頓倡議下，1994 年 12 月在美國邁阿密舉行了美洲國家首腦會議。會議通過的聯合宣言宣告立即開始規劃「美洲國家自由貿易區」，並決心在 2005 年以前結束有關自由貿易區的談判。但是，1994 年墨西哥金融危機爆發，拉美國家對地區經濟一體化持更為謹慎的態度，並且積極與歐洲和亞洲國家發展經貿關係。1996 年 4 月柯林頓提出的優先發展全球貿易的計劃中，把進一步實施北美自由貿易協定放在重要地位。但是，由於墨西哥金融危機的影響，關於智利加入北美自由貿易協定的計劃擱淺。

美國還主持了拉美聯合掃毒計劃。美國與哥倫比亞在掃毒問題上的摩擦也很引人注目。哥倫比亞是拉美主要的毒品生產國，美國則是世界上最大的毒品消費國。美國毒品問題之嚴重，已經到了危及社會穩定和國家安全的地步。柯林頓政府將掃毒不力的責任推到哥倫比亞等生產國上，於 1996 年 7 月宣佈哥總統桑佩爾為不受美國歡迎的人，理由是桑佩爾在掃毒方面不與美國合作。

美國以民主和法治為旗幟，於 1994 年對海地政局進行武裝干涉，並要求其他拉美國家與它協調行動。1997 年 5 月和 10 月，柯林頓總統先後訪問了中美洲的墨西哥、哥斯大黎加和巴巴多

斯,以及南美洲的委內瑞拉、巴西、阿根廷。訪問的主要目的,
是在貿易自由化和經濟一體化(爭取早日建成美洲自由貿易
區)、移民、掃毒、民主化等問題上推銷美國的計劃和意圖。柯
林頓在巴西還簽署了有關教育、航太、環保、和平利用核能等
方面的協定;向阿根廷領導人承諾給予阿根廷「非北約軍事盟
國」的特殊地位。但是此舉遭到智利、巴西等國的非議。

　　美國對古巴的政策受到國內右翼勢力和古巴移民的影響,
長期僵硬不化。冷戰後對古巴加強經濟制裁,雖然對古巴造成
了相當大的經濟損失,但在政治上毫無收效,反而在「赫爾姆
斯─伯頓法案」問題上與眾多拉美國家發生爭執,使美國在拉
丁美洲、聯合國乃至整個國際社會中越來越孤立。1998 年初以
來,美國對古巴的政策出現了某種鬆動跡象,柯林頓又一次推
遲實施「赫爾姆斯─伯頓法案」。在羅馬天主教皇若望保祿二世
訪問古巴期間,他公開譴責美國對古巴的封鎖政策,使美國政
府感到十分尷尬。美國商業界也對長期喪失在古巴的經濟機會
表示不滿。美國與古巴緩和關係,將有助於加勒比地區的穩定,
也會為美國建立美洲自由貿易區的努力掃除一個大障礙。

(三)對亞洲和大洋洲的政策

　　廣袤的亞洲地區居住著世界半數以上的人口,近幾十年經
濟發展迅速,給美國提供了巨大的商品、資本和勞動力市場。
美國跨越太平洋的貿易額現在每年達到 5,000 億美元以上,大大
超過美國與歐洲的貿易額。19 世紀末以來,美國在亞洲地區進
行了四場大規模戰爭(美國與西班牙在菲律賓的戰爭、太平洋
戰爭、朝鮮戰爭、越南戰爭),足以說明亞洲對美國的戰略重要
性。亞洲本身就具有種族、宗教、文化上的多樣性,而在整體

上又與美國的政治制度和文化價值觀形成強烈的反差。冷戰結束後美國與亞洲的關係，就是圍繞著經貿、安全和政治價值觀這三大領域展開的。

　　柯林頓政府 1993 年在西雅圖主持召開了第一次亞太經濟合作組織首腦會議，提出「新太平洋共同體」設想，為扭轉與日本等國家和地區的貿易逆差展開咄咄逼人的攻勢。經過 90 年代初的一段相互攻訐，美日貿易摩擦近年來有所緩和。一方面，柯林頓政府認識到，美日經貿矛盾來源於美日兩國國內經濟體制差異等結構性問題，不是在輿論上吵得轟轟烈烈和談判中咄咄逼人就能解決的，更何況在經濟上的激烈爭吵破壞了兩國間的政治氣氛，不利於安全合作。因此，華盛頓有意低調處理美日經貿摩擦問題。另一方面，美國對日貿易逆差近年來的確有所降低，1996 年估計為 300 多億美元，對比 90 年代初期的年均 500～600 億美元，下降幅度是可觀的。到 1999 年，美國對華貿易逆差可能超過美日逆差。美國在經濟競爭力、科技進步、美元地位等方面重新增強了信心，也使美日經貿摩擦容易控制。目前兩國的經濟矛盾主要集中於航空、保險、半導體、軟片等行業。

　　美國對於馬來西亞提出的以日本為軸心成立「東亞經濟核心論壇」的主張一直持反對態度，而希望亞太經濟合作組織（APEC）接受它加快貿易和投資自由化的意見。在 1996 年 11 月的 APEC 馬尼拉會議上，美國提出在 2000 年之前對高技術產品出口大幅度降低貿易壁壘的建議得到了贊同，但美國與東盟、中國等發展中國家在貿易和投資自由化方面的利益差距十分明顯。

　　1997 年夏天亞洲金融危機發生之後，美國一開始反應緩

慢，態度消極，不願參加國際貨幣基金組織（IMF）提出的援助泰國計劃，對日本建立「地區貨幣基金」以防止匯率大起大落的建議態度冷淡。這種立場與 1994 年墨西哥金融危機美國的快速反應形成了鮮明對比。直到 1997 年 10 月美國才同意向 IMF 提供 30 億美元以幫助印尼度過難關。危機在亞洲蔓延後，與東亞經貿關係密切的美國西海岸首先感受到衝擊。受金融動盪影響的東亞國家和地區大幅度減少了從美國的農產品進口和民用飛機等工業品的訂單，將成為美國貿易赤字擴大的一個重要原因。美國股市和在東亞的投資也因金融動盪而受到損失。當美國意識到這場金融風波也有可能對美國造成嚴重後果時，立即派高級官員訪問有關國家，敦促 IMF 加大援助力度，美國也追加 180 億美元作為補充基金。

但是，亞洲金融危機也使美國掌握了更大的金融主導權。美國力圖利用東亞受危機影響的國家以及日本目前軟弱的經濟地位，迫使 APEC 成員國進一步向美國商品和服務業開放市場，接受美國在 APEC 提出的部門提前自由化的倡議。在提供基金的同時，柯林頓政府還加緊研究健全國際金融預警機制等問題，會同國際貨幣基金組織（IMF）敦促亞洲各國進行經濟結構性改革，清除腐敗和經濟活動中的裙帶關係，整頓銀行和金融系統，提高金融市場透明度，向否則就以取消援助為威脅。在美國壓力下，繼《金融自由化協定》簽署以後，APEC 成員又承諾支援在 WTO 框架內達成金融自由化協定。日本在產業結構調整與金融資產管理等領域與美國的差距拉大，在東亞其他國家和地區的美日經濟競爭中，日本暫時處於劣勢，但在美國要求開放市場的壓力面前卻未作出實質讓步。

美國國防部 1990 年、1992 年、1995 年和 1998 年分別發表

了 4 份東亞安全戰略報告,構成其亞太安全戰略的基本框架。前兩份報告表示要減少美國在亞太地區前沿地帶的軍隊,但1995年和1998年的報告則重申美國在可預見的將來要維持在該地區的 10 萬駐軍,證明美國比在冷戰結束初期更重視在亞太安全中的不穩定因素。根據太平洋美軍總司令部 1998 年的一份報告,美國把中國、北韓和俄羅斯視為可能的威脅來源,還把南中國海的領土爭端,印度與巴基斯坦在喀什米爾問題上的糾紛,某些國家的宗教極端勢力,以及柬埔寨、印尼(包括東帝汶)、緬甸、斯里蘭卡等國可能發生的內亂,視為亞太地區未來衝突的根源。

幾年來美國在亞洲地區安全問題上的最大外交舉動,是1996 年 4 月 17 日柯林頓訪日時與日本首相橋本龍太郎簽署的《美日安全聯合宣言》,以及 1997 年 9 月修改的《美日防衛合作指標》。1995 年 9 月駐沖繩美軍士兵強姦日本少女事件後,日本國民要求美國歸還沖繩基地的鬥爭浪潮迭起,直接衝擊美日同盟和美國在亞太地區保持軍事存在的合法性和合理性。但是,美日兩國的戰略利益要求保持緊密的安全同盟關係。兩國政府在柯林頓訪日前夕達成協定,決定關閉包括沖繩和關島 6 個美軍基地在內的 11 處軍事設施,減少美國軍事基地在沖繩的佔地面積,企圖透過在當前沖繩人民反對最激烈的幾個基地問題上作出調整,而確保美日軍事同盟的總體框架不變。

《美日安全聯合宣言》重新確認了美日安全同盟在冷戰後的長期性和必要性,並透過一些協定使美日軍事合作具體化、擴大化。宣言聲稱「中國發揮積極而具有建設性的作用是極其重要的」,此後美日官員又多次重申美日加強安全同盟並非針對中國。但是,宣言發表的時間正值中國為警告「台獨」而在臺

灣海峽舉行軍事演習之後，而且美日兩國輿論界的「中國威脅論」緊鑼密鼓，日本右翼勢力否認第二次世界大戰侵略歷史的論調甚囂塵上，因此中國對美日兩國的戰略意圖保持警惕是理所當然的。日本今後的防務動向如何，是否會突破和平憲法的限制，擁有「集體自衛權」，也是東亞其他國家感到關切的問題。1997 年 9 月「美日防衛合作指導方針」的制定，標誌著兩國軍事合作進入一個新的階段。此後，美國國防部長科恩、國務卿歐布萊特相繼訪問日本，具體商談了防務合作問題，使美日軍事同盟關係進一步得到加強。

美國《1998 年東亞戰略報告》特別提到，1996 年 3 月美國「在危機中派出『尼米茲號』和『獨立號』航空母艦，這一行動向亞太國家重申了美國對該地區和平與穩定的承諾」。這指的是當中國在臺灣海峽進行導彈演習以警告「台獨」傾向時，美國向臺灣附近海域派出兩艘航空母艦示威一事。美國的言行充分說明，一旦出現中國以強制手段遏制「台獨」的事態時，它可能不惜冒著與中國武裝對抗的風險，並且憑藉與日本的軍事同盟來進行干預。美國與日本計劃共同研製戰區導彈防禦系統，其目標顯然不僅僅是對付北韓，而是包括防範中國在內。

東埔寨內戰基本平息後，美國與印度支那改善關係，於 1995 年與越南建交。

除在亞太地區的經濟地位提高以外，美國還竭力利用東亞暫時的經濟困難以獲取政治和戰略上的好處。韓國在經濟嚴重困難時期加深了對美國的依賴。

美國把朝鮮半島的緊張局勢視為近期對亞太安全的最大威脅。90 年代初，美國確認北韓在執行開發核子武器的計劃。1994 年達成的北韓核子問題框架協定規定由國際原子能機構檢查北

韓核子設施，但美國一直對北韓能否執行框架協定表示懷疑。柯林頓與南韓總統金泳三於 1996 年 4 月共同建議南韓、北韓、美、中舉行四方會談，以便最終達成朝鮮半島永久性和平協定。但是，在美國與南韓高層領導密切磋商的表層之下，1996 年的美韓關係裂隙加大。美國官員認為北韓國內經濟形勢嚴峻，不應對它施加太大的壓力，以免爆發危機，打破半島穩定。南韓方面則擔心美國越過自己與北韓緩和關係，以平壤向南方進行軍事滲透為由，保持南北關係僵局。金泳三總統聲明，如果平壤不就「潛水艇入侵」事件道歉，將不再考慮對北方提供經濟援助。但在馬尼拉亞太經合組織會議期間與柯林頓會晤後，金泳三的態度有所緩和。1996 年 12 月底，北韓聲明對潛水艇事件「深表遺憾」，使半島形勢有所緩和。1997 年 12 月南韓、北韓、美、中四方舉行了有關和平進程的正式會議。這時，美國認為北韓經濟狀況惡化、糧食嚴重短缺的情況可能造成政治危機和嚴重緊張局勢，做了各種應急準備。1998 年 8 月北韓發射衛星的消息發表之後，美國與日韓兩國的安全磋商更為密切。韓國在經濟嚴重困難時期加深了對美國的依賴。金大中總統上任前後，多次聲稱他贊同美國所主張的西方民主與市場經濟相互促進的觀點。金大中甚至在公開講話中聲稱即使在朝鮮半島統一之後也會繼續保持與美國的安全同盟和美國在朝鮮半島的駐軍。

自 1993 年東南亞國家聯盟（東盟）地區論壇成立以後，美國採取了積極介入的政策，支持其作為亞太地區一個較為成熟的多邊安全對話機制發揮作用。美國企圖藉助這一論壇宣傳其關於地區安全的主張，如預防性外交、建立互信措施、增加軍事透明度等。在一些東南亞與中國在南海的領海、領土爭端上，

美國政府認為爭端對維護該海域的航行安全不利，尤其是擔心中國控制該海域通往印度洋和中東的通道。美國於 1995 年發表《南海政策聲明》，敦促有關各方以對話方式解決爭端。美國表面上對南海糾紛保持中立和不介入的姿態，實際上偏袒東南亞國家。東南亞出現金融危機後，美國乘機加強與該地區各國的防務合作。1998 年 1 月，美國國防部長科恩訪問東南亞，與新加坡達成協定，允許美軍艦自由使用新加坡的一個海軍基地。美國在幾年前撤出了在菲律賓的軍事基地，但又於 1998 年 2 月與菲律賓簽署一項協定，使兩國能夠重新舉行聯合軍事演習並實現軍艦互訪。美國國會議員還到南沙群島的美濟礁附近活動，公開支持菲律賓對這一島礁的領土要求。近年來，一直在安全方面與美國保持一段距離的馬來西亞和印尼，也開始與美國探討安全合作。1998 年 3 月美國與印尼海軍進行了聯合軍事演習。1996 年 7 月，美國與澳大利亞發表戰略夥伴關係聲明，提升了雙邊防務合作，內容包括提高聯合軍事演習的規模和次數，更新美國設在澳大利亞的偵察衛星地面站。美澳在國際維持和平行動和聯合國的其他行動上密切協調，對柬埔寨、中東、伊拉克等問題的立場比較接近。

美國與南亞國家的關係中，核子不擴散和地區安全問題仍佔主導地位。美國採取軟硬兼施的手法，試圖迫使印度和巴基斯坦凍結其核子武器計劃，不試驗和部署核子武器，不發展核子武器運載工具，不向其他國家輸出核子材料和核子技術。聯合國大會第 50 屆會議在 1996 年 9 月以壓倒多數通過了《全面禁止核子試驗條約》（CTBT），達到了美國滿意的結果。但是，印度堅決頂住國際社會的壓力而反對該條約，印度的戰略老對手巴基斯坦的贊成票也十分勉強，無法使美國感到放心。美國

要求印巴兩國都增加核子計劃的透明度。對於巴基斯坦，美國試圖以出售某些武器裝備為誘餌，加大對巴核子政策的影響。1996 年底時，印度宣佈暫停部署一種能攜帶核子彈頭的遠端導彈，美國表示了謹慎的歡迎。

1998 年 5 月，印度和巴基斯坦先後進行了 11 次核子試驗，此後又進行了數次導彈試驗。這表明兩國已經放棄「核子模糊政策」，展開了公開的核子軍備競賽。喀什米爾的形勢也因此而驟然緊張。印巴的核子競賽是美國對南亞政策和核子不擴散政策的重大挫折。柯林頓政府率先宣佈對兩國的制裁措施，對印度的制裁包括禁止雙邊經濟援助、軍事和技術交流，中止美國銀行的信貸和信貸保證。同時，美國呼籲印巴不要再進行新的核子試驗，並儘快簽署 CTBT。為了在南亞事務中發揮主導作用，美國還想在印巴之間調解喀什米爾爭端，並在南亞（如在孟加拉國）獲得軍事立足點。

柯林頓總統預計於 1998 年對印度的訪問，由於印度核子試驗而被推遲，但未正式取消。美國對印度的政策處於深刻的矛盾之中。美國在前幾年企圖提升印度的大國地位的政策，包含著制約中國、抵消俄羅斯在本地區影響的目的，但印度一旦崛起，不但美國的核子不擴散政策受到威脅，而且地區平衡也會隨之打破。

在中亞，美國近年來加強了外交活動，積極鼓勵哈薩克斯坦、烏茲別克等中亞國家進一步擺脫俄羅斯的影響，推進政治經濟改革，接受美國的價值觀。美國對里海地區和中亞豐富的石油資源極其感興趣，與該地區的軍事合作也在加強。1997 年 9 月，美國軍隊首次參加了中亞國家舉行的聯合軍事演習。為了打開進入中亞的通道，並且牽制伊朗，美國曾經暗中支持阿富

汗反叛組織塔利班。但是 1998 年 8 月美國以打擊國際恐怖活動為名對阿富汗的導彈襲擊，使美國與塔利班的關係緊張起來。

美國當前對亞洲政策的一個重要的內在矛盾，在於如何權衡實際利益和人權考慮的關係。一方面，自身的安全和經濟利益要求美國與亞洲各國保持較好的國家關係。另一方面，對於不願接受美國民主、人權觀念的國家政府，美國不斷施加壓力，並支持其國內持不同政見者，對所謂「人權記錄不佳」的國家進行制裁，或以制裁相威脅。例如，美國原計劃向印度尼西亞出售 28 架 F-16 戰鬥機。1996 年 7 月雅加達發生鎮壓政治反對派事件後，柯林頓政府在美國國會壓力下，決定將這筆交易推遲到 1997 年，並將數量減少到 9 架。美國對印尼國內反對蘇哈托的政治勢力加以鼓勵，在 1998 年蘇哈托下臺後繼續插手印尼內部事務。對於馬來西亞等國領導人提倡「亞洲價值觀」，抵制西方政治影響的努力，美國一直感到不滿。1998 年，馬來西亞副總理安瓦爾被解職後，美國輿論激烈批評該國總理馬哈蒂爾。美國公開攻擊緬甸政府的「人權記錄」，支持以翁山蘇姬為代表的反對派，於 1997 年 5 月以緬甸政府鎮壓反政府人士為由，對緬甸實行制裁。美國還主張東南亞國家聯合制裁緬甸。柬埔寨內戰基本平息後，美國與印度支那國家改善關係。但是，美國沒有停止對柬埔寨的政治干涉，要求消滅紅色高棉，審判紅色高棉領導人。1997 年 7 月，美國藉口柬埔寨發生政變，攻擊該國民主進程發生逆轉，暫時中斷對柬埔寨的經濟援助。美國於 1995 年與越南建交。柯林頓政府 1996 年派遣國家安全事務助理萊克訪問越南，任命在越戰期間當過 6 年戰俘的前佛羅里達州參議員彼德森為駐越大使，都是向越南表示增進交往的願望。越南則對於美國的政治經濟滲透仍然保持戒心。

二、外交思想大辯論

　　冷戰時期的主要對手蘇聯自行崩潰，曾著實令美國人大喜過望了一段時間。當初，他們認為美國是冷戰理所當然的勝利者，今後再不會有強有力的挑戰對手，以為按美國式理想塑造世界的機遇就在眼前。前國務院官員弗蘭西斯・福山在他那篇名噪一時的文章〈歷史的終結〉中宣稱：西方自由主義的勝利結束了大國衝突的歷史；蘇聯代表的共產主義已經日薄西山，伊斯蘭原教旨主義等宗教運動或民族主義運動也無力抗拒西方，西方國家之間只有經濟競爭，而無衝突可言。國際關係正在「共同市場化」。[4]《時代》週刊則號召努力建設「第二個美國世紀」。[5] 然而美國在冷戰後世界上所面臨的種種問題和挑戰，很快就使許多美國戰略家和國際問題專家清醒過來，開始了一場外交思想大辯論。

(一)外交路線眾說紛紜

　　顯然，今天呈現在美國人面前的世界圖景，遠比這個國家經歷過的任何歷史時期更為紛繁複雜，變幻不定。20 世紀末美國外交決策層和學術界有關外交問題的思想分歧，是自第二次

4　Francis Fukuyama, "The End of History," *The National Interest*, No. 16, Summer 1989, pp.3-18.

5　Henry Grunwald, "The Second American Century," *Time*, October 8, 1990, pp.70-75.

世界大戰以來最為深刻的。分歧涉及一些基本判斷問題。世界究竟是走向整合還是分裂？是走向緩和還是動盪？是走向以美國為主導的「單極」國際秩序，還是走向多極化？美國應把國家資源的多大一部分用於對外事務？美國未來的主要安全威脅來自何方？是來自大國中的潛在敵手，是民族主義、宗教原教旨主義所造成的地區衝突和國際恐怖主義，還是非法移民、毒品泛濫、環境污染等全球性問題，抑或是美國哈佛大學教授亨廷頓指出的所謂「文明的衝突」？未來對美國形成最大挑戰的力量是日本，是中國，是俄羅斯，還是激進的伊斯蘭國家？美國在世界上的相對實力是趨於衰落，還是處於無可爭辯的領先地位？美國實力的主要優勢是在軍事方面，經濟方面，還是所謂「軟力量」（美國政治、意識形態和文化的影響力）？

那些熱衷於建立「世界領導地位」的美國人，在上述問題上尚未達成基本共識，以後也難以達成共識。傳統的美國外交戰略中不同觀點的分野，主要是孤立主義與擴張主義的矛盾，現實主義與理想主義的矛盾，主張「歐洲第一」的戰略思想與主張「歐亞並重」的戰略思想的矛盾，以及主張對戰略對手採取強硬政策的「鷹派」與主張緩和的「鴿派」的矛盾。這些矛盾在冷戰後時代都繼續存在，但已不同程度地失去了它們本來的含義。這些分析美國外交的傳統理論框架，都不足以為今天的美國戰略選擇提供完整的思路。對天下大勢和美國力量判斷的分歧，使各個政治智囊團和人物為美國外交戰略開出的處方內容各異，也使美國外交思想領域陷入一個眾說紛紜、莫衷一是的無休止的論辯時代。下面先介紹論戰中一些思想觀點的犖犖大端。

在蘇聯尚未解體的 1990 年，美國《外交政策》主編梅恩斯

就斷言美國外交即將失去「定位儀」。他說：「冷戰終結的最重要後果可能是使美國對外政策機構喪失主要的組織力量和行動的原則——反共。……因此，美國今後的對外政策方針，將不可避免地面臨一場大辯論。」梅恩斯說，美國外交將有三塊基石可供選擇或在其間把握平衡。第一塊基石是國家利益。在可預見的將來，包括蘇、中、日、德在內的任何強國都不會構成對美國生存的直接威脅。嚴格按照國家利益原則，美國可以關閉在日本的軍事基地但保持美日軍事同盟，大幅度削減軍費和在海外的駐軍，少涉足海外衝突。真正的現實威脅是核子擴散。第二塊基石是推廣西方式民主，但把美國模式強加在別國頭上就可能犯嚴重錯誤。第三塊基石是與蘇聯建立全球夥伴關係，共同管理世界。雖然梅恩斯建議美國外交應三者兼顧，但顯然更強調國家利益的原則。[6] 他的主張頗有些「新孤立主義」的味道。

在同一個時期，另一家美國著名刊物《外交》刊登了其主編海蘭德的文章，也加入關於冷戰終結是否帶來「和平紅利」的外交大辯論。在這篇題為〈美國的新方針〉的論文中，海蘭德並未提出什麼明確的外交「新方針」，而是提出了許多方向性的問題。他問道：「究竟根據什麼原則去要求美國人民繼續負擔他們的國際義務和責任：實力均衡，經濟安全，人權，或者民主的自由權利？」他似乎傾向於這樣的觀點：以傳統的實力均衡政策來保護美國安全已經不足以應付新挑戰，美國外交到了

---

6 查爾斯·威廉姆·梅恩斯，〈擺脫冷戰後的美國〉，載中國現代國際關係研究所選編，《冷戰後的美國與世界》，時事出版社，1991年版，第12~27頁。

強調理想主義的人權外交和注重經濟競爭力的務實外交的時候了。他說：「當前的跡象表明，地緣政治的現實主義正讓位于人權的理想主義。」[7]

1991 年初的波灣戰爭，1991 年底蘇聯的徹底崩潰，對梅恩斯的戰略收縮思想和海蘭德的理想主義構想都是巨大的打擊。1993 年柯林頓政府上臺後，戰略思想家們紛紛為美國外交出謀劃策。曾任國防部長和能源部長的詹姆斯・施萊辛格發表了題為〈探索冷戰後外交政策〉的文章，主張恢復傳統的國家安全目標，特別是要十分關注核子擴散問題。他反對把民主和人權目標列為美國外交重點，指出人權外交會帶來政策搖擺。[8] 一位年輕的美國非洲問題專家尖銳地批評「新干涉主義者」，指出四處插手的干涉主義正在代替冷戰時期的遏制戰略，成為美國外交的指導原則，這是很危險的。無論是聯合國還是美國，都無力平息從索馬利亞到波黑、從利比亞到柬埔寨的幾十場內戰；無論是出於道義考慮還是人道主義原則，干涉內戰的結果只能是延長這些衝突，而不是有利於衝突的解決。[9]

1993 年 9 月號的《大西洋月刊》登載了一篇題為〈美國外交思想的貧困〉的論文，批評它稱之為「新冷戰教條」或「唯一僅存超級大國綜合症」的冷戰後外交思想。作者喬納森・克拉克說，美國外交思想的改革派認為今日美國的安全環境已經

7 William Hyland, "America's New Course," *Foreign Affairs,* Vol. 69, No. 2, Spring 1990, p.7.

8 James Schlesinger, "Quest for a Post-Cold War Foreign Policy," *Foreign Affairs,* Vol. 72, No. 1, *America and the World 1992/93*, pp.17-28.

9 Stephen John Stedman, "The New Interventionists," *Foreign Affairs,* Vol. 72, No. 1, *America and the World 1992/93,* pp.1-16.

大為改善，對外干涉的必要性大大減少，解決當今世界問題不能依靠軍事手段。克拉克憤憤不平地說，然而這種符合美國國家利益的判斷卻被攻擊為「孤立主義」。布希的共和黨政府和柯林頓的民主黨政府都聲稱冷戰後的世界比以前更危險，更無法預測。其實，民族衝突、宗教爭鬥、恐怖主義、經濟失衡、民主制度脆弱等問題，都不構成像法西斯或共產黨那樣的全面威脅，美國不應動搖其冷戰後的主要任務即國內經濟建設。經濟落後是世界各地動亂的溫床，因而美國的軍事干涉於事無補。[10]

經過幾年的辯論，一些學者開始歸納美國外交思想新流派。《外交》1995 年第 1 期刊登理查德‧哈斯的文章，認為像冷戰時期遏制蘇聯那樣一種明確的對外政策指導思想已不復存在。在有關外交目標問題的辯論中，目前有五種主要思想：(1)威爾遜主義，即一次大戰時期美國總統威爾遜提倡的以世界民主化為最終目標的理想主義外交思想，主張按美國的民主人權原則指導國家關係；(2)經濟主義，即強調以追逐美國經濟利益為對外政策主要目標的主張；(3)現實主義，即堅持以實力均衡原則指導對外政策的主張；(4)人道主義，即傾向於從解決人類生存需要和社會弊病的角度看待國際事務，關注貧困、饑餓、環境惡化、疾病、人口膨脹等問題；(5)最低限度主義，即認為目前美國安全環境是好的，要求美國將其在海外的干涉降到最低限度。在有關美國參與國際事務的方式問題上，哈斯舉出三種趨向：第一是單邊主義，第二是新國際主義，第三是美國充

---

10 Jonathan Clarke, "The Conceptual Poverty of U.S. Foreign Policy," *The Atlantic Monthly*, September 1993, pp.54-66.

當領導。哈斯對以上每一項政策主張和傾向都有褒有貶，意在指出美國外交失去了「範式」，也就是失去了章法。[11] 1995 年 4 月的一期《時代》周刊刊登了克里斯多夫・奧格登的文章，把美國對外政策主張分為三種：一種是孤立主義；另一種是以柯林頓為代表的多邊主義，即與其他大國合作解決國際問題的思想；還有一種是以國會眾議院議長金里奇為代表的單邊主義，即美國在「領導世界」時，有必要隨時準備單獨介入海外事務，但是要防止別人把美國單獨拖下水。[12]

(二)新現實主義和新理想主義之爭

　　對美國外交思想中不同思路的種種分類，都各有其道理。為論述方便期間，本書提出另一種簡單的分類方法，即把不同觀點歸納為新現實主義、新理想主義、新孤立主義、新全球主義（或新干涉主義）四種。

　　美國外交思想中的一個傳統問題是現實主義與理想主義的爭論。無論是強調國家權力最大化和國際權力均衡的傳統現實主義，還是注重國際結構的新現實主義，都以追求美國國家權益、維護國際和平和穩定為政策目標。理想主義則將國際鬥爭視為正義與邪惡之爭，以向全球推廣美國式的道義原則和價值觀為己任。理想主義在冷戰時期以反共意識形態為旗幟，在冷戰後大力鼓吹世界民主化與人權外交。1989 年以後美國對華政策思想的辯論，在很大程度上仍未脫離現實主義和理想主義之

---

11 Richard N. Haass, "Paradigm Lost," *Foreign Affairs*, Vol. 74, No. 1, January/February 1995, pp.43-58.
12 奧格登，〈山姆大叔蹲下來〉，載《時代》周刊，1995 年 4 月 17 日。

爭。

　　然而現實主義和理想主義的兩套政策思路，都隨著全球政治形勢和美國外交需要而在不斷調整，並且相互交叉融合。在現實主義學派裏，地緣經濟的思想補充了地緣政治的傳統觀念；相互依存理論試圖解釋經濟因素在國際關係中的作用；國際機制和規則一直是熱門的研究課題；至於美國是否應該追求全球優勢地位或曰霸權，也有激烈的學術討論。但是，對美國全球戰略以及與其他大國的關係可能產生重要影響的思想，仍然是一些相對簡單明瞭的地緣政治思想。現就現實主義者有關美國大戰略（grand strategy）的主張，略舉一二。

　　蘭德公司發表的《1996 年戰略評估》報告提出了美國的三種大戰略選擇。第一種是新孤立主義的選擇，不過作者認為它得不償失，不應成為美國戰略。第二種是多極化和國際權力均衡的選擇。這種選擇要求美國在世界各地扮演「平衡者」的角色，就像 19 世紀英國在歐洲大陸事務中成為「隔岸平衡者」（offshore balancer）那樣。具體地說，就是在原蘇聯版圖之內承認俄羅斯的主導作用；在歐洲弱化北約，支持德國取得更大的軍事能力，或者讓歐盟具有軍事功能，防止任何一個大國（包括俄羅斯）在歐洲有著支配作用；在亞洲，美國也需要防止任何大國稱霸，可以透過在日本和中國兩大強國之間轉換聯盟關係來維護美國利益。該報告稱，充當「隔岸平衡者」顯然在短期內代價不大，但是從長遠看面臨其他大國更強有力的競爭，以至侵害到美國切身利益，甚至出現像第一次世界大戰之前那種多極化局面。同時，美國有時不得不為維持大國平衡而支援非民主國家反對民主國家，這將是違反美國政治原則的。

　　第三種戰略選擇是美國擔當全球領導。為此美國必須鞏固

和加強北美、歐洲和東亞的發達國家民主同盟，形成民主的「和平區」，並使之逐漸擴大；保持美國軍事優勢，但在使用武力時要謹慎，防止伸手過長；要發展美國經濟實力，保證開放的世界經濟體系。報告說，要制止俄羅斯重新帝國化和中國擴張主義，同時與它們兩國都發展合作。中國發展速度高於俄羅斯，可能想在亞洲稱霸，因此美國應當加強與日本、韓國的同盟，發展與東盟的合作，甚至支持東盟和臺灣的防務以牽制中國，限制向中國的高技術出口。顯然，這份蘭德公司報告支持第三種選擇。[13]

在美國的戰略家裏，像季辛吉那樣提倡多極化的為數不多。他的主張接近於上述第二種選擇。季辛吉認為日本將企圖在亞洲稱雄，俄羅斯的傳統民族主義還會捲土重來，印度發展速度接近中國，也在崛起，而中國軍事力量還遠遠落後於美國。因此美國應藉助中國力量維持亞太地區平衡，而不應遏制中國。[14] 亞洲國家相互關係的密切程度遠遠低於每個亞洲國家與美國關係的密切程度，才是一種理想狀態。[15] 不過，在歐洲問題上季辛吉堅決主張加強北約，以防備俄羅斯「重建帝國」。

另一位美國外交專家、哈佛大學研究員約菲，在研讀 19 世紀歐洲外交史以後得出結論，指出當年大英帝國維護霸權的

---

13 Zalmay Khalilzad, "U.S. Grand Strategies: Implications for the United States and the World," in Zalmay Khalilzad, ed., *Strategic Appraisal 1996*, Santa Monica, Cal.: Rand, 1996, pp.11-34.

14 Henry A. Kissinger, "Outrage Is Not a Policy," *Newsweek*, November 10, 1997, pp.42.

15 參見劉靖華，《霸權的興衰》，中國經濟出版社，1997 年版，第 148 頁。

成功之處，在於選擇置身於歐洲大陸逐鹿場之外，必要時在歐洲兩大聯盟中支持弱者，但這卻不是今日美國外交的榜樣，因為美國的全球利益已使它無法隔岸觀火。美國應當效法 1871 年德國統一後的俾斯麥外交，來維護唯一超級大國的地位。俾斯麥領導的德國與歐洲大小國家分別結成雙邊或多邊同盟關係，這個精心編織的網路成功地阻止了反德同盟的出現。今天的美國也應當分別與俄羅斯、中國、日本、韓國、泰國、越南，以至臺灣發展合作，使美國與這些大小國家和地區的關係比它們之間的關係更為密切。這樣，它們就缺乏聯合反美的動力。約菲說，即便中俄都對美國心懷不滿，而且宣佈了建立兩國的戰略夥伴關係，只要美國與中俄分別加強關係，就不必擔心中俄會結成真正的反美聯盟。[16]

布熱津斯基在其新著《大棋局》中系統闡述了自己的地緣戰略主張。他說，歐亞大陸是處於世界軸心地位的超級大陸。在歐亞大陸西端，美國的中心目標應是擴大以法國和德國為核心的歐洲民主橋頭堡，而英國的重要性已經下降。他要求美國毫不遲疑地實行北約東擴。布熱津斯基認為，歐洲與中國之間的歐亞中心地帶不穩定，將繼續是一個政治黑洞。俄羅斯應成為面向歐洲的、優先發展經濟的鬆散聯邦，西方不能讓它恢復帝國。在東亞，中國是「遠東之錨」，很可能發揮關鍵作用。美中應當建立政治共識，美中關係比美日關係更重要。一個在亞太地區影響增加的大中華未必與美國的利益相悖。他建議邀請

---

16 Josef Joffe, "How America Does It," *Foreign Affairs,* Vol.76, No.5, September/October 1997, pp.13-27.

中國參加西方七國首腦會議。日本則由於歷史原因在亞洲不能發揮重要政治作用，不應成為美國在亞洲的主要軍事夥伴。布熱津斯基設想分三階段實現美國的戰略目標。他提出的短期目標是防止出現一個可能對美國地位提出挑戰的敵對聯盟，中期目標是在美國領導下，歐洲、俄羅斯、中國、印度等國家形成一個更具合作性質的跨歐亞安全體系。長期目標是將這一體系轉變為共同承擔政治責任的全球核心。[17]

　　綜合起來看，美國現實主義戰略思想家裏可能形成的幾條主流意見是：(1)極力維護美國的「全球領導地位」；(2)加強美歐聯盟，擴大北約；(3)支持俄羅斯走上市場經濟和政治分權之路，遏止其民族主義上升；(4)提高中亞和西亞在美國戰略棋盤中的地位；(5)與主要國家分別發展合作關係，防止出現反美聯合陣線。美國戰略家雖然都認為應當更加重視東亞地區，但決策者到底將傾向於蘭德公司報告那種聯合中國的鄰國牽制中國的主張，抑或季辛吉式的在中日之間維持均勢的思路，還是布熱津斯基提出的對華關係高於對日關係的建議，似乎仍未完全明朗。

　　美國政府之所以迄今不能按照季辛吉或布熱津斯基式的地緣政治思想統帥對外政策，其主要思想障礙就是所謂理想主義，也即中國經常批評的「冷戰思維」的一種表現形式。這種思維用西方的民主自由價值觀衡量其他國家，用反共意識形態來看待中國。冷戰後在美國很有影響的「民主和平論」，就是理

---

17 Zbigniew Brzezinski, *The Grand Chessboard: American Primacy and Its Geostrategic Imperatives*, New York: BasicBooks, 1997, pp.194-215; Zbigniew Brzezinski, "A Geostrategy for Eurasia," *Foreign Affairs,* Vol.76, No.5, September/October 1997, pp.50-64.

想主義的一個典型。[18] 它認為民主國家（指當代西方發達國家）之間可以避免戰爭，而民主國家與專制國家存在根本利害衝突，世界民主化是世界和平和穩定；因此美國推行人權外交既是道義上的需要，也符合美國利益。

冷戰剛剛結束時，民主和平論很有市場，因為似乎前蘇聯和東歐國家的民主化消除了戰爭威脅。但是，波黑和車臣等地的激烈內戰，還有俄羅斯的「日里諾夫斯基現象」，迫使美國戰略家重新思考民主與和平的關係，以及民主化與激進民族主義的關係。有的學者指出，在集權到民主的轉型過程中，競選者和領導人很容易訴諸於激進好戰的民族主義，以增強其政綱的吸引力和社會的凝聚力。因此民主化的過程可能帶來內部與外部的衝突甚至戰爭。[19]

近年來非洲動亂頻仍，某些衝突地區伊斯蘭原教旨主義的復活，使民主和平論受到更大挑戰。世界政治經濟的新變化，促使一些美國思想家從整體上認真反思美國式理想，考慮西方民主模式是否適合於發展中國家。1997 年底美國《外交》雜誌發表該刊總編輯扎戈里亞的文章（該文又於 1998 年初摘要發表於《新聞周刊》），說今日全世界已有半數以上的國家是民主國家，但其中大多數國家實行的是非自由的民主制，其特點是透

---

[18] 關於「民主和平論」的美國學術專著和論文集，從 1993 年至 1997 年就出版了至少 4 部，在《國際安全》（*International Security*）等刊物上發表的專題論文數量更多得難以統計。有關專題評述，可參見 Zeev Maoz, "The Controversy over the Democratic Peace," *International Security,* Vol.22, No.1, Summer 1997, pp.162-198.

[19] Edward Mansfield and Jack Snyder, "Democratization and War," *Foreign Affairs*, Vol.74, No.3, May/June 1995, pp.79-97.

過民主選舉產生的政權無視憲法對其權力的限制，剝奪本國公民的各項基本權利和自由。在一些伊斯蘭國家，民主化導致神權政治的作用越來越大。這種沒有憲法保障的自由的民主制度不僅會使民主名聲掃地，而且會侵蝕自由，濫用權力，引起種族分裂甚至戰爭。扎戈里亞認為，雖然中國按照美國的標準不是民主國家，但今天中國公民享受著幾代人從未享受過的自主權和經濟自由，這是不可抹殺的事實。他建議，美國的外交目標不應是在世界上擴展民主制度，而應促進憲政和自由。[20]

在美國《大西洋月刊》上發表的學者卡普蘭的文章，在對世界民主化提出質疑方面比扎戈里亞走得更遠。卡普蘭認為，在全球化和資訊化時代，大公司的巨大權力可能使美國喪失民主，陷入寡頭政治。他指出，民主本身是價值中立的，以為美國式民主會在全世界成功是種族中心主義的表現。只有取得社會進步和經濟成就的民主才是成功的民主。他舉出盧安達等許多國家近年來的例子，說明多黨制和直接選舉未必能帶來社會公正與經濟繁榮，反而可能帶來災難性的動亂。在提到中國時卡普蘭說，如果中國 1989 年的動亂導致「民主」，很難想像 90 年代中國能夠取得如此驚人的經濟增長，因為在社會動盪時秩序被摧毀，而腐敗可以依然猖獗。[21]

雖然對美國式理想與美國人權外交進行深刻反思的人，在

---

20 Fareed Zakaria, "The Rise of Illiberal Democracy," *Foreign Affairs*, Vol.76, No.6, November/December 1997, pp.22-43; "DoubtsAbout Democracy," *Newsweek*, January 5, 1998, p.26.
21 Robert D. Kaplan, "Was Democracy Just a Moment?", *The Atlantic Monthly,* December 1997, pp.55-80.

美國尚屬鳳毛麟角，但是這種反思對美國外交實踐的影響可能會逐漸顯現出來。一貫以倡導人權外交著稱的美國國務卿歐布萊特在 1997 年底訪問非洲後承認，美國把對非政策重點放在人權上會犯錯誤。《洛杉磯時報》就此評論道：「這等於是承認，美國的多黨民主、結社自由和尊重反對意見的模式也許是不能向第三世界輸出的。一位美國高級官員進行這種表態還不多見。」[22]

美國外交思想中現實主義和理想主義的各自發展和相互矛盾固然值得注意，但是二者的交會將具有更大的政策意義。例如，布熱津斯基在發展其歐亞地緣戰略思想的同時，極力提倡精神信仰，呼籲美國重新確立道德標準的中心地位，認為惟有如此才能維持「世界領導地位」。[23]

美國冷戰後外交的新需要和新特點，如決策機制分散化，外交問題功能化，國際關係制度化，必然產生一種新的外交思想，姑且稱之為「新全球主義」，即新現實主義和新自由主義在全球化過程中的結合。這種思想並不簡單地排斥前兩種思想，而是充分認識到傳統的外交思路已經不足以應付世紀之交美國面臨的巨大挑戰，要處理大規模殺傷性武器擴散、國際恐怖活動、非法移民、毒品走私、生態環境惡化、能源和糧食供應短缺、金融危機等諸多功能性問題，必須建立全球穩定前提下的全球合作。

---

[22] 《洛杉磯時報》，1997 年 12 月 17 日，新華社聯合國 12 月 17 日英文電。

[23] 兹比格涅夫·布熱津斯基，《失去控制：21 世紀前夕的全球混亂》，中國社會科學出版社，1994 年版，第 5 頁。

柯林頓總統、高爾副總統和柯林頓政府的許多官員，還有許多較爲年輕的國會議員，都具有這種新全球主義觀念。1997年柯林頓第二次入主白宮時，主要內閣成員的平均年齡只有 49 歲。他們形成世界觀的年代，不是麥卡錫主義猖獗和尼克森與赫魯雪夫進行「廚房辯論」的 50 年代，而是美國黑人覺醒、民權運動、越南戰爭、水門事件造成美國國內政治分裂、種族和文化多元主義開始興起的 60 年代和 70 年代初期，因此他們的政治思想帶有更多的自由主義色彩。這一代決策者真正的外交經驗，是在冷戰接近尾聲時才開始積累起來的。就此而言，冷戰思維和地緣政治在他們腦中的印記應當少於尼克森、雷根、季辛吉、布熱津斯基等老一代領導人和外交家。同時，新一代美國領導人又受到近年來國內保守主義回潮的影響。所以，他們的思想務實，重視資訊傳播，關注自己在公眾中的形象，對外交與國內問題的聯繫更爲敏感。他們更重視利用國際規則，透過多邊機制、非政府組織和跨國界的聯繫來應付國際挑戰。多數新全球主義者意識到中國在美國所面臨的全球挑戰中的重要地位，反對遏制和孤立中國，認識到除與中國的接觸和合作外，別無他途。他們也逐步認識到中國的國內穩定是亞太地區穩定和全球穩定的重要保證，一個有權威的中國政府，將能在國際金融危機、貿易平衡、環境保護等一系列問題上更有效地與美國合作。

（三）「新孤立主義」與「新全球主義」之爭

　　「孤立主義」與擴張主義的爭論，一直是美國外交思想的主要矛盾之一。從根本上說，美國外交是一種擴充實力、擴張影響型的外交。但是每當美國在對外關係中遇到重大挫折，海

外衝突不涉及美國切身利益，或者世界戰略格局相對穩定的時候，所謂「新孤立主義」思潮即會出現，主張置身於歐亞大陸衝突之外，縮減在海外的軍事力量，更多地採取貿易保護措施，減少對外干涉援助。

1996 年 2 月，美國新聞評論家布坎南在共和黨總統候選人的角逐中異軍突起，在新罕布夏州舉行的全國第一場預選中獲勝，引起了人們對他所代表的「新孤立主義」思潮的關注。1996 年 4 月，柯林頓總統否決了國會參眾兩院通過的《國務院對外關係授權法案》。該法案被認為帶有明顯的「新孤立主義」色彩。

與歷史上的幾次孤立主義思潮相比，冷戰後被稱為「新孤立主義」的思潮有一些顯著特點。今天的美國，既不是像在建國初期或第一次世界大戰前後那樣，在歐洲列強爭霸時保持中立，也不是像在尼克森時代那樣，在咄咄逼人的戰略敵手前被迫收縮。當今新形式的孤立主義產生的背景非常複雜。在最大的戰略敵人消失後，美國外交思想和目標混亂，民族凝聚力下降，社會疾病叢生，國內外經濟競爭激烈，高技術發展和產業結構調整造成就業困難，雇員收入和福利待遇下降，公眾對政治領導人喪失信任。凡此種種的內外矛盾交織，增加了社會的不安全感和公眾的失落感。這時，以布坎南為代表的新孤立主義者，高舉「美國優先」的大旗，主張貿易保護主義，限制外來移民，退出世界貿易組織和北美自由貿易區，減少對聯合國的財政支持和對外援助。另一些持新孤立主義觀點的人則認為，世界大戰的可能性大大降低，美國是冷戰的勝利者，應該享受「和平紅利」了。他們要求化劍為犁，削減軍費，同時畫地為牢，重新考慮與日歐的軍事同盟，撤回大部海外駐軍，儘量減少對局部衝突的干預。這兩種主張，似乎給困惑中的美國

人指出了一條「退而結網」的出路。

　　近幾年來美國國內政治中保守主義的回潮，對新孤立主義起著推波助瀾的作用。保守派主張大幅度削減政府開支，裁減聯邦政府機構，壓縮社會福利，其必然「副產品」就是減少外交經費，減少給發展中國家的經濟發展援助和人道主義援助。有些高喊「美國優先」的人說，發展中國家的環境污染和人口過剩對美國利益的危害充其量是「邊緣性」的，因此反對投資於這些方面的國際合作專案。一些保守派寧可把大量開支用於繼續執行「星球大戰」計劃，也不同意用於救助因地區衝突而在水深火熱中煎熬的難民。一些保守派將美國窮人（特別是少數種族集團中的窮人）的生活困苦，以及吸毒販毒、犯罪率升高等美國社會痼疾，統統歸罪於來自發展中國家的移民。另一些保守派將社會道德失範的現象歸咎於多元文化的興起，主張以白人基督教文化壓倒多元文化。還有的保守派打著「保護美國人就業機會」的招牌，將美國鉅額貿易赤字和一些產業競爭力下降的現象，歸咎於外國產品的傾銷或「不公平競爭」。美國人最近經常對一些發展中國家提出的一種指責，是它們透過「剝奪勞工人權」、「雇傭童工」或者「辦監獄工廠」來向美國傾銷產品。

　　應當指出，「新孤立主義」是一個政治大雜燴，是其反對者對它的一種含混的歸納和稱呼，實際上，沒有聽到哪個美國人自稱新孤立主義者，而且在對外關係的一切方面都持「典型的」孤立主義態度的美國人是很少的。絕大多數美國公眾都明白，處在全球化時代的美國是無法切斷國際聯繫並置身於世界之外的。許多被稱為新孤立主義者的人，只關切某一兩個特定的對外關係領域。例如上文提到的《美國外交思想的貧困》的作者

克拉克，反對的僅是美國對外軍事干涉，而支援擴大對外貿易和投資。有人要求實行貿易保護主義，卻反對削減軍費和在海外的軍事基地。1994 年美國中期選舉後，形形色色的新孤立主義主張，在共和黨佔多數的國會有了更大的市場。以眾議院少數黨領袖格普哈特為代表的一些民主黨人，也在貿易保護等問題上與布坎南一唱一和。可見新孤立主義是一種超越黨派的社會思潮。

新孤立主義對外交政策的影響是顯著的。美國政府在關稅與貿易總協定烏拉圭回合上簽字，成立北美自由貿易區，參加在波黑等地的聯合國維持和平行動和援助難民行動，都遭到國內新孤立主義的反對。例如，在 1994 年美國中期選舉中新當選的德克薩斯州眾議員史蒂夫‧斯托克曼，反對柯林頓政府對墨西哥的援助計劃、對聯合國維和部隊的財政支持和對俄羅斯的經濟援助。

新孤立主義在思想上的對立面是形形色色的所謂「國際主義」（也稱「全球主義」或「干涉主義」）主張。許多「國際主義者」不一定贊成「美國必須發揮領導作用」的說法，但是呼籲冷戰後的美國政府至少應該像重視國內問題那樣重視國際問題，因為二者是密切相關的。重視經濟的國際主義者聲稱，美國的經濟振興在很大程度上依賴於拓展國際市場，美國仍應推行自由貿易政策。強調軍事安全的國際主義者則說，美國的國家安全取決於全球的國際安全，因此美國不能對外部世界的衝突採取不聞不問的態度，特別是應當與盟國協商一致，加強集體安全體系。美國著名歷史學家小阿瑟‧施萊辛格說，假如美國不設法建立冷戰後的集體安全體系，就將不得不面臨一個充滿混亂、暴力和比以往任何時候都更為危險的世界。他把新孤

立主義稱為「縮回娘胎」的主張，說它「竭力阻止地球上最強大的國家在加強和平體系方面發揮作用。如果我們拒絕發揮作用，我們就不能期待較小、較弱和較窮的國家為我們維護世界秩序。如果不為之付出言辭、金錢以至鮮血，我們就不能建成世界新秩序。」[24]

　　一些較有影響的國際主義者，將冷戰後世界與第一次世界大戰後的國際形勢加以對比。他們說，當時美國國會頑固拒絕了威爾遜總統參加並領導國際聯盟的計劃，導致國聯在日本侵略中國和德國法西斯擴張面前喪失權威，束手無策。還有人援引俄國 1917 年的革命為例，說假如美國和西歐列強當時果斷地聯合出兵干涉，支持克倫斯基臨時政府鎮壓布爾什維克，就不會有蘇聯長達 70 多年的統治和美蘇冷戰。這些美國人得出的教訓是，冷戰後美國應聯合「志同道合」的西方盟國，鞏固現存的國際強權格局，以維護世界穩定和西方安全。[25]

　　布希和柯林頓兩屆政府，都把新孤立主義作為「美國發揮領導作用」的政治對立面來批判。柯林頓在 1995 年 3 月說：「現在，一些人希望保持美國發揮領導作用的傳統，另一些人則主張美國奉行一種新形式的孤立主義。這兩種人之間正在進行一場鬥爭。這場鬥爭奇特地超越了政黨和意識形態的界限。如果我們要繼續促進所有國民的安全和繁榮，那麼美國發揮領導作

24　Arthur Schlesinger, Jr., "Back to the Womb: Isolationism's Renewed Threat," *Foreign Affairs,* Vol.74, No. 4, July/August 1995, p.8.

25　William H. Lewis, "Challenge and Response: Coercive Intervention Issue," in Arnold Kanter and Linton F. Brooks, eds., *U.S. Intervention Policy for the Post-Cold War World: New Challenges and New Responses*, New York: W. W. Norton, 1994, p.71.

用的傳統必須佔上風。……新孤立主義者反對我們透過關貿總協定或北美自由貿易區，透過亞太經濟合作組織和美洲國家首腦會議擴大自由貿易的努力。左翼和右翼的新孤立主義者想要激烈地改變我們外交政策的基本點，這些基本點是第二次世界大戰以來得到兩黨一致支持的。」[26] 1996 年，柯林頓又把批判新孤立主義與大選聯繫起來。他在 4 月接受報界採訪時指責說：「共和黨的觀點越來越受到孤立主義者的支配，這些孤立主義者希望美國在國外少幹事，少花錢，而且更多地單獨行事。」[27]

（四）關於首要戰略目標的爭論

關於冷戰後美國全球戰略的長期辯論，就其議題來說，可以大致分為三類：第一，美國在新時期的外交目標有哪些？其中孰輕孰重？在這個問題上，主要存在著三種相互衝突的政策思想的競爭，即經濟、安全和人權這三大目標之間的競爭。第二，美國應在多大程度上參與世界事務？實行戰略收縮是否可取？這是關於「新孤立主義」的辯論。第三，為達到美國的戰略目標，應採取哪種行為方式？這就是所謂「單邊主義」還是「多邊主義」的問題。當然，這三方面議題是相互交錯，難以嚴格劃分的。

---

26 William J. Clinton, *Remarks by the President to the Nixon Center for Peace and Freedom Policy Conference*, The Mayflower Hotel, Washington D.C., Office of the Press Secretary, 1 March 1995, cited in Wyn Q. Bowen and David H. Dunn, *American Security Policy in the 1990s: Beyond Containment*, Aldershot, England: Dartmouth Publishing Company, 1996, pp.177-179.

27 參見王緝思，〈新孤立主義的幽靈〉，載《世界知識》，1996 年第 6 期。

在冷戰時代，經濟和人權問題雖然也經常列入美國外交日程，但它們都是為遏制蘇聯的國家安全目標服務的，一旦與安全考慮發生衝突，這兩者就理所當然地甘拜下風。因此，冷戰時期的美國外交實際上只有一個中心：國家安全，其主要內容是與蘇聯爭霸。

蘇聯解體，以防止核子戰爭為中心的傳統國家安全考慮也隨之發生動搖。最引人注目的變化，是經濟因素在美國外交中的地位節節上升。主張經濟外交的人，堅持要把經濟利益置於國家安全戰略和對外關係的首位。換一個說法，就是顯赫一時的 1992 年獨立總統候選人羅斯·裴洛所主張的：「我們外交政策的第一優先考慮是把屋子裏收拾乾淨，讓美國重新運作起來。」[28] 首先，這些人強調核子大戰的威脅在相當一段時間內不會重現，經濟安全成為事關國計民生的頭等大事，作為一個移民國家，美國一旦在國際經濟競爭中失敗，「我們的社會將被迫接受二流的生活水準，以及伴隨著國家和個人的期望落空而來的一切政治和社會的衝突」。他們認為，由於大部分經濟競爭都已在全球範圍展開，而技術又在不斷地更新換代，大多數美國工人的傳統經濟安全感已經消失。此時，政府僅僅為工人提供國內的所謂公平競爭場所已遠遠不夠了，而必須幫助美國企業提高國際競爭力，使它們及時擁有擴大國際市場份額所必需的資訊和技能，從而獲得經濟安全感。[29]

---

28 Ross Perot, *United We Stand: How We Can Take Back Our Country,* New York: Hyperion, 1992, p.99.

29 Daniel Deudney and G. John Ikenberry, "After the Long War," *Foreign Policy,* No.94, Spring 1994, pp.100-103.

在主張經濟優先的人們當中，主流觀點仍然基本上堅持自由貿易原則，把主要目標放在開拓海外市場而非封閉本國市場上。另一方面，以裴洛等人為代表的貿易保護思想確實在抬頭。這兩種流派之間雖有爭論，但至少在兩點上殊途同歸：一是美國不應再像冷戰時期那樣，為了維護安全同盟或促進西方式民主，而在國際經濟交往中付出高昂代價；二是主張對白宮、國務院、國家安全委員會等機構進行改組，突出外交為復興國內經濟服務的宗旨，並且要求美國駐世界各地的外交使節懂得經商推銷之道，促進商業外交。

主張突出人權外交的人則建議，「以支持民主和自由市場來取代反共，作為美國 90 年代直至 21 世紀安全政策的概念基礎」。他們聲稱，在冷戰期間，美國領導人常常讓民主和人權的考慮服從於東西方鬥爭的地緣政治需要，而現在美國應該更多地強調把國家利益和價值觀結合起來，這樣「才能動員並保持人們對於美國在新時代的全球領導作用的堅實的、兩黨一致的支持」。[30] 至於為什麼要在外交中突出美國價值觀，柯林頓本人就重申過在美國根深蒂固的兩個觀念，一是「民主國家不相互進行戰爭」，二是「民主國家在貿易和外交上能結成更好的夥伴」。[31] 在冷戰後的美國政界，很少有人從理論上把人權目標看得比維護美國經濟或戰略利益更重要。但是，美國領導人是把促進「世界民主」樹立為一面旗幟，用以維護美國「領導地位」

---

30 Ibid., pp.337-338.
31 柯林頓 1993 年 1 月 18 日在喬治敦大學發表的對外政策演說。見美國進步政策研究所威爾·馬歇爾和馬丁·施拉姆主編，《柯林頓建國方略》，達洲等譯，新華出版社，1993 年版，第 445 頁。

的。美國人視「民主、人權」為立國之本，也視其為在世界上安身立命之本。也有人說，促進民主和人權是美國國家利益的一部分。在具體對外政策問題上，仍有一些人主張用經濟援助或經濟制裁的手段來促進人權，即使犧牲部分經濟利益也在所不惜。至於安全目標與人權目標的平衡關係，不少人主張繼續削減軍費，將省下來的錢用於支持國際人權活動，加強美國在海外的政治和文化滲透。

　　保守的安全中心論者堅持自己分析國際關係的一貫思路。一些美國人認為，冷戰後的世界由於擺脫了意識形態鬥爭的干擾，將回歸到冷戰之前或 19 世紀末那種傳統的列強角逐局面，因而力主按照傳統的均勢外交原則，構築新的國家安全戰略。這些傳統現實主義者指出，主權國家沒有過時，民族主義正在崛起，動用武力解決國際衝突的危險依舊，經濟全球化可能導致更激烈的國家間紛爭。柯林頓政府的第一任中央情報局局長伍爾西用一個形象的比喻，說明蘇聯消失後美國安全的新困境：「我們殺死了一條龍，但現在生活在一個充滿形形色色惑人毒蛇的叢林裏。在很多方面，那條龍的行蹤倒更容易摸透。」[32]他指的是蘇聯這條龍雖然沒有了，但形形色色的毒蛇比龍更難發現，更難對付。

　　至於哪些是伍爾西所說的「毒蛇」，即新的安全威脅，美國人也是眾說紛紜。其中一些戰略分析家不願把任何大國指為敵人，而是把防止核子擴散和其他大規模毀滅性武器擴散視為首

---

32 Cited in Arthur M. Schlesinger, Jr., "America's Role in the Post-Cold War World," *The World Almanac and Book of Facts 1994*, New York: Pharos Books, 1993, p.31.

要的安全利益。還有人認為冷戰後的美國國家安全概念應加以調整，把上文提到的全球性問題列入安全議程。另一些人則把阻止其他大國（俄羅斯、中國、日本、德國都有人提到）崛起說成保護美國安全的第一要義，或指明伊斯蘭原教旨主義是對美國最大的戰略威脅。小阿瑟·施萊辛格在 1993 年寫道：「有些人說美國需要一個敵國，以給外交政策帶來焦點和連續性。美國在兩次世界大戰中與德國為敵，然後在冷戰中與蘇聯為敵。現在誰會被指定為敵人？有人指向日本，有人指向伊斯蘭原教旨主義；到了一定時候，無疑會宣告其他潛在敵人的存在」。[33]

出於對安全威脅來源的不同判斷，有關美國國家安全的政策構思差異很大。有人主張放慢削減軍費的速度，暫緩從海外撤軍，加強美軍的戰鬥力；有人則強調美國在海外的軍事干涉必須節制，而代之以布熱津斯基所謂的「有選擇的全球承諾」，即在繼續承擔美國的全球義務、減少部分地區的安全負擔、實現國內振興三者之間保持平衡，重點保護美國在歐洲、前蘇聯、東亞、中東等地的戰略利益，避免四顧不暇。[34] 近年來俄羅斯民族主義的復活和中國國力的崛起，更使那些堅持傳統權力政治觀的人找到了現實依據。均勢外交最積極的鼓吹者季辛吉明確提出，美國冷戰後的國家利益在於「確保歐亞大陸不被一個單一的權力中心所控制」，而美國「必須有著一種類似於英國在 19 世紀對歐洲所起的那種作用」。具體地說，就是要美國在歐洲

33　Ibid., p.31.

34　Zbigniew Brzezinski, "Selective Global Commitment," *Foreign Affairs*, Vol. 70, No. 4, Fall 1991, pp.1-20.

的俄羅斯和德國之間，在亞洲的日本和中國之間，維持戰略平衡。[35]

值得重視的是，冷戰後美國對外關係中的若干重要問題，很難歸入經濟、安全和人權這三大目標之內。美國 1993 年 11 月發表的一項權威性民意調查顯示，雖然各界菁英把維護世界和平和增強國內經濟視為最重要的外交政策目標，「制止國際毒品交易」、「制止大規模非法移民」和「保護全球環境」已經排在相當優先的地位。意味深長的是，在一般公眾眼裏，第一重要的國際問題是國際毒品走私。[36]

另一項於 1994 年 10 月進行的權威性民意調查，列出美國外交的 16 項目標，請政治菁英和一般公眾就其重要性排出次序。政治菁英排列的外交目標次序是：

(1)制止核子武器擴散。

(2)保證足夠的能源供應。

(3)保衛盟國安全。

(4)禁止毒品流入美國。

(5)維持在世界各地的軍事優勢。

(6)保護美國工人的工作機會。

(7)減少與外國的貿易赤字。

(8)改善全球生態環境。

---

35 日本《讀賣新聞》，1993 年 6 月 1 日；美國《洛杉磯時報》，1994 年 2 月 26 日。

36 Times Mirror Center for the People & the Press, *America's Place in the World: An Investigation of the Attitudes of American Opinion Leaders and the American Public About International Affairs*, pp.4-5.

(9)與世界饑餓做鬥爭。

(10)保護美國在海外的商業利益。

(11)加強聯合國。

(12)控制和減少非法移民。

(13)幫助未發展國家提高生活水準。

(14)促進和保護其他國家的人權。

(15)幫助其他國家建立民主政府體制。

(16)保護弱小國家抵禦外國侵略。

民意調查中一般美國公眾給外交目標排出的次序是：

(1)禁止毒品流入美國。

(2)保護美國工人的工作機會。

(3)制止核子武器擴散。

(4)控制和減少非法移民。

(5)保證足夠的能源供應。

(6)減少與外國的貿易赤字。

(7)改善全球生態環境。

(8)與世界饑餓做鬥爭。

(9)保護美國在海外的商業利益。

(10)加強聯合國。

(11)維持在世界各地的軍事優勢。

(12)保衛盟國安全。

(13)促進和保護其他國家的人權。

(14)幫助其他國家建立民主政治體制。

(15)保護弱小國家抵禦外國侵略。

(16)幫助未發展國家提高生活水準。[37]

　　從這一民意調查可以看出，美國政治菁英和一般公眾都十分重視防止核子武器擴散、保障能源供應、制止非法移民、打擊販毒、減少外貿赤字、環境保護、國內市場的保護等問題，而把促進其他國家的「人權和民主化」、援助發展中國家等置於外交目標的末尾。政治菁英更注重防務等所謂「高度政治」問題，而老百姓更為關注與自己切身利益有關的毒品氾濫、非法移民、環境保護等所謂「低度政治」問題。

　　由於多種政策主張在美國輿論界分別擁有眾多的支持者，在決策圈內也都能找到代言人，外交指導思想上的紛爭將無可避免地持續下去。這種情況不僅使決策機制的調整缺乏明確的方向，也直接導致了冷戰後美國外交的搖擺和混亂。

　　每當某個地區出現衝突，或者與某個國家的關係出現問題時，主張經濟優先、安全優先或者人權優先的人往往同時出現在外交講壇上，發表相互抵觸的意見，企圖主宰決策。例如在俄羅斯用武力手段解決車臣危機時，美國那些主張「安全第一」的人要求政府從維持穩定的美俄關係出發，不去做損害俄羅斯總統葉爾欽國內地位的事，對俄武力鎮壓車臣暴亂採取默許態度；那些高舉人權旗幟的人，則呼籲美國政府譴責甚至制裁俄羅斯。在波黑衝突問題上，「經濟派」強調美國在那一地區沒有重要的經濟利益，不必耗費美國資源去進行軍事干預。「安全派」

---

37 The Chicago Council on Foreign Relations, *American Public Opinion and U.S. Foreign Policy 1995*, p.15.

裏有人認為該國形勢複雜，前途多舛，美國沒有直接的安全利益要保護，因而不應貿然從事；其他人則擔心衝突蔓延，引起連鎖反應，力主美國出兵維持和平或者積極斡旋。「人權派」主張提供人道主義援助，聲稱美國若在如此嚴重的地區衝突和侵犯人權行為面前袖手旁觀，無異於放棄道義責任和「領導地位」。由於國內意見分歧，美國政府在波黑衝突問題上政策始終搖擺不定。

（五）關於外交運作方式的爭論

所謂「單邊主義」與「多邊主義」的辯論，表面上涉及的是美國在參與國際事務時是單方面進行還是與其他國家合作的外交方式問題，實際上關係到整個外交路線。

單邊主義者主張，美國在外交活動中應盡可能擺脫其他國家和國際組織的影響和牽制，單方面採取行動，反對「把美國主權轉讓給國際組織」。例如，在干涉海地內政時，要求不理睬聯合國和美洲國家組織的態度；在調解波黑衝突時，要求甩開歐洲國家和北約組織。單邊主義者說，單邊行動能最大限度地保持美國的行動自由，提高決策效率，增加秘密外交的成功機會，避免多邊軍事行動所產生的協調困難。1996 年 9 月，美國在相當多的盟國反對的情況下，仍然對伊拉克採取導彈襲擊的軍事行動，表明美國在自認為需要的時候，可以不顧及其他國家的態度而獨斷獨行。單邊主義在國內的宣傳很有號召力，符合美國人那種「捨我取誰」的霸權心態。但是由於美國實力有限，在實際外交運作中越來越難以單獨行動。特別是當涉及核擴散、全球生態環境、難民、緝毒、國際恐怖活動等問題時，單邊主義更加無法施展。在許多情況下，新孤立主義者和保守

勢力容易接受單邊主義的主張。

　　國際主義者率多贊成多邊主義的運作方式，即在進行海外干涉和國際活動時盡可能透過正式聯盟和國際組織，尋求政治上、道義上、財政上的支援。例如，多邊主義者主張透過聯合國的批准使美國對海地的干預合法化。他們援引波灣戰爭中多國部隊由美國指揮、美國軍隊為主力、盟國出錢的模式，說明美國領導的多邊主義的成功。他們仍然強調建立以美國為主導的國際秩序，但承認美國已不能像在冷戰時期那樣將自己的意志強加給盟國，而必須調整美國的外交策略，更多地以平等姿態說服其他盟國接受自己的主張。

　　在處理與聯合國關係的問題上，單邊主義和多邊主義的矛盾表現得最為明顯。以許多國會議員為代表的勢力，對聯合國經常不順從美國意志、批評美國以及所謂效率低下、浪費嚴重等問題非常不滿，不願負擔聯合國會費，在制裁伊拉克等問題上主張甩開聯合國單方面進行。而布希政府和柯林頓政府雖然對聯合國不滿，但主導思想是利用聯合國，在支持聯合國的同時謀求領導聯合國。柯林頓說，離開聯合國對美國來說是「短見和自取滅亡」。國務卿克里斯多夫說，美國「今天對聯合國的需要程度絲毫不亞於 50 年前」，人類面臨的許多共同問題「超越了國界，需要以多邊方式解決」，而聯合國提供了唯一的、常常是必不可少的機構來加強美國的領導。聯合國在美國公眾中贏得了支持和好感。根據 1994 年的一項民意測驗，77%的被調查者認為聯合國有利於世界和平；89%的人認為美國必須透過聯合國與其他國家合作；59%的人認為當聯合國要求美國參與在麻

煩地區的維和行動時，美國有責任派出部隊。[38] 為了爭取在聯合國擁有更大發言權，柯林頓政府於 1996 年不顧眾多國家的反對，終於動用否決權阻止加利連任聯合國秘書長，最後由安南出任該職。這件事既表現了美國在國際事務中不尊重他國意願的「霸氣」作風，也說明美國在國際組織和機制中仍然掌握著其他國家所不具有的重大影響。此外，美國國內單邊主義與多邊主義的爭論和總統與國會的權力鬥爭，對柯林頓政府的強硬態度起了火上加油的作用。柯林頓政府反對加利連任的理由之一，是加利被共和黨把持的國會認定是聯合國改革不力的象徵，只要他繼續擔任秘書長，國會就不會批准繳納多達十幾億美元的對聯合國的欠款。

此外，美國冷戰後外交的運作方式，還需同時照顧「功能性問題」（即處理核子擴散、貿易、移民等問題）和「國家間關係」。在冷戰時期，反蘇的戰略目標決定了與其他國家的遠近親疏，國家間關係往往決定了美國處理「功能性問題」的方式。冷戰後這兩個方面開始時常發生矛盾。例如，從糾正貿易不平衡、將更多的美國商品打入日本市場的角度出發，美國需要對日本進行（或威脅要進行）經濟制裁，而負責貿易的政府部門無須考慮美日安全關係是否因此而受到損害。美國國務院裏負責東亞事務的部門，更多考慮的是與日本加強合作，但卻可能因此而不能保護和擴展美國的經濟利益。

---

38 參見劉金質，〈冷戰後美國對聯合國的政策〉，載梁守德主編，《國際政治新論》，中國社會科學出版社，1996 年版，第 242~243 頁。

洲金融危機發生之後，許多亞洲人譴責美國操縱國際金融市場以圖削弱亞洲國家經濟實力，而另一部分人則認為應當按照美國支援的國際貨幣基金組織（IMF）所要求的方向整頓各國經濟，希望美國出面協調以重建國際金融秩序。

美國外交本身的弱點和自我矛盾，在近幾年也暴露得十分明顯。波灣戰爭一過，臨時結成的聯盟不復存在，美國海外干預力量之有限，外交目標之混亂，很快顯露出來。在應付眾多的區域性武裝衝突時，美國顯得猶豫不決。使用武力干涉力不從心，往往得不到盟國一致支持；而不加干涉又不甘心，唯恐失去控制。在這種徬徨之中，干預索馬利亞、波黑、海地、科索沃都連續受阻。在處理與俄羅斯前蘇聯東歐國家的關係時，時而要與俄羅斯建立特殊的戰略夥伴關係，支持它在本地區保持傳統國際影響，時而表示擔心俄羅斯大國民族主義復活，要保證東歐中亞國家免受威脅。美國人企圖引導俄羅斯等國政治經濟轉軌的計劃屢屢失策，眼看著他們心目中的左翼強硬派或極端民族主義者重新活躍，華盛頓的政策搖擺不定，時而支持當權派，時而腳踏兩條船。在西雅圖亞太經濟合作首腦會議上，柯林頓正式推出建立新太平洋共同體的目標，強調優先發展與亞太各國關係，同時卻因貿易摩擦、人權價值觀矛盾與主要亞洲國家陷入爭執。在對華最惠國待遇問題上，將人權與貿易掛勾的政策已完全失敗。柯林頓政府對印度加強軍事力量持矛盾心理，既想利用印度牽制中國，又企圖迫使印度和巴基斯坦凍結其核子武器計劃；事先沒有預料到印度進行核子試驗，而事後在制裁印度問題上又不能不留有餘地，降低與印度討價還價的籌碼。制裁古巴、伊朗、伊拉克、利比亞的「赫爾姆斯—伯頓法案」和「達馬托法案」不但遭到發展中國家的同聲譴責，

而且遭到歐洲國家和加拿大等盟國的抵制，使美國在外交上陷於孤立。

美國外交的困境固然與複雜的國際局勢有關，但也是國內決策過程的混亂直接造成的。這種混亂的第一個表現，是傳統的外交最高決策者——總統的權力和影響明顯削弱。有的分析家認為，美國缺乏一套完整、長遠的外交構想，與冷戰結束以來的兩位美國總統都不夠理想有關：布希呆板而缺乏個人魅力；柯林頓人望不高，剛剛執政時外交經驗不足，而後來又受性醜聞困擾，兩個人都無法在國內外樹立足夠的領導權威。他們盼望今後出現一位如同羅斯福或尼克森一樣的外交強勢總統，以便重整旗鼓。

但是，一些較敏銳的美國觀察家尖銳地指出，總統權威的下降並不是布希和柯林頓個人造成的。總統外交決策權力的削弱是歷史性的衰落，是不可逆轉的趨勢。[39] 歷史學家小阿瑟·施萊辛格所描述的那種「帝王般的總統權力」，就內政而言，自「水門事件」後已不復存在，但外交領域中的總統特權多少還受到尊重，國會在重大對外政策上承認總統的領導，總統也能以國家安全為由爭得一些秘密交易、便宜行事的自由。冷戰結束後，隨著軍事安全環境的改善，總統的這塊傳統領地也遭到侵蝕。由於外交涉及的領域越來越寬，國內政策和國際政策的界限越來越不分明，要求外交公開化的輿論壓力更加強大，許多過去被認為應由總統和行政部門決定的事情，現在國會要求更多參與。冷戰後的總統更難以在外交中以國家安全為由獨斷

---

39 Deudney and Ikenberry, op. cit., p.98.

獨行，必須善於在國內各種力量和意見之間保持平衡，為達到自己的目標耐心進行說服和動員，必須承認自己不再是外交中無可爭辯的最高權威。一個例子是，柯林頓在 1993 年花費了幾個月的時間，為國會能透過北美自由貿易區而到處遊說，甚至在一次公開辯論中，請卡特、福特、布希分屬兩黨的三位前總統同時上臺，為自己的立場辯護。

如果總統的外交權威受到挑戰，那麼國會能否接管總統的部分傳統職責，出面整頓外交中的混亂局面呢？答案也是否定的。雖然總統權威的削弱多少意味著國會權力的上升，但冷戰後的美國國會本身的形象面臨嚴重危機，內部分歧突出，在重大問題上難以形成能夠左右公眾的一致意見。美國知名政治學家利普塞特這樣概括國會的現狀：「冷戰結束後，左翼和右翼的許多激情都隨之消失。兩大黨內都出現新的政治排隊，使得昔日的夥伴變成了敵手。原先在對外政策上採取一致立場的盟友，如今卻因防務政策和種種問題而發生分歧。」[40]

在冷戰時期，圍繞外交政策的國會內部分歧，焦點在於對蘇戰略。爭執雙方基本上按反蘇反共的策略劃線，主張強硬的「鷹派」和主張緩和的「鴿派」，強調人權及和平演變的自由派（民主黨人居多）和強調安全及勢力均衡的保守派（共和黨人為主），都是壁壘分明。隨著蘇聯的退縮和解體，它在第三世界所支持的左翼政權也紛紛下臺，遏制「共產主義擴張」不再是美國外交的關注點。在軍事安全方面，控制地區衝突，防止核子擴散和尖端武器擴散，擺在了更重要的位置。與此同時，貿

---

[40] 〈柯林頓建國方略〉，前引書第 11 頁。

易、投資、環境保護、移民、打擊走私販毒、制止國際恐怖活動等等問題，日益成為外交日程上的關注中心。反共問題的淡化和新問題的凸顯，使國會內部外交辯論的內容發生了質的變化，原有的派別分化、消失，兩黨的界限被打亂。自柯林頓就任以來，在北美自由貿易區、干預索馬利亞和波黑局勢、對華最惠國待遇、北約東擴等問題上，兩種意見的對立，與兩黨鬥爭沒有緊密地掛勾，而這幾個問題之間缺乏有機聯繫，在一個問題上結成的暫時同盟，在另一個問題上就失去了意義，結成另一個暫時同盟。也就是說，冷戰後國會很難在外交問題上形成壁壘分明的、穩定的派別格局。這種國會政治和政黨政治的無序狀態，是美國外交決策混亂的第二個側面。

與外交決策有關的政府機構之間關係失調，是決策混亂的第三個側面。冷戰時期，行政部門中參與外交決策的主要是白宮、國家安全委員會、國務院、國防部、中央情報局等機構。現在，外交議題的多樣化帶來了決策機制越來越複雜、決策機構越來越龐雜的新問題。由於主要軍事威脅消失，軍隊的規模逐步縮小，軍方對外交的影響減小了。與此同時，諸如商務部、財政部、農業部、勞工部、貿易談判代表辦公室、掃毒署、環境保護署、移民局之類的眾多部門，都擁有外交問題的更大發言權。正如《波士頓環球報》的一篇文章所指出的，「在控制對外政策的勢力範圍方面，這些機構中沒有一個可與國家安全委員會、五角大樓或國務院相比。然而它們合在一起卻代表了一種越來越有影響的意見」。[41] 據報導，在推動柯林頓政府延長

---

41 美國《波士頓環球報》，1994 年 5 月 31 日。

1994 年對華最惠國待遇問題上，當時的財政部長本特森、商務部長布朗、柯林頓經濟顧問魯賓等人有著重要的影響。當年 4 月份在白宮內閣會議室討論該問題時，「國家安全事務顧問安東尼‧萊克列舉了一些美國可以對北京實施的部分制裁。商務部長羅恩‧布朗打斷了他的話說：『這不是我們應當討論的。』他就這樣十分成功地轉移了話題」。[42]

就是在國務院等決策機構內部，也存在關係失調的趨勢。例如，在負責人權事務的副國務卿和負責軍控裁軍事務的副國務卿之間，在這些副國務卿和主管地區事務的助理國務卿之間，就很容易發生職權不清、意見相左的情況。副國務卿及各「功能部門」關心的是自己所掌管的人權、核子擴散等「問題領域」，而地區事務部門必須更多地照顧各自所負責的國別關係。

眾多決策部門從各自的角度和所代表的利益集團出發，提出外交政策建議，而且都把自己的意見和行動說成代表「國家利益」，難怪冷戰後美國外交令出多門、莫衷一是的現象會更為嚴重。往往對於同一個問題，現總統、前總統、國務卿、副國務卿、助理國務卿、國防部長、貿易代表等等，各唱各的調，讓人不能不產生「到底誰說了算」的疑問。前國務卿貝克尖刻地說：「他（柯林頓）必須制止對外政策的這種支離破碎現象：由副總統高爾安排與葉爾欽的首腦會晤，我們的對華政策由商務部和財政部負責，對海地的政策由國會中提倡黑人民權的小

---

42 美國《華爾街日報》，1994 年 5 月 31 日。

組負責。」[43] 從美國利益出發，貝克的指責是有根據。然而美國外交決策機制中的難題既有結構性原因，也有個人因素，「重整旗鼓」談何容易。

決策混亂的第四個側面是，形形色色的非官方勢力和地方勢力日益積極地影響著對外政策的制定與執行。各行各業的壓力集團遊說華盛頓早已司空見慣。90 年代出現的新現象是，一些專門性（如人權、環保）和地區性的對外政策團體正在崛起，向壟斷著外交諮詢的東部傳統思想庫發起挑戰。例如，1995 年 5 月在洛杉磯正式成立的「太平洋國際政策理事會」，在章程中宣稱它的宗旨是將政界、商界、宗教界、輿論界、法律界、教育界等各界領導人組織在一起，「分析國際趨勢對美國、特別是對加利福尼亞和西部其他各州的影響」，在向國家外交決策提供諮詢的同時，「改善地方領導的素質」。該理事會雄心勃勃，想在美國西海岸建立起類似於在紐約的對外關係委員會那樣的團體。[44] 由於亞太地區的崛起，美國西部各州對發展與亞太的關係產生強烈興趣，而對美國以歐洲為中心的外交傳統表示不滿。對於美國各個地區力圖參與外交決策的趨勢，對外關係委員會的資深委員邁克爾・克拉夫稱之為「美國社會的全球化」。他指出，「隨著世界變得越來越緊密地聯繫在一起，國外的事態發展與地區社會息息相關。許多州和地方機構正透過技術援助和計劃交流與世界各地的相應機構建立直接聯繫」。[45]

---

43 英國《衛報》，1994 年 6 月 25 日。

44 根據「太平洋政策理事會」1995 年 5 月向被邀請為「創始會員」的筆者提供的資料。

45 Michael Clough, "Grass-roots Policymaking," *Foreign Affairs*, Vol.73, No. 1,

第九章 全球戰略 409

總之，美國總統和國會的外交決斷和協調能力減弱，而參與決策的政府機構和非官方組織越來越多，影響越來越大。這兩種趨勢的結合，反映到美國外交的具體運作中，所帶來的結果當然是行動相互矛盾，方針朝令夕改，長期穩定的戰略難以形成。然而像美國這樣一個世界大國，客觀上必然有一種國家意志和發展方向，觀察者可以而且應當做出某些基本判斷。另外，美國的決策機制已經在做調整，例如成立了與國家安全委員會相對應的國家經濟委員會。在柯林頓的第一任期中，後兩年比前兩年的外交運作就顯得開始有些章法，外交思路也趨向清晰。在柯林頓的第二任期中，雖然受到他本人性醜聞的影響，但外交經驗逐步積累起來，與外交有關的政府部門之間的協調機制也日趨完善。

(二)全球戰略的基本動向

　　冷戰後美國決策集團的全球戰略調整，必須把握經濟、安全、人權三大外交目標之間、新理想主義和新現實主義之間、新孤立主義和新全球主義之間、單邊主義和多邊主義之間、「功能性問題」和「國家關係」之間的大體平衡。像冷戰時期那樣明確地以一個特定國家為主要敵手、以他國對待這個國家的態度作為劃分敵友的主要標準、以維護國家軍事安全為最重要戰略目標的時代，已經成為歷史。上述幾種外交思想的矛盾交叉，與美國民主黨和共和黨之爭、總統領導下的聯邦行政部門與國會之爭，是有內在聯繫的。由於歷史傳統、意識形態差異、政

January/February 1994, p. 4.

治爭鬥需要、所代表的社會階層和利益集團不同等諸多原因，民主黨人更多地訴諸於理想主義和全球主義；共和黨人相對傾向於現實主義和孤立主義。總統和行政部門因為要處理棘手的國家關係和協調國內外不同利益，往往在現實主義和全球主義思想指導下進行活動；而國會則很容易以理想主義和孤立主義為武器，煽動民眾情緒，挑戰現行政策，透過法案，牽制總統。此外，為政府出謀劃策的思想庫絕大多數以現實主義和全球主義為指導思想；標榜代表民意的新聞媒體則經常反映的是有強烈意識形態色彩和孤立主義傾向的觀點。

然而上述不同政治集團的不同外交思想傾向只是相對而言，在政治地位發生變化時，外交思想也會隨之調整。當民主黨在台下時，常常批評共和黨政府忽視在海外推行美國價值觀，在外交中犧牲民主和人權原則而取悅外國政府；但一旦民主黨入主白宮，也不得不在對外關係中採取務實態度，將外交政策納入現實主義軌道（這正是柯林頓的對華政策走過的道路）。反過來，共和黨人在野時，常常打出孤立主義旗號，也高舉對外關係中的自由民主大旗；而當他們掌權後，還是要走開放市場和全球干預之路，回到務實外交的軌道上來。由此看來，今天的美國的主流外交思想，是新現實主義和新全球主義的結合。新理想主義和新孤立主義對外交決策所起的主要作用是製造政治氛圍，形成輿論壓力。

1993 年 9 月，柯林頓政府的國家安全事務助理萊克提出「擴展戰略」，冷戰後的美國全球戰略才算有了一個正式的名稱。萊克說：「繼承遏制原則的必須是一項擴展戰略，即擴展世界上市

場民主國家的自由共同體。」[46] 這一戰略幾經修改，又定名為「參與和擴展戰略」，經柯林頓總統本人簽署，1995 年 2 月以美國「國家安全戰略報告」的形式發表。

「參與和擴展戰略」中的所謂「參與」，主要指的是保持干預海外地區衝突的軍事能力，維護現有的安全同盟關係；執行一套有力的經濟政策，確保美國的海外市場，以促進國內經濟發展。所謂「擴展」，則主要是指「自由市場民主國家共同體」的擴大。這一戰略，也是冷戰後美國政府一再重申的經濟、安全、人權「三大外交支柱」的另一種表述。

從冷戰時期的「遏制」到冷戰後的「參與和擴展」，美國始終不變的戰略目標是維護自身利益以及建立「世界領導地位」即霸權。二者的一個重要區別，是「遏制戰略」有明確的對象國即蘇聯，也曾經包括中國和其他社會主義國家，而「參與和擴展戰略」並沒有把任何大國視為既定敵手。冷戰後美國公開發表的官方政策文件，都將地區衝突、大規模毀滅性武器擴散、極端民族主義、國際恐怖活動、毒品泛濫、生態環境惡化、人口爆炸、糧食危機等等問題，列為對美國戰略安全和經濟安全的威脅。

1996 年 7 月，由美國一些政治家、戰略專家、學者共同組成的「美國國家利益委員會」發表了一篇有份量、有影響的報告[47]，企圖為 20 世紀最後一屆美國總統的外交戰略提供理論指

---

46 轉引自美國《外交》，1995 年 1~2 月號，第 44 頁。
47 The Commission on America's National Interests, *America's National Interests*, 1996. 「美國國家利益委員會」的成員包括美國現任參議員納恩、麥肯恩，前總統國家安全事務助理斯考克羅夫特，前副國務卿坎特、

南。這篇題為《美國國家利益》的報告，將冷戰後美國國家利益分解為四個層次，即「生命攸關的利益」、「極其重要的利益」、「相當重要的利益」、「次要的利益」。對美國「生命攸關的利益」只有五項，按其重要性順序排列為：

(1)預防、遏止並減少以核子武器、生物武器和化學武器對美國實施攻擊的威脅。

(2)防止在歐洲或亞洲出現一個敵對的霸權國家。

(3)防止在美國邊境出現一個敵對的大國或一個控制公海的敵對大國。

(4)防止主要的全球機制（貿易的、金融市場的、能源供應的以及生態環境的機制）出現災難性的崩潰。

(5)保證美國的盟國的生存。

該報告根據以上根本利益，以及對美國在 20 世紀末所面臨的威脅和機會的分析，又指出未來四年美國外交上的五項基本任務：

(1)對付進入世界舞臺的中國。

(2)防止核子武器和可用於製造核子武器的材料失控，遏止生化武器擴散。

(3)維持與日本和歐洲盟國健全的戰略夥伴關係。

(4)避免俄羅斯崩潰以至發生內戰，或者逆轉為獨裁。

(5)維持美國的單獨領導地位、軍事能力和國際可信性。

前總統顧問戈根等。主要執筆者為哈佛大學學者艾利森、蘭德公司學者湯姆森等。

這是一篇企圖以最簡單明瞭的語言規劃 20 世紀末美國外交戰略的報告。但即使是這樣的獻策，也無法提出如同冷戰時期反蘇反共戰略那樣一項明確的中心目標。

　　在「參與和擴展」戰略的基礎上，1997 年美國《國家安全戰略報告》提出「塑造－反應－準備」三位一體的新戰略構想。所謂「塑造」，是指美國不僅要適應國際環境的變化，還要更積極地改造國際環境，使之不斷朝著有利於美國的方向發展。「反應」意味著按照對美國利益威脅的性質和程度，對世界各種各樣的危機作出迅速有效的反應。「準備」是指「立即著手為不確定的未來做準備」。美國戰略決策者判斷，在 2015 年以前的「戰略間歇期」，美國的唯一超級大國地位可以保持，而此後可能出現對美國地位構成嚴峻挑戰的新的全球性對手，應對此早做準備。很難說「塑造－反應－準備」的戰略構想有多少具體內容和新意。它表明美國仍然沒有固定的戰略對手，將以靈活多變的手法和更加進攻性的態勢，鞏固美國在世界事務中的主導地位。

　　預測美國外交戰略的動向，需要有多重視角。最值得注意的趨勢是，美國外交的主要著眼點正在從國別關係和區域政策（對東亞、拉美、中東等地區的政策）轉向對核子擴散、國際貿易規則、移民、毒品走私等具體問題。美國外交的研究者常常忽略的一個重要事實是，從第一次世界大戰後開始，美國就極為重視國際組織以及有形或無形的國際規範和機制。美國是世界上律師最多的國家，最喜歡的是制定法規，監督別人執行。有的美國人說，冷戰的勝利與其說是美國實力的勝利，不如說是它所倡導的國際規範的勝利。冷戰後的美國更加重視在國際機制、國際組織和各個功能性領域裏制定和維護有利於它的行

為規範和「遊戲規則」。所謂在世界上發揮「領導作用」，就是企圖把美國國內中那一套自由經濟、人權、民主、法治的原則擴展到國際事務中去，透過在國際機制中安排議程和確立原則，推廣美國的利益和價值觀。在這套規範中，利益和價值觀是基本統一的。從早期的大西洋憲章、布雷頓森林貨幣體系、聯合國、關貿總協定，到後來的核子不擴散條約、禁止化學武器公約、導彈及其技術控制制度、全面禁止核子試驗條約、資訊技術協定、知識產權協定、西方七國（外加俄羅斯）首腦會議、北美自由貿易區、亞太經濟合作組織、世界貿易組織、北約東擴……，美國在這一系列國際條約、協定、組織中所做的一切，都是圍繞著「立德立威」，制定國際規則（international regimes）這一中心。在亞洲部分地區出現金融動盪後，美國又在醞釀新的國際金融協調機制。今天美國人說要建立世界新秩序，不是僅僅提出維護國際安全、促進自由市場經濟、人權與民主等幾條抽象的原則，也主要不是在「單極」還是「多極」上做文章，而是在尚未有任何國家或國家組合能對美國的超級大國地位構成真正的挑戰之前，或公開、或潛移默化地企圖使它一家的主張在國際上制度化（institutionalized），變成似乎是全球共同遵守的行為準則。用美國學者阿瑟‧施萊辛格的話來說，「最終目的必須是從一個戰爭的世界演變到一個法治的世界」。[48]

美國今後一定會在經濟、軍事和人權各個領域，都更多地

---

48 Arthur M. Schlesinger, Jr., "America's Role in the Post-Cold War World," *The World Almanac and Book of Facts 1994*, New York: Pharos Book, 1993, p.31.

運用多邊手段、透過國際組織達到目的，以彌補實力的不足，躲避國內外批評。在依現行規則進行國際活動方面，美國實施的是「順我者昌，逆我者亡」。它在「執法」時，藉助的主要力量還是傳統盟國——發達資本主義國家。在經濟發展水準、社會組織方式、宗教信仰、意識形態、種族等方面，美國和歐洲發達國家最為接近，地緣政治和經濟相互依存也把美歐緊密相連。在美歐關係中，德國的地位將佔據中心地位。儘管亨廷頓有關冷戰後的世界衝突將發生在幾大文明之間的理論有致命的謬誤，他所用的「西方對非西方」的兩分法，卻反映了美國眼中的世界的一個基本現實。西方七國首腦會議年年傳出意見分歧的消息，但它畢竟是美國所參加的國際首腦講壇裏，不和諧音最少的一個。

　　因此，對於美歐矛盾需要有一個全面的分析和估計。一方面，雙方的安全利益和經濟利益的矛盾長期存在，無法消除，而政治上和國力發展上的競爭也不可避免。另一方面，從長期來看，這種矛盾、競爭、公開爭吵至今並未呈現「愈演愈烈」的趨勢。例如，現在的席拉克總統領導下的法國表現了對美國的強烈不滿和競爭態勢，但是，他並不比 60 年代的戴高樂總統在與美國政治上分道揚鑣方面走得更遠。相反，法國正在考慮重新加入 1966 年退出的北約軍事一體化機構。法國仍然支持美國在歐洲駐軍並發揮安全方面的作用。[49] 美日關係的重要性不

<hr />

49　根據筆者 1996 年 10 月 27 日至 11 月 9 日在法國政府和政治、外交研究
　　機構的考察，法國人對美國在世界上的作用存在十分矛盾的心理。如曾
　　長期擔任法國駐美大使的安德羅尼認為，美國在冷戰後地位沒有下降，
　　法國也不希望美國地位下降。特別是在亞太地區，法國支持美國發揮更

下於美歐關係，而和諧程度卻低於後者。美日摩擦有地緣政治、地緣經濟、種族文化等多方面原因，今後特別重要的觀察點，是日本國內政治的演變趨勢。也就是說，今後日本的政治體制是向美國式的兩黨制演變，還是因襲透明度較低的政黨政治；日本新一代菁英的價值觀是趨向西化，還是更加民族主義化，都是未來美日關係中起決定作用的因素。美國「立法」和「執法」的制裁對象，主要是非西方國家，特別是不接受美國的那套既成規則，價值觀和政治制度與美國相悖，而與美國的經濟關係又不密切的發展中國家。

本章對世紀之交美國外交趨勢作出的分析，是基於對美國的國內外環境的一些基本估計：在高新技術和資訊產業的推動下，美國經濟運轉良好，在西方發達國家經濟中繼續保持優勢地位；政治制度無重大變化，政治領導人缺乏公眾信任，民主、共和兩黨政綱無根本衝突，但權力鬥爭格局不變；適度經濟增長、擴大就業、社會保險、醫療保健、教育、貧富懸殊、族群間整合、吸毒、犯罪、社區建設、環境保護等問題，成為美國政治議程中的主要問題；社會基本穩定並維持較強凝聚力，但隨著非白人族群所佔人口比例的增加，族群間矛盾突出，多元文化主義上升。

在國際上，經濟全球化的趨勢加速發展，並將帶來相應的全球政治、思想和文化影響。同時，世界政治和文化仍將是多元的。形形色色的民族主義、宗教信仰和地方意識正在各方面

大的作用。法國希望看到自己和整個歐洲的世界地位上升得比美國還要快，從而與美國地位的差距縮小。

頑強地表現自己。聯合國及國際貿易、金融等功能性的國際組織發揮著重要作用。各主要國家之間的關係基本穩定,發達國家之間的政治和安全同盟繼續維持。若干地區的局部武裝衝突和政治動盪,帶來武器擴散、恐怖活動加劇、難民外流等問題。全球性的社會和生態環境問題,包括貧富差距加大、吸毒販毒、環境污染、能源危機等等,構成對人類未來的重大威脅。

如果上述判斷基本正確,那麼美國未來 5～10 年的外交可能呈現以下特點和趨勢:

第一,內政對外交的投射作用將更為明顯。總統(無論其黨派背景及個人聲望和能力如何)的外交權威受到削弱,國會更多地插手外交事務。外交受到兩黨政治的強烈干擾。但是,國會本身也很難在外交問題上形成壁壘分明的、穩定的派別格局,即議員在不同問題上結成不同的臨時營壘。外交議題多元化,使決策機制越來越複雜、決策機構越來越龐雜。形形色色的利益集團、非官方組織、地方勢力力圖影響外交決策。媒體和民間輿論要求外交透明、公開的壓力增大。跨國公司、外國政府和國外利益集團也將藉助美國外交決策複雜化的機會,加大在美國國內活動的力度。

第二,外交重點逐漸實現轉移,即從處理國別關係和地區問題,轉移到與國內政治議程有密切關係的經濟問題和其他全球問題上。這方面的目標主要是:健全對美國有利的國際貿易與投資的規範和制度;倡導和建立保護美國資本的新的國際金融體系;擴大對外貿易和投資,保護國內市場和就業機會;打擊跨國毒品走私;打擊國際恐怖活動,特別是防止外國恐怖組織滲入美國活動,防止恐怖主義分子破壞美國電腦網路;制止非法移民;促進全球生態環境保護。換句話說,上述全球功能

性問題在美國外交中的地位上升，越來越成為國別關係中合作和摩擦的主要問題。

　　在未來幾年內，美國在全球經濟和其他全球問題上可能採取的措施包括：在 WTO 內進行新一輪全球貿易談判，同時在 NAFTA 和 APEC 等機制內貫徹同樣的貿易和投資規範，爭取達成相關協定；具體研究和提出北美與歐洲之間建立自由貿易區問題；提出改革 IMF、重塑國際金融體系的方案，內容涉及匯率穩定機制、國際流動資金監管、提高各國金融政策透明度和公開性等；爭取在國際勞工組織和其他國際機制中通過禁止濫用童工等勞動標準。

　　第三，防止大規模毀滅性武器擴散將成為國家安全中的最大問題，也是進行對外軍事干涉的最方便藉口。美國會竭力監管全面禁止核子試驗條約（CTBT）、核子不擴散條約（NPT）、導彈及其技術控制協定（MTCR）等軍備控制協定的執行，但也預料到今後類似印度和巴基斯坦核子試驗、北韓發射遠端導彈那樣的事件難以避免。因此，耗費鉅資研製全國導彈防禦系統（NMD）和戰區導彈防禦系統（TMD）勢在必行。對於美國國防預算增加以及新武器系統的研製和部署，最大的牽制可能還是來自其國內經濟發展停滯或衰退。

　　第四，在干預地區衝突中扮演活躍的角色，同時維持傳統的美歐、美日安全同盟，部分轉變同盟的職能並擴大其活動範圍。北約擴大成員國的情勢難以阻擋，而其防務範圍很可能逐漸擴大到成員國之外。美國在能源蘊藏豐富、連接歐亞大陸的中亞地區將加緊滲透，與北非、中東、中亞的激進伊斯蘭原教旨主義鬥爭激烈。以美國為主導的、囊括整個歐亞大陸的安全體系設想，有可能在 10 年左右的時間內推出。其前提是北約東

擴進展順利，美日同盟鞏固，朝鮮半島出現重大政治變局，美俄、美中關係較為穩定。

第五，在與其他大國的關係中，仍然呈現美歐最為接近，美日次之，美俄、美中關係起伏不定的格局。美國謀求的大國關係格局是：它與其他大國的雙邊關係比它們相互之間的關係更為密切，這樣就可以避免出現兩強或幾強聯合對抗美國的局面。

美歐由於具體經濟利益和安全利益上的分歧而齟齬不斷，但作為盟國的基本態勢不變（今日美法之間裂痕之深，仍未超出三、四十年前的戴高樂時期）。美日關係在幾年後將面臨更大考驗，原因在於日本國內經濟改革阻力很大，同時正謀求更加獨立於美國的亞太地區政策。如果俄羅斯的經濟和政治局面沒有明顯改善，將給美國製造更多外交難題。美中關係的重要性和聯繫的密切程度將逐漸超過美俄關係。中美之間雖然摩擦不斷，但總體上會保持穩定，而且在經濟和社會交往中增加合作。當中美關係進一步改善後，美國遲早會考慮西方七國首腦會議的機制從「七加一（俄羅斯）」擴大到中國的問題。

第六，外交的意識形態色彩依然濃重。然而促進「民主和人權」是一種理念、價值判斷和長遠目標，可操作性低，必然因時、因地、因對象國而異，不構成一項單獨的政策。而且「人權政策」往往成為美國國內政治鬥爭中的一張牌，在外交上的效果從來不明顯。當「人權外交」與美國維護霸權穩定、促進經濟利益的目標發生衝突時，必須讓位於後者。同時，隨著俄羅斯、中國和其他一些國家形勢的變化，美國對民主化和人權的定義及其對美國利益的含義也在進行重新思考。

第七，將調整外交方式和手段。針對國際社會對美國以勢

壓人、好為人師、橫加干預的外交作風的反感，美國將在不改變政策實質的前提下，努力改善其國際形象和「領導方式」。具體做法包括加強多邊外交，避免直接發號施令，作出耐心聽取別國意見的「平等」姿態，更多地利用非政府組織、跨國公司、國際機構來達到外交目標，加強對外文化滲透，擴大人員交流等等。今天美國人說要建立世界新秩序，不是僅僅提出國際安全、自由市場經濟、人權與民主等幾條抽象的原則，也主要不是在「單極」還是「多極」上做文章，而是透過在國際機制中安排議程和確立原則，推廣美國的利益和價值觀。在尚未有任何國家或國家組合能對美國的超級大國地位構成真正的挑戰之前，它一定會企圖公開地或潛移默化地使其主張在國際上制度化，變成似乎是全球共同遵守的行為準則。

　　上述分析對未來的美國外交勾畫了一個基本輪廓。不過，研究者對國際政治的長遠方向作出判斷，往往是失敗的。其原因不僅在於研究者的水準有限，更在於國際政治是一架複雜無比的機器，包含著無數的偶然性，其中任何一個零件運轉失常，都有可能帶來全局的失控。過去不同時期的一些預測今日已不忍卒讀，原因在於它們或者沒有料想到蘇聯的衰落及至解體，或者沒有預計到美國經濟的重振和日本經濟的低靡，或者沒有想像到東亞會出現如此深重的金融危機，而是將短期趨勢當作衡量來推斷未來。本文根據近年歷史和美國現狀所做的一些理論推導能否不重蹈覆轍，除了企望同仁高手指點之外，只有靠未來世界來證實了。

美國的世界地位問題（也有人表述為美國的國際地位或美國的興衰問題）一直是國際問題研究領域的熱門話題。無論是在美國國內，還是在中國、日本、歐洲、俄羅斯等主要國家和地區，無論是在外交智囊團還是在相關的學術界，概莫能外。判斷當今國際戰略格局和中國的國際環境，對「單極」、「多極」、「加速走向多極化」、「一超多強」等概念的探討，中心問題之一都是對冷戰後美國世界地位作出基本分析。美國實力地位的變化，也是包括美國自己在內的各大國外交政策制定的主要依據之一。

　　在中國的國際問題研究領域，對美國興衰問題的討論最集中的時期是 1990～1992 年。當時的討論有五方面的背景。一是以美國耶魯大學教授保羅・甘迺迪的著作《大國的興衰》（1987年）為開端的美國學術界對此問題的大辯論。二是日本的人均國民生產總值超過美國，德國實現統一，日本和德國的經濟增長速度在 1989 年前後高於美國，日美貿易摩擦日趨激烈。三是1991 年波灣戰爭前後美國布希政府不斷鼓吹建立「世界新秩序」，以及美國領導多國部隊所顯示出的強大政治軍事優勢。四是東歐巨變，蘇聯解體，西方世界到處都在議論資本主義意識形態和社會制度的「勝利」，出現了以美國為首的西方國家在社會主義國家和發展中國家面前趾高氣昂的局面。五是美國為首的西方國家在 1989 年北京政治風波後對中國實行政治孤立和經濟制裁政策。來自北方的安全威脅消失後，美國無疑構成對中國政治、外交和國家安全的最大外部挑戰。恰如其分地估計美國的實力和地位，對於中國制定長遠的內外政策是緊迫而必須的。

　　在那一時期，中國研究者對美國興衰問題眾說紛紜。一種

佔主導地位的意見認為美國雖然是唯一的超級大國，但它的地位已經相對衰落。有人進而提出美國在世界經濟和政治中的地位持續下降是不以人們意志為轉移的客觀規律，美、日、歐的經濟實力在 20 世紀末即會「逐漸趨平」。也有人認為，與第二次世界大戰後美國「全盛時期」相比，其實力和地位相對削弱或衰落固然是無可否認的事實，但說它從此將不可避免地一直衰落下去，則根據不足。只有少數人認為美國不會衰落，而幾乎沒有人預測美國與其主要國際競爭者的綜合國力差距會繼續拉大。

當年那場討論大大深化了中國學者對美國和世界發展趨勢的認識。有些觀點今天讀來仍然發人深省，也有些觀點當時看來似乎很有道理，卻沒有經得起這幾年時間的檢驗。在國際問題研究領域，事實發展與預測不合是很正常的現象——有多少人曾經預言蘇聯的滅亡？又有多少研究者在 1997 年 6 月以前接受過亞洲面臨經濟衰退的預言？本章無意在此全面審視那場關於美國衰落的討論，而是將 90 年代初判斷美國地位下降的主要依據，與幾年來的新發展和新觀點做一個簡單的比較。

一、美國經濟實力再評估

90 年代初，得出美國正在衰落結論的首要根據，是日本和德國的經濟增長率長期高於美國，美國與其主要競爭對手的經濟實力差距正在縮小。但是到了 90 年代中期，這一情況發生明顯變化。自 1991 年 3 月戰後第九次經濟衰退結束以來（到本書截稿的 1998 年 10 月為止），美國經濟已經實現 80 多個月的持

續增長，遠遠超出了戰後平均連續增長 50 個月的界限。以目前美國經濟強勁的情勢判斷，這一輪經濟擴張有望持續到 20 世紀末。美國經濟增長率在 1993～1994 年高於發達國家的平均數，1995～1996 年基本持平。在 1995 年、1996 年、1997 年的三年中，美國經濟增長率分別為 2.0%、2.4%和 3.9%。[1] 遠遠超過日本和德國的同期水準。1998 年的四個季度，美國經濟增長分別為 5.5%、1.8%、3.9%和 5.6%，預計全年經濟增長可達 3.9%左右[2]，仍然在西方國家中名列前茅。

90 年代初許多觀察者的另一個基本論點，是美國與日本等國相比，在多方面喪失了經濟競爭的優勢。論據包括美國勞動生產率的增長幅度下降，在汽車、機器人、半導體等領域和一些高技術產業競爭中不敵日本，外國在美投資迅速增加，外國銀行進一步打入美國金融市場，歐洲和日本的跨國公司和銀行形成對美國越來越大的挑戰，等等。國際競爭力不像經濟增長率那樣容易比較，但是近年來美國與日本和歐洲相比競爭力有所上升，則是許多專家的共識。美國再次奪回汽車、半導體等產量的桂冠。美國製造業的生產效益比德國或日本高 10%～20%，服務部門的生產效益要高 30%～50%。美國宇航、化工等產業在國際市場上的優勢進一步加強，汽車工業奪回喪失多年的汽車產量世界第一的地位。半導體、鋼鐵、金融等曾競爭力

---

1 滕藤、谷源洋主編，徐更生、温伯友副主編，《1996~1997 年世界經濟形勢趨勢分析與預測》，中國社會科學出版社，1997 年版，第 320 頁。1997~1998 年數位，見張宇燕：〈「奇蹟」還是「常規」──評持續增長七年的美國經濟〉，《國際經濟評論》，1998 年 9～10 期，第 5 頁。
2 陳晶，〈美國 1999 年經濟前景預測〉，《國際商報》，1998 年 12 月 21 日，第 3 版。

一度下降的行業也產生了活力。1997 年，美國半導體產品在國際市場上的佔有率已達到 41.9%，超過日本的 41.4%。

美國從 1994 年開始連續三年得到國際競爭力的世界冠軍稱號。根據瑞士洛桑國際管理與發展學院的年度國際競爭力評價報告，1996 年美國總分排名第一，日本屈居第四（新加坡和香港分別列第二、三位）；美國在國內經濟實力、基礎設施、政府作用、國際化、科學技術開發等指標上都高於日本，但在企業管理、國民素質方面低於日本。[3] 世界經濟論壇 1997 年 5 月21 日公佈的國際競爭力排行榜上，新加坡、香港和美國依次列為前三位，日本、法國和德國分別排在第 14、23、25 位。[4] 1998年的國際競爭力調查，美國排名僅次於新加坡、香港、荷蘭，仍居於西方七國之首。

自柯林頓上臺以後，扭轉了雷根—布希時期聯邦預算赤字直線上升的局面，推行了一套行之有效的以削減赤字為基礎的經濟發展政策。[5] 聯邦預算赤字從 1992 年的 2,903 億美元逐年下降到 1995 年的 1,638 億美元[6]，1996 年又進一步縮減到 1,073億美元[7]，已不到 1992 年財政赤字的 40%。財政赤字佔國內生

---

3 國際競爭力比較課題組，〈1996 年中國國際競爭力報告〉，《戰略與管理》，1997 年第 2 期，第 30 頁。

4 《解放日報》，1997 年 5 月 22 日專稿。

5 參閱張馨，〈美國聯邦赤字與公債問題析評〉，《美國研究》，1996 年第 1 期，第 100~104 頁。

6 Source: Financial Management Service, U.S. Department of the Treasury, see Robert Famighetti, ed., *The World Almanac and Book of Facts 1997*, Mahwah, New Jersey: K-III Reference Corp., 1996, p.130.

7 柯居韓，〈美國經濟仍處於溫和增長期〉，《世界經濟與政治》，1997年第 2 期，第 58 頁。

產總值的比重已從 1991 年的 6%降到 1996 年底的 2%以下,接近 1979 年以來的最低點。1995 年底到 1996 年初白宮與國會雖然爆發了「預算戰」,但在平衡預算的總目標上立場趨於接近。1998 年 9 月 22 日,美國財政部宣佈,9 月 30 日結束的 1998 年財政年度,美國將出現 29 年來的首次聯邦財政盈餘,政府預算盈餘超過 630 億美元。[8] 這樣,聯邦政府就提前 3 年完成了原計劃在 2002 年實現財政赤字為零的任務,而且在 21 世紀的前 10 年裏,有可能一直保持 50～300 億美元的聯邦政府財政預算盈餘。[9]

1995～1997 年美國失業率只有 5.4% 左右（1997 年為 4.7%）[10],1998 年 6 月為 4.3%,1998 年 12 月為 4.4%[11]。比起 1992 年 7.5%的失業率有大幅度下降,更遠遠低於同期歐盟 11%左右的失業率。美國的失業率已經達到西方經濟學家眼中的充分就業狀態。日本的失業率雖然只有 3%左右,但對實行終身雇用制的日本經濟而言已經是危機狀態。近來美元匯率、消費者信心指數、道瓊工業指數、勞動生產率、公司利潤率等都處於高指標,也是美國經濟良性運轉的標誌。自 1991 年以來,美國股市行情扶搖直上,1996 年美國的股票市場是近 20 年來最火爆的。[12] 1998 年 7 月初,道瓊股票指數竟突破 9,000 點大關,是

---

8 《人民日報》,1998 年 9 月 24 日第 7 版。
9 張志超、張慧玲,〈美國是如何削減財政赤字的？〉,《國際經濟評論》,1998 年第 9～10 期,第 56 頁。
10 滕藤、穀源洋前引書,第 323 頁。
11 陳晶前引文。
12 余永定,〈國際金融形勢平穩發展〉,滕藤、穀源洋前引書,第 215 頁;中國社會科學院世界經濟與政治研究所國際金融研究中心,〈96

6 年前的 4 倍。到了 1998 年 9 月 10 日,道瓊斯指數又猛跌到 7,615 點(後來又略有回升)。許多分析家認為,美國股市已由多年的「牛市」走入「熊市」。據估計,美國股市中的泡沫成分至少有 10%~15%。因此,最近美國股市的動盪和下挫可能是一種正常的「縮水」現象,未必是壞事。

美國經濟在上述方面的發展變化,是 90 年代初期許多專家未能充分估計到的。同時,圍繞著關係到如何評價美國興衰的的經濟現象,學者提出了一些新的解釋。

1.關於鉅額貿易逆差問題

自 80 年代初以來,美國的貿易逆差逐步擴大,1990 年突破 1,000 億美元大關,到 1995 年已達 1,587 億美元。[13] 受亞洲金融危機等因素影響,到 1998 年 9 月,美國貿易逆差以高達 1,708 億美元。[14] 美國有些學者指出,美國的貿易逆差並非像表面數位所顯示的那樣嚴重。首先,所謂貿易逆差指的是有形商品貿易的進出口差額,而美國服務貿易的鉅額順差至少可以抵消其有形商品貿易逆差的一部分。自 1970 年以來,美國服務貿易一直保持盈餘,1986 年服務貿易順差已達 103 億美元,到 1995 年更達 630 億美元。[15] 服務貿易在當代國際經濟交往中所佔比重

美國股市走勢判斷〉,《國際經濟評論》,1996 年第 3~4 期,第 27~28 頁。

[13] Source: Office of Trade and Economic Analysis, U.S. Department of Commerce, see *The World Almanac and Book of Facts 1997*, pp.240-241.

[14] 陳晶前引文。

[15] 數位引自張曉堂,〈評美國衰落論的四大經濟支點〉,《世界經濟與政治》,1997 年第 1 期,第 69~71 頁;李俊,〈淺析美國的貿易逆差〉,《世界經濟與政治》,1996 年第 1 期,第 50~51 頁。

不斷加大，而美國率先進入後工業化社會，在技術、資訊、金融、保險、運輸等服務貿易領域穩居世界第一，因此僅根據商品貿易差額來判斷美國在世界貿易中的地位是不全面的。[16] 其次，美國跨國公司的子公司在海外直接生產、就地銷售的收入沒有完整地反映在貿易統計中。再次，正像一位學者所說，美國的貿易逆差並非出口萎縮的結果，而是以出口的迅猛增加為背景的。[17] 美國出口額從 1990 年的 3,940 億美元擴大到 1995 年的 5,847 億美元，增長了 32.6%。[18]

此外，美國在官方統計中有誇大貿易逆差的傾向。這在中美貿易方面表現得尤為明顯。中國發表的《關於中美貿易平衡問題》白皮書中，就談到使用原產地統計方法的侷限性，指出應透過表面數字，認真分析各國在貿易中獲得的實際利益，考慮國際投資、服務貿易等趨勢，以改善和完善國際貿易統計方法。[19]

還有論者指出，美國的貿易逆差是有利有弊的（似應說美國的鉅額進口有利有弊），因為大量價格相對低廉的日用消費品和資源性商品的進口填補了國內生產的不足，彌補了消費缺口，抑制了通貨膨脹，降低了消費者價格指數和生產者價格指數，並且有利於美國優化資源配置，實現產業升級，最大限度

---

16 張漢林、楊青、王紅霞，〈論美國貿易逆差〉，《太平洋學報》，1998 年第 4 期，第 28~36 頁。
17 張曉堂前引文，第 69 頁。
18 同註 8。
19 〈國務院新聞辦公室發表《關於中美貿易平衡問題》白皮書〉，《光明日報》，1997 年 3 月 22 日。

地獲取國際分工的好處。[20]

2.關於債務問題

雖然聯邦預算赤字近年來呈直線下降趨勢,但美國內外債仍在增加。聯邦政府的公債從 1990 年的 32,333 億美元躍升到 1995 年的 49,740 億美元[21],增幅達 54%。1990 年底美國外債為 2,948 億美元,到 1993 年底躍升至 5,558 億美元。[22] 美國 80 年代末戴上的「世界上最大債務國」的帽子,到 90 年代末也摘不掉。

有論者認為,美國的財政赤字佔國內生產總值的比率基本波動於 2%～6%之間,與西方七國 4%上下的平均比率基本持平,因此不能說明美國經濟衰落,而且赤字財政是美國經濟政策的重要組成部分,並非經濟危機的結果。[23] 從傳統觀點看,長期債臺高築應導致投資不足,消費者信心下降,外國投資者撤資。外國資本流入美國加劇了美國的外債負擔,使美國政府必須用財政支出的一大部分用於支付外債利息。但有的學者指出,近年來美國並沒有出現債務危機,國債銷售看好,海內外投資者對美國經濟的信心十足,美國對外投資特別是私人資金的投入增長迅速。90 年代,美國資金在國際直接投資中取代日本和英國,佔據主導地位。相比之下,作為世界最大債權國的

---

20 鄭偉民主編,《衰落還是復興——全球經濟中的美國》,社會科學文獻出版社,1998 年版,第 211~212 頁。
21 同註 4,第 131 頁。
22 沈伯明,《當代美國經濟與貿易》,中山大學出版社,1996 年版,第 106 頁。
23 張曉堂前引文,第 69 頁。

日本近年來卻投資不足。[24] 90 年代初，日本對美國直接投資劇增，曾經讓美國人驚呼「日本購買美國」。但隨著近年來美國經濟的發展，許多人開始強調外國在美國投資有助於彌補財政赤字以及貿易赤字所造成的經常專案差額，有利於達到國際收支的總體平衡。[25]

3.關於美元地位問題

　　如何估計美元的國際貨幣地位，是個頗有爭議的問題。90 年代初「美國衰落論」的論據之一便是布雷頓森林體制瓦解後美元地位和匯率的不斷下跌。當 1994 年和 1995 年頭幾個月美元兌日元和馬克的匯率大幅度下跌時，人們對美元的國際貨幣地位再一次表現出憂慮，有人甚至提出美元、日元和馬克三種國際貨幣鼎立的局面已經形成。但是，有的專家根據新資料說明，「美元地位雖然在下降，但是與任何其他貨幣相比，無論作為計值貨幣、支付貨幣，還是作為儲備貨幣，美元仍佔有絕對的優勢」。例如，1994 年美元仍佔國際貨幣基金組織成員國官方外匯儲備的 57.1%，而馬克和日元僅分別佔 14.8%和 8.1%。[26] 當前，50%的國際貿易用美元結算，85%的國際金融交易也用美元結算。[27] 美元的國際貨幣地位可能比美國在世界經濟中的主導

---

24 朱文莉，〈關於「美國經濟相對衰落」的疑問〉，列印稿第 2 頁。

25 參見張建清，《戰後外國美國投資發展研究》，武漢大學出版社，1995 年版，第 172~178 頁；夏申，〈走鋼絲並不瀟灑：評美國「雙赤字」〉，《國際經濟評論》，1996 年第 3~4 期，第 14 頁。

26 高海紅，〈美元國際貨幣地位下降將是一個緩慢的過程〉，《國際經濟評論》，1996 年第 5~6 期，第 26 頁。

27 丁一凡，〈歐元誕生將對國際經濟格局產生重大影響〉，《世界經濟與政治》，1999 年第 1 期，第 65 頁。

地位持續的時間要長。

　　1999 年 1 月歐元正式誕生以後，美元作為國際貨幣將受到什麼樣的影響，在專家中眾說紛紜。美國國際經濟研究所所長伯格斯滕等人認為，歐元啟用後，一批私人投資會轉到歐元市場，還有一些國家會把一部分外匯儲備從美元轉為歐元，足以使歐元升值，衝擊美元。[28] 不過從近期看，歐元是否堅挺，在很大程度上還要取決於歐洲經濟的復甦情況。在歐元使用的初期，美元所受到的威脅還不會很明顯。

4.關於一些發達國家的人均收入超過美國的問題

　　幾年前，人們經常根據日本等國的人均國民生產總值大大超過美國的事實，來說明美國經濟地位的相對下降。隨著「購買力平價」的概念在國際經濟比較中受到重視，這一判斷已受到懷疑。根據世界銀行估算，按照購買力平價計算的美國人均國內生產總值，在 1990 年為 21,360 美元，是當年世界主要國家中最高的，其他人均高收入國家依次為加拿大（19,650 美元）、日本（16,950 美元）、德國（16,290 美元）、澳大利亞（16,050 美元）等。[29] 按美國中央情報局和商業部根據購買力平價的估算，1994 年美國仍為世界首富，人均國內生產總值達 26,640 美元，第二位是盧森堡的 22,830 美元，以下依次為加拿大、阿拉伯聯合大公國、列支敦士登，日本（20,200 美元）、德國（16,580

28　同上。
29　王誦芬主編，《世界主要國家綜合國力比較研究》，湖南出版社，1996年版，第 90 頁。

美元）分別排第 10 位和 24 位。[30]

　　中國的美國經濟問題專家在估計 90 年代中後期的美國經濟發展狀況時，提到的有利條件多於不利條件，並且大都認為美國與日本和歐洲的經濟差距不但沒有縮小，在一些領域甚至擴大了。美國經濟強勁的條件，包括經濟全球化帶來的市場規模的迅速擴大，技術革命導致的勞動生產率的提高以及新的投資需求、消費需求和人力資本的投入，也得益於一些制度創新。這些條件在未來若干年內仍然有著重要作用。同時，有的研究者指出，「美國的經濟增長主要還是一種得自於資本投資、勞動投入、需求高漲、外部有利經濟條件的常規增長」，而談不上是「奇蹟」。[31] 勞動生產率增長的緩慢，經濟泡沫，缺乏重大的制度創新，全球各地金融動盪的影響等等不利因素，使美國仍然難以擺脫經濟周期。在經濟史上，一輪強有力的經濟擴張往往掩蓋了導致下一輪經濟衰退的隱患。80 年代日本經濟的不可一世，就是美國的前車之鑑。為了保持目前的經濟繁榮，美國的出路在於制度創新，改進收入分配，改革社會保障和醫療保健制度，加強基礎教育和職工的再培訓。但是它的國內政治鬥爭和社會矛盾，對各項可能維持繁榮的改革措施形成很大的制肘。

　　因此，有的學者強調指出，「不能單純地以商業周期的某種經濟變動來論述一個國家的經濟興衰問題，不能在經濟周期不景氣時就談論『經濟衰落』，而在經濟周期處於上升階段時又說

---

[30] Source: Central Intelligence Agency, *The World Yearbook 1995;* Bureau of Economic Analysis, U.S. Department of Commerce, see *The World Almanac and the Book of Facts 1997*, p. 134.

[31] 張宇燕前引文，第 10 頁。

是『經濟復興』，這種論證方法是不可取的」。[32] 美國與日歐等國的商業周期不會完全同步。未來幾年日本和歐洲的經濟可能回升。日歐的儲蓄率都高於美國，教育水準和國民素質也相當高，又都處於深刻的經濟結構性調整之中。因此，在 21 世紀初又一次出現日歐趕超美國的現象，並非不可想像。日本在金融泡沫破滅後，又遭亞洲金融危機影響的重創，缺乏強有力的政治領導和改革的決心，擺脫經濟衰退需要的時間較長。但是歐洲建立統一市場後，又將啟動歐元，醞釀著有深遠意義的制度變遷，因此在美國經濟增長放緩時，歐洲有可能出現一個快速增長期。

二、調整評價尺度

90 年代初一些著述論證美國的世界地位相對衰落時，最重要的依據是美國與日本、德國相比經濟競爭優勢的下降。那麼，如果事實證明美國與其他主要發達國家的經濟差距拉大，能否說明美國的世界地位上升了呢？我們認為，觀察美國世界地位的變化，需要一個全面、客觀的評價尺度，包括縱向和橫向的尺度及多重視角。

所謂縱向尺度，指的是將今天的美國與什麼時候的美國相比。如果是與第二次世界大戰後初期相比（當時美國的國民生產總值曾經佔到世界總產值的一半），美國的世界地位毫無疑問

---

32 鄭偉民前引書，第 320 頁。

並且無可挽回地降低了，這是沒有爭議的。但是這種比較也解決不了我們今天關注的問題。如果是與 80 年代初相比，美國的國內生產總值在世界總產值中所佔的比例沒有顯著的波動，基本保持在 25%左右，美國對外貿易在世界貿易總量中所佔的份額也沒有明顯變化。這兩項指標都不足以說明美國經濟地位的下降。本章所探討的，是與冷戰剛剛結束時相比美國世界地位的變化。

所謂橫向尺度，指的是將美國與哪些國家相比。如果與日德兩國的經濟實力和競爭力相比，在冷戰後的幾年裏美國的優勢擴大了。與經濟衰退的俄羅斯相比，優勢的擴大更為明顯。但是，當與中國、亞洲以至作為整體來看的發展中國家相比時，美國與它們在經濟總量上的差距明顯縮小了。近三年來，發展中國家經濟增長率平均在 6%上下，亞洲高達 8%上下，而美國在 2.2% 左右浮動。[33] 也可以說，冷戰後美國的國內生產總值之所以仍然能保持世界總量的 1/4，靠的是日本和部分發達國家的低增長率，以及前蘇聯等地區的負增長。

所謂多重視角，指的是經濟以外的其他衡量標準。一個國家的世界地位，最終當然是由它的國力來決定的，而國力的核心當然是經濟實力。但是在一定的歷史時期內，經濟實力與政治地位不相稱的現象是經常發生的。例如，日本的經濟實力長期以來遠大於中國，但在世界政治中的影響力卻小於中國。冷戰後日本的經濟發展勢力遠不如 80 年代後期，但它在亞太地區以至世界的政治地位卻沒有下降，甚至可能比 80 年代後期上升

---

33 滕藤、穀源洋前引書，第 320~321 頁。

了。在觀察美國世界地位的變化時，經濟指標（尤其是在冷戰後這短短幾年裏的指標）和經濟發展趨勢，只能是主要依據之一。本文提出七項重要衡量指標，以期對美國的世界地位作出較爲全面的評估。

（一）經濟實力和國際競爭力

除上文已經提及的主要具體指標之外，還有一個重要的長遠因素必須考慮。美國經濟實力有著恒定的自然資源、地理條件和地緣位置的優勢爲基礎，國土遼闊，人口總數大而密度低，這些都是俄羅斯以外的國家無法比擬的優越條件。在全球人口急劇膨脹與環境惡化、資源稀缺的矛盾日益激化時，美國這一優勢將越來越明顯。

（二）軍事能力

冷戰期間，即從 1945 年到 1989 年，美國軍費平均佔其國民生產總值的 6%。美國在冷戰後削減軍費的幅度較大，從 1990 年的 3,000 億美元左右（佔當年國民生產總值的 5.4%）[34] 削減到 1995 年的 2,706 億美元（佔當年國民生產總值的3.7%）。[35] 美國國防部 1997 年 5 月 19 日公佈的「防務戰略報告」，提出要保證今後 10 年內維持目前每年軍費 2,500 億美元的水準。[36] 如果

34　朱明權，《美國國家安全政策》，天津人民出版社，1996 年版，第 45~47頁。

35　Institute of International Strategic Studies, *The Military Balance 1995-1996*, London: Brassey's, 1996, p. 25.

36　高鳳儀，〈新報告，舊思維──述評美國新版防務戰略報告〉，《光明日報》，1997 年 5 月 21 日。

這份「防務戰略報告」的建議能夠獲得批准和實施，今後美國軍費佔國民生產總值的比例將逐漸降到 3%以下。但從 1998 年開始，削減防務預算的計劃受到的壓力增大，美國軍費又呈現上升趨勢。預計 1999 年美國的防務預算將達到 2,762 億美元，2000 年達到 2,800 億美元以上，從 2000～2005 年的防務開支還要增加 1,120 億美元。新的防務預算增加了用於全國導彈防禦計劃的開支 66 億美元，還要用 530 億美元購買新式武器。美國軍費目前仍遠遠高於其他國家，是其北約盟國軍費總和的近兩倍，俄羅斯軍費的三倍，中國軍費的十幾倍。

美軍總兵力從 1989 年的 213 萬人壓縮到 1997 年的 145.7 萬人，計劃在 2001 年保持在 144.5 萬人的規模。[37] 在美國軍費、戰略核子武器和和兵力都有所削減的同時，它在海外的駐軍也急遽減少。1987 年時美國在歐洲駐軍達 32 萬人，到 1995 年初時縮減到 10 萬人。1992 年美軍從菲律賓的蘇比克灣海軍基地撤出，但它在亞太地區駐軍的縮減幅度不大，只從 12 萬人減少到 10 萬人，並將保持這一規模。[38]

美國軍事技術的加速發展彌補了它在經費和兵力上的壓縮。美國仍然重視核子武器的作用，但已將武器發展的重點轉到開發新一代的高技術常規武器，在軍費減少的情況下，**繼續增加高技術武器研製的經費**，加速發展隱形、定向能、智慧、精密製導、空間系統、生物工程等高新技術。[39] 冷戰結束後，

---

37 Charles E. Morrison, ed., *Asia Pacific Security Outlook 1997*, Honolulu, Hawaii: East-West Center, 1997, p.139.

38 參閱朱明權前引書，第 190~207 頁。

39 潘振強主編，夏立平、王仲春副主編，《國際裁軍與軍備控制》，國防

美軍的快速反應能力和應付地區衝突的能力有所提高。

　　冷戰後美國與世界其他主要國家相比的軍事優勢也許沒有下降，但是在國際局勢趨向緩和，大規模軍事對抗的可能性降低後，美國的超強軍事能力對其他大國難有威懾之勢，軍事力量轉化為政治和外交工具的作用下降了。另一方面，美國在冷戰後仍然透過武裝干涉、武力威脅和參與維持和平行動等方式，在海地、伊拉克、利比亞、朝鮮半島、索馬利亞、波黑、臺灣附近海域等國家和地區，頻繁使用和炫耀武力。

(三)科學技術水準、教育水準和人才流向

　　美國率先進入資訊時代，由電腦技術和通信技術結合而成的資訊高速公路，正在給美國人的工作方式和生活方式帶來革命性的變化。資訊集約化的領先地位，很可能在一段時間內擴大美國與其他國家在尖端科技領域（生物工程、醫學、宇航、新材料等）的差距。在科技投入方面，美國遙遙領先於其他國家。80 年代以來，特別是冷戰結束後，美國開始把額外籌集的財政開支大部分用於扶植諸如生物工程、新材料、宇航、微電子、智慧型機器人等戰略產業的發展和人力資源的開發，使那些回收期長、風險巨大、私人不願投資或投資不足的高技術產業得到較為充足的資金。冷戰後的美國領導人對於發展科技十分重視。柯林頓說：「未來經濟機會的重要決定性因素之一就是掌握技術優勢。這對個人和企業同等重要。這是我努力奮鬥，

大學出版社，1996 年版，第 29 頁。

避免減少我們在基礎科學研究開發方面投資的原因。」[40]

　　發表在世界主要學術刊物上的學術論文數量和獲得專利權的數量是衡量一個國家科學技術水準的公認標誌之一。現在全世界 35%的學術論文出自美國科研人員之手；美國科學家每年在本國獲得的專利權達 80%以上，在歐洲獲得約 29%的專利權。[41]

　　90 年代以來，美國建立了專門負責科技發展的機構，對科技開發進行宏觀干預。1993 年 11 月，「國家科學技術委員會」正式成立，其地位與國家安全委員會、國家經濟委員會並列為其次，政策為重疊。1993 年 9 月，美國政府提出「國家資訊基礎設施行動計劃」（即通常所說的「資訊高速公路計劃」）。提出建設由光纖和電纜組成的資訊流通主幹線，構成聯結美國各地資訊設施的高速交流資訊的網路系統。1994 年美政府撥出 10 億美元做為資訊高速公路建設的經費，並把全國科學基金會在電腦方面的撥款增加 3,310 萬美元。

　　估計在今後 20 年內，美國政府對此項計劃的投資將達到 300 億美元，在科技開發投資方面，遙遙領先於其他國家。政府的科技政策促進了資訊技術的傳播，1993 年，美國電腦擁有量佔全世界的 43%。據美國資訊資料公司的調查，1996 年底美國有 13%的家庭使用因特網，1997 年上升到 18%，預計到 1999 年將達到 27%，2001 年 38%。目前，商業電腦網路的用戶以每年 30%的速度增加，照此速度 5 年內大部分美國家庭將透過網

[40] 比爾‧柯林頓，《希望與歷史之間——迎接 21 世紀對美國的挑戰》，金燦榮等譯，海南出版社，1996 年版，第 22 頁。

[41] 楚樹龍主編，《跨世紀的美國》，時事出版社，1997 年版，第 102 頁。

路相互聯結起來。

美國在未來幾十年內將仍然是世界上科技最發達的國家。1995 年 3 月白宮科學技術政策辦公室的報告認為，美國在 27 個關鍵技術領域居世界領先水準。其中資訊與通信技術大大領先，生物、醫學、農業、環保技術等都佔有優勢，與日本相比，美國在 10 個領域處於領先地位，在 11 個領域暫時領先，6 個領域持平。與歐洲各國相比，美國在 1 個領域領先，18 個領域暫時領先，7 個領域持平。科技優勢使美國一直保持著世界最大的技術出口國的地位，壟斷了世界資訊技術市場。美國現在是世界最大的軟體出口國，其電腦軟體及其服務業佔世界市場份額的 75%。在全球 3,000 多億美元資訊技術產品貿易中，美國佔 1/3 左右。微軟、英代爾、網景等公司已成為資訊技術的代名詞。

與科技優勢相比，美國教育的問題較為嚴重。多年以來，「救救我們的學校」、「教育的末路」、「大學的危機」等等，在美國不絕於耳。人們常說美國的年輕人看不懂地圖，中學生不會做簡單的算術，大學生有的連一封信都寫不通。最可笑的例子是布希時期的副總統奎爾居然把最簡單的單字「馬鈴薯」都拼錯，還要去糾正小學生。一篇評論美國教育的文章指出：「凡評論美國教育的文章無不令人沮喪」，即使是持樂觀態度的人，也只是說美國教育水準近來並未下降，沒人說它有所提高。「美國教育的失敗已成為不爭的事實。」[42]

目前美國教育的困境，集中於公立中小學校教育質量低下

42　勞拉‧理查森，〈美國學校何去何從〉，《交流》1996 年第 2 期，第 2 頁。

和高等教育學費上漲過快這兩個問題。在 90 年代，這兩個問題都沒有緩解的跡象。「美國的公立學校達到了幾乎是壟斷的地步——沒有衡量工作好壞的標準，既沒有學校體系內部的競爭，也沒有來自外部的競爭。」[43] 美國學校實際上從未有過任何國家教育標準，也沒有全國性的成績測試，[44] 幾乎完全是各自為政。政府對大專院校的撥款越來越少，學費增加已到了工薪階層難以忍受的地步。估計到 2000～2001 年，四年制州立大學每年學費可達 3,728 美元，一流公立大學達 4,624 美元，私立大學更達 18,845 美元。到 2000 年秋季，一個學生要上像耶魯大學這樣的名牌大學，全年的學費加食宿費需開銷 36,297 美元。[45]

　　教育狀況能否改善，關乎美國下個世紀能否保持競爭能力。冷戰結束後的第一個美國總統布希自稱要做「教育總統」，被傳為笑柄。柯林頓在第二任期內決心推進教育改革，在 1997 年的國情咨文中明確提出「教育優先」。他主張制定全國教育標準，已引起廣泛反響。但是柯林頓政府的教育改革方案受到了國會共和黨人的阻撓。憲法規定教育本質上應由州和地方政府管理，聯邦政府只能起輔助作用，對柯林頓的改革形成體制上的牽制。預算平衡的壓力，又使政府難以加大對高等教育的撥款。[46] 當前美國政府對教育十分重視，試圖奪回失去的優勢。

43　彼得・德魯克，《新現實——走向 21 世紀》，劉靖華等譯，江時學校譯，中國經濟出版社，1993 年版，第 190 頁。
44　著名的「學業評價測驗」(Scholastic Aptitude Test)並非全國性的成績測試，而是由一家私人公司出題和安排進行的，參加測驗者須付費。
45　羅恩・蓋爾斯，〈改造大學〉，《交流》，1996 年第 2 期，第 11~12 頁。
46　參閱金燦榮，〈教育中的政治——評近來美國關於教育改革的爭論〉，

美國的教育投資佔其國民生產總值的 6.6%，而日本為 3.8%左右。1993 年 4 月，美國政府宣佈了一項提高公立學校教學質量的計劃，提出政府將增加撥款，以改善辦學條件；確定各主要學科全國統一的教學標準，以提高教學質量；允許學生選擇公立學校，以促進學校間的競爭，提高教學水準。該計劃還要求加強職業培訓，鼓勵中學在高年級為那些不想升入大學的學生提供職業培訓，同時政府還將撥款對失業成年人進行再培訓。為了加強高等教育，美國政府於 1993 年夏提出了「社會服務計劃」，規定由政府向貧困學生提供貸款，年度最高額為 1 萬美元，條件是接受貸款的學生必須從事教育、環境保護、公共安全、社會服務等低報酬工作累計滿 2 年。這樣使所有想接受高等教育的美國青年都能夠如願。

　　美國教育既有弊端，也有很好的基礎和很大的變革餘地。1990 年美國平均每一萬人有在校大學生 558 人。在其他發達國家裏，只有加拿大的這一指標接近於美國，其他國家僅及美國的一半甚至更低。[47] 美國的教育體制相對來說最開放，最靈活，最分散，最少干預，易於實現知識更新。否則很難解釋為何在國際衡量學術成就的重要標誌諾貝爾獎中，美國得主如此之多。第二次世界大戰後，諾貝爾物理獎和醫學獎，美國人囊括了將近二分之一，經濟學獎美國人竟拿走了三分之二。1997 年獲諾貝爾獎裏科學類獎的 7 名科學家中，有 4 名是美國科學家；1998 年的 8 名諾貝爾科學獎獲獎者中，又有 6 名是美國人。美

《世界知識》，1997 年第 9 期，第 30~31 頁。

[47] 王誦芬前引書，第 80 頁。

國優越的生活條件，先進的教育設施和研究手段，高度開放的社會環境，將國外科技優秀人才和各類專門人才源源不斷地吸引到自己國土上，直到 90 年代依然如故。在矽谷、波士頓 128 公路等技術創新的「孵化器」裏，集中著來自世界各地的一大批最優秀的科研人才和知識菁英，將高新技術和創業資本、創新精神結合起來，將知識轉化為生產力。為便於優秀人才的入境，美國國會專門通過法案，為申請赴美工作的專業人才設立簽證指標（H-1B 身分）。國外人才的湧入，加強了美國在全球經濟中的競爭實力。只要人才流動的這一方向不變，就很難得出美國經濟和教育狀況將持續衰落的結論。

（四）社會凝聚力

美國作為一個國家的最大特色，在於它由不斷湧入的新舊移民組成，種族、宗教、文化、政治必然是多元化的，但又有主流的族體、信仰和制度作為國家的核心和靈魂。美國主流社會的核心是所謂 WASP，即「白種盎格魯－撒克遜人中的新教徒」。美國的社會凝聚力在歷史上經歷過嚴重考驗，二戰後的最大考驗是 60 年代黑人民權運動的衝擊。70 年代越南戰爭的失敗和水門事件，則使美國政治領導的威望降到最低點。與蘇聯長達 40 多年的冷戰雖然大大消耗了美國的資源，但卻使全民族有了一個明確無比的戰略目標、競爭對象和奮鬥方向。例如，1957 年蘇聯先於美國發射人造地球衛星，曾經大大刺激了美國人，反過來變成美國科技革命的推動力。從某種程度上說，與蘇聯的對抗和競爭維繫甚至增強了美國的社會凝聚力。

蘇聯的迅速衰落和解體，使美國的國家目標部分地失去了方向感。薩達姆・海珊的軍事挑戰，日本的經濟挑戰和「資本

入侵」，輿論界關於「中國威脅」的鼓噪，都代替不了過去蘇聯那樣一種激發美國內聚力的作用。與此同時，一系列相互聯繫的社會和政治問題嚴重地侵蝕著美利堅大廈的根基。這些問題主要是：

第一，種族矛盾突出，反移民傾向抬頭，多元文化對主流文化形成強大挑戰。60 年代黑人運動取得的重大成果，體現在今日美國社會生活的各個方面。與種族平等的強大潮流相適應的「多元文化主義」，使公開表露種族歧視、性別歧視被視為「政治上不正確」。但種族間表面上的平等，無法掩蓋社會權益上的不平等。以鼓吹西方「自由與民主的理念在世界上已無可匹敵」而聞名的法蘭西斯‧福山，對美國的種族問題也不敢樂觀。他在新著中說：「對於美國黑人這類最麻煩的種族問題，美國民主主義幾乎束手無策。黑人奴隸制對美國人所謂『生而平等』的普遍表現是最大的例外；美國民主不管怎麼發揮，到最後依然沒有解決奴隸制。廢除奴隸制以來已經過漫長歲月，黑人也取得完全的法律平等，可是許多黑人依然被疏離於美國文化的主流之外。想到這問題對黑人和白人所具有的文化性格，美國民主是否真有能力去完全同化黑人，或是否有能力從形式的機會平等進展到廣泛的條件平等，就很難說了。」[48] 與白人相比，黑人、其他少數族體和新移民是犯罪、暴力、執法不公、吸毒等社會痼疾的更大受害者。1992 年 5 月的洛杉磯種族騷亂，1995 年的辛普森審判，1995 年 10 月黑人在華盛頓舉行的大遊行，1996

---

48 法蘭西斯‧福山，《歷史的終結》，遠方出版社，1998 年版，第 141~142 頁。

年亞特蘭大奧運會前夕連續發生黑人教堂被蓄意焚毀事件，都凸顯了美國種族分裂的深化。近年來白人保守勢力又公然宣揚種族優越論，社會上掀起一股新的敵視和歧視移民的排外情緒。[49]

新移民既給美國帶來了更多的熟練勞動力和高級專業人才，也給美國社會的凝聚力帶來新的問題。80 年代移居美國的人數比歷史上任何一個十年都多。現在美國每年接納近 100 萬移民。按照這種趨勢，到 2000 年時，在海外出生的、已移居到美國的人口將達到美國人口總數的 10%以上，這將是 1930 年以來的第一次。到 21 世紀中葉，在海外出生的美國人口比例將達到 15%。[50] 從種族比例上說，少數族體的自然增長率高於白人，加上以拉美人為主的新移民增加，到 2050 年前後歐洲白人後裔將只佔到美國總人口的一半，使社會整合的任務更加複雜化。

面對社會離心力的加劇，面對各個種族集團關係的緊張乃至衝突，美國的主流社會日益公開地表示憂慮，並決意促進社會的整合。柯林頓在 1995 年 10 月 16 日黑人大遊行的當天發表演說，稱種族分裂「正在撕碎美國的心」。[51] 他在第二任就職演說中，最為強調的任務便是加強社會凝聚力，避免種族差別帶來分裂。「種族差別始終是美國的禍根。每一次新的移民潮都給舊偏見提供了新靶子。」[52] 此前一個月，柯林頓剛剛簽署了新

---

49 關於美國新的反移民情緒，參見周琪，〈日益升溫的美國反移民情緒〉，《美國研究》，1997 年第 1 期，第 7~22 頁。

50 楚樹龍前引書，第 168 頁。

51 轉引自萬光，〈美國的種族矛盾〉，《太平洋學報》，1997 年第 1 期，第 49 頁。

52 President Clinton's Second Inaugural Address, USA Today, January 21,

的移民法，明顯收緊了移民政策。而眾議院也通過法案，規定英語為美國官方語言。這是針對美國各州出現的雙語甚至多語現象制定的。

第二，社會分配不均，兩極分化嚴重。美國社會財富分配的兩極分化，在西方發達國家中一向是最為嚴重的，而且隨著經濟的發展和高新技術的採用，還在繼續擴大。1994 年，美國大公司總裁的收入是普通工人的 149 倍，一般公司總裁的收入是普通工人平均工資的 25 倍（在日本是 10 倍）。20%收入最高和 20%收入最低的平均收入比，1974 年是 7.5 倍，1992 年擴大到了 10.2 倍。1995 年，生活在官方規定的貧困線以下的貧困人口在美國全國人口中所佔的百分比，比 70 年代中期有明顯增加。[53] 美國 10% 的最富有家庭所擁有的財富，1974 年佔全國財富的 61.1%，1994 年上升到全國財富的 66.8%。[54]

近年來美國經濟的持續上升並沒有給中下層普通百姓的生活帶來顯著的提高。在資訊技術帶來的經濟變革中，出現了所謂「憂慮階層」，其成員既包括 20 年來經濟狀況一直在下滑的最低收入者，也包括近況不佳的下層中產階級人士。由於缺乏適應新經濟形勢的技能，他們只能從事報酬較低的服務性工作或者非全日制工作，始終沒有分享到這一輪經濟增長的成果。美國經濟研究所 1998 年 9 月公佈的一項調查報告說，從 1989 年至 1997 年間，美國企業管理人員的平均純收入增加了一倍，

1997, 10A.

53 楚樹龍主編，《跨世紀的美國》，時事出版社，1997 年版，第 186~187 頁。

54 萬光，《美國社會病》，四川人民出版社，1997 年版，第 41 頁。

而工人的平均純收入僅僅增加了 1.4%。報告還說，在 90 年代，美國企業獲得的創記錄利潤，部分是靠犧牲工人的小時工資實現的。1997 年美國工人的平均小時工資只有 11.13 美元，低於 1989 年的 11.30 美元。[55] 從 1991 年到 1995 年，有 250 萬人在企業結構調整中失去了原來收入較高的工作，雖然其中的多數找到了其他工作，但收入卻大為下降。同時，企業利潤和企業家的收入迅速增長，導致貧富差距日益擴大，引起勞工大眾的不滿。[56] 美國的工會組織在西方國家中一向是較弱的，在產業結構調整中的力量更進一步下降。

第三，犯罪率居高不下，恐怖組織猖獗。據聯邦調查局統計，1995 年與 1991 年相比，美國的犯罪率下降了 10.5%，與 1986 年相比下降了 3.7%，但是與 1986 年相比的暴力犯罪率增加了 10.8%。[57] 形形色色的「民兵」組織和異端教派與政府對抗的事件幾年來一再發生，引起人們對美國反政府武裝組織的關注。美國持反政府立場的準軍事組織數目很難統計，目前的參加者估計有數十萬人。它們的政治主張相當龐雜。比較一致的觀點是主張白人至上，反對美國參加各種國際組織，反對各級政府干預私人生活，尤其是反對聯邦政府對私人持槍進行管制。美國的高犯罪率和恐怖活動泛濫的社會根源是種族矛盾、貧富不均、毒品泛濫和精神危機，因此政府的治安措施雖然有一定成

---

55 《人民日報》1998 年 9 月 11 日，第 7 版。

56 陳寶森，〈美國兩種經濟哲學的新較量〉，《美國研究》，1996 年第 2 期，第 33 頁。

57 Source: FBI, Uniform Crime Reports 1995, see The World Almanac and Book of Facts 1997, p.958.

效，但基本局面難以改觀。

　　第四，核心家庭破裂，價值觀失落。美國人也是把「家」和「國」聯繫在一起的。柯林頓在 1996 年 1 月的國情咨文中說：「家庭是美國生命力的基礎。如果我們有更牢固的家庭，我們就有一個更強盛的國家。」[58] 但是，當前美國的家庭卻十分不牢固。離婚率提高，非婚生育（包括非婚人工授精）現象增加，社會的基本單位——家庭的解體，對美國新一代的道德教育構成嚴重威脅。自 1960 年以來，單親家庭的比例增加了兩倍。據估計，在 1980 年出生的人中間，70%以上的白人和 94%以上的黑人，在 18 歲之前都會有一段時間生活在單親家庭裏。[59] 同性戀行為比過去更為普遍、公開，同性戀者要求法律承認同性戀「婚姻」並享受相應的福利和權利，在社會上引起了道德和法律方面的長期爭論。電視等傳播媒體裏充斥著暴力、色情和享樂無度的內容，腐蝕著青少年的靈魂。美國前國家安全事務助理布熱津斯基對美國社會中「放縱的豐饒」（道德觀念失落，物質慾望上升）表示深深的憂慮，擔心長此以往，美國社會將失控，政治制度將不再具有吸引力。[60] 不少有識之士指出，今天的美國是寬容和自由有餘，訓誡和自律不足。資訊時代的到來，使新一代人更容易迷醉於以個人為中心的物質享受和低層次的

58　轉引自楚樹龍前引書，第 170 頁。

59　Peter G. Peterson with James K. Sebenius, "The Primacy of Domestic Agenda," in Graham Allison and Gregory F. Treverton, eds., *Rethinking America's Security: Beyond Cold War to New World Order,* New York: W.W. Norton, 1992, pp.83-84.

60　茲比格涅夫‧布熱津斯基，《大失控與大混亂》，潘嘉玢、劉瑞祥譯，朱樹揚校，中國社會科學出版社，1994 年版。

「大眾娛樂」，喪失對社會的獻身精神和責任感。當然，「美國精神」受到侵蝕是一個漸變的過程，對自由放任的批評和保守思想的回潮也值得重視。

第五，政界醜聞不斷，公眾對政治領導人缺乏信任。冷戰結束後的幾次國會和總統選舉投票率低落，雖然原因很多，但總的來說表現了美國公眾對政治現狀的失望和不滿。在 1996 年大選後《新聞周刊》進行的調查中，只有 12%的美國人表示對政府機構「相當信任」，而信任國會的僅為 8%。[61] 不過，美國公眾依然基本認可政治上的三權分立和兩黨制，第三黨難成氣候。

有關柯林頓總統本人的緋聞，幾年來一直不停歇，1998 年因被揭出與白宮女實習員莫妮卡‧陸文斯基有染，演化為更加激烈的黨派政治鬥爭，涉及一系列道德和法律問題。在柯林頓面臨被彈劾的危險時，眾議院司法委員會主席、共和黨人亨利‧海德的婚外情史也被揭露出。華盛頓政界一片混亂，「人人自危，無人能預料此案何時了結」。[62] 同時，美國公眾已經顯露出對這種無休無止的個人攻訐、無政治原則的權力鬥爭的厭煩情緒。無論圍繞柯林頓總統的這場鬥爭結局如何，其後果肯定是公眾對政治領導人進一步失去信任。

社會凝聚力是一個無法量化的指標。以上分析至少說明冷戰後美國的社會凝聚力沒有增強，而是呈現削弱的趨勢。

61　王緝思、朱文莉，〈1996~1997 美國形勢報告〉，《國際形勢分析報告（1996~1997）》，中國戰略與管理研究會，1997 年 3 月出版，第 18 頁。

62　*Newsweek*, September 28, 1998, p.12.

（五）意識形態和文化的影響力及美國的形象

冷戰後期，美國對蘇聯取得了政治、經濟、軍事、文化的全面優勢，反共意識形態的信條似乎得到驗證。多黨制議會民主—保障人權—言論自由—資訊開放—資本主義—市場經濟—物質繁榮—社會公正—民族團結，成為美國意識形態中一環緊扣一環的鏈條，其對立面則被描繪成前蘇聯式的一黨專政—侵犯人權—思想僵化—資訊封閉—社會主義—計劃經濟—物質蕭條—分配不公—民族歧視。蘇聯剛剛解體時，歷史似乎「終結」，美國模式全面戰勝蘇聯模式。

但是，冷戰後短短幾年的歷史，就迫使美國以至世界各國的思想界對兩極對立、非黑即白式的思維模式進行更深入的反思。反共意識形態儘管還有中國作為攻擊的主要靶子，但中國改革模式的生命力不能不令持傳統反共觀念的人們感到吃驚。東亞一些國家在保持經濟繁榮的同時繼續排斥西方式民主自由，伊斯蘭原教旨主義上升，西歐社會問題激化，一些前蘇聯東歐國家政治轉型後經濟停步不前，民族矛盾加深，也都不是冷戰意識形態教條可以解釋的現象。

對美國來說更為嚴重的是，過去美國人引以為自豪的「榜樣的力量」，隨著美國社會痼疾的加重，正在一步步喪失。美國著名評論家、《全球視點》通訊網主編加德爾斯說：「那些曾經稱羨美國社會並憧憬其未來的亞洲和歐洲菁英們，現在卻拒絕美國的自由放任模式，而把它視為加劇社會和道德混亂的處方。在他們眼裏，美國成了半個霸主。」把冷戰結束稱為「歷史的終結」的弗蘭西斯·福山最近指出，美國近20年來的「權利革命」大大削弱了美國多元化的根基——社會信任，以至於適

度的社會權威受到蔑視。新加坡前總理李光耀尖銳地批評道：
「誰願意在那樣一個社會生活？孩子們持槍自相殘殺，鄰里沒
有安全感，老人遭遺棄，家庭分裂。傳播媒體把所有權威拉下
馬，肆無忌憚地攻擊領袖的人格，指責一切人，惟獨不指責自
己。」歐洲委員會前主席德洛爾的批評溫和而深刻。他說，美
國的錯誤在於把社會拋棄給了市場，造成了一個連家庭生活、
社會凝聚力和文化都服從於資本主義強大動力的「市場社會」。
「人們禁不住羨慕美國社會的彈性、適應性和競爭力，但也會
對犯罪、暴力和不斷加劇的收入不均感到驚駭。」[63]

　　美國的暴力犯罪、無家可歸、家庭解體、道德淪喪、吸毒
販毒、種族不平等、貧富差距擴大等社會弊病，在發達國家中
是較為嚴重的。由於美國的國際地位特殊、輿論界獨立性強、
社會開放程度高、秩序混亂的大都市多等種種原因，美國的社
會病態比任何其他國家都更加引起世界的注目。於是「以美國
形象來塑造世界」的口號愈發不得人心。正如一些美國評論所
承認的，當美國在冷戰後繼續向別國進行「道德討伐」時，得
到的回答往往是：「先治理好你們自己的街區，再來教訓別人
吧！」[64] 還有人指出，「（種族多元的）巴爾幹化的傾向將使國
內就美國在世界上的作用問題展開激烈和曠日持久的鬥爭，從
而嚴重損害美國在正在到來的時代裏居於領導地位的能力。」[65]

---

63 Nathan Gardels, "Half-a-Hegemon," *New Perspective Quarterly*, Vol. 13,
No. 1, Winter 1995/1996, pp.2-12.

64 Jonathan Clarke and James Clad, *After the Crusade: American Foreign
Policy for the Post-Superpower Age*, Lanham, Maryland: Madison Books,
1995, p. xxvii.

65 Michael Clough, "Grass-roots Policymaking," *Foreign Affairs*, Vol.73, No.

為美國意識形態的影響力辯解的人，往往強調美國的「可口可樂文化」、「好萊塢文化」、「迪士尼文化」、「音樂電視」（MTV）在全球無孔不入的滲透力，特別是以英文為主要載體的國際互聯網（INTERNET）向全世界傳播的潛移默化的美國思想、資訊與文化。美國新聞媒體執國際傳播牛耳的地位，就像美國音響製品在世界市場上的壟斷地位一樣無可爭議。這些固然都是事實。但是，這些當代「美國文化」在多大程度上能轉化為政治手段，在國外政治菁英中塑造的是什麼樣的美國形象，卻是很成問題的。

（六）對國際秩序和國際組織的支配力

美國一貫重視在國際上制定有形或無形的法規、行為規範和制度安排，力圖操縱現存的國際組織，按照美國意願和利益建立新的國際機構。冷戰後美國更加緊監督執行或組建、參與國際機制，如核子不擴散條約、全面禁止核子試驗條約、導彈技術控制協定、知識產權協定、西方七國首腦會議、北美自由貿易區、亞太經濟合作組織、世界貿易組織等等，並力圖在其中發揮主導作用。透過有利於自己的國際機制和國際組織來發揮作用，可以部分彌補美國實力的缺陷。應當承認，現存的具操作性的國際規則，如貿易自由化和投資自由化、尊重知識產權、核子不擴散、軍備透明等，對美國是基本有利的。

1, January/February 1994, p.7.

（七）自我調節能力

這裏所謂自我調節，包括自上而下的政策調整和自下而上的社會調節。從內外政策的角度看，冷戰結束後美國似乎沒有驚人的變化和激動人心的口號，但實際上表現了相當大的調整幅度和能力：

第一，國內經濟和社會政策的調整，其中削減聯邦赤字，減少政府開支，調整稅收政策，優先發展資訊產業和其他高技術產業，創造就業機會，都有顯著成效。

柯林頓政府透過制定稅收優惠措施（如延長科研機構的課稅減免），刺激私有企業增加對科學研究和人力資源開發的投資，同時政府也適當增加了對公共教育、職業培訓和與科學技術發展密切相關的基礎設施建設的投資。美國在冷戰後的「軍轉民」工作中卓有成效，把國防科研和國家實驗室的力量與產業界的科研力量結合起來，共同進行研究與開發。柯林頓政府還加大了對人力資源的投資，強調提高美國勞動隊伍的素質。為此，在繼續執行布希時期所制定的「2000 年目標計劃」之外，又制定了「終身學習計劃」，「由學校向工作過渡計劃」，半工半讀的「國民服務計劃」，幫助美國青年上大學的「貸款改革計劃」，對失業工人的「再培訓計劃」等等，並為這些計劃撥款以保證其實現。[66]「柯林頓政府將教育、技術創新和資訊革命放在財政支出的優先地位，同時注意動員社會力量發展資訊高速公

---

66 陳寶森，〈論美國「新經濟」〉，《世界經濟》，1998 年第 6 期，第 11 頁。

路，避免由政府投入大量資金，給財政造成負擔。這是一種符合美國歷史經驗的明智政策，對美國經濟的持續景氣和發展美國的生產力，提高美國的國際競爭能力是有好處的。」[67] 在教育改革、福利制度和醫療保健制度改革方面，美國政府都提出了目標，正在推進過程中，成效尚待觀察。

第二，對外經濟政策的調整，包括排除工會、環境保護組織等利益集團的干擾，建立北美自由貿易區；在亞太經濟合作組織中建議舉行各成員國首腦會議，以便自上而下地推進該機制的貿易自由化和投資自由化，企圖掌握其主導權；有重點地大力開拓海外市場（如柯林頓政府在 1994 年 1 月制訂的開拓中國等 10 大新興市場的計劃），強調「公平貿易」原則，對違反這一原則的國家和公司實行制裁。

第三，國家安全戰略的調整，包括大幅度減少軍費開支和在海外的駐軍，加強快速反應能力，開發高技術常規武器裝備；鞏固與日本和歐洲的安全同盟，企圖以此二者為核心建立更大範圍的多邊安全機制；對海外軍事干預採取較為謹慎的做法，儘量減少單邊行動，爭取盟國分擔責任；擴大安全概念的內涵，將安全威脅主要界定為大規模毀滅性武器擴散、地區衝突、國際恐怖活動、毒品走私等「功能性問題」，而不把特定的大國視為敵手。1997 年 11 月，柯林頓政府確定了新的核子戰略，決定美國核子力量的任務將不再是立足於打一場持久的核子大戰，而主要是以核子威懾來阻止別國對美國及其盟國使用核子武

---

67 陳寶森，〈淺議變革中的美國財經理論和政策〉，《美國研究》，1998年第 2 期，第 47 頁。

器，停止了長期核子戰爭計劃的制定。

　　第四，對外政策的調整，主要表現在試圖穩定與主要大國的關係，集中打擊少數幾個「無賴國家」，更加重視制定國際規則，力圖掌握在國際組織中的主導權。

　　第五，領導層的結構性調整，例如柯林頓政府為適應冷戰後國家目標轉變的需要，新建了與國家安全委員會平行的國家經濟委員會、國家科學技術委員會，提高了財政部、商業部在對外經濟決策中的地位。[68] 從年齡結構上，從 1992 年到 1996年的選舉，完成了美國政治領導層的更新換代，以柯林頓和高爾為代表、在民權運動和越南戰爭時期形成世界觀的中年人，幾乎徹底取代了以布希、杜爾為代表的「二戰老兵」。1997 年柯林頓決策班底的平均年齡只有 49 歲。

　　所有調整中最重要、最有長遠意義的一點，就是將國家目標調整到重點發展經濟，開拓世界市場，在海外實行有限度的戰略收縮。十年前保羅・甘迺迪預言美國相對衰落的主要依據是「帝國過分擴張」的危險，即龐大的軍事開支和過多的海外義務耗費了美國資源和能力。[69] 如今這種危險依然存在，但能力與義務的不平衡已有部分改觀。

---

[68] 參閱傑里爾・羅賽蒂，《美國對外政策的政治學》，周啓朋、傅耀祖譯，世界知識出版社 1997 年版，第 223~234 頁； Richard A. Melanson, *American Foreign Policy Since the Vietnam War: The Search for Consensus from Nixon to Clinton*, Armonk, New York: M.E. Sharpe, 1996, pp.28-29, pp.271-274.

[69] Paul Kennedy, *The Rise and Fall of the Great Powers: Economic Change and Military Conflict from 1500 to 2000*, New York: Random House, 1987, pp.514-535.

種族矛盾、信仰危機、形形色色的社會痼疾,以及政府權威的衰落,是美國政策調整中最無能為力的幾個方面。政治領導人盡可以大聲疾呼諸如加強種族團結、社區建設、個人對社會的責任感、恢復家庭價值等種種口號,但這些問題並非政策調整所能解決,而主要靠社會本身的調節能力。

　　美國社會畢竟是充滿活力的。在經濟活動方面,對科學技術和教育的投入加大,知識經濟初露端倪,並不能全部歸功於美國政府的政策調整,而是美國人民創新精神的體現,是社會自下而上的努力結果。在美國,發明創造的主要驅動力和主體,仍然在企業和民間。和 90 年代初以來,美國人率先建立了全球的因特網。許多美國企業抓住資訊化的良好機遇,進行了大規模的改造和重組,建立了內部資訊網,精簡機構,大量裁員,有效地提高了勞動生產率,實現了在產品不漲價的情況下的利潤增長。在社會生活方面,大批非政府組織應運而生,社區活動部分取代政府功能,社會思潮偏向保守,宗教勢力試圖佔領信仰真空。這些都是社會自我調節的表現。然而美國又是最開放的社會,外部世界時時刻刻都在衝擊著美國。

　　在對外政策方面,美國最難調整的是它的「救世主」心態,即用自己那套價值觀去評價其他國家,進行「道德討伐」。美國扮演「世界警察」的機會不多了,但自命為「世界法官」,以「親美」還是「反美」、「民主」還是「專制」劃線,自以為是,以勢壓人,仍將是美國外交的主要特色。

三、結論：「高處不勝寒」

在全球化進程加速的新時代探討美國的世界地位問題，還不能忽視全球化對美國的衝擊。一提起「全球化」，人們往往首先想到的是，發達國家的商品、資本、資訊、文化產品和價值觀的跨國流動對發展中國家造成衝擊，對主權觀念形成挑戰。有人於是把全球化等同於西方化。其實，全球化本身只是一種客觀趨勢，它對美國等發達國家的衝擊也十分嚴重。

幾十年來，美國對外貿易額的增長速度遠高於國內生產總值的增長速度。對外貿易額在 1950 年佔國內生產總值的 6.7%，1970 年佔 8.5%，1994 年佔 17.9%。如果將服務貿易計算在內，1994 年美國外貿依存度為 22.8%。[70] 資訊技術特別是網路的普及使美國經濟與世界經濟的聯繫越來越密切。知識和資訊成為主要經濟資源引起經濟活動跨越國界而成為全球性活動，美國的資訊、技術、資本、勞動力、生產管理在世界範圍內流動。目前美國的互聯網已幾乎連接世界所有國家和地區，越來越多的美國企業捲入經濟全球化浪潮。美國與其他國家及其企業的經貿技術聯繫、合作大大加強。80 年代末美國實行全球經營的企業僅佔美企業總數的 20%，現在已超過 60%。1982 年到 1994年，美國跨國公司母公司和子公司之間的商品出口貿易額從 471.26 億美元增至 1,343.11 億美元，在美國總出口額中所佔比

---

70 沈伯明，前引書第 153 頁。

重從 33.3%增至 36.3%；進口額從 392.88 億美元增至 1,194.38
億美元，在總額中所佔比重從 37.4%增至 42.7%。現在美國消費
石油的一半以上依賴進口，一大批就業機會取決於全球貿易。

　　美國經濟的全球化，意味著美國經濟繁榮越來越依賴於世
界經濟增長和地區穩定，其主要經濟夥伴（也就是主要競爭對
手）如出現衰退，其重要海外市場如陷入困境，都會對美國經
濟造成相當大的損失。雖然美國對外貿易依存度增加大體來說
利大於弊，但「卻有可能使特定的工人、公司、產業和社區遭
到痛苦的『移位』。」[71] 歐洲、東亞等地區的經濟集團化和許多
國家採取的貿易保護政策，也對美國經濟擴張造成影響。在國
際投資和金融領域，外國在美投資者的行為對美國經濟的影響
日增；全球金融資本流速大大加快，外匯投機活動猖獗，遊資
興風作浪，使美國宏觀經濟調控的能力削弱。1994 年以來的墨
西哥金融危機、英國霸菱銀行倒閉等事件，給美國試圖維持的
國際金融秩序敲響了警鐘。1997 年 2 月，許多美國和世界各國
的政要和大企業家聯名上書柯林頓，緊急呼籲召開新的布雷頓
森林會議，以重建國際金融秩序，避免證券市場動盪和銀行危
機的政治衝擊。[72] 從 1997 年下半年開始的亞洲金融動盪，逐步
向外擴展，也波及到美國，證明這些政界和經濟界人士已經不
幸而言中。

　　美國經濟的核心是巨大的公司財團。用第一屆柯林頓政府

71　美國進步政策研究所威爾・馬歇爾、馬丁・施拉姆主編，《柯林頓變革
　　方略》，達洲等譯，新華出版社，1993 年版，第 123 頁。
72　"Urgent Appeal to President Clinton To Convoke a New Bretton Woods
　　Conference," *EIR*, April 18, 1997, pp.14-15.

勞工部長、著名經濟學家羅伯特‧賴克的話來說，「這些核心公司宏偉的總部大廈就是美國資本主義的神殿，代表著國家的權力和信心」。[73] 然而賴克又指出，到了 90 年代，許多核心公司已經由外國人控股掌握，其外國雇員和工人也迅速增加。如 1990 年國際商用機器公司（IBM）在全世界的雇員中有 40%是外國人，而且這一百分比還在增加。經濟全球化要求跨國公司的領導人一心一意地追求在世界任何一個國家和地區可能出現的利益。美資公司的美國經理並不缺乏愛國精神，但是他們在投資的時候只能以最大的利潤為目標而不是把國家利益放在首位。美國制度沒有任何特殊手段使美國公司大老闆為國家著想，而且一旦美資公司承擔為美國的國家目標服務的特殊責任，那麼它們與其他公司相比的競爭力就會削弱。對外國資本、市場和人才的依賴，使美國跨國公司的「政治忠誠」出現變化，在美國與外國的政治爭端中，這些大公司有時反而不支持美國政策，特別是當這些政策可能損害自身利益的時候。[74] 當美國一些政治勢力威脅要用對華最惠國待遇為武器制裁中國時，波音公司、摩托羅拉公司、通用汽車公司等都表示強烈反對，就是這方面的明顯例子。

　　經濟全球化在美國引起了強烈反彈，其主要表現是「新孤立主義」的回潮。1996 年美國總統競選前期，新聞評論員布坎南在爭奪共和黨總統候選人提名時異軍突起，高舉「美國優先」的大旗，主張貿易保護主義、限制外來移民、退出世界貿易組

73　羅伯特‧賴克，《國家的作用——21 世紀的資本主義前景》，徐荻洲等
　　譯，上海譯文出版社，1994 年版，第 45 頁。
74　同上，第 142~144 頁，第 306~320 頁。

織和北美自由貿易區。雖然新孤立主義不會成為美國政治主流，但表明經濟全球化必然給美國社會凝聚力帶來越來越大的負面影響。[75]

全球化給冷戰後的美國還帶來了安全威脅的多樣化。由於特殊的歷史和地理條件，美國一貫地不必像其他國家那樣，擔心敵國用常規的領土入侵手段對自己造成威脅，而是擔心其他形式的安全威脅。在冷戰時代，美國最為恐懼的是蘇聯的核子威脅。蘇聯從世界政治中消失，使美國的國家安全環境有了根本改變。大國之間直接武裝衝突的可能性大大下降。與此同時，世界性的民族主義浪潮此起彼伏，地區衝突烽煙四起，雖然一般來說未構成對美國國家安全的根本威脅，但足以構成對美國倡導的「世界新秩序」的嚴重挑戰。

在冷戰後時代，美國國家安全的概念內涵擴大，除核子擴散、導彈技術擴散、生化武器擴散外，國際恐怖活動、武器走私、毒品氾濫、環境破壞、傳染性疾病、非法移民等現象都在「全球化」過程中，都進入美國的國家安全議程，而且與美國的國內安全密切相關。柯林頓強調說：「強大的軍事力量和牢固的聯盟並不是目的。我們需要用它們來對付對我們安全的根本威脅——如大規模毀滅性武器的擴散、恐怖主義的挑戰、國際有組織犯罪和販毒。」[76] 值得注意的是，在美國國內，越是那些「全球化」發端早、進程快的地區，即外國投資多、對外貿易額大、新移民和非法移民比例大的地區，經濟越發達，同時貧

---

75 參見王緝思，〈「新孤立主義」的幽靈〉，《世界知識》，1996 年第 11 期，第 14~15 頁。
76 柯林頓，〈希望與歷史之間〉，前引書第 108 頁。

富差距、暴力犯罪、毒品走私、種族糾紛現象也越嚴重。加利福尼亞（特別是洛杉磯市）、紐約（特別是紐約市）、佛羅里達、新澤西、馬里蘭、伊利諾、亞利桑那等州和哥倫比亞特區（華盛頓）的情況，都很典型。這種情況，使那些與美國敵對的國家和政治勢力容易滲透到美國國內，它們利用美國國內弱點對其進行要挾的手段增加了。

當今世界多種形式的國家發展模式出現，非西方價值觀的影響上升，對美國的政治價值觀構成了強烈衝擊。導致東西方對立的兩大意識形態的衝突，隨著冷戰結束而減弱。但是，90年代美國國內種族和文化的多元化趨勢，與冷戰後全球範圍內文化和價值觀的多元化趨勢同步發展，相互呼應，引起了美國主流政治菁英的憂慮。《文明的衝突》一書的作者、哈佛大學教授亨廷頓說：「西方文化受到了西方社會裏一些群體的挑戰。其中一種挑戰來自於從其他文明過來的移民，他們拒絕同化，繼續堅守並且宣揚他們母國那些價值觀、習俗和文化。……如果同化失敗，美國將變成一個分裂的國家。」[77] 另一位學者科斯則認為「真正的文明衝突」存在於美國社會內部，能夠整個摧毀西方文明的基礎。[78] 他們的擔心並非杞人憂天。美國少數族體的菁英勢必更多地參與政治，進入社會上層領導崗位。他們所代表的文化價值觀將有別於 WASP 的價值觀。據估計，美國

[77] Samuel P. Huntington, *The Clash of Civilizations and the Remaking of World Order*, New York: Simon & Schuster, 1996, pp.304-305.

[78] James Kurth, "The Real Clash," *The National Interest*, No. 37, Fall 1994, p. 9. 關於科斯的觀點介紹，詳見王緝思主編，《文明與國際政治——中國學者評亨廷頓的文明衝突論》，上海人民出版社，1995 年版，第 46~49 頁。

的伊斯蘭教徒人數已達 510 萬。[79] 曾以組織 1995 年 10 月首都
「百萬（黑人）男子大遊行」而聞名的美國黑人伊斯蘭領袖法
拉漢，於 1996 年訪問了利比亞、伊拉克、古巴、伊朗，與利比
亞領袖卡扎菲一道聲討「美國壓迫者」。

儘管亨廷頓的「文明衝突」理論存在致命的謬誤，他關於
冷戰後世界政治的主要特點是西方與非西方對立的判斷，卻是
基本符合事實的。在上文分析的經濟全球化、安全威脅多樣化
和價值觀多元化對美國形成的衝擊中，主要挑戰來自非西方世
界即發展中國家。美國在世界政治鬥爭中所依靠的主要力量是
西方發達國家。然而正如亨廷頓憂心忡忡地指出的，在人口數
量、經濟力量、軍事力量、所控制的資源等方面，西方在全世
界所佔的比重持續下降，因而作為一個整體所發揮的文化影響
力也將逐步減弱。[80]

由於美國國內經濟、政治、社會、文化的發展趨勢和全球
化進程相互交錯，相互影響，美國的世界地位到底是在上升，
在下降，還是基本保持現狀，很難得出一兩句話的簡單結論。
關於美國世界地位興衰的辯論還將長期進行下去。「美國霸權必
定衰落」與「美國注定領導世界」的觀點兩極對立，中間則有
各種各樣的調和論點。站在不同的政治立場上，帶著強烈的感
情色彩時，判斷美國興衰的結論當然不同。人們絕不會聽到比
爾・柯林頓講「美國霸權必然衰落」，也絕不能想像薩達姆・海
珊會說「美國注定領導世界」。然而即使是較為超脫的學術分

---

[79] *The World Almanac and Book of Facts 1997*, p.644.

[80] Huntingtun, op. cit., pp.82-101.

析，也可能得出完全相反的結論，這是因為衡量尺度和側重點各異。甚至於什麼叫做「霸權」或「領導地位」，也沒有一致的解釋。[81]

　　本章分析美國世界地位變化的主要切入點，是冷戰結束後美國國內經濟社會發展的指標和趨勢，以及全球化進程與美國國內變化的互動關係。今天，美國在世界諸強中沒有確定的戰略敵人，推行霸權的最大障礙是它自己。美國建國初期的總統林肯說過：「如果毀滅是我們的命運，那它的發起者和結束者一定是我們自己。」[82] 布熱津斯基的話也值得深思：「對美國的特別的全球角色的真正挑戰越來越多地來自內部而不是外部。實際上，美國的主要薄弱部位可能不是被其對手的有形挑戰所突破，而是被它自己文化形成的無形威脅所突破，因為這種文化在國內越來越削弱、渙散、分化美國的力量乃至使其癱瘓，同時又引誘和腐蝕外部世界乃至使其異化和革命化。」[83] 他還指出，這種文化危機在美國與毒品泛濫和種族問題交織在一起，於是「一種歷史憂患意識，甚至悲觀意識，在西方社會中有發言權的階層裏正在愈發明顯，這並非過甚其詞」。[84]

　　美國不會擁有傳統意義上（如 19 世紀的大英帝國）那種依

81　關於霸權的定義及有關論證，參見劉靖華，《霸權的興衰》，中國經濟出版社，1997 年版，第 1~3 章。

82　Abraham Lincoln, "The Perpetuation of Our Political Institutions," Speech, 27 January, 1837, Springfield, Illinois, *The Columbia Dictionary of Quotations*, Microsoft Bookshelf, 1996-97 Edition.

83　布熱津斯基前引書，第 158 頁。

84　Zbigniew Brzezinski, *The Grand Chessboard: American Primacy and Its Geostrategic Imperatives*, New York: BasicBooks, 1997, p.212.

仗強權征服世界的能力，也缺乏這種意志。倒是它的暴力犯罪、道德淪喪、吸毒販毒、貧富懸殊、過度消費等社會痼疾的蔓延，今後可能對外部世界造成更大的威脅。現在美國已開始走進後工業化社會，提倡節省能源，保護生態環境，勸止吸煙，改善飲食結構，富人從城市搬到鄉間。同時，一些美國人卻竭力將能源消耗高、環境污染嚴重的汽車和汽車工業，將煙草和各種有損健康的飲料、食品及其加工業，向國外傾銷和轉移。他們利用各種文化形式和高技術手段巧妙促銷，在各國興建企業，培養代理人，在發展中國家人民渾然不覺之中，將己所不欲的事物施加於人。結果，許多發展中國家的城市愈加擁擠不堪，鱗次櫛比的摩天大廈（美國大城市早已停建）與蜂擁而至的轎車成為「現代化」的標誌，社會進一步兩極分化，人慾橫流，犯罪肆虐。這些難道不比日益失效的炮艦外交、政治孤立、經濟封鎖更值得人們警覺和抵制嗎？

美國領導人在談到世界事務時，最喜歡提「美國的領導地位」。其實，英文中「領導」（LEAD）一詞，包含著兩層基本含義：一層是「領先」，「名列前茅」，另一層才是「領導」，「指揮」。就第一層含義來說，單憑經濟、軍事、科技等方面的硬指標，很難得出美國的世界地位正在衰落的結論。但是，美國「領先」包含著多重內容和後果。它既是全球經濟的「領軍者」，又是許多「單項冠軍」。一旦美國經濟衰退，其他國家也會受到不同程度的損失。與此同時，美國在貧富懸殊、吸毒、武器出售、暴力犯罪、監獄關押的人數、人均槍枝擁有量、能源消耗、大氣中的二氧化碳排放量、愛滋病毒感染人數、煙草出口量等許多指標上「名列前茅」，給世界帶來了禍害，樹立了惡劣的「榜樣」。

從這樣的「世界領先」地位出發，應該或者能夠「領導世

界」嗎？許多美國人現在對此的回答比 80 年代末更為肯定，他們津津樂道的是美國的經濟又重新取得活力，科技遙遙領先，萬寶路、迪士尼、麥當勞、可口可樂、微軟產品使「世界美國化」了。但是他們所說的美國，是經濟統計、廣告效應、文化符號中的美國，而不是政治意志和政治權力意義上的美國。同時他們也不應忘記，大量來自海外的移民、消費品、投資，以至走私的武器和毒品，也在促使「美國世界化」。

美國學者約瑟夫‧奈在 1990 年出版的《注定領導》一書中指出，以國家資源來衡量的力量，與使其他國家接受自己意志的力量之間，幾乎總有一定差距。他提出了著名的「軟力量」概念，即社會凝聚力、文化和意識形態的吸引力，以及控制國際規則和機制的能力。他認為美國同時擁有傳統的硬力量和新的軟力量，而「關鍵問題在於它是否具備政治領導能力和戰略遠見，來將這些力量資源轉化為國際政治過渡時期的實際影響力」。[85] 今天美國要將國家資源轉化為政治影響力的主要困難，剛好在於它的軟力量特別是社會凝聚力在削弱，又缺乏戰略遠見。此外，它所聯合的主要力量——其他西方發達國家，從總體上和相對於新興發展中國家來說，力量正在逐漸分散和削弱。

總之，在未來的二、三十年內，美國雖然仍將領先於世界，卻是孤立的，是無力稱霸世界的。「高處不勝寒」，可以作為今日美國地位的形象寫照。

---

[85] Joseph S. Nye, Jr., *Bound to Lead: The Changing Nature of American Power*, New York: Basic Books, 1990, pp.25-35, pp.188-201, and pp. 259-261.

亞太研究系列 10　　　　　　　　　李英明、張亞中／主編

冷戰後美國的全球戰略和世界地位

作　　　者／王緝思等
出　版　者／生智文化事業有限公司
發　行　人／林新倫
登　記　證／局版北市業字第 677 號
地　　　址／台北市新生南路三段 88 號 5 樓之 6
電　　　話／(02)2366-0309　2366-0313
傳　　　真／(02)2366-0310
 E－mail　／tn605547@ms6.tisnet.net.tw
郵政劃撥／1453497-6　揚智文化事業股份有限公司
印　　　刷／科樂印刷事業股份有限公司
法律顧問／北辰著作權事務所　蕭雄淋律師
 ＩＳＢＮ　／957-818-251-1
初版一刷／2001 年 8 月
定　　　價／新臺幣 450 元

總　經　銷／揚智文化事業股份有限公司
地　　　址／台北市新生南路三段 88 號 5 樓之 6
電　　　話／(02)2366-0309　2366-0313
傳　　　真／(02)2366-0310

國家圖書館出版品預行編目資料

冷戰後美國的全球戰略和世界地位 ＝U. S. global
strategy and position in the post-cold war world／
王緝思等著. -- 初版. -- 台北市：生智，2001
［民 90］
　　面；　公分. -- （亞太研究系列；10）

ISBN　957-818-251-1（平裝）

1.美國－政治與政府　2. 美國－外交關係

574.52　　　　　　　　　　　　90001227